Das große Heiligenlexikon

Inga Dammer · Birgit Adam

Das große Heiligen-lexikon

Patronate, Gedenktage,
Leben und Wirken von mehr als
500 Heiligen

Seehamer Verlag

Abkürzungen

d.h.:	das heißt	Jhs.:	Jahrhunderts	v.a.:	vor allem
hl.:	heilig	sog.:	sogenannt	z.B.:	zum Beispiel
Jh.:	Jahrhundert	u.a.:	unter anderem		

Ein **Kleines Wörterverzeichnis** zur Erläuterung wichtiger Begriffe finden Sie auf Seite 337 ff.

Vorwort

Heilige – für viele zählen sie von klein auf zum persönlichen Glaubensleben, dienen als Vorbilder, erleichtern den Zugang zu einem lebendigen Verständnis der Kirchengeschichte und bereichern nicht zuletzt die Liturgie des Kirchenjahres. Manch anderem erscheinen die ehrwürdigen „Alten“ dagegen als etwas Antiquiertes; etwas, das Jahrhunderte entfernt ist und für unser heutiges Leben keine Bedeutung mehr hat. Doch der Eindruck täuscht.

Wer seine Augen und Ohren öffnet, entdeckt sie nicht nur in Kirchen und Kapellen, sondern auch im ganz alltäglichen Leben: als Stadtpatron auf der Häuserwand, als Namenspatron der Kirchweih, als Schoko-Nikolaus in Stiefel oder Strumpf oder als Gärtnerschreck im Wetterbericht, wenn im Mai vor der „kalten Sophie“ und ihren „Eisheiligen“-Kollegen gewarnt wird.

Heilige zählen auch im 20. Jahrhundert nicht zur Vergangenheit. Kirchenväter und Ordensgründer, Missionare und Märtyrer, Erneuerer und Mystiker – 2000 Jahre Geschichte haben die verschiedensten Persönlichkeiten hervorgebracht, Charaktere, die unsere heutige Kultur und Weltsicht geprägt haben, oft mehr als uns bewußt ist. Wie nah uns Heilige nicht zuletzt zeitlich gesehen stehen, zeigen die Märtyrer aus der Zeit des Nationalsozialismus. An ihnen wird deutlich, daß ein Leben in Ehrfurcht vor Gott und dem menschlichen Dasein keine Eigentümlichkeit längst vergangener Kirchenzeiten sein kann.

Als Vorbilder für das eigene Leben gelten die Heiligen übrigens nicht nur für Katholiken – auch wenn sich Martin Luther und die anderen Reformatoren berechtigterweise über die teilweise Vergötzung beklagt haben (ein Übel, das auch nicht im Sinne der katholischen Lehre war!). Heilige sind für alle Christen geschichtliche Zeugen der Kraft Gottes und seiner Gnade. Und nicht zuletzt im Zeichen der Ökumene und einer immer größer werdenden Annäherung zwischen den Konfessionen kann die Kenntnis von Heiligennamen, Patronen und Nothelfern und ihrer Verehrung auch für Nicht-Katholiken durchaus von Interesse sein.

Für dieses Buch haben wir eine Vielzahl an Heiligen ausgewählt, die im Römischen Generalkalender, dem Regionalkalender für den deutschsprachigen Raum, den verschiedenen Diözesankalendern und anderen Eigenkalendern aufgeführt sind. Auf eine vollständige Auflistung haben wir zugunsten der Ausführlichkeit der Darstellung des einzelnen verzichtet – auch wenn natürlich nie alle bekannten Legenden erzählt werden können. Aufgrund ihrer Beliebtheit oder ihrer Bedeutung in der jüngsten Vergangenheit haben wir auch einige Persönlichkeiten aufgenommen, die nicht oder noch nicht offiziell heiliggesprochen wurden.

Neben Berichten über das Leben und Wirken der einzelnen Männer und Frauen erhält der Leser Informationen über die Patronate des jeweiligen Heiligen. So besitzen sowohl die meisten Städte und Länder als auch die verschiedenen Berufsgruppen und gesellschaftlichen Schichten einen persönlichen Schutzheiligen. Nicht zuletzt treten diese auch als Fürbitter in besonderen Situationen des Glaubenslebens ein.

Viele der Patronate lassen sich aus der Lebensbeschreibung des Heiligen erklären, nicht wenige zeigen sich in der bildlichen Darstellung – wie zum Beispiel beim heiligen Florian, dem Schutzpatron der Feuerwehr, der oft mit einem Schaff Wasser abgebildet wird. Diese als Heiligenattribute bezeichneten Symbole erleichtern häufig dem Betrachter nicht nur die Identifizierung des dargestellten Heiligen, sie geben in vielen Fällen auch Rückschlüsse auf dessen Leben.

So stehen zum Beispiel Kirchenmodelle für einen Klostergründer und Palmzweige für ein erlittenes Martyrium – oft werden die Märtyrer zusätzlich mit den Folterwerkzeugen abgebildet. Zu beachten ist dabei natürlich, daß der oder die Heilige selten alle für ihn oder sie typischen Attribute auf einmal in den Werken der christlichen Kunst trägt.

Wer an welchem Tag bei uns gefeiert wird, zeigen die Festtage, die für jeden Heiligen angegeben sind. Dem einen oder anderen Leser mögen ein paar der Daten ungewöhnlich erscheinen, richten sie sich doch zumeist nach dem 1969 erneuerten Römischen Generalkalender. In dieser Reform hatte sich die katholische Kirche in Rom zum Ziel gemacht, die Festtage weitgehend auf den Sterbetag (den himmlischen Geburtstag) des jeweiligen Heiligen zu verlegen und weltweit für eine größere Einheitlichkeit zu sorgen.

Von dem neuen Kalender und dem deutschen Regionalkalender abweichende örtliche Festtage haben wir im besonderen Fall deshalb in Klammern nach dem allgemein gültigen Termin angeführt. Da wir für dieses Buch vor allem Heilige ausgewählt haben, die im deutschen Sprachraum beliebt und bedeutend sind, mußten wir uns bei der Angabe von abweichenden Festtagen der Ostkirche auf ein paar wichtige Ausnahmen beschränken.

Die Angabe der Reliquienorte in diesem Buch versteht sich immer als eine Auswahl; ob es sich dabei um echte oder angebliche Reliquien handelt, kann aufgrund der häufig nur noch legendarisch berichteten Herkunft nicht mit letzter Sicherheit geklärt werden.

Trotz aller Sorgfalt, die wir bei der Sammlung der Daten und Fakten haben walten lassen, kann sich der eine oder andere Irrtum eingeschlichen haben, wird die eine oder andere subjektiv wichtige Information vermißt werden. Wie bei allen geschichtlichen Werken waren auch wir abhängig von historischen Quellen, die oft unterschiedliche Auskünfte erteilen und breiten Raum für Spekulationen lassen. Für Anregungen oder Verbesserungen zu diesem Lexikon sind wir dem Leser deshalb dankbar.

Die Autoren

Zur Heiligenverehrung und Heiligsprechung

Die Geschichte der Heiligenverehrung und der Heiligsprechung umfaßt beinahe 2 000 Jahre. Um dem kirchlich wenig erfahrenen Leser einen Einblick in diese teilweise mysteriöse und komplizierte Materie zu geben, werden im folgenden die wichtigsten Stationen und Vorschriften kurz zusammengefaßt.

Nach den Worten des Neuen Testaments ist die Gesamtzahl der in Jesus Christus Getauften heilig. Sie alle gehören zur Gemeinschaft der Heiligen. Aus diesem Grund kannte die Urgemeinde Christi noch keine Heiligen im heutigen Sinn. Erst im Laufe der Zeit ließen sich die Angehörigen der frühchristlichen Gemeinden vom Totenkult der Hellenisten und der Propheten- und Märtyrerverehrung der jüdischen Gläubigen inspirieren und hoben besondere Persönlichkeiten ihrer Gemeinde hervor.

Als frühestes Beispiel christlichen Heiligenkultes gilt die Verehrung des Bischofs Polykarp von Smyrna, der für seinen Glauben um das Jahr 155 das Martyrium erlitten hat. Die anfängliche Märtyrerverehrung weitete sich bald auf Bekenner, die ihren Glauben trotz Gefahr bezeugt hatten, und Asketen, die ein besonders gottesnahes Leben führten, aus. Erster Nicht-Märtyrer unter den christlichen Heiligen war der 397 verstorbene Martin von Tours, noch heute als Sankt Martin bekannt. Die Heiligen durften verehrt, doch nicht angebetet werden, das Wirken Gottes in ihnen war damals wie heute Zentrum des Kultes. Ihr außergewöhnlich frommes Leben machte sie zu begehrten Fürbittern vor dem göttlichen Thron. Die Gläubigen feierten deshalb die Festtage (meist den Sterbetag) der Heiligen, widmeten ihnen Predigten, Altäre oder sogar Kirchen.

Ab dem 6. Jahrhundert war eine bischöfliche Genehmigung nötig, um dem Kreis der bis dahin bekannten einen neuen Heiligen hinzuzufügen. Um dem Mißbrauch der eskalierenden Ernennung Herr zu werden und dem Heiligenkult wieder mehr Ansehen zu verschaffen, ernannten ab dem 10. Jahrhundert die Päpste die Heiligen. Erster vom Papst kanonisierter Heiliger war Bischof Ulrich von Augsburg im Jahr 993. Im 17. und 18. Jahrhundert setzte sich schließlich ein offizielles Verfahren der Heiligsprechung durch, das in seinen Grundsätzen noch heute gilt.

Demzufolge muß ein Anwärter zuerst seliggesprochen werden, bevor er in den Kreis der Heiligen aufgenommen werden kann. Voraussetzung für eine Seligsprechung sind Beweise für eine außergewöhnliche Frömmigkeit, heroische Tugenden und mindestens zwei Wunder, die im unmittelbaren Zusammenhang mit der Person stehen.

Formal ist der Seligsprechungsprozeß, wie auch das Verfahren der Heiligsprechung, einer Gerichtsverhandlung nachgebildet – mit einem „Verteidiger", der alle Beweise für die Heiligkeit des Anwärters anführt, und einem „Staatsanwalt", der alles in Zweifel zieht. Durchgeführt wird das ganze Verfahren von einer vom Papst eingesetzten speziellen Kongregation für Heiligsprechungen.

Ist der Anwärter schließlich seliggesprochen und nach mindestens zwei erneuten Wundern und einem erfolgreichen Heiligsprechungsprozeß in den Kanon der Heiligen aufgenommen worden, darf er mit seinen Reliquien in der ganzen Kirche verehrt werden.

A

Achatius

Märtyrer († im 2. Jh.)

auch: Agatus, Acacius, Akakios
Patron: bei schwerer Krankheit, Todesangst, schweren Glaubenszweifeln, in aussichtslosen Situationen; einer der Vierzehn Nothelfer
Festtag: 22. Juni
Darstellung: als Ritter, Kreuzfahrer, Edelmann, mit Dornenstrauch, -zweig, -krone, Palme, Kreuz, Streitaxt, Lanze
Leben und Wirken: Achatius war der Legende nach ein heidnischer Fürst aus Kappadokien, der im 2. Jh. im Auftrag des römischen Kaisers Hadrian mit seinem Heer einen Feldzug nach Kleinasien unternahm. Als ihm Christus vor einer Schlacht erschien, bekehrte sich Achatius mit seinen Männern und zog nach erfolgreichem Kampf mit ihnen zur Unterweisung im christlichen Glauben an den Berg Ararat. Dies erzürnte den heidnischen Kaiser so sehr, daß er alle zum Tode verurteilen ließ. Auf Befehl Hadrians wurden Achatius und seine 10000 Soldaten gesteinigt, mit Dornen gepeitscht und dann gekreuzigt. Reliquien befinden sich u.a. in Bern, Halle, Köln, Avignon, Bologna, Rom.

Achilleus

→Nereus und Achilleus von Rom

Adalbert von Prag

Bischof, Märtyrer (* um 956, † 997)

auch: Vojtech
Festtag: 23. April
Darstellung: im Bischofsgewand mit Mitra, Pallium, Stab, Speer, Ruder, abgeschlagenem Haupt; als Benediktiner
Leben und Wirken: Adalbert, der bis zu seiner Firmung Vojtech hieß, stammte aus einer böhmischen Fürstenfamilie und wurde in Magdeburg erzogen. Be-

Der heilige Adalbert von Prag

reits 983 wurde er unter Kaiser Otto III. zum Bischof von Prag geweiht. Aufgrund großer Schwierigkeiten mit der heidnischen Bevölkerung zog er sich zweimal nach Rom zu den Benediktinern zurück. 996 kehrte Adalbert schließlich endgültig zurück, nachdem seine Familie ermordet worden war. Unterstützt vom polnischen Herzog Boleslaw Chrobry missionierte er eifrig in Ostpreußen, wurde dort aber schon am 23. April 997 von Heiden ermordet. Adalbert wurde zunächst in Gnesen beigesetzt, 1039 wurden seine Gebeine jedoch nach Prag in den Veitsdom übertragen. Bereits 999 hatte ihn der Papst heiliggesprochen.

Addai

→Judas Thaddäus

Adelheid

Kaiserin (* 931, † 999)

Festtag: 16. Dezember
Darstellung: in fürstlichen Gewändern, mit Krone, Kirchenmodell, Schiff
Leben und Wirken: Adelheid war die Tochter von Rudolf von Burgund und heiratete im Alter von 16 Jahren König Lothar von Italien. Bald nach dessen Tod vermählte sie sich mit Otto I., der ihr gegen Lothars Nachfolger Berengar zu Hilfe kam. 962 wurden Otto und Adelheid in Rom zu Kaiser und Kaiserin gekrönt. Zeit ihres Lebens stand Adelheid in enger Verbindung mit Kloster Cluny und förderte das Kloster. 973 gründete sie das Reformkloster Selz im Elsaß. Nach dem Tod ihres zweiten Gatten und ihres Sohnes übernahm Adelheid von 991 bis 994 die Regentschaft für ihren unmündigen Enkel Otto III. Beraten wurde sie dabei von Erzbischof →Willigis von Mainz. 995 zog sie sich ganz nach Kloster Selz zurück, wo sie am 16. Dezember 999 starb. 1097 wurde Adelheid heiliggesprochen, ihre Reliquien gingen jedoch während der Reformation verloren.

Adelheid von Kitzingen

→Hadelog

Adrian von Nikomedien

Märtyrer († um 290)

auch: Hadrian
Patron: von Lissabon, Grammont; der Boten, Bierbrauer, Schmiede, Gefängniswärter, Soldaten; gegen Pest, Unfruchtbarkeit
Festtag: 8. September (in der Ostkirche: 26. August)
Darstellung: als Ritter, mit Amboß, Blei, abgeschlagener Hand
Leben und Wirken: Gesicherte Fakten über das Leben Adrians gibt es kaum.

Er war vermutlich Offizier im kaiserlichen Heer und wurde während der Christenverfolgung unter Kaiser Maximian in Nikomedien ermordet.
Seine Ehefrau →Natalia brachte seine Gebeine nach Byzanz, im 7. Jh. wurden sie nach Rom übertragen.

Afra von Augsburg

Märtyrerin († 304)

Patronin: der Diözese Augsburg; der Büßerinnen, reuigen Dirnen, armen Seelen, Heilkräuter; gegen Feuergefahr
Festtag: 7. August
Darstellung: im vornehmen Gewand, mit Krone oder Kopftuch; an einen Baumstamm gefesselt, von Feuer umgeben, mit Tannenzapfen (das Augsburger Stadtwappen zeigt eine dem Zapfen ähnelnde Zirbelnuß)
Leben und Wirken: Über das Leben der hl. Afra berichten fast nur Legenden.
Nach einer von ihnen handelte es sich bei Afra um eine Dirne, die zur Regierungszeit Kaiser Diokletians um 304 in Augsburg das Martyrium erlitt. Als Tochter des Zyprischen Königs war sie nach dessen Ermordung mit ihrer Mutter Hilaria und drei Gefährtinnen nach Augsburg gekommen. Dort eröffneten die fünf Frauen ein Bordell. Durch das Wirken des Bischofs von Gerona, →Narcissus, den Afra vor der Christenverfolgung angeblich unter einem Flachs-

Die heilige Afra von Augsburg

bündel versteckte, bekehrten sich die Frauen zu Christus und schlossen das Freudenhaus. Als Afra sich weigerte, den römischen Götzen zu opfern und auf ihrem Glauben beharrte, wurde sie auf dem Lechfeld oder einer Lechinsel an einen Baum gefesselt und verbrannt (andere Quellen sprechen davon, daß sie den Feuertod auf einem Scheiterhaufen erlitt). Dabei soll kein einziger Klagelaut zu hören gewesen sein. Afras Mutter baute der Legende nach eine Kapelle für das Grab ihrer Tochter. Sie selbst, Hilaria, und ihre Gefährtinnen wurden nach ihrer Bekehrung in

einer Hütte oder ihrem eigenen Haus verbrannt.
Der Kult um die hl. Afra begann bereits im 6. Jh., vielleicht auch schon früher. Etliche Kirchen und Kapellen trugen schon bald Afras Namen. Im Jahr 1064, als der Papst Afra heiliggesprochen hatte, entdeckte man schließlich in der Augsburger Afra-Kirche einen römischen Sarkophag, der die verkohlten Gebeine einer weiblichen Leiche beherbergte. Diese wurden der berühmten Märtyrerin zugesprochen. Ihre Reliquien befinden sich heute in der Augsburger Kirche St. Ulrich und Afra.

Afrem

→Ephräm der Syrer

Agapitus

→Felizissimus und Agapitus

Agatha von Catania

Märtyrerin († um 250)

auch: Agathe
Patronin: von Catania; der Ammen, Hirtinnen, Weber, Glockengießer; gegen Krankheiten der Brust, Hunger, Brandgefahr, Unwetter, Erdbeben, Unglück, gegen Ausbruch des Vulkans Ätna
Festtag: 5. Februar
Darstellung: im Kerker (mit dem hl. →Petrus), mit Zangen, abgeschnittenen Brüsten auf einer Schale oder in ihren Händen, mit Einhorn (als Zeichen der Jungfräulichkeit)

Die heilige Agatha von Catania

Leben und Wirken: Agatha zählt bereits sehr lange zu den meistverehrten Heiligen – schon Ende des 5., Anfang des 6. Jhs. wurde ihr in Rom eine Kirche geweiht. Sie erlitt unter Kaiser Decius den Märtyrertod.
Die Legende erzählt, daß Agatha aus einer vornehmen Familie im sizilianischen Catania stammte und ungewöhnlich schön war. Als Christin lehnte sie den Heiratsantrag des heidnischen Statthalters Quintian ab und wurde von ihm daraufhin zur Strafe – und um ih-

ren Glauben zu erschüttern – für 30 Tage in ein Freudenhaus gesperrt. Trotz der Schmach beharrte Agatha auf ihrem Glauben und bewahrte ihre Reinheit. Auch das Abschneiden ihrer Brüste und die Marter mit brennenden Fackeln im Kerker konnten ihr nichts anhaben – in der darauffolgenden Nacht wurde sie vom hl. Petrus geheilt. Als man ihren Leib jedoch am nächsten Tag über Scherben und glühende Kohlen wälzte, starb sie. Der ruchlose Statthalter wurde später angeblich von seinem eigenen Pferd in einen Fluß geworfen. Die Legende erzählt weiter, daß die Stadt Catania ein Jahr nach Agathas Martyrium durch einen Ausbruch des Ätna bedroht wurde. Als man der Lavaflut den Schleier Agathas entgegenhielt, soll sie zum Stillstand gekommen sein. Seit dieser Zeit gilt Agatha als Schutzpatronin gegen Feuergefahr, ihr Schleier wird zusammen mit ihren Gebeinen im Dom S. Agata in Catania aufbewahrt.

Die Verehrung der hl. Agatha begann schon sehr früh und verbreitete sich schnell Richtung Norden bis nach Österreich und Deutschland. Heute noch bekannt sind die „Agathenbrote“, die dem Vieh Gesundheit bringen, sowie die „Agathenkerzen“ und „Agathenzettel“, die vor Feuer schützen sollen. Traditionell werden an Agathas Festtag Brot, Wein, Wasser, Früchte und Kerzen gesegnet.

Agatus

→Achatius

Ägidius

Abt, Einsiedler († um 720)

auch: Egid, Gilles, Gilg, Till

Patron: von Kärnten, von Graz, Braunschweig, Nürnberg, Osnabrück, Edinburgh, Toulouse; der stillenden Mütter, Hirten, Pferdehändler, Jäger, Bogenschützen, Schiffbrüchigen, Bettler, Aussätzigen; bei seelischer Not und Verlassenheit; gegen Unfruchtbarkeit bei Mensch und Tier, Geisteskrankheit, Trockenheit, Sturm, Feuer; für eine gute Beichte; einer der Vierzehn Nothelfer

Festtag: 1. September

Darstellung: als Benediktinerabt/Einsiedler, mit Stab, Buch, Pfeil, Hirschkuh, durchbohrter Brust

Leben und Wirken: Ägidius zählte v.a. im Mittelalter zu den beliebtesten Heiligen. Sein Grab, das an der Pilgerstraße nach Santiago de Compostela liegt, war ein berühmter Wallfahrtsort. In Pestzeiten wurde er als Pestpatron um Hilfe angerufen.

Der in Athen geborene Ägidius lebte als Einsiedler in einer Höhle in der Provence. Der Legende nach soll er sich allein von der Milch einer Hirschkuh ernährt haben, die durch eine unsichtbare Kraft vor den Jägern geschützt wur-

de. Als Ägidius eines Tages versehentlich von dem im Wald jagenden Westgotenkönig Wamba mit einem Pfeil getroffen wurde, ließ ihm dieser zur Wiedergutmachung um 680 ein Kloster bauen – das später nach dem Einsiedler benannte St-Gilles. Dieses leitete Ägidius bis zu seinem Tod.
Er wurde in der Klosterkirche beigesetzt. Der Hauptteil der Reliquien befindet sich jedoch heute in der Basilika St-Sernin in Toulouse.

Agilolf

Bischof († 752)

Festtag: 9. Juli
Darstellung: als Bischof, mit Falke, oft fälschlich mit Märtyrerpalme
Leben und Wirken: Über das Leben des hl. Agilolf ist nur wenig bekannt. 745 wurde er zum Bischof von Köln ernannt, anstelle des eigentlich für dieses Amt vorgesehenen →Bonifatius. Agilolf wirkte im Sinne des Bonifatius und nahm 747 an einer Reichssynode teil.
Der 9. Juli ist der Tag der Übertragung der Gebeine eines Märtyrers mit Namen Agilolf von Malmédy, den man für identisch mit dem Bischof hielt, in die Mariengradekirche zu Köln. Heute ruhen sie im Kölner Dom.

Agnes von Rom

Märtyrerin († um 258/259 oder 304)

Patronin: der Keuschheit, der Jungfrauen, Verlobten, Gärtner
Festtag: 21. Januar
Darstellung: als junge Frau, mit Palme, Schwert, Märtyrerkrone, Lamm, häufig mit langem Haar
Leben und Wirken: Um das Wirken der hl. Agnes ranken sich schon Ende des 4., Anfang des 5. Jhs. zahlreiche Legenden. Unklar ist, ob sie unter Kaiser Valerian oder Diokletian das Martyrium erlitt und wie sie zu Tode kam.
Die Legende erzählt, daß Agnes einem vermögenden, christlichen Elternhaus entstammte. Aufgrund ihrer großen Schönheit sah sie sich bereits in frühen Jahren von heiratswilligen Männern bedrängt. Unter dem Hinweis, daß sie bereits verlobt sei, lehnte sie jedoch alle Anträge ab. Dem Sohn des Stadtpräfekten, der auch vergeblich um sie

Die heilige Agnes von Rom

warb, antwortete sie auf die Frage, wer der Verlobte sei: Jesus Christus. Vor Gericht gestellt, beharrte Agnes auf ihrem Glauben und wurde daraufhin in ein Freudenhaus gebracht. Doch als man ihr die Kleider auszog, soll ihr langes Haar ihre Blöße bedeckt haben. Als der verschmähte Präfektensohn Agnes in dem Bordell besuchte und sie berührte, fiel er tot um. Obwohl ihn ein Gebet der Agnes ins Leben zurückholte, beschuldigte er sie öffentlich der Zauberei. Agnes wurde zum Tode verurteilt. Als ihr die Flammen nichts anhaben konnten, tötete sie der Henker angeblich mit dem Schwert. Acht Tage später soll sich Agnes an ihrem Grab gezeigt haben, umgeben von mehreren Jungfrauen und mit einem Lämmchen auf dem Arm.

Dem Kult um die jungfräuliche Märtyrerin haben die geschichtlichen Unsicherheiten keinen Abbruch getan. Bereits im 4. Jh. breitete er sich von Rom zügig in der abendländischen Kirche aus. Zu dieser Zeit wurde auch über dem Grab der jungen Märtyrerin in Rom im Auftrag →Konstantias, einer engen Verwandten Kaiser →Konstantins des Großen, die Kirche S. Agnese errichtet. Sie wurde im 7. Jh. erneuert.

Bis heute ist der Glaube verbreitet, daß sich jungen Mädchen am Abend vor dem Festtag im Traum ihr zukünftiger Mann zeigt – wenn sie vorher gefastet haben.

Agritius

Bischof († um 332)

auch: Agricius
Festtag: 19. Januar
Darstellung: als Bischof, mit Kirchenmodell, Buch, Kreuz
Leben und Wirken: Der Legende nach wurde Agritius auf Wunsch der Kaiserin →Helena Bischof von Trier und nahm 314 an der Synode von Arles teil. Die berühmte Kaiserin soll es auch gewesen sein, die dem Bischof und seiner Diözese sowohl die Gebeine des Apostels →Matthias als auch den „Heiligen Rock“ Christi zum Geschenk machte und von Jerusalem nach Trier überbringen ließ. Beide Kostbarkeiten befinden sich noch heute in der Kirche St. Matthias bzw. im Trierer Dom.

Aikatherinê

→Katharina von Alexandria

Akakios

→Achatius

Alban von England

Märtyrer († 303)

auch: Albin
Festtag: 22. Juni
Darstellung: als Märtyrer, mit Palme, Schwert
Leben und Wirken: Alban stammte aus dem Ort Verulamium bei London und

verbrachte einige Jahre in Rom. Später wurde er Christ und erlitt während der Christenverfolgungen unter Diokletian in seiner Heimatstadt das Martyrium. Seine Reliquien gelangten unter Kaiserin Theophanu um 990 in die Abtei St. Pantaleon zu Köln. 1186 wurden sie in einen kostbaren Reliquienschrein gebettet, der heute in der Kölner Domschatzkammer steht. Seine Heimatstadt Verulamium wurde dem Heiligen zu Ehren in St. Albans umbenannt.

Alban von Mainz

Märtyrer († 406)

auch: Albanus
Patron: von Mainz; der Bauern; gegen Unwetter, Hals- und Kopfschmerzen, Harnkrankheiten, Epilepsie
Festtag: 21. Juni
Darstellung: als Diakon, Priester, oft kopflos, mit Schwert, den Kopf auf einem Buch tragend
Leben und Wirken: Über Herkunft und Leben des Alban ist nicht viel bekannt. Wahrscheinlich kam er um 400 aus Italien nach Mainz, um dort zu missionieren. Vermutlich wurde er von einfallenden Vandalen enthauptet. Der Legende nach trug Alban seinen Kopf selbst zu seiner Begräbnisstelle.
Bei Ausgrabungen auf dem spätrömischen Friedhof südlich von Mainz fand man später Albans Grab.

Albert der Große

→Albertus Magnus

Alberich

Bischof, Benediktiner

(† um 784)

Festtag: 14. November
Darstellung: als Bischof
Leben und Wirken: Alberich war ein Neffe von Bischof →Gregor von Utrecht und wirkte zunächst als Prior des Martinsklosters zu Köln, bevor er 780 die Nachfolge seines Onkels antrat. Er widmete sich hauptsächlich der Friesenmission. Alberich starb am 14. November, vermutlich 784.
Seine Reliquien befinden sich in der Abteikirche Süsteren bei Maastricht.

Alberich von Cîteaux

Abt, Ordensgründer

(* um 1050, † 1109)

auch: Aubry, Elberich
Festtag: 26. Januar
Darstellung: als Abt, in der Ordenstracht der Zisterzienser
Leben und Wirken: Der Franzose Alberich zählt zusammen mit →Robert von Molesme und →Stephan Harding zu den drei Gründern des Zisterzienserordens. Unter Robert war er zunächst Prior von Molesme, 1098 gründeten Al-

berich und Robert dann ein Reformkloster in Cîteaux südlich von Dijon. Später kehrte Robert wieder nach Molesme zurück und Alberich wurde der zweite Abt des neuen Klosters. Als eigentlicher Gesetzgeber der Zisterzienser führte er die weiße Ordenstracht ein, verfaßte die Statuten und begründete auch die besondere Marienverehrung des Ordens. Alberich verstarb am 26. Januar 1109 in seinem Kloster.

Albert Chmielowski

Ordensgründer
(* 1845, † 1916)

Festtag: 25. Dezember
Leben und Wirken: Albert Chmielowski stammte aus Polen und verlor schon früh seine Eltern. Zunächst studierte er Malerei in Paris, Gent und München, bevor er schließlich nach Polen zurückkehrte. In Krakau widmete er sein Leben der Sorge für Notleidende und Obdachlose. So schuf er u.a. zahlreiche Herbergen und Werkstätten. 1888 gelobte er zusammen mit mehreren seiner Helfer Armut und Keuschheit und gründete so die „Brüder und Schwestern im Dritten Orden des heiligen Franziskus“, kurz Albertiner-Brüder bzw. Albertiner-Schwestern genannt. Albert Chmielowski starb am 25. Dezember 1916 in Krakau. 1989 wurde er heiliggesprochen.

Albert von Jerusalem

Bischof, Karmeliter
(* um 1150, † 1214)

Festtag: 14. September
Darstellung: mit Kruzifix, Buch, Stab, Taube, die Ordensregel abfassend
Leben und Wirken: Albert stammte ursprünglich aus Italien und war 20 Jahre Bischof von Vercelli, bevor er eine Wallfahrt nach Palästina unternahm und dort im Jahre 1206 Patriarch von Jerusalem wurde. Während seiner achtjährigen Wirkungszeit verfaßte er eine Lebensregel für die Einsiedler, die sich bei der Eliasquelle am Berg Karmel niedergelassen hatten. Bis heute sind diese Texte für den Karmelitenorden maßgeblich. Deshalb wird Albert von Jerusalem von den Karmeliten als „Gesetzgeber des Ordens“ verehrt. Am 14. September 1214 wurde er während einer Prozession von einem Gegner ermordet.

Albertus Magnus

Bischof, Kirchenlehrer, Dominikaner
(* um 1200, † 1280)

auch: Albert der Große
Patron: der Studenten, Theologen, Naturwissenschaftler, Bergleute
Festtag: 15. November (in Österreich: 16. November)
Darstellung: als Dominikaner oder Bi-

Der heilige Albertus Magnus

schof, mit Mitra, Stab, Schreibfeder, Buch, am Schreibpult

Leben und Wirken: Albertus Magnus, der den Ehrentitel „Doctor universalis" trug, war einer der bedeutendsten abendländischen Theologen. Sein umfangreiches Wissen sowohl in der Theologie und Philosophie als auch in der Naturwissenschaft ist hochgerühmt. Albertus Magnus gelang es zudem, das aristotelische, arabische und jüdische Gedankengut in die abendländische Philosophie des Mittelalters zu integrieren.

Geboren in Lauingen als Sohn eines schwäbischen Ritters genoß Albertus eine herausragende Erziehung. 1223 begann er in Padua zu studieren und trat in den dortigen Dominikanerorden ein. Nach seinem Abschluß lehrte er an verschiedenen Schulen seines Ordens und ging 1248 nach Köln, wo er das Generalstudium des Ordens aufbaute und leitete. Sein berühmtester Schüler war dort →Thomas von Aquin, später einer der größten Vertreter der mittelalterlichen Scholastik. 1254 wurde Albertus zum Dominikanerprovinzial für Deutschland berufen, 1260 auf Wunsch des Papstes Bischof von Regensburg. Als Albert II. von Regensburg wirkte er in seinem Amt vorbildlich, war damit jedoch nicht glücklich und bat deshalb den Nachfolger des Papstes, Urban IV., um eine andere Aufgabe. Dieser erfüllte ihm seine Bitte, entband ihn vom Bischofsamt und schickte ihn als Kreuzzugsprediger von 1263 bis 1264 durch Deutschland und Böhmen. Danach wirkte Albertus wieder als Lehrer in Würzburg, Straßburg und ab den Jahren 1269/70 erneut in Köln. Dort starb er zehn Jahre später, am 15. November 1280.

Er wurde in der Ordenskirche beigesetzt, der Großteil seiner Reliquien ruht heute in der Kölner St.-Andreas-Kirche. Albertus Magnus wurde 1931 heiliggesprochen und zum Kirchenlehrer ernannt.

Albin

→Alban von England

Albinus

Bischof († um 550)

auch: Aubin
Patron: der kranken Kinder
Festtag: 1. März
Darstellung: als Bischof
Leben und Wirken: Albinus war zunächst Mönch und Abt im Kloster Tincillacense, bevor er 529 zum Bischof von Angers ernannt wurde. 538, 541 und 549 nahm er an den Synoden von Orléans teil.
Schon kurz nach seinem Tode wurde ihm in Angers eine Kirche geweiht.

Albuin

→Ingenuin und Albuin

Alexander I.

Papst († 116)

Patron: gegen Kropf, Hauterkrankungen
Festtag: 3. Mai
Darstellung: als Papst, im Kerker
Leben und Wirken: Über Leben und Tod des Alexander ist nichts Sicheres bekannt, außer daß er zwischen 107 und 116 Papst war. Insgesamt war er der fünfte Nachfolger des hl. →Petrus. Alexander I. wird häufig mit einem unbekannten Märtyrer desselben Namens verwechselt. Berichte über ein erlittenes Martyrium sind deshalb höchstwahrscheinlich falsch.
Besondere Verehrung wurde Papst Alexander I. im Mittelalter zuteil. 834 gelangten Reliquien nach Freising.

Alexander Sauli

Ordensgeneral, Bischof
(* 1534, † 1593)

Patron: von Korsika, Pavia, Genua
Festtag: 11. Oktober
Leben und Wirken: Alexander Sauli, „Apostel Korsikas", war schon in jungen Jahren ein begnadeter Prediger.
In Mailand als Sohn adliger Eltern geboren, trat Alexander dem noch jungen Orden der Barnabiten (Paulaner) bei und wurde 1556 zum Priester geweiht. Als junger Theologieprofessor und Prediger in Pavia beeindruckte er schon bald nicht nur Schüler (darunter u.a. →Karl Borromäus) und Volk, sondern auch seine Mitbrüder so sehr, daß er 1567 zum Ordensgeneral gewählt wurde. Auch der Papst erkannte Alexanders Fähigkeiten und ernannte ihn nur zwei Jahre danach zum Bischof von Aléria auf der Insel Korsika. Dort erweckte Alexander die heruntergekommene Diözese wieder zum Leben und

erhielt den Ehrentitel „Apostel Korsikas“. 1591 schließlich übernahm er auf Bitten des Papstes das Bistum Pavia. Alexanders Zeit dort war allerdings kurz; so starb er auf einer Reise in Calosso d'Asti am 11. Oktober 1593. Alexander Sauli wurde 1904 heiliggesprochen.

Alexius von Edessa

Bekenner († im 5. Jh.)

Patron: von Innsbruck; der Pilger, Bettler, Vagabunden, Kranken, Gürtler; gegen Erdbeben, Gewitter, Blitzschlag, Seuchen, Pest
Festtag: 17. Juli

Der heilige Alexius von Edessa

Darstellung: als Eremit, Pilger, mit Buch, Pilgerstab, unter einer Treppe schlafend
Leben und Wirken: Alexius von Edessa wurde ab dem 10. Jh. als „Mann Gottes“ im Abendland verehrt, seinen Höhepunkt erreichte der Kult allerdings erst im ausgehenden Mittelalter, wo die Legende des Alexius Einzug in Literatur und Musik fand. Ihm zu Ehren gründete sich um 1350 die Genossenschaft der Alexianer zur Pflege von Kranken und Geisteskranken, zu der später auch ein weiblicher Ordenszweig entstand. Über das Leben des Bekenners Alexius von Edessa berichten zahlreiche, einander widersprechende Legenden. Einer zufolge soll er als Sohn einer reichen römischen Patrizierfamilie am Hochzeitstag seine Braut verlassen und sich auf eine Wallfahrt ins Heilige Land begeben haben. Auf seinem Weg gelangte er weiter nach Edessa in der heutigen Türkei, wo er bis zu seinem Tod als hochverehrter Einsiedler gelebt haben soll. Eine andere Legende berichtet, daß Alexius Jahre später in sein Elternhaus zurückkehrte. Da den zerlumpten Mann jedoch niemand erkannte, mußte er dort als Diener leben und unter der Treppe schlafen.
Wieder eine andere Geschichte berichtet, daß Alexius als Bettler unter der Treppe seines Eltern-

hauses lebte. In seiner Sterbestunde soll der Papst ihm beigestanden haben, ein von Alexius geschriebener Brief enthüllte nach seinem Tod die wahre Identität des Bettlers.
Das Grab Alexius' befindet sich in der römischen Kirche SS. Bonifacio e Alessio. Reliquien werden u.a. auch in Prag aufbewahrt. Alexius wurde Patron unzähliger Kapellen; zahllose Altäre und Treppenhäuser wurden nach ihm benannt. So verfügen etliche Frauenklöster, u.a. in Eichstätt, Landshut, Bad Wörishofen und Wien, über sog. Alexiusstiegen.

Alfons Maria di Liguori

Bischof, Kirchenlehrer, Ordensgründer (* 1696, † 1787)

Der heilige Alfons Maria di Liguori

Patron: der Beichtväter, Moralprofessoren
Festtag: 1. August
Darstellung: als Priester, in der Ordenstracht der Redemptoristen, mit Kreuz, Rosenkranz, Marienbild, Engel
Leben und Wirken: Alfons Maria di Liguori ging nicht nur als Gründer des Redemptoristenordens, sondern auch als einer der bedeutendsten Moraltheologen in die Kirchengeschichte ein.
Geboren wurde Alfons bei Neapel als Sohn einer Adelsfamilie. Er studierte zunächst Rechtswissenschaften und wurde ein erfolgreicher Anwalt. Nachdem er einen bereits gewonnen geglaubten Prozeß verloren hatte, gab er enttäuscht seine Kanzlei auf und wandte sich der Theologie zu. 1726 wurde er zum Priester geweiht und zog in der Folgezeit als Prediger, Volksmissionar und Beichtvater durch Italien. 1732 gründete Alfons Maria di Liguori in dem kleinen Bergort Scala die Kongregation „Vom allerheiligsten Erlöser", auch Redemptoristen genannt. Aus gesundheitlichen Gründen mußte er schließlich die Mission aufgeben

und begann die Arbeit an seiner berühmten Moraltheologie. Die „Theologia moralis“ erhielt schon zu Lebzeiten ihres Verfassers acht Auflagen, 80 weitere folgten. 1762 wurde Alfons Maria di Liguori zum Bischof von S. Agata dei Goti ernannt.
Schwer erkrankt mußte er jedoch 13 Jahre später sein Amt niederlegen und zog sich in das Kloster Pagani bei Neapel zurück. Dort starb er am 1. August 1787 und wurde in der Redemporistenkirche beigesetzt.
Alfons Maria di Liguori wurde 1839 heiliggesprochen, 1871 wurde er zum Kirchenlehrer ernannt.

Alfonso

→Ildefons

Aloysius von Gonzaga

Jesuit (* 1568, † 1591)

Patron: von Mantua; der Jugend, Studenten; bei Berufswahl; gegen Pest, Augenleiden
Festtag: 21. Juni
Darstellung: in der Ordenstracht der Jesuiten, als Page, mit Lilie, Totenkopf, Geißel, Kreuz
Leben und Wirken: Aloysius von Gonzaga wurde als Sohn eines Grafen in Castiglione in der Lombardei geboren. In seiner Kindheit und Jugend war er Page an den Höfen von Florenz, Mantua und Madrid. Bereits im Alter von zehn Jahren gelobte Aloysius ewige Keuschheit, sieben Jahre später verzichtete er auf sein Erbe und trat – zunächst noch gegen den Widerstand seines Vaters – in den Jesuitenorden ein. Neben theologischen Studien widmete er sich besonders der Krankenpflege. So kümmerte er sich in Rom um Pestkranke, steckte sich jedoch selbst an und starb am 21. Juni 1591, im Alter von nur 23 Jahren.
Bestattet wurde er in der Kirche S. Ignazio in Rom. 1726 wurde Aloysius von Gonzaga heiliggesprochen.

Altmann von Passau

Bischof (* um 1015, † 1091)

Festtag: 8. August (in Passau, St. Pölten, Linz, Wien: 9. August)
Darstellung: im bischöflichen Gewand, mit Mitra, Stab, Buch
Leben und Wirken: Altmann von Passau stammte aus einem westfälischen Adelsgeschlecht. Er studierte an verschiedenen Universitäten, war Kanoniker und Lehrer an der Domschule in Paderborn und wurde 1051 Probst am Kollegiatsstift in Aachen und Hofkaplan Kaiser Heinrichs III. Als dieser fünf Jahre später starb, kam Altmann nach Passau, wo er 1065 zum Bischof geweiht wurde. In seinem Amt förder-

te er das Bildungsniveau des Klerus und unterstützte die Reformen von Papst →Gregor VII., dem Priesterehe und Laieninvestitur ein Dorn im Auge waren. Zudem gründete bzw. erneuerte Altmann etliche Stifte wie beispielsweise St. Nikola bei Passau bzw. St. Florian und St. Pölten. Im Investiturstreit setzte er sich 1077 für eine Absetzung Heinrichs IV. ein, woraufhin er 1078 fliehen mußte. Ab 1080 war er – unter dem Schutz des Markgrafen Leopold II. von Österreich – deshalb nur noch im östlichen Teil der damaligen Diözese Passau tätig. Dort gründete er 1083 das Stift Göttweig. Altmann starb am 8. August 1091 in Zeiselmauer bei Wien. Er wurde in der Krypta von Göttweig beigesetzt.

Alto

Abt, Benediktiner († um 760)

Festtag: 9. Februar
Darstellung: als Abt, mit Jesuskind, Kelch, Messer
Leben und Wirken: Alto war ein angelsächsischer Glaubensbote, der eventuell mit →Virgil von Salzburg nach Bayern kam. Dort ließ er sich Mitte des 8. Jhs. als Einsiedler in den Wäldern bei Dachau nieder. Nach 752 schenkte ihm Pippin III. der Jüngere ein Stück Land, auf dem Alto ein Benediktinerkloster errichtete, das später nach ihm „Altomünster" genannt wurde. Alto starb in seinem Kloster.
Bestattet wurde er in der Klosterkirche, zu seinem Grab entwickelte sich bald eine Wallfahrt. Heute ruhen seine Gebeine in der Pfarrkirche St. Alto.

Amadeus

Bischof, Zisterzienser
(* um 1110, † 1159)

Festtag: 27. August
Darstellung: als Bischof, mit Handschuh
Leben und Wirken: Amadeus stammte aus einem savoyischen Adelsgeschlecht und wurde 1139 Abt des Zisterzienserklosters Hautecombe. Fünf Jahre später wurde er zum Bischof von Lausanne ernannt. Er starb am 24. August 1159. Beigesetzt wurde er in der Kathedrale von Lausanne.

Amalberga von Gent

Mystikerin († im 8. Jh.)

auch: Amalia
Patronin: der Bauern, Seeleute; gegen Hagel, Fieber, Schiffbruch
Festtag: 10. Juli
Darstellung: in fürstlichen Gewändern, mit Krone, Kirchenmodell, Buch, Palme, Wildgänsen
Leben und Wirken: Das Leben der Amalberga ist hauptsächlich durch Legen-

den überliefert. Sie stammte wohl aus einem fränkischen Adelsgeschlecht und wurde von ihrer Tante Landrada, der Äbtissin von Münsterbilsen, erzogen. Der Überlieferung zufolge wies Amalberga einen Heiratsantrag von Karl Martell zurück und ging daraufhin ins Kloster. Sie soll zahlreiche Visionen gehabt und Wunder vollbracht haben. Nach ihrem Tode wurde Amalberga zunächst im belgischen Münsterbilsen bestattet, 870 wurden ihre Gebeine in die St.-Peter-Kirche von Gent übertragen.

Amandus

→Suso

Amandus von Maastricht

Bischof, Benediktiner
(† 679 oder 684)

Patron: der Wirte, Bierbrauer, Branntweinbrenner, Händler
Festtag: 6. Februar
Darstellung: als Bischof, mit Stab, Buch, Ketten, Kirchenmodell, Schlange
Leben und Wirken: Amandus stammte aus der Gascogne und lebte zunächst mehrere Jahre lang als Mönch und Einsiedler, bevor er 638 zum Missionsbischof geweiht wurde. Er wirkte im heutigen Belgien, doch vertrieb ihn ein Volksaufstand der Flandern und er missionierte fortan in Tirol und Kärnten. 647 wurde Amandus Bischof von Maastricht, doch gab er dieses Amt bereits zwei Jahre später an Abt Remaklus von Stablo-Malmédy ab und wirkte selbst als Berater des Papstes →Martinus I. Im Laufe seines Lebens gründete er mehrere Klöster und Kirchen, darunter auch das Kloster Elnon im heutigen St-Amand. Dorthin zog er sich später zurück und starb dort am 6. Februar 679 oder 684. Bestattet wurde er im Kloster Elnon.

Ambrosius

Bischof, Kirchenvater, Kirchenlehrer
(* um 333/334 oder 339/340, † 397)

Patron: von Mailand, Bologna; der Imker, Wachszieher, Bienen, Steinmetze
Festtag: 7. Dezember
Darstellung: als Bischof, Lehrer, Kirchenvater, mit Stab, Bienenkorb, Kirchenmodell, Buch, Schreibfeder, Taube, Geißel, Kind in der Wiege, in der Schreibstube
Leben und Wirken: Ambrosius zählt neben →Augustinus, →Gregor I. dem Großen und →Hieronymus zu den vier abendländischen Kirchenvätern. Unermüdlich – „bienenfleißig“ – war er als Kirchenschriftsteller und Hymnendichter tätig, setzte sich für die Unabhängigkeit der Kirche gegenüber dem Staat und die Bekämpfung verschiedener Irrlehren ein und sorgte hingebungsvoll für die Armen.

Ambrosius wurde in Trier als Sohn eines Präfekten geboren. Nach dem Tod des Vaters wurde er in Rom für eine Laufbahn als Beamter ausgebildet und 370 Statthalter in Mailand. Als der schon bald sehr beliebte Ambrosius 374 nach dem Tod des Bischofs in einer Streitsache vermitteln wollte, wurde er überraschend zum Bischof gewählt. Da er zu diesem Zeitpunkt jedoch noch Katechumene war, mußte er vor der Weihe – die am 7. Dezember 374 stattfand – noch getauft werden. In seinem Amt wirkte Ambrosius auf vielen Ebenen: So kämpfte er erfolgreich gegen die Anhänger des Arianismus, u.a. gegen Kaisermutter Justina, und bekehrte durch seine mitreißenden Predigten viele Zuhörer zum christlichen Glauben, u.a. →Augustinus, der später ein ebenso berühmter Kirchenvater werden sollte. Vom Kaiser forderte Ambrosius zudem eine Unterwerfung unter die Moralgesetze der Kirche. So mußte sich beispielsweise Kaiser Theodosius I. wegen eines von ihm angerichteten Blutbades an 7000 politischen Gegnern in Thessalonike der Kirchenbuße unterziehen. Trotzdem war Ambrosius aufgrund seiner Weitsicht begehrter Berater der Herrschenden. Nicht zuletzt beeinflußte Ambrosius auch die christliche Kultur, und zwar weit über das 4. Jh. hinaus, durch sein Wirken als Dichter und Komponist. Er starb am 4. April 397 in Mailand, wo er in der nach ihm benannten Basilika S. Ambrogio neben den Gebeinen der Märtyrer →Gervasius und Protasius, die angeblich von Ambrosius entdeckt worden waren, beigesetzt wurde.

Der heilige Ambrosius

Anaklet I.

Papst, Märtyrer († um 90)

auch: Anakletus, Cletus, Kletus
Festtag: 26. April
Darstellung: als Papst, mit Geldstück, das er zerbricht

Leben und Wirken: Anaklet I. war der zweite Nachfolger des hl. →Petrus und wurde um das Jahr 79 Papst. Über sein Leben und seinen Tod ist kaum etwas bekannt. Vermutlich erlitt er unter Kaiser Domitian das Martyrium.
Anaklets Grab befindet sich im Vatikan. Er wurde in den Kanon der römischen Messe aufgenommen.

Anastasia von Sirmium

Märtyrerin († 304)

Patronin: gegen Krankheiten des Kopfes, der Brust
Festtag: 25. Dezember
Darstellung: als Märtyrerin, mit Palme, Schwert, Krone, Schleier, Scheiterhaufen, Schere
Leben und Wirken: Anastasia wurde Mitte des 3. Jhs. in Rom als Tochter eines Heiden und einer Christin geboren. Nach dem Tod ihres brutalen Ehemannes kümmerte sie sich um Christen in römischen Gefängnissen. Als ihr Lehrer →Chrysogonus während der Christenverfolgung unter Diokletian verhaftet und zum Tode verurteilt wurde, begleitete Anastasia ihn zu seiner Hinrichtungsstätte ins oberitalienische Aquileia. Dort wurde auch sie festgenommen und in Sirmium im heutigen Kroatien eingekerkert. Der Legende nach wurde sie zunächst gefesselt auf einem Schiff mit Leck auf dem Meer ausgesetzt, doch das Schiff sank nicht. Schließlich erlitt sie den Feuertod.
Da Sirmium damals die Hauptstadt Illyriens war, verbreitete sich Anastasias Kult schnell. Heute zählt sie zu den meistverehrten Heiligen. Auch in den Römischen Meßkanon wurde sie aufgenommen. Ihre Reliquien gelangten 470 nach Konstantinopel; in Rom wurde ihr die Kirche S. Anastasia geweiht, die eine Schwester des Kaisers →Konstantin des Großen errichten ließ. Weitere Reliquien befinden sich in Verona und in Benediktbeuern, dem Zentrum des mittelalterlichen Anastasia-Kultes.

Anastasius der Perser

Märtyrer (* um 600, † 628)

auch: Magundat
Patron: der Goldschmiede; gegen Kopfschmerzen, Besessenheit
Festtag: 22. Januar
Darstellung: als Märtyrer, mit Palme, Axt
Leben und Wirken: Der Ritter Magundat kam 620 aus Persien nach Jerusalem. Dort ließ er sich taufen, trat ins Anastasioskloster ein und nahm den Namen Anastasius an. 627 verließ er das Kloster jedoch wieder. In Cäsarea wurde er verhaftet und nach Persien gebracht, wo er in Betsaloë am 22. Januar 628 zusammen mit 70 Gefährten den Märtyrertod erlitt.

Im 7. Jh. gelangten seine Reliquien zunächst nach Konstantinopel, dann zusammen mit denen des hl. →Vinzenz von Saragossa nach Rom, wo sie in der Kirche SS. Vincenzo ed Anastasio alle tre Fontane aufbewahrt werden.

Andreas

Apostel, Märtyrer († um 60/62)

Patron: von Rußland, Schottland, Griechenland, Spanien, Sizilien, Niederösterreich; Amalfi, Neapel, Ravenna, Mantua, Brügge, Bordeaux, Patras; der Fischer, Fischhändler, Wasserträger, Metzger, Seiler, Bergleute; für eine gute Heirat; gegen Unfruchtbarkeit, Gicht, Krämpfe, Halsschmerzen, Rotlauf (Andreas-Krankheit)
Festtag: 30. November
Darstellung: als Apostel, mit Bart, Buch, Schriftrolle, (Andreas-)Kreuz, Fisch, Fischernetz, Strick
Leben und Wirken: Andreas wurde als Jünger →Johannes des Täufers von Jesus als erster Jünger namentlich berufen. Das Kreuz, an dem Andreas später hingerichtet wurde, soll die Form eines großen „X" gehabt haben – noch heute werden solche Kreuze, wie sie z.B. an Bahnübergängen zu finden sind, deshalb Andreaskreuze genannt.
Andreas, Bruder des →Petrus, stammte aus Bethsaida in Galiläa. Er lebte mit seinem Bruder als Fischer in Kapernaum am See Genezareth. Ursprünglich Jünger Johannes des Täufers schloß er ich Jesus nach dem wunderbaren Fischfang an. Namentlich erwähnt wird Andreas in der Bibel später noch u.a. bei der Brotvermehrung und der Wiederkunftsrede Jesu. Der Überlieferung nach soll Andreas rund um das Schwarze Meer sowie in Thrakien und Griechenland missioniert haben. Im griechischen Patras soll er am 30. November des Jahres 60 oder 62 unter der Regierung Kaiser Neros den Märtyrertod an einem gegabelten Kreuz erlitten haben, weil er sich geweigert hatte, Götzenopfer zu bringen.
Die Reliquien des hl. Andreas wurden im 4. Jh. in die Apostelkirche von Konstantinopel überführt. Später gelangten sie u.a. nach Amalfi, Rom und Patras, wo seit 1964 wieder das Haupt

Der Apostel Andreas

des Apostels ruht. Eine angebliche Andreaskreuz-Reliquie befindet sich in Kloster Beaune bei Marseille.
Sog. Andreas-Orden existieren seit dem 16./17. Jh.; Andreas ist zudem Schutzpatron des 1429 gegründeten „Ordens vom Goldenen Vlies".

Andreas Avellino

Theatiner (* 1521, † 1608)

Patron: von Neapel, Sizilien, Avellino; bei Schlaganfall, Gewitter, plötzlichem Tod
Festtag: 10. November
Darstellung: bei seinem Tod am Altar
Leben und Wirken: Andreas Avellino stammte aus Sizilien und empfing 1545 in Neapel die Priesterweihe. Anschließend studierte er Rechtswissenschaften und wirkte einige Zeit als Anwalt für theologische Belange. Doch letztendlich wollte er lieber in der Seelsorge tätig sein und trat deshalb 1556 in das Theatinerkloster in Neapel ein. In der Folgezeit wirkte er als Missionar und Prediger und wurde schließlich auch zum Oberen seines Ordens gewählt. Andreas Avellino starb am 10. November 1608 in Neapel, während er gerade die Messe las.
Er wurde in der Kirche S. Paolo Maggiore in Neapel bestattet. 1712 wurde Andreas Avellino heiliggesprochen.

Andreas Bobola

Jesuit, Märtyrer (* 1592, † 1657)

Patron: für die Einheit von Ost- und Westkirche
Festtag: 16. Mai
Leben und Wirken: Andreas Bobola wurde als Sohn eines Adeligen in Polen geboren. Im Alter von 18 Jahren trat er in das Jesuitennoviziat zu Wilna in Litauen ein, das von seiner Familie gestiftet worden war. In der Folgezeit wirkte er als Prediger und Missionar und war bei dieser Tätigkeit so erfolgreich, daß ganze Dörfer geschlossen vom russisch-orthodoxen Glauben zum Katholizismus übertraten. Dies erboste Anhänger der russisch-orthodoxen Kirche und so wurde Andreas Bobola am 16. Mai 1657 von seinen Gegnern zu Tode gemartert. 1938 wurde er heiliggesprochen.

Angela Merici

Ordensgründerin (* um 1474, † 1540)

Festtag: 27. Januar
Darstellung: in der Ordenstracht der Ursulininnen, mit Buch, Himmelsleiter, Kreuz
Leben und Wirken: Angela Merici ist die Gründerin des Ordens der Ursulininnen, dessen Hauptaufgabe in der Erziehung und Unterrichtung der weiblichen Jugend liegt.

Die heilige Angela Merici

Angela stammte aus dem Ort Desenzano am Gardasee. Sie verbrachte viele Jahre damit, Kindern den christlichen Glauben nahezubringen, bevor sie 1524 eine Wallfahrt nach Jerusalem unternahm. 1535 gründete sie die „Gesellschaft der hl. Ursula", die Ursulininnen, deren erste Oberin sie zwei Jahre später wurde. Sie starb am 27. Januar 1540 in Brescia und wurde in der dortigen Kirche S. Afra, die heute S. Angela Merici heißt, beigesetzt.

1807 wurde Angela Merici heiliggesprochen.

Anna

Mutter der Gottesmutter →Maria

Patronin: von Florenz, Innsbruck, Neapel; der Ehe, Mütter, Witwen, Hausfrauen, Hausangestellten, Arbeiterinnen, Weber, Müller, Krämer, Kunstschreiner, Drechsler, Schiffer, Bergleute; für eine glückliche Geburt, Kindersegen

Festtag: 26. Juli (zusammen mit hl. →Joachim, Vater Marias)

Darstellung: als ältere Frau im Matronengewand, mit Kopftuch, Buch; als „Annaselbdritt" mit Maria und Jesuskind; als „Heilige Sippe" mit Joachim, →Josef von Nazareth, Maria und Jesuskind

Leben und Wirken: Nach dem Protevangelium des Jakobus aus der Mitte des 2. Jhs. ist Anna Frau des Joachim und Mutter der Jungfrau Maria. Die Beschreibung ihres Lebens ist an die alttestamentliche Erzählung von Hanna und ihrem Sohn, dem Propheten Samuel, angelehnt.

Der Überlieferung nach war Anna im hohen Alter und nach zwanzig Jahren Ehe mit Joachim noch immer kinderlos. Beide hatten darunter zu leiden und wurden verspottet. Eines Nachts erschien Joachim jedoch ein Engel, der die Geburt Marias ankündigte. Ob sie und Joachim die Geburt Christi noch erlebten, ist nicht überliefert. Die Verehrung Annas setzte bereits im 4. Jh. ein.

In verschiedenen Marienlegenden wurde ihr Name im 5. und 6. Jh. verbreitet. Höhepunkt der Annenverehrung war im Spätmittelalter. Die Glaubensgemeinschaften der Karmeliten und Kapuziner taten sich hier besonders hervor. Zahlreiche Annakirchen und Annakapellen wurden errichtet, die Wallfahrten waren stark besucht.
Das Haupt der hl. Anna befindet sich seit 1500/1501 in der St.-Anna-Kirche in Düren.
Das „Anna-Wasser" soll auch heute noch gegen Fieber, Kopf-, Brust- und Bauchweh helfen.

Die heilige Anna

Anno von Köln

Erzbischof (* um 1010, † 1075)

Patron: gegen Gicht
Festtag: 5. Dezember
Darstellung: als Bischof, mit Stab, Buch, Schwert, Kirchenmodell
Leben und Wirken: Anno stammte aus Schwaben und wurde in der Domschule Bamberg ausgebildet. 1056 wurde er zum Erzbischof von Köln geweiht. In der Folgezeit erweiterte er das Gebiet des Bistums und gründete zahlreiche Klöster und Kirchen. Mehrere Jahre war er auch Reichsverweser für den minderjährigen Kaiser Heinrich IV. Auch wenn er stets freigiebig zu den Armen und Bedürftigen war, strafte er doch die Kölner Bürger streng, als sie sich 1074 gegen Annos Herrschaft auflehnten. Anno starb am 4. Dezember 1075 zu Köln.
Beigesetzt wurde er in der Kirche der Abtei St. Michael in Siegburg, die er gegründet hatte. Er ruht in dem prachtvollen Annoschrein, einer Goldschmiedearbeit aus dem 12. Jh. 1183 wurde er heiliggesprochen.
Wie sehr Anno geschätzt wurde, zeigt sich im „Anno-Lied", das schon bald nach seinem Tod entstand und in dem der Bischof „Blüte und Licht Deutschlands" genannt wird.

Anselm von Canterbury

Erzbischof, Kirchenlehrer, Benediktiner (* um 1033/1034, † 1109)

Festtag: 21. April
Darstellung: im bischöflichen Gewand oder als Mönch, mit Buch, Schreibfeder, Schiff
Leben und Wirken: Anselm zählt neben →Augustinus und →Thomas von Aquin zu den wichtigsten Kirchenschriftstellern. Seine zahlreichen philosophisch-theologischen Schriften, u.a. zum Gottesbeweis, sind noch heute berühmt.

Der heilige Anselm von Canterbury

Geboren wurde Anselm im italienischen Aosta/Piemont als Sohn lombardischer Adeliger. Anfangs als Mönch lebte er ab 1060 im Benediktinerkloster Le Bec in der Normandie, dessen Leitung er 1078 übernahm. Dort setzte er sich v.a. für die Verwirklichung eines höheren geistigen Lebens unter den Mönchen ein. Der Ruhm des Klosters überschritt schon bald die Landesgrenzen. So wurde Anselm fünfzehn Jahre später zum Erzbischof von Canterbury in England erhoben. Mit dem englischen Königshaus unter Wilhelm Rufus („Wilhelm der Eroberer") und dessen späterem Nachfolger Heinrich I. kam es immer wieder zu heftigen Streitereien. Anselm verteidigte die Unabhängigkeit der Kirche und lehnte sowohl die Laieninvestitur als auch den Lehenseid der Bischöfe ab. Aufgrund des Streites wurde Anselm zweimal verbannt, erst ein Kompromiß unter Papst Paschalis II. im Jahr 1107 führte Erzbischof und König wieder zusammen.
Am 21. April 1109 starb der „Vater der Scholastik" in Canterbury und wurde in der dortigen Kathedrale beigesetzt. Er wurde 1494 heiliggesprochen und 1720 zum Kirchenlehrer ernannt.

Ansgar

Erzbischof, Benediktiner (* um 801, † 865)

Patron: der Bistümer Hamburg und Bremen
Festtag: 3. Februar
Darstellung: als Bischof, mit Buch, Stab, Kirchenmodell
Leben und Wirken: Ansgar wurde vermutlich im französischen Corbie gebo-

ren, wo er auch ins Benediktinerkloster eintrat. 823 ging er als Lehrer an die Klosterschule Corvey, ab 826 wirkte er als Missionar in Skandinavien. Dieser Aufgabe widmete er sich sein ganzes Leben lang – eine Tätigkeit, die ihm den Beinamen „Apostel des Nordens“ verlieh.
831 wurde Ansgar zum ersten Bischof von Hamburg geweiht und zum päpstlichen Legaten für Dänemark, Schweden und das Slawengebiet ernannt. Als 845 Hamburg durch die Normannen zerstört wurde, verlegte Ansgar seinen Bischofssitz nach Bremen, wo er am 3. Februar 865 verstarb. Reliquien befinden sich heute im Hildesheimer Dom.

Die heilige Antonius der Große

Antonius der Große

Einsiedler (* um 251/252, † 356)

auch: Antonius Abbas
Patron: der Ritter, Weber, Bauern, Metzger, Zuckerbäcker, Korbflechter, Totengräber, Haustiere (v.a. Schweine); gegen Pest, Viehseuchen, ansteckende Krankheiten, Feuer
Festtag: 17. Januar
Darstellung: als greiser Mönch oder bärtiger Eremit, mit Buch, Stab, Dämonen, Schweinen, als Krücke das Antoniuskreuz (T-förmiges Kreuz)

Leben und Wirken: Der Anachoret Antonius errang Berühmtheit als „Vater des Mönchtums“: Er sammelte einzelne Einsiedler und führte sie in Einsiedlerkolonien, die er nach Vorbild seines Lebens leitete. Zudem ist er neben →Hubert von Maastricht und Lüttich, →Kornelius und →Quirinus von Neuss als einer der „Vier heiligen Marschälle“ bekannt.
Im ägyptischen Kome als Sohn wohlhabender christlicher Eltern geboren, verschenkte Antonius nach deren Tod sein Erbe und lebte als Asket an ver-

schiedenen Stätten in der Wüste. Schon bald sammelten sich zahlreiche Jünger um ihn, Hilfesuchende kamen, um nach Rat zu fragen oder um Heilung zu bitten – darunter auch Priester und Bischöfe. Nach Ende der Christenverfolgung durch Kaiser Maximinus Daja, in der Antonius unter Lebensgefahr vielen Christen geholfen hatte, begann er einen regen Briefwechsel mit Kaiser →Konstantin dem Großen und dessen Sohn. Auf Bitten seines Freundes, des Kirchenlehrers →Athanasius, der später das Leben des Antonius aufzeichnete, verließ er für kurze Zeit seine Einsiedlergemeinde in der Wüste und ging nach Alexandria. Dort predigte er heftig gegen die Irrlehre der Arianer, die die Göttlichkeit Jesu leugneten. Im Alter von ungefähr 105 Jahren starb Antonius in der Einöde.
Seine Gebeine überführte man zuerst nach Alexandria und 635 dann nach Konstantinopel. Seit 1491 ruhen sie in der Pfarrkirche St-Julien zu Arles. Besonders verehrt wurde Antonius zwischen dem 14. und 18. Jh., was auch dem wohltätigen Wirken des Antoniterordens zu verdanken war. Ende des 14. Jhs. gründete zudem Albert von Bayern den Antonius-Ritter-Orden, der den Einsiedler zum Patron der Ritterschaft machte.
Zahlreiche Kirchen und Kapellen wurden Antonius dem Großen in der Folgezeit geweiht.

Antonius Maria Claret

Erzbischof, Ordensgründer
(* 1807, † 1870)

Festtag: 24. Oktober
Darstellung: als Erzbischof, mit Soutane, Rochett, Medaillon über dem Brustkreuz
Leben und Wirken: Antonius Maria Claret wurde im spanischen Sallent als Sohn eines Webers geboren. 1835 erhielt er die Priesterweihe und wirkte ab 1843 als Volksmissionar. 1849 gründete er zur Unterstützung seiner Mission den Missionsorden der „Söhne des Unbefleckten Herzens Mariä“, auch Claretiner genannt. Sechs Jahre später folgte der weibliche Zweig, die Claretinerinnen. Zwischen 1850 und 1857 war Antonius Maria Erzbischof von Santiago de Cuba, danach der persönliche Beichtvater der Königin Isabella II. von Spanien. Er starb am 24. Oktober 1870 auf der Reise zum ersten Vatikanischen Konzil in der Abtei Fontfroide bei Carcassonne. Seine Gebeine befinden sich in Vich bei Barcelona. 1950 wurde Antonius Maria Claret heiliggesprochen.

Antonius Maria Zaccaria

Ordensgründer (* 1502, † 1539)

Festtag: 5. Juli
Darstellung: in der Ordenstracht der Barnabiten, mit Lilie, Kelch, Hostie, Kreuz

Leben und Wirken: Antonius Maria Zaccaria stammte aus dem italienischen Cremona und war zunächst Arzt, bevor er sich entschloß, seinem Leben eine Wende zu geben und sich 1528 zum Priester weihen ließ. Bereits zwei Jahre darauf gründete er in Mailand die Kongregation der „Reguklarkleriker vom hl. Paulus“ – auch Barnabiten genannt, da sie im Kloster S. Barnaba lebten. Seine Hauptaufgabe sieht der Orden in der Volksmission, besondere Verehrung wird dem Altarsakrament und dem Kreuz zuteil. Auch das Freitagsläuten und das vierzigstündige Gebet gehen auf Antonius Maria Zaccaria zurück. Der Ordensgründer starb am 5. Juli 1539 in Cremona. 1897 wurde Antonius Maria Zaccaria heiliggesprochen.

Antonius von Padua

Kirchenlehrer, Franziskaner
(* 1195, † 1231)

auch: Fernando Martin de Bulhom
Patron: von Padua, Lissabon, Hildesheim, Paderborn; der Franziskaner, Armen, Liebenden, Reisenden, Bäcker, Bergleute; für das Wiederfinden verlorener Sachen, eine glückliche Entbindung; gegen Unfruchtbarkeit, Fieber, Dämonen
Festtag: 13. Juni

Der heilige Antonius von Padua

Darstellung: als junger bartloser Franziskaner, mit Lilie, Buch, Jesuskind, Hostie, Fischen, Esel
Leben und Wirken: Antonius zählt auch heute noch zu den beliebtesten Volksheiligen, v.a. in Italien. Er wurde bekannt als herausragender Prediger und

Kenner der Heiligen Schrift. In seiner Theologie folgte er den Erkenntnissen des berühmten Kirchenlehrers →Augustinus.
Geboren in Lissabon wurde Antonius ursprünglich auf den Namen Fernando Martin de Bulhom getauft. Zuerst bei den Augustiner-Chorherren in Coimbra wechselte er im Jahr 1220 zu den Minderbrüdern des Franziskanerklosters St. Antonius und nahm den Namen des Klosterpatrons an. Nach einem kurzen Aufenthalt in Marokko erkannte man bald schon seine überragende Rednerbegabung und schickte ihn als Bußprediger nach Oberitalien und Südfrankreich. Dort bekämpfte er verschiedene Irrlehrer, kritisierte die mißlichen sozialen und politischen Verhältnisse und setzte sich für die Freilassung zahlungsunfähiger Schuldner ein. Tausende von Menschen lauschten ihm begeistert. An der Universität von Bologna wurde er durch Ernennung →Franz von Assisis erster Lektor der Theologie für die Minderbrüder. Im Jahr 1230 zog er sich von seinen Ämtern zurück und lebte angeblich auf einem Nußbaum in Camposampiero in der Nähe von Padua. Auf dem Weg nach Arcella starb er am 13. Juni 1231.
Seine Gebeine wurden in die Basilika S. Antonio in Padua überführt. Schon ein knappes Jahr nach seinem Tod wurde Antonius heiliggesprochen. 1946 wurde er schließlich auch in den Kreis der Kirchenlehrer aufgenommen. Über das Wirken des feurigen Redners gibt es viele Legenden. Berühmt ist u.a. die Geschichte, in der Antonius zu den eifrig lauschenden Fischen predigt, als keine menschlichen Zuhörer erscheinen; oder die von dem ausgehungerten Esel, der beim Anblick des Heiligen Sakraments in der Hand des Antonius sein frisches Futter nicht anrührt, sondern auf die Knie fällt. Ein Ketzer soll sich daraufhin bekehrt haben.

Apollinaris von Ravenna

Bischof, Märtyrer († im 1./2. Jh.)

Patron: von Ravenna, Düsseldorf, Remagen; gegen Stein- und Kopfleiden, Gicht, Epilepsie
Festtag: 23. Juli
Darstellung: als Bischof, mit Märtyrerkrone
Leben und Wirken: Über das Leben des Apollinaris von Ravenna gibt es zwei Legenden. Die eine besagt, er sei zusammen mit →Petrus nach Rom gekommen, der ihn später als Glaubensbote nach Ravenna gesandt habe. Dort soll er 20 Jahre lang als Bischof gewirkt haben, bevor er um 75 nach Folter und Kerker brutal ermordet wurde. Die andere Legende besagt, Apollinaris sei erst um das Jahr 200 Bischof von Ravenna gewesen.

Sicher ist jedoch, daß Apollinaris schon sehr früh verehrt wurde. Bereits 549 wurde über seinem Grab in der Nähe des Hafens von Ravenna die Basilika S. Apollinare in Classe geweiht. Reliquien befinden sich u.a. in Reims, Siegburg, Düsseldorf und Remagen, wo die Wallfahrt auf den Apollinarisberg an den hl. Apollinaris von Ravenna erinnert.

Apollonia von Alexandria

Märtyrerin († um 249)

Patronin: der Zahnärzte; gegen Zahnschmerzen
Festtag: 9. Februar
Darstellung: mit Palme, Zange, Zahn, Feuer
Leben und Wirken: Apollonia lebte in Alexandria und war dort eventuell Diakonissin. Obwohl zu dieser Zeit ein christenfreundliches Klima herrschte, wurde sie aufgrund ihres Glaubens von brutalen Heiden angegriffen und mißhandelt. Man riß ihr die Zähne heraus und bedrohte sie mit dem Tod auf dem Scheiterhaufen.
Als ihre Peiniger einen Moment unaufmerksam waren, stürzte sich Apollonia selbst in die Flammen.

Ariberto

→Heribert von Köln

Arnold von Arnoldsweiler

Musikant († nach 800)

Patron: der Musiker, Organisten, Instrumentenbauer; für einen guten Tod
Festtag: 18. Juli
Darstellung: als Musikant, mit Harfe, Zither
Leben und Wirken: Arnold von Arnoldsweiler stammte aus Griechenland und war um das Jahr 800 Sänger und Lautenspieler am Hofe →Karls des Großen. Er kümmerte sich aufopfernd um Arme und Waisen. Schließlich schenkte ihm der Kaiser den zwischen Düren und Jülich gelegenen Bürge-Wald mit 20 Dörfern.
In einem dieser Dörfer, Genetsweiler (heute Arnoldsweiler), starb der Musikant. Seine Reliquien befinden sich heute in der Arnolduskapelle zu Arnoldsweiler.

Arnulf von Metz

Bischof (* um 570, † 640)

Patron: der Bierbrauer, Müller; für das Wiederfinden verlorener Gegenstände
Festtag: 18. Juli
Darstellung: als Mönch, in weltlicher Kleidung, mit Fisch, Ring, bei der Pflege von Kranken
Leben und Wirken: Arnulf stammte aus dem fränkischen Hochadel und wurde am Königshof von Metz erzogen. Sein

Sohn Ansegisel heiratete später die Tochter Pippins des Älteren, Arnulf gilt also als ein Stammvater der Karolinger. Nachdem Arnulfs Frau Doda in ein Trierer Kloster eingetreten war, ließ er sich zum Priester weihen. 614 wurde er Bischof von Metz und war ein einflußreicher Ratgeber am Hofe Chlotars II. Nach Chlotars Tod 629 legte Arnulf jedoch sein Amt nieder und zog sich in den Vogesenort Remiremont zurück, wo er fortan als Einsiedler lebte und sich der Pflege von Aussätzigen widmete. Arnulf starb am 18. Juli 640 in Remiremont.
Sein Nachfolger auf dem Bischofsstuhl, Abbo von Metz, ließ seine Gebeine in die Kirche St-Arnoul in Metz überführen, heute ruhen sie im Dom zu Metz.

Athanasius der Große

Bischof, Kirchenvater
(* um 295, † 373)

Der heilige Athanasius der Große

auch: Athanasius von Alexandria, Athanasios
Patron: gegen Kopfschmerzen
Festtag: 2. Mai
Darstellung: als alter Mann mit Bart, in bischöflichen Gewändern der lateinischen oder griechischen Kirche, mit Buch
Leben und Wirken: Athanasius gilt als einer der berühmtesten Kirchenlehrer des antiken Christentums und als einer der griechischen Kirchenväter, der „Vater der Orthodoxie".
In Alexandria geboren, ermöglichten ihm seine christlichen Eltern und Mönchsvater →Antonius der Große eine ausgezeichnete Ausbildung. Im Jahr 325 nahm er schließlich als Diakon von Patriarch Alexander am berühmten Konzil von Nicäa teil und begann seinen lebenslangen Kampf gegen die Irr-

lehre der Arianer, die die Wesenseinheit zwischen Christus und Gottvater leugneten. Drei Jahre später wurde Athanasius Nachfolger Alexanders und damit Oberhaupt der ägyptischen Kirche. Da die Arianer noch zu mächtig waren, mußte Athanasius jedoch fünfmal ins Exil, zuerst nach Trier (335–337), dann nach Rom (339–345), anschließend in die ägyptische Wüste (356 bis 362), nach Oberägypten (362 – 363) und schließlich in die Einöde bei Alexandria (365–366).

Dennoch ließ sich Athanasius nicht davon abhalten auch aus dem Untergrund die Dreieinigkeit von Vater, Sohn und Heiligem Geist zu predigen. Nach vielen Jahren der Verbannung in seine Heimatstadt Alexandria zurückgekehrt, starb Athanasius schließlich am 2. Mai 373.

Als „Säule der Kirche“ ging er in die Geschichte ein. Berühmt ist neben seinen Reden gegen die Irrlehre der Arianer auch seine Biographie über das Leben und Wirken des hl. →Antonius des Großen.

Aubin

→Albinus

Aubry

→Alberich von Cîteaux

Augustinus

Bischof, Kirchenvater, Kirchenlehrer

(* 354, † 430)

auch: Augustin, Augustinus von Hippo, Aurelius Augustinus

Patron: von Karthago; der Augustiner, Theologen, Buchdrucker, Bierbrauer; für scharfe Augen

Festtag: 28. August

Der heilige Augustinus

Darstellung: im Bischofsgewand, mit Jesuskind, Buch, Schreibfeder, ein flammendes oder durchbohrtes Herz in der

Hand, zu seinen Füßen ein wasserschöpfender Knabe
Leben und Wirken: Augustinus wird als bedeutendster abendländischer Kirchenvater neben →Ambrosius, →Gregor I. dem Großen und →Hieronymus verehrt. Konfessionsübergreifend berufen sich Christen in aller Welt auf den großen Kirchenlehrer und Philosophen des antiken Christentums. Seine berühmten Schriften behandeln v.a. die Beziehung des Menschen zu Gott, die Trinitätslehre sowie das Verhältnis von Erbsünde und Gnade.
Geboren in Thagaste im heutigen Algerien als Sohn eines Heiden und der Christin →Monika führte Augustinus während seines Philosophie- und Theologiestudiums in Karthago ein Leben in Zügellosigkeit. Er lebte im Konkubinat und wandte sich auf seiner ständigen Suche nach der Wahrheit für mehrere Jahre u.a. auch den Manichäern zu, was seine Mutter sehr betrübte. Als Professor für Rhetorik seit 384 in Mailand erkannte er erst in den Predigten von Bischof →Ambrosius das Christentum von einer anderen Seite. 387 ließ er sich zusammen mit seinem Sohn von Ambrosius taufen, verzichtete auf alle Ämter und kehrte in seine Geburtsstadt zurück. 391 wurde er dort zum Priester und vier Jahre später zum Bischof von Hippo Regius, einer Region im heutigen Algerien, geweiht. In klösterlicher Abgeschiedenheit lebte er mit mehreren Gleichgesinnten und kämpfte fortan mit Leidenschaft gegen die Irrlehren der Manichäer, Arianer, Pelagianer und Donatisten. Als der Vandalenkönig Geiserich 430 mit der Belagerung von Hippo Regius begann, starb Augustinus im gleichen Jahr am 28. August. Seine Gebeine befinden sich seit dem 8. Jh. im lombardischen Pavia in der Augustinerkirche S. Pietro in Ciel d'Oro.
Berühmt ist die Legende von dem Knaben, der mit einer Muschel das gesamte Meerwasser in eine Mulde im Sand schöpfen will. Als Augustinus den Sinn dieser Arbeit anzweifelt, weist ihn der Knabe auf die Unmöglichkeit dessen eigenen Tuns hin, die Unergründlichkeit des Wesens Gottes mit seinen Gedanken ausschöpfen zu wollen.

Augustinus von Canterbury

Erzbischof, Benediktiner († um 604)

Festtag: 27. Mai
Darstellung: als Bischof, mit Pallium, Stab, Mitra
Leben und Wirken: Augustinus von Canterbury ist der Apostel von England. Über seine Herkunft ist nichts bekannt. Er war Prior des Andreasklosters in Rom, bevor er im Jahre 594 von Papst →Gregor I. dem Großen zusammen mit 40 anderen Benediktinermönchen zur Mission nach England gesandt wurde.

Dort wurde er von König Ethelbert von Kent freundlich empfangen, der ihm Canterbury als Bischofssitz zuwies. In der Folgezeit konnte Augustinus große Erfolge bei der Bekehrung der Angelsachsen verbuchen. Dabei zerstörte er jedoch keineswegs die heidnischen Tempel, sondern wandelte sie nach und nach in Kirchen um. 597 errichtete er die St. Augustine's Abbey in Canterbury, auch die berühmte Christ Church und die Kathedrale ließ er erbauen. Augustinus starb am 26. Mai, vermutlich 604.

Er wurde in der Klosterkirche St. Peter und Paul in Canterbury bestattet, seine Reliquien wurden jedoch während der Reformation vernichtet.

Augustinus von Hippo

→Augustinus

Aurelia

Reklusin, Märtyrerin

(† um 304/1027)

Festtag: 15. Oktober

Darstellung: als Pilgerin, mit Buch

Leben und Wirken: Um das Leben der Aurelia ranken sich so viele Legenden, daß es schwierig ist, eine eindeutige Vita zu erstellen. Möglicherweise wurden auch die Lebensgeschichten verschiedener Frauen mit dem Namen Aurelia vermischt. Eine Überlieferung aus Straßburg besagt, Aurelia sei eine Gefährtin der hl. →Ursula gewesen und habe zusammen mit dieser um 304 das Martyrium erlitten. Wahrscheinlicher ist jedoch die Legende, derzufolge Aurelia ab 975 fünfzig Jahre lang als Reklusin in der Benediktinerabtei St. Emmeram bei Regensburg lebte. Dort starb sie am 15. Oktober 1027.

Aurelia wurde in der Klosterkirche von St. Emmeram bestattet, wo ein kostbares Hochgrab aus dem 14. Jh. noch heute an sie erinnert.

Aurelius Augustinus

→Augustinus

Avoice

→Hedwig von Schlesien

B

Balthasar

→Drei Heilige Könige

Barbara

Märtyrerin († 306)

Patronin: der Bergleute, Gefangenen, Architekten, Dachdecker, Glöckner, Köche, Metzger, Hutmacher, Totengräber; der Türme; der Artillerie, Feuerwehr; gegen Gewitter, Brandgefahr, Pest, Fieber; für ein gutes Sterben; eine der Vierzehn Nothelfer
Festtag: 4. Dezember
Darstellung: als junge Frau in vornehmem Gewand, mit Krone, Schwert, dreifenstrigem Turm, Kelch, Hostie, gemeinsam mit →Margareta von Antiochia und →Katharina von Alexandria
Leben und Wirken: Seit dem 14. Jh. gehört die hl. Barbara zu den beliebtesten Heiligengestalten. Neben Margareta von Antiochia und Katharina von Alexandria zählt sie zu den sog. „Drei heiligen Madl'n", den drei heiligen Jungfrauen.
Der Legende nach erlitt Barbara zur Zeit der Christenverfolgung durch Kaiser Maximinus Daja den Märtyrertod. Ihr Wirkungsort ist umstritten, so lebte die schöne und kluge Tochter eines wohlhabenden Heiden und Christenverächters entweder in Nikomedien, in der heutigen Türkei, oder in Heliopolis, im heutigen Libanon. Um ihre Lebensgeschichte ranken sich verschiedene Legenden. Eine davon berichtet, daß ihr Vater Dioscuros sie angeblich in einen Turm sperrte, um ihre Tugend zu schützen. Als er auf Reisen war, ließ sich Barbara heimlich von einem als Arzt verkleideten Priester taufen und – als weithin sichtbares Symbol der Dreifaltigkeit – ein drittes Fenster in den Turm brechen. Eine andere Quelle berichtet, daß Barbara, erleuchtet vom Heiligen Geist, in ein Wasserbecken der Heiden gestiegen sei und in einer Vision von →Johannes dem Täufer getauft wurde. Der wutentbrannte Vater brachte die ungehorsame Tochter daraufhin vor Gericht, wo sie um ihres Glaubens willen gegeißelt und mit brennenden Fackeln gemartert wurde. Blutend und nackt soll sie der Statt-

Die heilige Barbara

halter über den Marktplatz gejagt haben, bis ihr eigener Vater sie schließlich köpfte. Danach soll dieser vom Blitz getroffen worden sein.
Die Reliquien der hl. Barbara werden heute im Kloster S. Giovanni Evangelista auf der Insel Torcello vor Venedig aufbewahrt.
Bereits im Mittelalter entwickelten sich zahlreiche Volksbräuche um die jungfräuliche Märtyrerin: So schneidet man am Festtag die „Barbarazweige" – Apfel- oder Kirschbaumzweige – und stellt sie ins Wasser, damit sie an Weihnachten blühen. Aus Barbaras Patronat für ein gutes Sterben ist im 15. Jh. folgender Spruch entstanden: „Sankt Bärbel, die vermag zu stärken; denn wer in ihren Diensten steht, nie ohne Sakrament von hinnen geht."

Barnabas

Märtyrer († 61)

Patron: von Mailand, Florenz; der Weber, Küfer; gegen Hagel, Streit und Traurigkeit
Festtag: 11. Juni (in der Ostkirche: 11. April)
Darstellung: als Apostel oder im Bischofsgewand, mit Ölzweig, Evangelienrolle, Buch, Stein
Leben und Wirken: Bekannt wurde Barnabas als Begleiter des Apostel →Paulus. Die Apostelgeschichte berichtet an etlichen Stellen von seinem Wirken. Barnabas ist laut Geschichtsschreiber Tertullian der Verfasser des Hebräerbriefes, er gehörte eventuell schon zum Kreis der 72 Jünger Jesu.
Geboren in Zypern als Sohn jüdischer Eltern verkaufte der Levit Josef – wie Barnabas anfangs hieß – nach deren Tod sein gesamtes Erbe. Das Geld spendete er den Aposteln, um die ersten judenchristlichen Gemeinden aufzubauen. Getauft auf den Namen Barnabas („Sohn des Trostes") lehrte er gemeinsam mit Paulus in Antiochia und begleitete ihn auf seiner ersten Missionsreise nach Zypern und Kleinasien. Auf dem Apostelkonzil in Jerusalem verteidigte er die Freiheit der Heidenchristen von den jüdischen Gesetzesvorschriften. Mit →Markus besuchte er die zyprischen Christengemeinden und wird deshalb manchmal auch „Apostel Zyperns" genannt. In Salamis bei Famagusta auf Zypern soll Barnabas schließlich von Juden zu Tode gesteinigt worden sein.
Seine Grabstätte fand man angeblich im 5. Jh. auf Zypern. Reliquien werden nicht nur in verschiedenen Kirchen Italiens, sondern u.a. auch in Prag, Köln, Andechs, Toulouse und Namur verehrt. Der 1530 von →Antonius Maria Zaccaria gegründete Regularklerikerorden der Barnabiten trägt wie das Mailänder Kloster S. Barnabas seinen Namen.

Bartholomäus

Apostel, Märtyrer († im 1. Jh.)

Patron: von Altenburg, Pilsen, Frankfurt (a.M.), Maastricht, des Bistums Lüttich; der Bergleute, Gerber, Schuhmacher, Buchbinder, Schneider, Bauern, Winzer, Hirten, Metzger; gegen Zuckungen, Haut- und Nervenkrankheiten
Festtag: 24. August
Darstellung: als Apostel, mit Buch in der einen und Schindmesser in der anderen Hand, mit seiner abgezogenen Haut in Händen oder auf einem Stecken, im Martyrium
Leben und Wirken: Die Geschichte des Bartholomäus birgt zahlreiche Unsicherheiten und ist stark durch Legendenbildung verdeckt. Der Name Bartholomäus erscheint nur in den Apostellisten, wahrscheinlich war er ein Beiname des Nathanael aus Kana in Galiläa („Bar Tolmai", hebräisch für: Sohn des Tolmai). Nathanael zählte zu den zwölf Aposteln.

Geboren in Kana soll Bartholomäus der Überlieferung nach in Mesopotamien, Armenien und Indien das Evangelium gepredigt haben. Berühmt wurde er durch die Heilung Kranker und Besessener. Auch eine armenische Prinzessin soll Bartholomäus geheilt haben, woraufhin sich die ganze Königsfamilie bekehrte. Der wütende, heidnische Bruder des Königs verurteilte ihn deshalb angeblich zur persischen Todesstrafe: dem Abziehen der Haut bei lebendigem Leib und anschließender Kreuzigung. Eine andere Quelle berichtet, daß Bartholomäus für seinen Frevel enthauptet, eine dritte, daß er gesteinigt und verbrannt worden sei. Ort des Martyriums soll ein von den Persern beherrschter Teil Syriens gewesen sein.

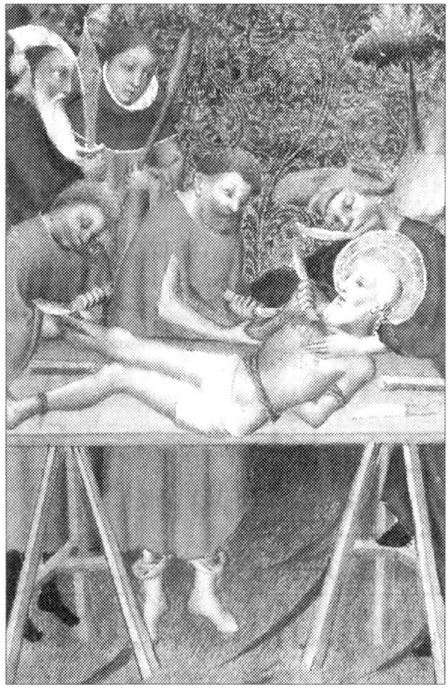

Der Apostel Bartholomäus

Die Gebeine brachte man 983 nach Rom in die Bartholomäuskirche. Die Hirnschale des Märtyrers befindet sich seit dem 13. Jh. in der früheren Pfarrkirche St. Bartholomäus, dem heutigen Dom in Frankfurt (a.M.).

Berühmt-berüchtigt ist der Name Bartholomäus im Zusammenhang mit der „Pariser Bluthochzeit" im August des Jahres 1572: So ließ die Katholikin Katharina von Medici in der „Bartholomäusnacht" damals 2000 Hugenotten umbringen, die zur Hochzeit ihrer Tochter mit dem protestantischen Henri von Navarre nach Paris gereist waren.

Basilius

Erzbischof, Kirchenvater,
Kirchenlehrer (* um 330, † 379)

Patron: des morgenländischen Mönchtums
Festtag: 2. Januar (Bischofsweihe: 14. Juni; in der Ostkirche: 1. Januar)
Darstellung: als Bischof des griechischen oder lateinischen Ritus; als Benediktiner-/Basilianermönch; Einsiedler, mit Büchern, Kirchenmodell, Totenschädel, Taube
Leben und Wirken: Der große Theologe Basilius gilt als Vater des östlichen Mönchtums: Mit →Gregor von Nazianz dem Jüngeren entwickelte er die Regeln für die Basilianermönche. Neben seinem Bruder →Gregor von Nyssa und Gregor von Nazianz dem Jüngeren zählt man Basilius zu den „drei Kappadokiern"; neben seinem Bruder und →Johannes Chrysostomos gehört er zu den drei bzw. vier (mit →Athanasius) griechischen Kirchenvätern.

Der heilige Basilius

Basilius wurde in Cäsarea in Kappadokien, in der heutigen Türkei, geboren. Während seiner Studien, u.a. in Konstantinopel und Athen, lernte er Gregor von Nazianz kennen, der sein engster Freund werden sollte. 356 ließ sich Basilius taufen, studierte das Leben berühmter Asketen in Syrien, Ägypten und Mesopotamien, verschenkte seinen Besitz und gründete schließlich mit einigen Gleichgesinnten eine Einsiedelei bei Neocäsarea am Schwarzen Meer. Dort erarbeiteten die beiden Freunde Basilius und Gregor die Regeln für die Basilianermönche.
Zum Priester geweiht, predigte Basilius ab 364 in Cäsarea, sechs Jahre später wurde er Erzbischof in seiner Geburtsstadt. In seinem Amt setzte er sich für eine Neugestaltung der Liturgie ein, kämpfte erfolgreich gegen die Irrlehre der Arianer und befaßte sich nicht nur in seinen Schriften mit den praktischen Problemen der Gemeindetheologie.
Schon zu Lebzeiten „der Große" genannt, starb Basilius am 1. Januar 379 in Cäsarea, wo er auch bestattet wurde.

Beatrix da Silva Meneses

Ordensgründerin (* 1424, † 1490)

Festtag: 16. August
Leben und Wirken: Beatrix ist die Gründerin des Ordens der Konzeptionistinnen, der heute besonders in den romanischen Ländern und in Südamerika verbreitet ist.
Sie wurde in Marokko geboren und war zunächst Hofdame bei Isabella von Kastilien. Schließlich zog Beatrix sich in das Zisterzienserkloster von Toledo zurück, wo sie 30 Jahre wie eine Nonne lebte, ohne jedoch jemals das Gelübde abzulegen. 1484 gründete sie den Orden der Konzeptionistinnen, auch „Orden von der unbefleckten Empfängnis" genannt. Beatrix da Silva Meneses starb am 16. August 1490 in Toledo. 1976 wurde sie heiliggesprochen.

Beatus

Einsiedler, Glaubensbote
(† 112 / im 7. Jh.)

Patron: der Schweiz; gegen Pest, Krebs
Festtag: 9. Mai
Darstellung: als Einsiedler, mit Drachen, Höhle
Leben und Wirken: Um das Leben des Beatus ranken sich zwei verschiedene Legenden. Der einen zufolge stammte Beatus aus Frankreich. Nachdem er von →Petrus selbst zum Priester geweiht worden war, ging er in die Schweiz, um dort als Glaubensbote zu wirken. Er starb 112. Die andere Legende besagt, Beatus sei identisch mit dem iroschottischen Abt Beatus von Honau im Elsaß gewesen. Dieses Kloster sandte im 7. Jh. ebenfalls Missio-

nare in die Schweiz. Angeblich tötete Beatus am Thuner See einen Drachen und lebte dann in dessen Höhle.
Bereits im 12. Jh. behauptete das Kloster Engelberg in der Schweiz, eine Beatus-Reliquie zu besitzen. Die Beatushöhle auf dem Beatenberg am Thuner See entwickelte sich zu einem beliebten Wallfahrtsort.

Beda Venerabilis

Kirchenlehrer, Benediktiner
(* 672/673, † 735)

auch: Beda der Ehrwürdige
Festtag: 25. Mai
Darstellung: in der Ordenstracht der Benediktiner, mit Buch, Schreibfeder
Leben und Wirken: Beda Venerabilis ist v.a. durch seine umfassende schriftstellerische Tätigkeit bekannt. So gilt er als der erste wissenschaftliche Theologe des Mittelalters und als Verfasser der ersten Klostergeschichte des Abendlandes, der Geschichte des Klosters Wearmouth in England. Deshalb wird er auch „Vater der englischen Geschichtsschreibung“ genannt.
Beda stammte aus dem nordenglischen Königreich Northumberland und trat bereits im Alter von sieben Jahren als Oblate, als ein dem Ordensstand Bestimmter, ins Benediktinerkloster Wearmouth ein. Drei Jahre später kam er nach Jarrow und empfing um 702 die Priesterweihe. In zahlreichen Schriften setzte er sich mit fast allen Gebieten damaligen Wissens auseinander. Beda schrieb nicht nur über Theologie, sondern u.a. auch über Mathematik, Poesie, Musik und Meteorologie. In seinen theologischen Schriften erklärte er die Heilige Schrift, indem er sowohl auf Gedanken der kirchlichen Schriftsteller als auch auf Vorstellungen der heidnischen Antike zurückgriff. Beda starb am 26. Mai 735 im Kloster Jarrow.
Seine Reliquien wurden im 11. Jh. nach Durham übertragen, wo sie in einen

Der heilige Beda Venerabilis

prächtigen Schrein gebettet wurden. Dieser Schrein wurde jedoch 1541 zerstört. Was mit den Reliquien geschah, ist nicht geklärt. 1899 wurde Beda Venerabilis zum Kirchenlehrer ernannt.

Benedikt von Nursia

Ordensgründer (* um 480, † 547)

auch: Benedetto, Benoit
Patron: von Europa; der Lehrer, Schüler, Bergleute, Höhlenforscher, der Sterbenden; gegen Fieber, Entzündungen, Gallen- und Nierensteine, Gift, Zauberei
Festtag: 11. Juli
Darstellung: als Abt oder Benediktinermönch, mit Regelbuch, Becher, Schlange, Rabe; bei seinem Tod, umgeben von Mönchen; mit seiner Zwillingsschwester →Scholastika
Leben und Wirken: Als „Vater des abendländischen Mönchtums" wurde Benedikt berühmt: der Wahlspruch „Ora et labora" (Bete und arbeite) wurde nicht nur Grundlage der Benediktiner, sondern zahlloser westlicher Ordensgemeinschaften.

Benedikt wurde im italienischen Nursia als Sohn einer Adelsfamilie geboren. Sein Studium in Rom brach er wegen der allgemeinen Sittenlosigkeit ab, zog sich in eine Asketengemeinschaft in Affile zurück und lebte später für drei Jahre als Einsiedler in einer Höhle bei Subiaco in den Sabinerbergen. Nach kurzer Zeit als Abt in dem Höhlenkloster Vicovaro kehrte er nach einem Giftanschlag durch einen Mönch zurück nach Subiaco und gründete ein Dutzend kleiner Klöster mit je zwölf Brüdern unter seiner Leitung. Um 529 verließ Benedikt Subiaco und gründete mit einigen Mönchen bei Cassino das später weltberühmte Kloster Montecassino. Dieses wurde zum Mutterkloster des westlichen Mönchtums. Hier stellte Benedikt seine Klosterregel auf, deren Grundpfeiler das Gebet, die Arbeit und das Studium bilden. Benedikt vereinte auf diese Weise klug verschiedene Traditionen des Mönchtums, und schon bald wurden die Benediktinerklöster wie auch ihre Klosterschulen zu Zentren der Bildung und Kultur im Abendland. Als der Benediktinervater am 21. März 547, einem Gründonnerstag, in Montecassino starb, lebten dort bereits 150

Der heilige Benedikt von Nursia

Mönche. Um 673 gelangten seine Gebeine in die Benediktinerabtei Fleury, die seitdem den Namen St-Benoit-sur-Loire trägt. Ein Teil der Reliquien wurde im 8. Jh. nach Montecassino zurückgebracht.

Nach dem Zweiten Weltkrieg soll bei den Wiederaufbauarbeiten in Montecassino Benedikts ursprüngliche Grabstätte gefunden worden sein. Reliquien werden heute auch in Benediktbeuern, Einsiedeln und Metten verehrt. Papst →Gregor I. der Große, ehemals Benediktinermönch, gibt im zweiten Buch seiner Dialoge eine Lebensbeschreibung Benedikts.

Benno von Meißen

Bischof (* um 1010, † 1106)

Patron: von München, Altbayern, der Diözese Meißen; der Fischer, Tuchmacher; gegen Trockenheit, Unwetter, Pest; für Regen

Festtag: 16. Juni

Darstellung: als Bischof, mit Fisch, der zwei Schlüssel im Maul hat

Leben und Wirken: Über 400 Jahre nach seinem Tod erregte Benno von Meißen noch einmal großes Aufsehen: Als nämlich seine Gebeine am 16. Juni 1524 feierlich erhoben werden sollten, verfaßte Martin Luther seine Streitschrift „Wider den neuen Abgott und alten Teufel, der zu Meißen soll erhoben werden".

Benno stammte aus einem sächsischen Grafengeschlecht und empfing um 1040 die Priesterweihe. Er war zunächst Abt in Hildesheim und Stiftsherr in Goslar, bevor er 1066 gegen seinen Willen zum Bischof von Meißen ernannt wurde. In der Folgezeit errichtete Benno zahlreiche Kirchen und Klöster. Politisch stellte er sich gegen Kaiser Heinrich IV., als er dessen Sachsenkrieg ablehnte, und wurde deshalb von 1075 bis 1076 gefangengenommen. Im Investiturstreit unterstützte er den Papst und wurde deshalb 1085 von Heinrich IV. abgesetzt. Drei Jahre später erhielt er sein Bistum jedoch zurück. Der Legende nach soll Benno bei seiner Absetzung die Domschlüssel in die Elbe geworfen haben und sie drei Jahre später im Bauch eines Fisches wiedergefunden haben. In den folgenden Jahren widmete er sich v.a. der Christianisierung der Slawenstämme an der Ostsee und Elbe, was ihm den Beinamen „Apostel der Wenden" einbrachte. Benno von Meißen starb am 16. Juni 1106.

Er wurde 1523 heiliggesprochen. 1576 wurden seine Gebeine in die Frauenkirche zu München übertragen.

Benoit

→Benedikt von Nursia

Bernadette Soubirous

Nonne, Seherin (* 1844, † 1879)

auch: Marie Bernard
Festtag: 16. April
Darstellung: als Nonne, Bauernmädchen, vor der Grotte von Lourdes, mit Rosenkranz
Leben und Wirken: Der Name Bernadette Soubirous ist untrennbar mit einer der wichtigsten Wallfahrten der Welt verbunden: der Wallfahrt nach Lourdes.
Geboren wurde Bernadette Soubirous als Tochter eines armen Müllers im französischen Lourdes. Sie war als Kind schon kränklich und zeichnete sich durch besondere Frömmigkeit aus. Im Jahre 1858 erschien dem Mädchen in der Grotte Masabielle achtzehnmal die Jungfrau Maria und forderte sie auf, an dieser Stelle eine Kirche zu errichten und Prozessionen dorthin zu veranstalten. Bei einer dieser Erscheinungen entsprang in der Grotte eine Quelle, durch deren Wasser in der Folgezeit zahlreiche unheilbar Kranke geheilt wurden. Bernadette fand sich aufgrund dieser Erscheinungen jedoch starken Anfeindungen ausgesetzt. 1866 trat sie in das Kloster der Caritas- und Schulschwestern in Nevers-sur-Loire ein. Obwohl sie selbst immer wieder von Krankheiten gequält wurde, kümmerte sich Bernadette aufopfernd um Kranke. Sie starb am 16. April 1879 in Nevers. Ihr bis heute unverwester Leichnam ist im Kloster St-Gildard in Nevers aufgebahrt.
1933 wurde Bernadette Soubirous heiliggesprochen. Noch heute pilgern unzählige Kranke in der Hoffnung auf Heilung nach Lourdes.

Bernardino degli Albizechi

→Bernhardin von Siena

Bernhard von Aosta

Archidiakon († 1081)

auch: Bernhard von Menthon
Patron: der Skifahrer, Alpenbewohner, Bergsteiger
Festtag: 15. Juni
Darstellung: im Gewand der Augustiner-Chorherren, mit Stab, Teufel
Leben und Wirken: Bernhard stammte aus einer vornehmen Familie aus dem Aostatal und studierte zunächst Philosophie und Rechte in Paris. Später verschrieb er sich dem geistlichen Leben und wurde Archidiakon des Bischofs von Aosta. Aus unbekannten Gründen ließ er sich jedoch wahrscheinlich nie zum Priester weihen. Bernhard gründete auf dem Großen St. Bernhard ein Hospiz für Wanderer und Pilger. Er starb um den 15. Juni 1081 zu Novara und wurde im dortigen Benediktinerkloster beigesetzt.

1454 wurden seine Gebeine in die Kathedrale von Novara übertragen. Bernhard wurde um 1120 heiliggesprochen.

Bernhard von Baden

Markgraf (* um 1428, † 1458)

Patron: von Baden; der Jugend, der Männer
Festtag: 15. Juli
Darstellung: in Ritterrüstung, mit Fahne
Leben und Wirken: Der auf Schloß Hohenbaden geborene Bernhard war berühmt für seine Diplomatie, seine Treue zu Kaiser Friedrich III. und sein sittenreines Leben. Den ihm unterstehenden Landesanteil regierte er nur für ein Jahr, übergab ihn danach seinem Bruder und machte sich im Auftrag des Kaisers auf, in Deutschland, Frankreich und Italien Teilnehmer für einen Kreuzzug zu gewinnen.
Auf seinem Weg starb Bernhard von Baden am 15. Juli 1458 in Moncalieri bei Turin an einer Seuche, vermutlich der Pest. Seine letzte Ruhestätte fand er in der dortigen Kirche S. Maria della Scala.

Bernhard von Clairvaux

Abt, Kirchenlehrer, Mystiker, Zisterzienser (* um 1090, † 1153)

Patron: von Burgund, Ligurien, Genua, Gibraltar; der Zisterzienser, der Wachszieher, Imker, Bienen; gegen Kinderkrankheiten, Besessenheit, Tierseuchen, Unwetter; der Todesstunde
Festtag: 20. August
Darstellung: als Abt oder Zisterziensermönch, mit Buch, Bienenkorb („honigfließender Lehrer"), bellendem Hund, Teufel an der Kette, Kreuz, Rosenkranz, Muttergottes
Leben und Wirken: Bekannt ist Bernhard von Clairvaux v.a. als bedeutender Vertreter der abendländischen Mystik und „zweiter Gründer" des Zisterzienserordens. Seine „Christus-Mystik" und die Lehre vom Brautverhältnis der See-

Der heilige Bernhard von Clairvaux

le zu Christus beeinflußten viele bedeutende Theologen auch noch Jahrhunderte nach seinem Tod.
Bernhard wurde auf Schloß Fontaines-lès-Dijon in Frankreich geboren. Im Jahr 1112 trat er mit 30 Gefährten in das Reformkloster Cîteaux der Zisterzienser ein. Drei Jahre später schickte man ihn mit 12 Mönchen nach Clairvaux, um dort ein Kloster zu gründen und zu leiten. Dieses entwickelte sich zu einer Keimzelle des Glaubens, von der aus – noch zu Lebzeiten Bernhards – fast 70 weitere Klöster entstanden, weshalb Bernhard manchmal auch als zweiter Gründer der Zisterzienser bezeichnet wird. Seit 1118 leitete er den Zisterzienserorden und entwickelte die noch heute geltenden Ordensregeln.
Ein besonderer Greuel waren Bernhard Zeit seines Lebens Sekten wie die Waldenser oder Katharer sowie die Lehre des Abaelard, die er hartnäckig bekämpfte. Bernhards tiefe Frömmigkeit verbunden mit großer rednerischer Begabung übten einen hohen Einfluß auf mächtige Zeitgenossen wie Fürsten und Päpste aus. So begeisterte Bernhard das Abendland 1146 zum Aufbruch in den 2. Kreuzzug (1147–1149), der jedoch in einer Katastrophe endete. Darüber tief erschüttert, starb Bernhard am 20. August 1153 in Clairvaux. Seine Gebeine ruhen in der Kirche von Ville-sous-la-Ferté bei Clairvaux, sein Haupt in der Kathedrale Saint-Pierre-et-Saint-Paul von Troyes. Seine Heiligsprechung erfolgte 1173, die Ernennung zum Kirchenlehrer 1830.

Bernhard von Menthon

→Bernhard von Aosta

Bernhardin von Siena

Franziskaner (* 1380, † 1444)

auch: Bernardino degli Albizechi
Patron: von Massa Marittima; der Wollweber; gegen Heiserkeit, Blutungen, Brust- und Lungenkrankheiten
Festtag: 20. Mai
Darstellung: als Mönch im Franziskanerhabit, mit Buch, Sonne (mit dem Christusmonogramm IHS)
Leben und Wirken: Bernhardin von Siena wurde schon zu Lebzeiten wie ein Heiliger verehrt. Trotz strengster Befolgung der Franziskanerregeln verlor der „neue Franziskus“ nie seinen Bezug zum Volk und setzte sich tatkräftig sowohl für das geistige Wohl als auch für politische Belange ein.
In Massa Marittima bei Florenz geboren, wurde Bernhardin von Siena mit 22 Jahren Franziskaner und wirkte ab 1417 in Mittel- und Norditalien als einflußreicher Volks- und Bußprediger. Sein Ziel war es sowohl die allgemeine Sittenlosigkeit anzuprangern und die

Der heilige Bernhardin von Siena

Verehrung →Marias und des Namens Jesu zu verbreiten als auch Parteistreitigkeiten innerhalb Italiens beizulegen. Als Generalvikar trieb er die Ausweitung der Franziskaner-Observanten voran (1438–1442). Im Jahr 1439 bemühte er sich auf dem Konzil von Florenz um die Union zwischen griechisch-orthodoxer und lateinischer Kirche.
Bernhardin starb am 20. Mai 1444 in L'Aquila bei Rom. Sein Hochgrab befindet sich in der dortigen Kirche S. Bernardino. Bereits sechs Jahre später wurde der beliebte Volksmissionar heilig gesprochen.

Bernward von Hildesheim

Bischof (* um 960, † 1022)

Patron: der Goldschmiede
Festtag: 20. November
Darstellung: als Bischof, mit Hammer, Kelch, Kreuz
Leben und Wirken: Bernward ging aus einem sächsischen Adelsgeschlecht hervor und erhielt seine Ausbildung an der Domschule zu Hildesheim. Mehrere Jahre war er mit der Erziehung des noch unmündigen Otto III. beauftragt, bevor er 993 zum Bischof von Hildesheim ernannt wurde. Besonders lag ihm die Fürsorge für die Armen und Kranken am Herzen sowie das Einhalten von Disziplin und Ordnung im Klerus. Auch entwickelte sich Hildesheim unter ihm zu einem bedeutenden Kunstzentrum. Mit dem Kloster St. Michael gründete Bernward 995 das erste Männerkloster seines Bistums. Er starb am 20. November 1022 und wurde in der Krypta von St. Michael beigesetzt, in einem Sarkophag, den er selbst entworfen hatte. 1192 wurde Bernward heiliggesprochen. Seine Reliquien wurden nach der Säkularisation 1803 in die Magdalenenkirche und den Dom zu Hildesheim übertragen.

Berthold von Kalabrien

Einsiedler, Gründer
(* um 1100, † 1195)

Festtag: 29. März
Darstellung: als Karmeliter
Leben und Wirken: Berthold ist Mitbegründer des Ordens der „Brüder unse-

rer Lieben Frau vom Berge Karmel", des Karmelitenordens.

Bei Limoges in Frankreich geboren, ließ sich Berthold um 1155 als Einsiedler auf dem Berg Karmel in Palästina nieder. Dort, wo schon der Prophet Elias gelebt haben soll, wollte Berthold mit mehreren anderen Einsiedlern ein Leben in Gottgefälligkeit und Abgeschiedenheit führen. Ab 1185 bis zu seinem Tod wirkte er als Oberer der Eremiten-Gemeinschaft. Bertholds Gebeine sollen in den Überresten eines Klosters der Kreuzfahrer beigesetzt worden sein.

Bereits um 1209 setzte sich Bertholds Nachfolger für eine verpflichtende Regel für die Eremitengemeinschaft ein, die jedoch erst 1226 bestätigt wurde.

1247 schließlich ging aus der Gemeinschaft auf dem Karmel der Karmelitenorden hervor. Als schon bald viele der Karmeliten aufgrund der Verfolgungen in Palästina ins Abendland fliehen mußten, verbreitete sich der Karmelitenorden schnell auch im Westen.

Biagio

→Blasius

Birgitta von Schweden

Ordensgründerin, Mystikerin

(* um 1302/1303, † 1373)

Patron: der Pilger; für einen friedvollen Tod

Festtag: 23. Juli

Darstellung: als Nonne in der Tracht der Birgitta-Schwestern (mit langen Falten, weiten Ärmeln), mit Schreibfeder, Buch; als Pilgerin, mit Hut, Stab, Tasche; als Äbtissin

Leben und Wirken: Birgitta, die Gründerin des Erlöser- oder Birgittenordens, hatte schon als Kind Christusvisio-

Die heilige Birgitta von Schweden

nen. Die Offenbarungen, die von ihren Beichtvätern ins Lateinische übersetzt wurden, erhielt sie jedoch selten im ekstatischen Zustand, sondern meist als Gottes Antwort auf ihre Gebete.

Als Dreizehnjährige heiratete die aus Finstad bei Uppsala in Schweden stammende Birgitta den Adeligen Ulf Gudmarsson und schenkte ihm in glücklicher Ehe acht Kinder. Bekannt für ihre Wohltaten und ihre Frömmigkeit wurde sie 1335 Hofmeisterin am Königshof. Um 1342 pilgerte sie mit ihrem Gatten nach Santiago de Compostela, um das Grab des hl. →Jakobus des Älteren zu besuchen. Wenige Monate nach der Rückkehr starb Gudmarsson im Zisterzienserkloster Alvastra. Dort verstärkten sich Birgittas Visionen, Gottes Braut und Mittlerin zu werden. Auf dem 1346 von König Magnus Eriksson geschenkten Königsgut Vadstena gründete sie deshalb den Birgittenorden, ein Doppelorden von Nonnen und Mönchen. Um diesen bekannter zu machen, zog Birgitta 1349 mit ihrer Tochter Katharina nach Rom. Sie bemühte sich dort auch um eine Rückkehr der Päpste aus Avignon, allerdings vorerst vergeblich. Nach einem kurzen Besuch des Heiligen Landes starb Birgitta am 23. Juli 1373 in Rom. Drei Jahre zuvor war ihr Orden vom Papst anerkannt worden.

Der Leichnam Birgittas wurde von Katharina in das schwedische Vadstena überführt, ein Arm ruht als Reliquie in Rom. Birgitta wurde 1391 heiliggesprochen.

Blasius von Sebaste

Bischof, Märtyrer († um 316)

auch: Biagio, Vlasij

Patron: von Dubrovnik; der Ärzte, Musikanten, Bauleute, Maurer, Gipser, Gerber, Schuhmacher, Schneider, Strumpfwirker, Weber, Wollhändler, des Viehs; gegen Halsbeschwerden, Blasenleiden, Blutungen, Zahnschmerzen, Geschwüre, Pest; für eine gute Beichte; einer der Vierzehn Nothelfer

Festtag: 3. Februar

Darstellung: als Bischof, mit Buch, (gekreuzten) Kerzen, Knaben (den er heilt), Kamm, Wolf, Schweinskopf

Leben und Wirken: Über das Leben des Bischofs von Sebaste in Armenien, der um 316 unter Kaiser Licinius den Märtyrertod erlitt, berichten verschiedene Legenden.

So war Blasius vielleicht ein Arzt, vielleicht lebte er aber auch in einer Höhle mit wilden Tieren. Einer Legende nach soll er allein durch sein Gebet einen Wolf dazu gebracht haben, ein Schwein lebend zu seiner armen Besitzerin zurückzubringen. Diese schenkte ihm daraufhin den Kopf des frisch geschlachteten Schweines. Eine andere Geschichte spielt im Kerker, in den der tiefgläubige Blasius kurz vor seiner grausamen Hinrichtung durch Eisenkämme und Enthauptung geworfen wurde. Dort soll er einen Knaben durch sein Gebet vor dem Erstickungstod durch eine im Hals steckende Fischgräte bewahrt haben. Aufgrund dieser Legende wird Blasius bis heute bei Halsbeschwerden angerufen. Verehrt wird er im Abendland seit dem 9. Jh., der sog. Blasiussegen wird seit dem 16. Jh. über zwei vor dem Hals gekreuzten Kerzen gespendet. Der Festtag des hl. Blasius ist Lostag für das Wetter im Vorfrühling und bringt manchmal auch Sturm.

Der heilige Blasius von Sebaste

Reliquien befinden sich u.a. in Braunschweig, Trier, St. Blasien, Paris und Rom.

Bonaventura von Bagnoreggio

Bischof, Kirchenlehrer,
Franziskaner
(* 1217 oder 1221, † 1274)

auch: Johannes Fidanza, Giovanni di Fidanza
Patron: der Franziskaner, Kinder, Theologen, Arbeiter, Lastträger, Seidenhersteller
Festtag: 15. Juli

Der heilige Bonaventura von Bagnoreggio

Darstellung: als Franziskaner oder Bischof, mit Kardinalshut, Stab, Buch, Kruzifix
Leben und Wirken: Der Franziskaner Bonaventura (ital. „buona ventura" – „gute Zukunft") zählt neben dem Dominikaner →Thomas von Aquin zu den großen Lehrern der Scholastik. Papst Sixtus V. verlieh ihm den Titel „Doctor Seraphicus". Sein Leben lang versuchte Bonaventura, das Erbe des hl. →Franz von Assisi und die Einheit zwischen Rigorosen und Liberalen im Orden zu bewahren.
Sein Geburtsjahr ist unsicher, bekannt ist nur der Geburtsort Bagnoreggio in Mittelitalien. Nach seinem Studium trat Bonaventura 1243 den Franziskanern bei, wurde 1257 in Paris Ordensgeneral (bis 1274) und 1273 Kardinalbischof von Albano bei Rom. In dieser Aufgabe widmete er sich v.a. der Vorbereitung des Zweiten Konzils von Lyon, auf dem die Union der römischen und griechischen Kirche vorübergehend wiederhergestellt werden konnte. Kurz darauf starb Bonaventura am 15. Juli 1274 in Lyon, die Wiedervereinigung zerbrach.
Beigesetzt wurde Bonaventura in Lyon, eine Armreliquie bewahrt sein Geburtsort Bagnoreggio auf. Die restlichen Gebeine gingen im Laufe der Zeit verloren. Seine Heiligsprechung erfolgte 1482, die Ernennung zum Kirchenlehrer 1588.
Im Mittelpunkt von Bonaventuras Leben und Theologie stand Christus. In seinen Schriften berief er sich auf den Neuplatonismus und verknüpfte dessen System mit dem Gedankengut des →Augustinus auf eigene Art.

Bonifatius

Bischof, Benediktiner, Märtyrer
(* um 672/673, † 754)

auch: Winfrid
Patron: der Diözese Fulda; der Bierbrauer, Schneider
Festtag: 5. Juni
Darstellung: im Bischofsornat, die Donareiche fällend, im Martyrium, mit Kreuzstab, Axt, Buch, Schwert
Leben und Wirken: Bonifatius, der „Apostel der Deutschen", gilt als bedeutendster Glaubensbote in Deutschland, er gründete hier mehr Klöster und Bistümer als je ein anderer Missionar.
Der aus angelsächsischem Adel stammende, in Wessex im Süden Englands geborene Bonifatius leitete anfangs als Benediktinermönch die Klosterschule Nursling. 716 missionierte er in Friesland, 719 beauftragte ihn Papst Gregor II. mit der Mission der Germanen und verlieh Winfried am 15. Mai zum Gedenken an den hl. →Bonifatius von Tarsus dessen Namen. 722 wurde Bonifatius zum Bischof, 732 zum Erzbischof und Primas von ganz Deutsch-

Der heilige Bonifatius

land und fünf Jahre später zum päpstlichen Legaten ernannt. Er predigte erfolgreich in Hessen und Thüringen und gründete neben vielen anderen die Klöster Amöneburg und Fritzlar. Bei letzterem soll Bonifatius der Legende nach die Donareiche bei Geismar, ein berühmtes heidnisches Heiligtum, ohne Schaden gefällt haben. Ab 738 reformierte er die fränkische Kirche (aufgrund des Widerstands des fränkischen Adels und Klerus allerdings nur unvollständig) und begann die Bistümer Salzburg, Regensburg, Freising und Passau neu zu ordnen. Ab 742 gründete er weitere Bistümer, wie Würzburg, Buraburg und Erfurt, und Klöster, wie sein Lieblingskloster Fulda. 746 wurde er Bischof von Mainz, 754 trat er zu seiner letzten Missionsreise nach Friesland an.

Im niederländischen Dokkum erlitt Bonifatius mit 52 Gefährten am 5. Juni 754 den Märtyrertod. Seine Gebeine wurden feierlich nach Fulda überführt und ruhen noch heute in der Domkrypta.

Bonifatius von Tarsus

Märtyrer († um 306)

Patron: des Kloster St. Bonifatius und Alexius in Rom; Eisheiliger
Festtag: 14. Mai
Darstellung: bei seinem Martyrium
Leben und Wirken: Über das Leben des Bonifatius gibt es keine gesicherten Informationen. Der Legende nach wurde er um 306 von einer reichen Römerin nach Tarsus in der heutigen Türkei geschickt, um dort Reliquien von Märtyrern zu suchen. Dort angekommen, erlebte er mehrere Folterungen und Hinrichtungen von Christen mit und war dadurch so stark beeindruckt, daß er sich taufen ließ. In der Folge wurde auch Bonifatius verhaftet und erlitt das Martyrium durch siedendes Pech. Die einzigen Reliquien, die seine Begleiter schließlich mit zurück nach Rom brachten, waren die des Bonifatius. Er wurde in den Katakomben an der Via Latina bestattet.

Boris von Bulgarien

Fürst († 907)

Patron: von Bulgarien
Festtag: 2. Mai
Darstellung: als junger Herrscher, mit Kopfbedeckung, Kreuz
Leben und Wirken: Boris, Fürst von Bulgarien, wurde um 865 von byzantinischen Glaubensboten getauft. Als erster christlicher Herrscher des Landes bat er den Papst in Rom um ein bulgarisches Patriarchat, um sein Land zu christianisieren. Nachdem seine Bitte lange Zeit jedoch nicht erhört wurde, wandte sich Boris um 870 der Ostkirche zu, die ihn daraufhin unterstützte, u.a. kamen Schüler der großen Missionare →Kyrillos und Methodios nach Bulgarien und führten dort die slawische Liturgie ein. Um das Jahr 889 legte Boris sein Herrscheramt nieder und zog sich als Mönch bis zu seinem Tod ins Kloster zurück.

Brigitta von Kildare

Äbtissin (* um 453, † 523)

auch: Brigida von Kildare
Patronin: von Irland; Essen; der Kinder, Wöchnerinnen, des Viehs, Geflügels, der Kühe; gegen Unglück
Festtag: 1. Februar
Darstellung: als Äbtissin, im Gebet, mit Kuh, Flamme, Lampe, Kerze
Leben und Wirken: Brigitta wurde im irischen Kildare geboren. Der Legende nach wurde sie vom hl. →Patricius getauft. Bereits mit 14 Jahren trat sie ins Kloster Meath ein und gründete in der Folgezeit selbst mehrere Klöster, u.a. in Kildare, dessen erste Äbtissin sie auch wurde. Dort lebte sie bis zu ihrem Tod am 1. Februar 523.
Bestattet wurde sie in Downpatrick. Später gelangten Reliquien nach Honau im Elsaß, Straßburg und Belém bei Lissabon.

Bruder Klaus

→Nikolaus von der Flüe

Bruder Konrad

→Konrad von Parzham

Brüder Ewald

→Ewaldi

Brun(o) I. der Große

Erzbischof, Erzkanzler (* 925, † 965)

Festtag: 11. Oktober
Darstellung: als Bischof mit Pallium, Kirchenmodell, Fahne
Leben und Wirken: Bruno, jüngster Sohn von König Heinrich I. und Königin →Mathilde, wurde bereits 939 von seinem älteren Bruder, König Otto I., als Kanzler an dessen Hof berufen. Dort

bildete Bruno die Geistlichen aus und erneuerte zudem mehrere Abteien. 951 wurde er zum Erzkanzler und zwei Jahre später zum Erzbischof von Köln und Herzog von Lothringen ernannt. In dieser Doppelfunktion war Bruno seinem Bruder – dem späteren Kaiser – eine große Stütze, sowohl was die Probleme des Reiches als auch die Kirchenpolitik betraf. Brunos Diplomatiekunst war genauso berühmt wie seine Frömmigkeit. In seinem Bistum setzte er sich für eine religiöse Erneuerung in Volk und Klerus ein, reformierte die bestehenden und stiftete neue Klöster, wie die Abtei St. Pantaleon in Köln oder die Stifte St. Andreas und Groß-St. Martin und das Patroklistift in Soest. Bruno starb auf der Rückreise von Frankreich in Reims am 11. Oktober 965 und wurde in St. Pantaleon beigesetzt.

Bruno von Kärnten

→Bruno von Würzburg

Brun(o) der Kartäuser

Ordensgründer

(* um 1030/1040, † 1101)

Patron: gegen Pest
Festtag: 6. Oktober
Darstellung: im weißen Kartäuserhabit, mit Fuß auf der Erdkugel, Stern auf der Brust, Finger an den Lippen (Schweigegebot)

Der heilige Bruno der Kartäuser

Leben und Wirken: Bruno stiftete den strengen Eremitenorden der Kartäuser, dessen Zentrum auch heute noch die Große Kartause in den Bergen unweit Grenobles ist.

Zu Beginn Stiftsherr an der St.-Kunibert-Kirche in seiner Geburtsstadt Köln, leitete Bruno ab 1057 die Domschule zu Reims. 1081 wurde er zum Erzbischof von Reims gewählt, mußte sein Amt jedoch an den königlich protegierten Helinand von Laon abtreten. 1083 nahm Abt →Robert von Molesme den enttäuschten Bruno als Benediktinermönch auf und gestattete ihm die Errichtung einer Eremitensiedlung in Sèche-Fontaine. Kurz darauf schenkte ihm sein ehemaliger Schüler Bischof →Hugo von Grenoble das Felsengebiet Cartusia, nördlich von Grenoble. 1084 entstand hier auf 1000 Meter Höhe „La Grande Chartreuse", das Stammkloster der Kartäuser. 1090 rief ihn ein anderer ehemaliger Schüler, Papst Ur-

ban II., als geistlichen Berater nach Rom, ließ ihn aber auf eigenen Wunsch bald wieder ziehen.
Bruno gründete noch zwei weitere Kartausen: 1091 in Kalabrien bei La Torre die Kartause S. Maria dell' Eremo und kurz darauf die Kartause S. Stefano di Bosco, in der er am 6. Oktober 1101 starb und beigesetzt wurde. Sein Kult wurde 1514 und 1623 bestätigt.

Brun(o) von Querfurt

Erzbischof, Benediktiner, Märtyrer
(* um 974, † 1009)

Patron: von Preußen
Festtag: 9. März
Darstellung: als Reiter, auf einem Esel; als Märtyrer, dem Hände und Beine abgeschlagen werden
Leben und Wirken: Bruno von Querfurt stammte aus einem sächsischen Adelsgeschlecht und wurde an der Domschule von Magdeburg erzogen. Er lebte einige Zeit als Mönch und Einsiedler in Italien, bevor er von Papst Silvester II. mit der Heidenmission betraut wurde. 1004 wurde er zum Erzbischof von Magdeburg geweiht und widmete sich in der Folgezeit der Missionstätigkeit. Er ging nach Siebenbürgen und Westrußland, später nach Preußen, wo er zusammen mit 18 Gefährten am 9. (oder 14.) März 1009 in der Nähe von Danzig von Heiden ermordet wurde.

Bruno von Würzburg

Bischof († 1045)

auch: Bruno von Kärnten
Festtag: 27. Mai
Darstellung: als Bischof, mit Fahne, unter Trümmern liegend
Leben und Wirken: Bruno war der Sohn des Herzogs Konrad von Kärnten und seiner Frau Mathilde von Schwaben. Seit 1027 verwaltete er die italienische Kanzlei von Konrad II., bevor er 1034 zum Bischof von Würzburg ernannt wurde. Unter anderem verfaßte Bruno eine Erklärung zu den Psalmen und begann den Bau des Würzburger Doms. Er starb am 27. Mai 1045 in der Nähe von Linz bei einem Feldzug Heinrichs III. gegen die Ungarn. Als der Bischof dort zu Tisch saß, stürzte der Saal ein und Bruno wurde von den Trümmern erschlagen. Beigesetzt wurde Bruno in der Krypta des Würzburger Doms.

Burkhard

Bischof († 753/754)

auch: Burkard, Burchard, Burkart
Patron: gegen Steinleiden, Rheumatismus, Gliederkrankheiten
Festtag: 2. Februar (in Bamberg und Würzburg: 14. Oktober)
Darstellung: als Bischof, mit Kirchenmodell, Stab, Buch, Wappen

Leben und Wirken: Burkhard war ein angelsächsischer Benediktinermönch und wirktc seit etwa 735 als Gefährte des hl. →Bonifatius auf dem Festland. Bonifatius war es auch, der ihn 741 oder 742 zum ersten Bischof von Würzburg weihte. 747 nahm Burkhard an der fränkischen Synode teil. Er gründete u.a. das Andreaskloster in Würzburg und ließ den Salvatordom erbauen. Dorthin ließ er auch 752 die Gebeine des hl. →Kilian von Würzburg übertragen. Burkhard starb 753 oder 754 in Hohenburg im Odenwald.

An einem 14. Oktober wurden seine Gebeine nach St. Andreas übertragen. Heute sind sie allerdings verschollen, nur noch eine Kopfreliquie ist erhalten.

C

Cäcilia

Märtyrerin († um 230)

auch: Caecilia
Patronin: der Kirchenmusik, Musiker, Organisten, Sänger, Musikinstrumenten-/Orgelbauer, Dichter
Festtag: 22. November
Darstellung: in römischem Jungfrauengewand, mit Verlobtem, Kranz aus Rosen und Lilien, Buch, Palme, Schwert, tiefen Wunden am Hals, mit Orgel (seit dem 15. Jh.) oder mit anderen Instrumenten
Leben und Wirken: Cäcilia zählt zu den besonders volkstümlichen Heiligen, über ihr Leben berichten nur Legenden. Eine Quelle aus dem 5. Jh., die schon bald sehr verbreitet war, erzählt, daß Cäcilia aus einer römischen Patrizierfamilie stammte und mit dem heidnischen Valerian verlobt wurde. Angetan von ihrer tiefen Frömmigkeit bekehrte sich auch ihr Verlobter bald und wurde zusammen mit Cäcilia und ihrem gläubigen Bruder Tiburtius wegen seines christlichen Glaubens getötet.
Der Legende nach soll Cäcilia sowohl das Bad in kochendheißem Wasser als auch die Enthauptung überstanden haben. Obwohl der Scharfrichter dreimal versucht haben soll, sie zu köpfen, starb Cäcilia erst drei Tage später an ihren Wunden, nachdem sie all ihren Besitz an Diener und Arme verschenkt hatte. Ihre angeblichen Gebeine wurden um 821 in die Kirche S. Cecilia in Trastevere in Rom überführt.
Zur Patronin der Kirchenmusik wurde Cäcilia durch Gründung des „Vereins der heiligen Cäcilie" zur Pflege geistlicher Musik im 16. Jh. Im letzten Jahrhundert stiftete Papst Pius IX. den Cäcilienorden für herausragende Leistungen in der Kirchenmusik. Cäcilienvereine existieren auch heute noch in etlichen Ländern.

Die heilige Cäcilia

Caecilius Cyprianus Thascius

→Cyprianus von Karthago

Cajetanus von Thiena

→Kajetan von Tiene

Calixtus
→Kalixtus I.

Camillo, Camillus
→Kamillus von Lellis

Carlo Borromeo
→Karl Borromäus

Carolus Magnus
→Karl der Große

Caspar
→Drei Heilige Könige

Castorius aus Pannonien
→Kastor aus Pannonien

Caterina Benincasa
→Katharina von Siena

Caterina dei Pazzi
→Maria Magdalena von Pazzi

Cerdre, Cergue
→Julitta und Quirikus

Charlemagne
→Karl der Große

Chiara dei Scefi
→Klara von Assisi

Christophorus
Märtyrer († um 249/250)

auch: Christophoros
Patron: des Verkehrs; der Bergstraßen, Autofahrer, Fuhrleute, Seeleute, Fährleute, Flößer, Lastenträger, Bergleute, Piloten, Reisenden, Pilger, Zimmerleute, Färber, Hutmacher, Buchbinder, Gärtner, Obsthändler, Kinder, schwangeren Frauen; gegen einen plötzlichen Tod, Seuchen, Unwetter, Hagel, Zahnschmerzen, Wunden; einer der Vierzehn Nothelfer

Der heilige Christophorus →

Festtag: 24. Juli
Darstellung: meist als (bärtiger) Riese, das Jesuskind auf der Schulter durch ein Gewässer tragend, mit Stab (aus dem manchmal Blätter sprießen)
Leben und Wirken: Christophorus zählt zu den bekanntesten Heiligen. Die an etlichen Autos angebrachte Christophorus-Plakette zeigt, daß man auch heute noch über sein Patronat für „Fuhrleute“ Bescheid weiß. Über das Leben des Märtyrers berichten nur Legenden, vermutlich erlitt er um das Jahr 250 in Lykien in der heutigen Türkei das Martyrium.
Aufgrund der zahlreichen Darstellungen ist die Legende vom Christus-Träger wohl die bekannteste. In ihr trägt der Riese Reprobus als Fährmann arme Wanderer über einen Fluß, darunter auch unerkannt das Jesuskind. In der Mitte des Flusses wird es ihm auf der Schulter immer schwerer, bis Reprobus kaum weitergehen kann. Daraufhin gibt sich Christus zu erkennen und tauft ihn auf den Namen Christophorus, griechisch für „Christusträger“. Daß Christophorus in seiner schweren Last die Allmacht Gottes erkannt hat, war im Volksglauben des Spätmittelalters von großer Bedeutung. So galt den Gläubigen der Anblick des Jesuskindes auf der Schulter des Heiligen als ebenso wirksam wie die Feier der Eucharistie. Die Christophorusdarstellungen in und an den Kirchen mußten deshalb möglichst groß sein. Verehrt wird Christophorus etwa seit dem 5. Jh.; seine Reliquien befinden sich in der Peterskirche in Rom und in der Benediktinerabtei St-Denis bei Paris.

Chrysogonus von Aquileia

Märtyrer († um 303)

Festtag: 24. November
Darstellung: als junger Mann, Soldat, mit Bart, Kreuz, Schwert, zusammen mit →Anastasia von Sirmium
Leben und Wirken: Chrysogonus stammte aus Rom und war der Lehrer und Beichtvater der hl. Anastasia von Sirmium. Um 303 ließ ihn Kaiser Diokletian nach Aquileia in Oberitalien verschleppen und dort wegen seines Glaubens enthaupten.
Reliquien des Chrysogonus gelangten später nach Verona und ins Kloster Tegernsee. In Rom erinnert die Kirche S. Crisògono, deren Ursprungsbau auf das 5. Jh. zurückgeht, an den Heiligen. Auch wurde er in den Kanon der römischen Messe aufgenommen.

Chunebertus

→Kunibert

Clara von Assisi

→Klara von Assisi

Clemens

→Willibrord

Clemens Romanus

→Klemens I.

Cletus

→Anaklet I.

Clothilde

→Klothilde

Cölestin V.

Papst, Einsiedler (* 1215, † 1296)

auch: Petrus Cölestinus
Patron: von L'Aquila; der Buchbinder
Festtag: 19. Mai
Darstellung: in der Ordenstracht der Cölestiner, mit päpstlichen Insignien, mit Büßerkette im Gefängnis
Leben und Wirken: Cölestin wurde als Sohn eines Bauern im italienischen Isernia in den Abruzzen geboren. Nachdem er die Priesterweihe empfangen hatte, zog er sich in die Einsamkeit der Berge zurück, bezog eine Eremitenklause am Monte Murrone und nannte sich fortan Pietro del Murrone. Mit der Zeit sammelten sich immer mehr Gleichgesinnte um ihn, mit denen er 1254 den Einsiedlerorden der Cölestiner gründete, der nach der Regel des hl. →Benedikt lebte. Doch im Alter von fast 80 Jahren sollte sich Pietros Leben plötzlich ändern: er sollte der neue Papst werden. Obwohl er dies heftig ablehnte, gaben die Kardinäle nicht nach und so wurde Pietro 1294 in L'Aquila zum Papst geweiht und hieß nun Cölestin V. Nachdem er fünf Monate gewirkt hatte, erließ er eine Konstitution über die Abdankung des Papstes und trat drei Tage später von seinem Amt zurück, um in seine Einsiedelei zurückzukehren. Doch sein Nachfolger, Papst Bonifatius VIII., traute ihm nicht und befürchtete, Cölestin könne sich als Gegenpapst aufstellen lassen. Deshalb ließ er ihn verhaften und in Schloß Fumone östlich von Rom gefangenhalten, wo Cölestin am 19. Mai 1296 starb. Bestattet wurde Cölestin V. in der Basilika S. Maria di Collemaggio in L'Aquila. 1313 wurde er heiliggesprochen. Der Orden der Cölestiner existiert heute jedoch nicht mehr.

Coletta

Klarissin (* 1381, † 1447)

auch: Coleta, Nicolette Boillet
Patronin: von Corbie, Gent, Poligny; der Klarissinnen, Dienstmägde, Zimmerleute; gegen Kopfweh, Fieber, Augenleiden; bei Unfruchtbarkeit; für eine glückliche Entbindung
Festtag: 6. März
Darstellung: in der Ordenstracht der Klarissinnen, mit Buch, Kreuz, Lerche, Lamm

Leben und Wirken: Geboren wurde Coletta im französischen Corbie. Mit 21 Jahren entschloß sie sich zunächst zu einem Leben als Reklusin, 1406 trat sie dann in den Klarissinnenorden ein. Ab 1408 begann sie im Auftrag des Papstes, den Orden zu reformieren. Dabei führte sie die Klöster zur ursprünglichen Strenge der Regel zurück. Außerdem gründete sie 20 neue Klöster, deren Mitglieder sich nach ihr Colettinerinnen nannten. Auch Männerklöster schlossen sich Colettas Reformen an und nannten sich fortan Colettaner. Coletta starb am 6. März 1447 zu Gent. 1807 wurde sie heiliggesprochen.

Columba(n)

→Kolumban der Jüngere

Constantia

→Konstantia

Corbinianus

→Korbinian von Freising

Cordula

Märtyrerin († um 304)

auch: Kordula
Patronin: von Köln, Tortosa
Festtag: 22. Oktober
Darstellung: in vornehmer Kleidung, mit Schiff, Lanze, Pfeil, Palme, Kranz
Leben und Wirken: Der Legende nach war Cordula eine Gefährtin der hl. →Ursula. Sie konnte zunächst dem Tod entgehen, indem sie sich im Schiff versteckt hielt, stellte sich jedoch am nächsten Tag freiwillig den Hunnen und erlitt wie Ursula und ihre anderen Begleiterinnen das Martyrium.
1278 wurden ihre Gebeine in der Johanniterkirche zu Köln erhoben. In der Säkularisation gelangten Cordulas Reliquien u.a. nach Königswinter und Rimini.

Cornelius

→Kornelius

Corona

Märtyrerin († im 2. Jh.)

auch: Korona, Stephana
Patronin: der Lotterie (in Österreich); Schatzgräber, Fleischer; in Geldangelegenheiten
Festtag: 14. Mai (in der Ostkirche: 11. November)
Darstellung: mit Palmbaum, Goldstück, Krone
Leben und Wirken: Corona, die im Griechischen Stephana heißt, stammte vermutlich aus Ägypten oder Syrien. Über ihr Leben gibt es nur Legenden. Demnach erlitt sie im Alter von erst 16 Jahren den Märtyrertod. Sie wurde an den heruntergezogenen Spitzen zweier Pal-

men festgebunden. Als diese nach oben schnellten, wurde Corona zerrissen. Dies geschah vermutlich in der zweiten Hälfte des 2. Jhs.
Reliquien gelangten später in das Aachener Münster und in den Prager Dom. Besondere Verehrung wurde der Märtyrerin in Bayern und Österreich zuteil, wo es mehrere Corona-Wallfahrten gab.

Cosmas und Damian(us)

→Kosmas und Damianus

Creszentia Höß

Oberin, Mystikerin (* 1682, † 1744)

auch: Kreszentia Höß
Festtag: 5. April
Darstellung: als Nonne, mit Kreuz, Sieb, Buch, Taube
Leben und Wirken: Creszentia Höß wurde in Kaufbeuren als Tochter eines Webers geboren. Da sie so arm war, wollte man sie zunächst nicht in den Konvent der Franziskaner-Terziarinnen in ihrem Heimatort aufnehmen. Schließlich war es dem Bürgermeister des Ortes zu verdanken, daß Creszentia Höß in das Kloster eintreten durfte. Doch ihre Mitschwestern und die Oberin ließen sie deutlich spüren, daß sie unerwünscht war. Auch litt Creszentia häufig unter starken Schmerzen. All diese Leiden ertrug sie jedoch mit großer Geduld und bald drang Kunde von ihrem heiligengleichen Leben nach draußen. Zahlreiche Personen – auch hochgestellte – holten Creszentias Rat ein. Schließlich wurde sie Novizenmeisterin des Klosters, 1741 sogar Oberin. Creszentia Höß starb am 5. April 1744 in Kaufbeuren und wurde in der Klosterkirche beigesetzt.
1956 wurde ihr Heiligsprechungsprozeß eingeleitet, 1998 wurde ihre Verehrung als Diözesanheilige genehmigt.

Crispinus und Crispinianus

Märtyrer († um 287 oder 304)

auch: Krispin und Krispinian
Patrone: der Diözese und Stadt Osnabrück, von Soissons; der Schuster, Sattler, Gerber, Weber, Schneider
Festtag: 25. Oktober
Darstellung: als Schuster, mit Werkzeug, Mühlstein, Scheiterhaufen, Bleikessel (Martyrium)
Leben und Wirken: Die Vita der beiden Brüder ist legendarisch. Angeblich entstammten sie einem römischen Adelshaus und mußten nach ihrer Taufe vor den Häschern des Kaisers Diokletian nach Soissons in Nordfrankreich fliehen. Dort arbeiteten sie als Schuster (für die Armen umsonst) und bekehrten dabei zahlreiche Menschen. Zur Strafe ließ man ihnen angeblich Streifen aus ihrer Haut schneiden, sie mit

Blei übergießen und auf einen Scheiterhaufen stellen. Als sie ihren Glauben trotzdem nicht verleugneten, soll der eine Bruder enthauptet, der andere mit einem Mühlstein um den Hals ertränkt worden sein.
Die Gebeine der standfesten Brüder ruhen in Soissons und Osnabrück.
Bekannt ist heute noch der Spruch: „Crispin machte den Armen die Schuh' und stahl das Leder auch dazu", der jedoch auf einen Übersetzungsfehler zurückgeht. Anstatt „stahl" müßte es richtig „stellte" heißen.

Cunibert

→Kunibert

Cuthbert von Lindisfarne

Bischof, Benediktiner
(* um 620, † 687)

auch: Gisbert von Lindisfarne
Patron: der Hirten, Seeleute
Festtag: 20. März
Darstellung: als Abt, Bischof, mit Fischottern, Schwan
Leben und Wirken: Cuthbert, der als Nationalheiliger der angelsächsischen Kirche gilt, stammte aus einer wohlhabenden Familie aus Northumberland im heutigen England. 651 trat er in das Benediktinerkloster Melrose ein, dessen Prior er bald wurde. 664 wurde er Prior des Klosters Lindisfarne auf Holy Island. Später lebte er sieben Jahre als Einsiedler auf der Nachbarinsel Farna, bevor er Bischof von Lindisfarne wurde. Er trat jedoch bald wieder von seinem Amt zurück. Cuthbert starb am 20. März 687 auf Farna.
In der Folgezeit ereigneten sich an seinem Grab zahlreiche Wunder. 999 wurden seine Reliquien in die Kathedrale von Durham übertragen.

Cyprianus von Karthago

Bischof, Märtyrer
(* um 200/210, † 258)

auch: Cyprian, Kyprianos, Caecilius Cyrianus Thascius
Patron: gegen Pest
Festtag: 16. September
Darstellung: im Bischofsornat, mit Palme, Buch, Schwert
Leben und Wirken: Cyprianus gilt in der Zeit vor dem hl. →Augustinus als einer der wichtigsten Kirchenschriftsteller der Frühkirche.
Berühmt für seine Redegabe wurde der in Karthago in Nordafrika geborene Cyprianus vom Volk kurz nach seiner Taufe um 248/249 zum Bischof seiner Heimatstadt und damit zum Oberhaupt der nordafrikanischen Kirche gewählt. Seine strengen Ansichten in bezug auf die Ketzertaufe, der Taufe durch vom kirchlichen Glauben Abtrünnige, brachten

ihn 255 in Konflikt mit dem Papst und der römischen Kirche. Cyprianus verneinte die Gültigkeit eines solchen Sakraments im Gegensatz zu Rom entschieden, erst Bischof →Dionysius der Große bewegte beide Parteien zu einem Kompromiß und verhinderte so eine Spaltung der Kirche.

Cyprianus wurde schließlich in der Christenverfolgung unter Kaiser Valerian am 14. September 258 enthauptet. Die Gebeine des Heiligen, der in den Römischen Meßkanon aufgenommen wurde, befinden sich in Compiègne und Lyon, das Haupt in Kornelimünster bei Aachen.

Der heilige Cyriacus von Rom

Cyr

→Julitta und Quirikus

Cyriacus von Rom

Diakon, Märtyrer († um 304/305)

auch: Cyriakus, Kyriakos
Patron: gegen Besessenheit, Dämonen; einer der Vierzehn Nothelfer
Festtag: 8. August
Darstellung: als junger Diakon, mit Palme, Buch, Schwert, Teufel zu Füßen, im Martyrium
Leben und Wirken: Cyriacus zählt zu den weniger bekannten Nothelfern, über sein Leben gibt es nur spärliche Angaben.

Der Legende nach soll der ehemalige Diakon unter Kaiser Diokletian oder seinem Nachfolger Maximinus Daja in Rom den Märtyrertod erlitten haben. Zuvor hatte Cyriacus angeblich die Tochter des Kaisers Diokletian von Dämonen befreit.

Die Reliquien des hl. Cyriacus befinden sich heute im Stift Neuhausen bei Worms, in Altdorf im Elsaß sowie in Ancona. Eine Armreliquie wurde im 10. Jh. nach Bamberg in den Dom übertragen.

Cyricus

→Julitta und Quirikus

Cyrillus und Methodius

→Kyrillos und Methodios

Cyrillus von Alexandria

Bischof, Kirchenlehrer
(* um 380, † 444)

auch: Kyrill, Kyrillos
Festtag: 27. Juni
Darstellung: als Bischof des ostkirchlichen Ritus, mit Taube auf der Schulter, mit →Maria
Leben und Wirken: Der in Alexandria geborene Cyrillus wurde 412 Nachfolger seines Onkels, des Patriarchen Theophilus. In seinem Amt ging er rigoros gegen die Lehren des Arius und Nestorius vor. Gegen sie verteidigte Cyrillus die Einheit der menschlichen und göttlichen Natur Jesu und die darausfolgende wahre Gottesmutterschaft Marias. Auf dem berühmten Konzil von Ephesus 431 gelang Cyrillus die Verurteilung Nestorius'. Der streitbare Patriarch starb am 27. Juni 444 in Alexandria. 1882 wurde er in den Kreis der Kirchenlehrer aufgenommen.

Cyrillus von Jerusalem

Bischof, Kirchenlehrer
(* um 313, † 386)

auch: Kyrill, Kyrillos
Festtag: 18. März
Darstellung: mit Geldbeutel, an Arme spendend
Leben und Wirken: Die 24 Katechesen des Cyrillus zählen zu wichtigen Zeugnissen des frühen Christentums. Sie geben Aufschluß über das damalige Verständnis des Glaubens, der Sünde, der Buße, der Taufe und v.a. der Eucharistie. Cyrillus verwendet hier als erster das Wort „Wandlung".
Der 348 zum Bischof von Jerusalem geweihte Cyrillus wurde im Laufe seines Lebens mehrmals für lange Zeit aufgrund verschiedener Intrigen der Arianer verbannt. Zudem warf ihm sein ehemaliger Förderer Akakios, der Bischof von Cäsarea, Veruntreuung von Kirchengeldern zugunsten Bedürftiger vor. Erst 378 kehrte Cyrillus endgültig nach Jerusalem zurück und starb dort am 18. März 386. Er wurde 1882 zum Kirchenlehrer ernannt.

D

Damasus I.

Papst (* um 305, † 384)

Patron: gegen Fieber
Festtag: 11. Dezember
Darstellung: als Papst mit Tiara, Doppelkreuz, Kirchenmodell, Buch (mit Aufschrift: Vulgata)

Papst Damasus I.

Leben und Wirken: Papst Damasus I. war bekannt für seine Strenge, mit der er die Sektierer der damaligen Zeit verfolgte. Bedeutend war auch sein Entschluß, den hl. →Hieronymus mit einer Überarbeitung und Neuübersetzung des Bibeltextes, der späteren „Vulgata", zu beauftragen. Wahrscheinlich in Rom geboren, wurde Damasus 366 zum Papst gewählt. Dem Ereignis ging angeblich ein blutiger Kampf seiner Anhänger mit denen seines Konkurrenten Ursinus (dem späteren Gegenpapst) voran. In der Julians-Basilika soll Damasus demnach mehr als hundert von ihnen haben töten lassen. Im Laufe seiner Amtszeit festigte Damasus die Stellung der römischen Kirche, förderte die Moral innerhalb des damaligen Klerus und ließ die Grabstätten der frühen Märtyrer restaurieren und dort selbstverfaßte Gedichte als Inschriften einmeißeln. Er starb am 11. Dezember 384, seine Gebeine ruhen in S. Lorenzo in Damaso.

Damian(us)

→Kosmas und Damianus

Demetrius

Märtyrer († um 304)

Patron: von Venedig, Saloniki, Istanbul; der Soldaten
Festtag: 26. Oktober
Darstellung: als Soldat, mit Schild, Lanze, Schwert, Pfeilen
Leben und Wirken: Über das Leben des Demetrius ist so gut wie nichts be-

kannt. Wahrscheinlich erlitt er während der Christenverfolgungen unter Kaiser Diokletian und Maximian um 304 in Sirmium im heutigen Serbien den Märtyrertod.
In Osten zählt Demetrius zu den meist verehrten Heiligengestalten. Bereits im 5. Jh. wurde ihm in Saloniki eine Kirche geweiht, im Mittelalter entwickelte sich sein Grab zu einer beliebten Wallfahrtsstätte. Der Legende nach fließt aus seinem Grab ein Öl, das über Heilkräfte verfügt.

Denis

→Dionysius von Paris

Dietbald

→Theobald von Provins

Diethard

→Theodard von Maastricht

Dietmar

→Thiemo von Salzburg

Dionysios der Große

→Dionysius der Große

Dionysius von Augsburg

Bischof, Märtyrer († im 4. Jh.)

Festtag: 26. Februar
Darstellung: im Bischofsgewand, mit aufgeschlagenem Buch
Leben und Wirken: Dionysius soll der Legende nach Augsburgs erster Bischof gewesen sein. Im legendarischen Bericht über die Bekehrung der hl. →Afra wird er als Afras Onkel bezeichnet, der von Bischof →Narcissus von Gerona um das Jahr 304 getauft worden war. Bischof Narcissus war es auch, der Dionysius als Bischof von Augsburg einsetzte. Dionysius soll später den Märtyrertod durch Verbrennen oder Enthaupten erlitten haben.
Im 12. Jh. fand man unter der Augsburger Kirche St. Ulrich Gebeine, die Dionysius zugeschrieben und 1258 feierlich erhoben wurden.

Dionysius der Große

Bischof († um 265)

auch: Dionysios der Große
Festtag: 17. November
Leben und Wirken: Bekannt sind v.a. die Schriften des Dionysius, von denen Teile bis heute erhalten geblieben sind. In ihnen beweist er u.a. seine Standhaftigkeit in kirchlichen Fragen und erlaubt denjenigen, die während der Christenverfolgungen von ihrem Glauben abgefallen waren, die Rückkehr in die Kirche. Besondere Berühmtheit erlangten seine Osterfestbriefe.
Dionysius stammte aus Ägypten und war ein Schüler des berühmten Kirchenschriftstellers Origenes an der Ka-

techetenschule von Alexandria. 248 wurde er zum Bischof von Alexandria gewählt. Während der Christenverfolgung unter Kaiser Decius mußte er sich versteckt halten, doch schrieb er regelmäßig Briefe an seine Gläubigen, in denen er sie zum Durchhalten ermutigte. Schließlich verbannte ihn Kaiser Valerian zunächst nach Libyen, dann ins Nil-Delta. Später konnte Dionysius jedoch nach Alexandria zurückkehren, wo er um das Jahr 265 starb.

Dionysius von Paris

Bischof, Märtyrer († um 285)

auch: Denis
Patron: der Schützen; gegen Kopfweh, Tollwut, Hundebiß; einer der Vierzehn Nothelfer
Festtag: 9. Oktober
Darstellung: im Bischofsgewand, mit dem abgeschlagenen Kopf in den Händen
Leben und Wirken: Dionysius, „Apostel Galliens“ und erster Bischof von Paris, wird von den Franzosen als Nationalheiliger verehrt. Um die Mitte des 3. Jhs. wurde Dionysius vom Papst in die Mission nach Gallien gesandt und erbaute dort mehrere Kirchen, u.a. in Chartres und Paris. An letzterem Ort erlitt er zusammen mit seinen Begleitern Eleutherius und Rusticus den Märtyrertod. Die berühmte Abtei St-Denis soll später über seinem Grab entstanden sein. In ihrer Abteikirche ruhen die Gebeine des Dionysius und die zahlreicher französischer Könige.

Der heilige Dionysius von Paris

Dodart

→Theodard von Maastricht

Dominikus von Caleruega

Ordensgründer (* um 1170, † 1221)

auch: Dominicus, Domingo de Guzmán
Patron: von Córdoba, Bologna, Palermo; der Dominikaner, Schneider, Näherinnen; gegen Fieber, Hagel
Festtag: 8. August
Darstellung: im weißen Habit der Dominikaner mit schmalem Haarkranz, Rosenkranz, Buch, Hund, Fackel, Lilie, Stern
Leben und Wirken: Dominikus ist nicht nur Gründer des Predigerordens der Dominikaner, sondern auch Vater des Rosenkranzgebetes, das er in seinem Kampf gegen die Sekte der französischen Albigenser einsetzte.

Der heilige Dominikus von Caleruega

Dominikus wurde im kastilischen Caleruega in Spanien als Sohn der angesehenen Adelsfamilie Guzmán geboren. Nach dem Besuch der Domschule von Palencia wurde er zum Priester geweiht und Mitglied des regulierten Domstifts von El Burgo de Osma. Sechs Jahre später ernannte man ihn zu dessen Subprior. Auf einer Reise durch Südfrankreich wurde Dominikus auf die Gefahr der verschiedenen Sektierer wie der Waldenser und Albigenser aufmerksam. Um dieser entgegenzuwirken, gründete er 1215 mit seinen Gefährten in Toulouse eine Gemeinschaft von Predigern. Ein Jahr später bestätigte Papst Honorius III. den Orden der Dominikaner, der auf der Regel des hl. →Augustinus fußte. Als Bettelbrüder sollten die gut ausgebildeten Dominikaner ohne festes Einkommen leben, das Volk im rechten Glauben unterweisen und gegen die Irrlehren kämpfen. 1217 verlieh er ihm zudem besondere Vorrechte für Predigt und Beichte und gab ihm den Titel „Predigtbrüder“. Dominikus starb am 6. August 1221 während einer Missionsreise in Bologna und wurde in der dortigen Ordenskirche beigesetzt. Seine Heiligsprechung erfolgte 1234.

Dorothea von Cäsarea

Märtyrerin († um 304/305)

auch: Dorothea von Kappadokien
Patronin: der Bräute, Jungvermählten, Wöchnerinnen, Gärtner, Blumenhändler, Bierbrauer, Bergleute; gegen Verleumdung, Todesnöte

Die heilige Dorothea von Cäsarea

Festtag: 6. Februar
Darstellung: als Jungfrau, mit Blumen, Palmzweig, Früchten, Schwert, Korb mit Rosen und Äpfeln
Leben und Wirken: Das Leiden der Märtyrerin Dorothea hüllt sich in Legenden. Unter Kaiser Diokletian soll sie in Cäsarea in der römischen Provinz Kappadokien um ihres Glaubens willen auf grausamste Art getötet worden sein.
Aufgrund etlicher Darstellungen ist die Legende von Dorothea und den drei Äpfeln und Rosen am bekanntesten. Sie berichtet, daß Dorothea auf dem Weg zur Hinrichtung von dem heidnischen Römer Theophilus verhöhnt wurde. So bat er sie, ihm drei Rosen und Äpfel aus dem Paradies zu senden, wenn sie dort angekommen sei. Als Theophilus schließlich nach Dorotheas Enthauptung im tiefsten Winter von einem Knaben oder Engel einen Korb mit genau diesen Gaben erhielt, war er tief erschüttert und ließ sich taufen.

Drei Heilige Könige

Weise aus dem Morgenland

Patrone: von Köln, Sachsen; der Reisenden, Pilger, Gasthäuser, Spielkartenhersteller, Kürschner, Reiter; gegen Zauberei, Gewitter; für einen guten Tod
Festtag: 6. Januar (in Köln: 23. Juli)
Darstellung: als orientalische Könige (meist ist einer von schwarzer Hautfarbe), mit Geschenken vor der Krippe des Jesuskindes

Die Drei Heiligen Könige

Leben und Wirken: Die berühmten Sterndeuter aus dem Morgenland kennt jedes Kind, die entsprechenden Figuren fehlen an keiner weihnachtlichen Krippe, „Sternsinger" und „Hausweihe" zählen zu den beliebtesten Volksbräuchen, ihr Festtag zu den höchsten im Kirchenjahr.
Einer Legende aus dem 6. Jh. zufolge lauten die Namen der drei Weisen Kaspar, Melchior und Balthasar. Der Evangelist →Matthäus schreibt, daß sie von einem weit leuchtenden Stern zur Krippe nach Bethlehem geführt wurden, um das Jesuskind als den Heilsbringer und neuen König der Juden anzubeten. Als

Gaben brachten sie ihm Weihrauch als Ausdruck der Ehrfurcht, Myrrhe als Symbol der Selbstdisziplin und Gold als Zeichen der Weisheit und Macht.

Die Legende hört bei der Krippe in Bethlehem aber nicht auf. Durch eine göttliche Eingebung vor König Herodes gewarnt, ziehen Kaspar, Melchior und Balthasar auf geheimem Weg zurück und sollen auf ihrer Reise in die Heimat noch Zeugen verschiedener Wunder gewesen sowie später getauft und mit dem Bischofsamt beehrt worden sein.

Die Gebeine der drei Könige holte man im 4. Jh., vielleicht aber auch erst im 6. Jh. von Konstantinopel nach Mailand in die Kirche S. Eustorgio. Als Mailand 1158 durch Kaiser Friedrich Barbarossa erobert wurde, brachte Reichskanzler und Erzbischof Rainald von Dassel die Reliquien 1164 nach Köln, wo sie noch heute im bekannten „Dreikönigsschrein“ ruhen.

In Köln gedenkt man der drei Könige deshalb am 23. Juli, dem Tag der Übertragung.

E

Edeltraud

Königin, Äbtissin, Benediktinerin
(* 635, † 679)

auch: Etheldreda, Ediltrud
Patronin: gegen Augenleiden
Festtag: 23. Juni
Darstellung: als Äbtissin, mit Jesuskind, Quelle, Buch, Teufel, blühendem Zweig
Leben und Wirken: Edeltraud, eine Tochter des Königs Anna von Ostanglien, zählt in England zu den meistverehrten Heiligen. Nach dem Tode ihres ersten Mannes, eines schottischen Fürsten, zog sie sich auf die Insel Ely in Essex zurück, wurde jedoch von ihrem Vater gezwungen, König Egfrid von Northumbrien zu heiraten. Später verließ sie diesen und trat in das Kloster Coldingham ein. In Ely gründete Edeltraud im Jahre 673 selbst ein Kloster, dessen Äbtissin sie wurde. Sie starb am 23. Juni 679 und wurde in der Kirche des Klosters Ely bestattet. Ihre Reliquien gingen während der Reformation verloren.

Edith Stein

Karmeliterin, Märtyrerin
(* 1891, † 1942)

Festtag: 9. August
Leben und Wirken: Edith Stein wurde in Breslau als Tochter eines jüdischen Holzhändlerehepaars geboren. Sie studierte in ihrer Heimatstadt und Göttingen Philosophie und schloß ihr Studium mit dem Doktortitel ab. 1922 trat sie zum katholischen Glauben über und arbeitete zunächst noch weiterhin als Dozentin, bevor sie 1933 in den Karmel zu Köln eintrat. Dort erhielt sie den Ordensnamen Teresa Benedicta a Cruce. 1938 legte sie die Ewigen Gelübde ab. Bereits ein Jahr darauf verließ sie ihr Kloster, um ihre Mitschwestern nicht in Gefahr zu bringen und ging in das holländische Kloster Echt. Doch auch dort war sie vor dem Zugriff der Nationalsozialisten nicht sicher. 1942 wurde Edith Stein verhaftet und nach Auschwitz deportiert, wo sie am 9. August 1942 in der Gaskammer starb. 1998 wurde Edith Stein heiliggesprochen.

Eduard

König (* 963, † 978)

Patron: gegen Drüsenkrankheiten
Festtag: 18. März
Darstellung: als König, mit Dolch, Becher, Schlange
Leben und Wirken: Eduard wurde als ältester Sohn des englischen Königs Edgar des Friedfertigen geboren und von Dunstan, dem Erzbischof von Canter-

bury, erzogen. Diesem war es auch zu verdanken, daß Eduard nach dem Tod seines Vaters 975 im Alter von 13 Jahren die Thronfolge antrat. Doch wollte seine Stiefmutter Elfrida die Herrschaft für ihren eigenen Sohn sichern und ließ Eduard deshalb am 18. März 978 ermorden, als er gerade bei Corfe Castle in Südengland auf der Jagd war.
Er wurde zunächst in Wareham bestattet, 980 ließ der Erzbischof von Canterbury seine Gebeine nach Shaftesbury überführen. 1931 fand man ein Kästchen mit den Reliquien Eduards.

Egid

→Ägidius

Eirenaios

→Irenäus von Lyon

Elberich

→Alberich von Cîteaux

Eligius von Noyon

Bischof (* um 588, † 660)

auch: Éloi
Patron: der Goldschmiede, Schmiede, Schlosser, Büchsenmacher, Metallarbeiter, Bergleute, Münzer, Graveure, Uhrmacher, Korbmacher, Sattler, Wagner, Kutscher, Roßhändler, Pächter, Bauern, Tierärzte, Pferde; gegen Pferdekrankheiten
Festtag: 1. Dezember
Darstellung: im Bischofsornat mit Mitra, Stab; als Schmied, mit Amboß, Hufeisen; als Goldschmied, mit Goldschmiedewerkzeugen
Leben und Wirken: Bei Limoges in Frankreich geboren, arbeitete Eligius als Goldschmied und Münzmeister am Hof der Frankenkönige Chlotar II. und Dagobert I. Als ihr Ratgeber zeichnete er verantwortlich für den Bau zahlreicher Kirchen und Klöster. Nach dem Tod Dagoberts 639 wurde Eligius Priester und schon zwei Jahre später Bischof von Noyon. Von dort bemühte er sich besonders um die Missionierung der germanischen Stämme in Nordfrankreich und Flandern.
Eligius starb am 1. Dezember 660 in Noyon. Seine Gebeine ruhen im Dom zu Noyon, sein Haupt in Chelles bei Paris.

Elisabeth und Zacharias

Eltern des →Johannes des Täufers († im 1. Jh.)

Patrone: der Brettschneider (Elisabeth)
Festtag: 5. November (Zacharias in der Ostkirche auch: 11. Februar)
Darstellung: gemeinsam oder getrennt; Elisabeth als ältere Frau, mit Johannes, einem Lamm zu ihren Füßen; Zacharias als Priester, mit Weihrauchfaß
Leben und Wirken: Elisabeth und ihr Gatte, der Priester Zacharias, hatten

viele Jahre lang kein Kind bekommen können, als der Erzengel →Gabriel ihnen die Geburt eines Sohnes vorhersagte. Hochbetagt brachte Elisabeth schließlich Johannes den Täufer zur Welt. Er wurde ein halbes Jahr vor Jesus geboren und gilt als „Vorläufer des Messias". Außerdem war Elisabeth mit →Maria verwandt, die Elisabeth drei Monate vor der Geburt besuchte und bis zur Niederkunft bei ihr blieb. Über das Lebensende der Elisabeth ist nichts bekannt. Zacharias wurde angeblich im Tempel von Jerusalem ermordet.
Die Reliquien des Zacharias gelangten im 5. Jh. nach Konstantinopel, sein Haupt befindet sich in der Lateranbasilika in Rom. Schon früh wurden Elisabeth und Zacharias als Heilige verehrt.

Elisabeth Ann Seton

Ordensgründerin (* 1774, † 1821)

Festtag: 4. Januar
Darstellung: als Witwe mit einer dunklen Haube
Leben und Wirken: Elisabeth Ann Seton, die Gründerin der „Sisters of charity", ist die erste in Amerika geborene Heilige.
Die in New York City geborene Elisabeth Ann Bayley heiratete schon in jungen Jahren und trat zum katholischen Glauben über, als ihr Mann früh verstarb. Ein paar Jahre später gründete sie die Kongregation der „Barmherzigen Schwestern", die die Regel des hl. →Vinzenz von Paul aufgriffen. Nach einem Leben in unermüdlicher Sorge für die Hilfsbedürftigen und Kinder starb Elisabeth Ann am 4. Januar 1821. Sie wurde 1975 heiliggesprochen.

Elisabeth von Portugal

Königin, Terziarin des Dritten Ordens des hl. →Franz von Assisi
(* um 1270, † 1336)

Patronin: von Portugal; Coimbra, Estremoz, Saragossa; verschiedener Frauenvereinigungen; in Kriegsnöten
Festtag: 4. Juli
Darstellung: als Klosterfrau, in fürstlichem Gewand, mit abgelegter Krone, Rosen, Almosen austeilend
Leben und Wirken: Elisabeth war die Tochter Königs Pedro II. von Aragón und eine Großnichte der hl. →Elisabeth von Thüringen, nach der sie auch getauft wurde. Im Alter von zwölf Jahren wurde sie mit dem portugiesischen König Dionysius verheiratet, dem sie zwei Kinder gebar. Immer wieder mußte sie im Laufe ihrer Ehe zwischen ihrem Gatten und ihrem Sohn Alfons vermitteln. Nach dem Tode ihres Mannes 1325 lebte sie nach der Regel des Dritten Ordens des hl. Franziskus in der Nähe des Klosters S. Clara in Coimbra und förderte zahlreiche Kirchen und

Klöster. Auch gründete sie Hospitäler für Arme und Kranke. Elisabeth starb am 4. Juli 1336 in Estremoz, wohin sie gereist war, um zwischen ihrem Sohn Alfons und dem König von Kastilien zu vermitteln. Bestattet wurde sie im Kloster S. Clara, 1625 wurde Elisabeth von Portugal heiliggesprochen.

Elisabeth von Thüringen

Landgräfin (* 1207, † 1231)

auch: Elisabeth von Ungarn, Erszébet
Patronin: von Thüringen, Hessen; der Elisabetherinnen, des Deutschen Ordens, der Caritas, Bettler, Notleidenden, Witwen, Waisen, Bäcker, Spitzenmacherinnen
Festtag: 19. November
Darstellung: in einem einfachen oder fürstlichen Gewand, mit Krone, mit Brotkorb, Weinkrug, Korb voller Rosen, Schüssel voller Fische; auch mit Bettlern
Leben und Wirken: Elisabeth von Thüringen gilt als erste Heilige des Deutschen Ordens. Verehrt wird sie nicht nur in Deutschland und Ungarn, sondern auch in England, Spanien und Mexiko.

Geboren als Tochter des ungarischen Königs Andreas II. und seiner Frau Gertrud von Andechs, kam Elisabeth im Alter von vier Jahren an den Hof von Thüringen und heiratete 1221 den späteren Landgraf Ludwig IV. Dort stand sie unter dem starken Einfluß ihres Beichtvaters, des zum Fanatismus neigenden Konrad von Marburg, der ihr immer wieder strenge Geistesübungen auferlegte. Elisabeths bescheidener Lebensstil – entsprechend ihrem großen Vorbild, dem hl. →Franz von Assisi – und ihr konsequenter Einsatz für die Bedürfnisse der Armen machte sie in den Augen der Höflinge bald verdächtig. So vertrieb sie ihr Schwager mittellos mit ihren drei Kindern vom Hof, als Elisabeths Mann 1227 auf dem 5. Kreuzzug starb.

Die heilige Elisabeth von Thüringen

Im Jahr darauf wurde Elisabeth Franziskaner-Terziarin und lebte in tiefster Demut und Armut.
Von ihrem Witwenvermögen, das sie durch den Einfluß ihrer Verwandten und ihres Beichtvaters später doch noch erhielt, stiftete Elisabeth 1229 ein Spital in Marburg. Dort pflegte sie bis zu ihrem Tod am 17. November 1231 aufopferungsvoll die Kranken und Aussätzigen.
Beigesetzt wurde Elisabeth in der Kapelle des Franziskushospitals, ihre Gebeine wurden erst später in die neu errichtete Elisabethkirche übertragen. Seit der Reformation sind die Reliquien größtenteils verschollen, Elisabeths Haupt jedoch ruht noch heute im Wiener Kloster der Elisabetherinnen. (Weitere angebliche Reliquien Elisabeths im Historischen Museum in Stockholm.) Elisabeth von Thüringen wurde 1235 heiliggesprochen.

Elmo

→Erasmus

Éloi

→Eligius von Noyon

Emerich

→Emmerich von Ungarn

Emma von Gurk

→Hemma von Gurk

Emmeram von Regensburg

Bischof († zw. 652 und 716)

auch: Heimrham, Heimeran
Patron: der Diözese Regensburg
Festtag: 22. September
Darstellung: als Bischof, mit Kasel, Mitra, Stab, Buch, Palmzweig; an eine Leiter gefesselt mit abgeschlagenen Gliedern
Leben und Wirken: Der fränkische Missionsbischof Emmeram wurde Anfang des 8. Jhs. vermutlich von einem Agilolfinger-Herzog nach Regensburg geholt, um den christlichen Glauben in Bayern weiter zu verbreiten. Als man ihn fälschlicherweise beschuldigte, die Schwester eines Adeligen verführt zu haben, wurde Emmeram kurz darauf auf seiner Reise nach Rom in Kleinhelfendorf bei Aibling überfallen und grausam verstümmelt.
Seine Gebeine wurden in die später nach ihm benannte Kirche St. Emmeram in Regensburg überführt.

Emmerich von Ungarn

Königssohn (* um 1000/1007, † 1031)

auch: Emerich, Imre
Festtag: 5. November
Darstellung: als junger Ritter, König, mit Ungarnschild, Schwert, Lilie
Leben und Wirken: Emmerich war der einzige Sohn des ungarischen Königs

→Stephan I. – dem Nationalheiligen der Ungarn – und seiner Frau →Gisela, der Schwester des später heiliggesprochenen Kaisers →Heinrichs II. Erzogen von Bischof →Gerhard von Csanád, war Emmerich berühmt für seinen Glauben und seine ungewöhnliche Tugendhaftigkeit.
Angetan von dem herausragenden Charakter seines Sohnes, wollte ihn Stephan I. schon zu Lebzeiten als Mitregenten einsetzen. Ein tödlicher Jagdunfall Emmerichs am 2. September 1031 machte die anstehende Krönung jedoch zunichte.
Emmerichs Leichnam wurde in der von seinem Vater erbauten Kirche zu Stuhlweißenburg zur Ruhe gelegt, in der später auch Stephan I. selbst beigesetzt wurde. Seine Gebeine wurden 1083 feierlich erhoben. Weitere Reliquien Emmerichs werden in Melk, Passau und Wien sowie im ungarischen Gran verehrt.

Ephräm der Syrer

Diakon, Kirchenlehrer
(* um 306, † 373)

auch: Ephraim, Afrem
Festtag: 9. Juni (in der Ostkirche: 28. Januar)
Darstellung: in der einfachen Tracht der Lehrer, mit Buch, Papierrolle, Feuersäule (v.a. in der Ostkirche)
Leben und Wirken: Ephräm, der den Beinamen „Harfe Gottes" trug, gilt als bedeutendster (Hymnen-)Dichter der syrischen Kirche. Berühmt sind seine Hymnen auf die Mutter Gottes. Geboren in Nisibis, in der heutigen Südosttürkei, wuchs Ephräm in einem christlichen Elternhaus auf. Als Diakon lehrte er an der dortigen bischöflichen Schule und war aufgrund seiner großen Weisheit Berater verschiedener Bischöfe. Als Nisibis 363 an das persische Reich fiel, begann Ephräm als Lehrer in Edessa zu arbeiten. Dort starb der belesene und trotzdem bescheiden gebliebene Dichter am 9. Juni 373. 1920 wurde er schließlich in den Kreis der Kirchenlehrer aufgenommen.

Epimachus

→Gordianus und Epimachus

Erasmus

Bischof, Märtyrer († 303)

auch: Elmo, Herasmus, Rasimus
Patron: von Gaeta; der Drechsler, Seefahrer, Haustiere; gegen Krämpfe, Koliken, Unterleibsbeschwerden, Viehkrankheiten; für eine gute Geburt; einer der Vierzehn Nothelfer
Festtag: 2. Juni
Darstellung: als Bischof, mit Kasel, Stab, Buch, Schiffs-/Gedärmwinde, Pfriemen in den Fingern, Kessel

Der heilige Erasmus

Leben und Wirken: Die Vita des Erasmus ist legendarisch. Die Seeleute gedenken seiner mit dem Elmsfeuer: So soll Erasmus während seiner Überfahrt nach Italien durch ein lautes Gebet die heftigen Wellen beruhigt haben. An den Masten sollen dabei kleine blaue Flammen zu flackern begonnen haben – kleine elektrische Entladungen der Luft –, die man noch heute das Feuer des St. Elmo nennt.

Der Legende nach war Erasmus Bischof von Antiochia. Dort soll er unter Kaiser Diokletian und später in Illyrien unter Kaiser Maximian wegen seines Glaubens schwer gefoltert worden sein. So sollen ihm die Folterknechte mit einer Winde die Gedärme aus dem Leib gezogen, ihm Pfrieme unter die Fingernägel geschoben und ihn in einen Kessel mit heißem Pech gesetzt haben. Doch Erasmus überlebte die Qualen wie durch ein Wunder. Nach seiner legendarischen Schiffsreise soll er in Formia bei Gaeta in Italien den Folgen seiner Marter erlegen sein. (Andere Quellen sprechen davon, daß er in Formia noch etliche Jahre als Seelsorger wirkte, bevor er starb.) Seine Reliquien ruhen seit dem 9. Jh. in Gaeta.

Erhard von Regensburg

Bischof († nach 700)

Patron: der Diözese Regensburg; des Viehs, der Schuster, Schmiede, Bäcker
Festtag: 8. Januar
Darstellung: im Bischofsgewand, mit zwei Augen auf einem Buch, Beil, bei der Taufe →Odilias
Leben und Wirken: Erhard stammte vermutlich aus Südfrankreich. Im Elsaß soll er als Wanderbischof mehrere Klöster gegründet und die Herzogstochter Odilia getauft und so von ihrer Blindheit geheilt haben (aus diesem Grund wurde Erhard häufig mit einem Buch, auf dem sich zwei Augen befinden, ab-

gebildet). In Regensburg wirkte Erhard als Missionsbischof am Hof der Agilolfinger-Herzöge.
Bestattet wurde er in der Krypta der Niedermünsterkirche; seine Gebeine wurden 1052 erhoben. Erhard von Regensburg wurde v.a. im Mittelalter im Elsaß hochverehrt – aber nicht nur dort. Der bis heute wahrscheinlich wichtigste Wallfahrtsort zu Ehren Erhards liegt in der Steiermark und trägt den Namen des fleißigen Bischofs: St. Erhard.

Eriberto

→Heribert von Köln

Erich von Schweden

König, Märtyrer (* 1120 † 1160)

auch: Erik
Patron: von Schweden
Festtag: 10. Juli
Darstellung: als König, vor einem Altar, mit Kirchenmodell
Leben und Wirken: Erich von Schweden wird etwa seit 1198 in Schweden als Nationalheiliger verehrt.
Als Erich IX. Jedvardsson wurde er 1150 König von Schweden. Er ging seinen Untertanen mit gutem Vorbild voran und machte sich besonders um die Christianisierung der Finnen verdient. Am 18. Mai 1160 ließ ihn der dänische Prinz Magnus Henriksson während eines Gottesdienstes in Uppsala heimtückisch ermorden. Erichs Gebeine ruhen heute hinter dem Hochaltar des Doms von Uppsala.

Ermengildo, Ermingild

→Hermenegild

Erszébet

→Elisabeth von Thüringen

Etheldreda

→Edeltraud

Euplus von Catania

Diakon, Märytrer († 304)

Festtag: 11. August
Leben und Wirken: Über das Leben des Euplus von Catania ist so gut wie nichts bekannt. Er war ein hl. Diakon und erlitt während der Christenverfolgungen unter Kaiser Diokletian das Martyrium.

Eusebius von Vercelli

Bischof, Märtyrer (* um 283, † 371)

Festtag: 2. August
Darstellung: als Bischof, mit Buch
Leben und Wirken: Eusebius stammte aus Sardinien und war zunächst Lektor in Rom, bevor er 345 der erste Bischof von Vercelli in Oberitalien wurde. Erstmals führte er ein gemeinsames Leben für seine Geistlichen ein. 355 nahm Eusebius an der Synode von Mailand teil,

weigerte sich aber, den hl. →Athanasius für seine Lehre zu verurteilen. Zur Strafe wurde er nach Palästina verbannt. Acht Jahre später konnte er jedoch in seine Diözese zurückkehren. In der Folgezeit bekämpfte er gemeinsam mit →Hilarius von Poitiers den Arianismus. Eusebius starb am 1. August 371 in Vercelli, der Legende nach wurde er von aufgebrachten Arianern gesteinigt.

Eustachius

Märtyrer († im 2. Jh.)

auch: Eustathius
Patron: von Paris, Madrid; der Förster, Jäger, Tuchhändler, Krämer, Klempner; gegen Trauer, Ungeziefer; in schweren Lebenslagen; einer der Vierzehn Nothelfer
Festtag: 20. September
Darstellung: als Jäger oder Ritter, mit Hirsch (zwischen dem Geweih ein Kreuz)
Leben und Wirken: Eustachius zählt zu den weniger bekannten der Vierzehn Nothelfer. Um das Leben des angeblichen römischen Heerführers spinnen sich zahlreiche Legenden.
Eine davon erzählt, daß er und seine Familie sich bekehrten, nachdem er auf der Jagd einem Hirsch begegnet war, der ein glänzendes Kruzifix zwischen dem Geweih trug. Bei seiner christlichen Taufe legte der siegreiche Feldherr seinen Geburtsnamen Placidus

Der heilige Eustachius

(oder Placida) ab und nannte sich von da an Eustachius. Er erlitt, vielleicht zusammen mit seiner Familie, unter Kaiser Hadrian den Märtyrertod durch Verbrennen. Eine andere Legende erzählt, daß er den wilden Tieren in der Arena zum Fraß vorgeworfen wurde. Reliquien des hl. Eustachius befinden sich in Rom und Paris.

Ewaldi

Missionare, Märtyrer († um 695)

auch: Brüder Ewald
Patrone: von Westfalen
Festtag: 3. Oktober
Darstellung: als Priester, mit Schwert, Keule; einer mit dunklem, einer mit hellem Haar
Leben und Wirken: Ewald und Ewald waren zwei angelsächsische Priester, die aufgrund ihre Haarfarbe auch „schwarzer und weißer Ewald" genannt wurden. Sie kamen gegen Ende des 7. Jhs. als Glaubensboten auf das Festland und gingen nach Sachsen, um dort zu missionieren. Während einer Predigt wurden sie überfallen und ermordet. Der genaue Zeitpunkt und Ort ihres Martyriums sind nicht bekannt. Die Reliquien der Ewalds ruhen heute in der Kirche St. Kunibert zu Köln.

F

Fabianus

Papst, Märtyrer († 250)

auch: Fabian
Patron: der Töpfer, Zinngießer
Festtag: 20. Januar
Darstellung: in Pontifikalkleidung mit Tiara, Stab, Buch, Schwert, Taube
Leben und Wirken: Papst Fabianus' Amtszeit fiel größtenteils in eine für die Christen relativ ungefährliche Zeit. Er nutzte dies zur Organisation und Festigung der noch jungen römischen Kirche. So teilte er Rom in sieben Seelsorgebezirke unter Leitung von sieben Diakonen und kümmerte sich außerdem um die Begräbnisstätten. Als Kaiser Decius 249 an die Macht gelangte, begann eine schreckliche Verfolgung der Christen, der auch Papst Fabianus am 20. Januar 250 zum Opfer fiel. Seinen Sarkophag fand man erst 1915 in der Kalixtus-Katakombe.

Felicitas

→Perpetua und Felicitas

Felicitas (und ihre Söhne)

Märtyrerin († im 2. Jh.)

auch: Felizitas
Patronin: der Frauen, Mütter; für Kindersegen
Festtag: 23. November
Darstellung: als Matrone, mit Kopftuch, Mantel, Palme, Schwert, Buch, mit ihren sieben Söhnen (manchmal auch nur mit den Häuptern ihrer Söhne)
Leben und Wirken: Felicitas war eine römische Christin, die unter Kaiser Marc Aurel den Märtyrertod erlitt.
Der Legende nach sollen vor den Augen der Mutter ihre sieben Söhne enthauptet worden sein. Danach fiel auch Felicitas dem Schwert zum Opfer. Unter Historikern umstritten ist jedoch, ob die hingerichteten sieben Märtyrer Januarius, Felix, Philipp, Silvanus, Alexander, Vitalis und Martialis wirklich Söhne der Felicitas waren.
Die Verehrung der Märtyrer setzte schon bald in Rom ein, als man mehrere Basiliken Mutter und Söhnen zu Ehren errichtete. Gemeinsam wird Felicitas' und ihrer Söhne am 10. Juli gedacht.

Felix und Regula von Zürich

Märtyrer († um 302)

Patrone: von Zürich
Festtag: 11. September
Darstellung: mit Buch, Palme, die abgeschlagenen Köpfe tragend
Leben und Wirken: Nach einer Legende aus dem 9. Jh. waren Felix und Regula

Geschwister, die zur Thebäischen Legion um →Mauritius gehörten. Sie erlitten das Martyrium unter Kaiser Maximian in Zürich.
Die Legende berichtet, daß sie ihre abgeschlagenen Häupter bis zu ihrer Begräbnisstätte vor sich her trugen. 870 wurde über ihrem Grab ein Chorherrenstift, das heutige Großmünster, errichtet. Die Reliquien von Felix und Regula befinden sich heute in Andermatt im Kanton Uri.

Felix von Cantalice

Laienbruder, Kapuziner
(* 1515, † 1587)

Patron: der Kapuziner-Laienbrüder, der Mütter und Kinder
Festtag: 18. Mai
Darstellung: in der Ordenstracht der Kapuziner, mit Jesuskind, Bettelsack
Leben und Wirken: Felix wurde in Cantalice in Umbrien als Sohn einer armen Bergbauernfamilie geboren. 1543 trat er als Laienbruder in das Kapuzinerkloster von Città-Ducale ein. Wenig später sandte ihn sein Orden nach Rom, um dort Almosen zu sammeln; eine Tätigkeit, die er 40 Jahre lang ausübte. Da man dabei von seinen Lippen stets nur die Worte „Deo gratias" (Gott sei Dank) vernahm, nannte man ihn bald „Bruder Deo gratias". Felix von Cantalice war befreundet mit →Philipp Neri und →Karl Borromäus und hatte zahlreiche Marienerscheinungen. Er starb am 18. Mai 1587 in Rom.
Seine Reliquien befinden sich im Kapuzinerkloster unweit der Piazza Barberina in Rom. 1712 wurde Felix von Cantalice heiliggesprochen.

Felizissimus und Agapitus

Märtyrer († 258)

Festtag: 5. August
Darstellung: als Diakone, Agapitus als Jüngling, mit Scheiterhaufen, Löwe
Leben und Wirken: Felizissimus und Agapitus waren Diakone des Papstes →Sixtus II. Gemeinsam mit diesem erlitten sie während der Christenverfolgung unter Kaiser Valerian am 6. August 258 den Märtyrertod.
Beigesetzt wurden sie in der Prätextatus-Katakombe. Im 9. Jh. gelangten Reliquien der Märtyrer nach Isarhofen und in die Abteikirche des Klosters Niederaltaich.

Felizitas

→Felicitas (und ihre Söhne)

Fernando Martin de Bulhom

→Antonius von Padua

Fiacrius von Meaux

Einsiedler (* um 610, † um 670)

Patron: der Gärtner, Blumenhändler, Kistenmacher, Packer, Gitter- und Kupfer-

schmiede, Zinngießer, Töpfer, Ziegelbrenner, Lohnkutscher, Notare; gegen Hautkrankheiten
Festtag: 30. August
Darstellung: als Einsiedler, mit Spaten
Leben und Wirken: Warum der irische Mönch Fiacrius, der Mitte des 7. Jhs. lebte, Patron der Lohnkutscher ist, scheint nur im ersten Moment verwunderlich: So sollen die Pariser Lohnkutscher früher bei der Kirche des Fiacrius auf Fahrgäste gewartet haben und deshalb bald „Fiaker“ genannt worden sein.
Fiacrius wurde mit einigen anderen irischen Mönchen von Bischof Faro nach Meaux bei Paris geholt und lebte dort in einer kleinen Einsiedelei. Der Legende nach soll Fiacrius vom Bischof ein kleines Grundstück erhalten haben. Dieses soll sich in einen prächtigen Blumengarten verwandelt haben, als Fiacrius es mit seinem Stab berührte. Die Gebeine des Fiacrius werden in der Kathedrale von Meaux verehrt.

Fidelis von Sigmaringen

Kapuziner, Märtyrer
(* um 1577/1578, † 1622)

auch: Markus Roy
Patron: von Hohenzollern, der Diözese Feldkirch; der Rechtsgelehrten; für die Verbreitung des christlichen Glaubens
Festtag: 24. April
Darstellung: als Kapuzinermönch, mit Palme, Keule, Schwert
Leben und Wirken: Fidelis kam als Markus Roy, Sohn des Bürgermeisters, in der Hohenzollern-Stadt Sigmaringen zur Welt. An der Freiburger Universität erwarb er 1603 den Doktortitel der Philosophie, acht Jahre später den beider Rechte. Von 1611 bis 1612 arbeitete er als Gerichtsrat im elsässischen Ensisheim. Aufgrund seiner – unentgeltlichen – Unterstützung der Armen in Rechtsangelegenheiten war Markus Roy schon bald als „Advokat der Armen“ bekannt. 1612 schloß er seine Kanzlei, wohl aus Enttäuschung über die Begrenztheit menschlicher Rechtsprechung, und wurde Priester. Er trat dem Kapuzinerorden in Freiburg im Breisgau bei und nahm den Namen Fidelis – „der Treue, Ehrliche“ – an. Als begnadeter Prediger und Seelsorger wirkte Fidelis in der Schweiz, dem Elsaß und in Voralberg.
Als er dann in Graubünden versuchte, die Gemeinde zu rekatholisieren, wurde er am 24. April 1622 vor der Kirche in Seewies, nördlich von Chur, von calvinistischen Bauern heimtückisch erschlagen.
Sein Leichnam ruht in der Krypta des Domes von Chur. Weitere Reliquien befinden sich in der Feldkircher Kapuzinerkirche sowie in der Stuttgarter Fideliskirche. Fidelis wurde 1746 heiliggesprochen.

Firminus von Amiens

Bischof, Märtyrer († um 303)

auch: Firmin
Patron: von Pamplona, Amiens; der Kinder, Bäcker, Weinhändler; gegen Rheuma, Fieber, Krämpfe, Trockenheit
Festtag: 25. September
Darstellung: als Bischof, mit Palmzweig, Kasel, Schwert, Einhorn, seinen abgeschlagenen Kopf in Händen
Leben und Wirken: Der Legende nach war Firminus der erste Bischof von Amiens.
Geboren im spanischen Pamplona missionierte der Priester und Schüler des Honestus zuerst in Spanien, danach in Südfrankreich, wo er erstmals wegen seines Glaubens eingekerkert wurde. 301 in Amiens von Honoratus zum Bischof geweiht, wurde er erneut ins Gefängnis geworfen und erlitt unter Kaiser Diokletian das Martyrium durch Enthauptung.

Florian von Lorch und Gefährten

Märtyrer († um 304)

auch: Florianus
Patron: von Oberösterreich, Bologna, Krakau, der Diözese Linz; der Feuerwehr, Böttcher, Bierbrauer, Schmiede, Töpfer, Kaminkehrer; gegen Feuer, Unwetter, unfruchtbaren Boden, Trockenheit
Festtag: 4. Mai
Darstellung: als römischer Soldat, mit Brustpanzer, Lanze/Fahne, mit Mühlstein, Wasser auf ein brennendes Haus gießend, im Martyrium
Leben und Wirken: Florian zählt zu den bekanntesten Heiligen, nicht nur in Österreich und Bayern. Zum Patron der Florians-Jünger, der Feuerwehrleute, wurde er durch eine Legende, die besagt, daß er im Kindesalter ein in Flammen stehendes Haus mit einem Schaff Wasser rettete.
Florian lebte als römischer Offizier und hoher Verwaltungsbeamter des Statt-

Der heilige Florian von Lorch

halters von Lauriacum, dem heutigen Lorch, zur Regierungszeit Kaiser Diokletians. Bei dem Versuch, 40 seiner christlichen Glaubensbrüder in der 303 beginnenden Christenverfolgung zu retten, scheiterte er. Selbst eingekerkert, lehnte er das vorgeschriebene Götzenopfer ab und wurde grausam gefoltert. Mit einem Mühlstein um den Hals ertränkte man ihn anschließend in der Enns. Von der Donau angetrieben, beerdigte die Christin Valeria schließlich seinen Leichnam.

Über dem Grab Florians steht heute das Augustiner-Chorherrenstift St. Florian. In Lorch fand man auch die Gebeine der 40 Märtyrer, die Florian retten wollte, und setzte sie in der dortigen Basilika bei. Reliquien des hl. Florian befinden sich in Rom und Krakau.

Florianus

→Florian von Lorch und Gefährten

Florinus von Remüs

Priester († um 856)

auch: Florin, Florinus vom Vintschgau
Patron: des Vintschgaues, des Unterengadins
Festtag: 17. November
Darstellung: als Priester, mit Kelch, Buch
Leben und Wirken: Über das Leben des Florinus gibt es kaum gesicherte Informationen. Der Legende nach kam er in Matsch im Vintschgau zur Welt und übernahm nach seiner Priesterweihe die Pfarrei St. Peter in Remüs im Unterengadin. Dort soll er zahlreiche Wunder bewirkt haben, u.a. soll er einmal Wasser in Wein verwandelt haben. Florinus verstarb vermutlich am 17. November 856 und wurde in seiner Pfarrkirche bestattet.

Auch an seinem Grab sollen sich in der Folgezeit viele Wunder ereignet haben. Reliquien befinden sich auch in Koblenz und Regensburg.

Fra Angelico

Dominikaner, Maler (* 1387, † 1455)

auch: Giovanni da Fiesole
Patron: der christlichen Künstler
Festtag: 18. Februar
Darstellung: in der Ordenstracht der Dominikaner, mit Buch, Palette
Leben und Wirken: Fra Angelico zählt zu den bedeutendsten Malern des 15. Jhs. und schuf ausschließlich religiöse Werke. In S. Marco in Florenz kann man 40 Fresken von ihm bewundern.

Fra Angelico stammte aus dem italienischen Vicchio di Mugello und trat im Alter von 20 Jahren in das Dominikanerkloster zu Fiesole ein. Er starb nach einem künstlerisch erfüllten Leben in Rom und wurde in der Kirche S. Maria sopra Minerva bestattet.

Francesca Romana

→Franziska von Rom

Francesca Saveria

→Franziska Xaveria

Francesco

→Franz von Assisi

Francesco de Paola

→Franz von Paula

Francisco de Jassu y Javier

→Franz Xaver

Franz von Assisi

Ordensgründer

(* um 1181/1182, † 1226)

auch: Franziskus, Francesco, Franciscus, Giovanni Bernardone
Patron: von Italicn; Assisi; der Franziskaner, Klarissen, Terziaren, Armen, Blinden, Lahmen, Kaufleute, Weber, Schneider, Tuchhändler, Sozialarbeiter, Umweltschützer; gegen Kopfweh, Pest
Festtag: 4. Oktober
Darstellung: als Franziskaner in dunkler Kutte, mit Wundmalen, Kruzifix, Totenschädel, Buch, Erdkugel zu Füßen, zu den Vögeln und Fischen predigend
Leben und Wirken: Franz, der Vater der Franziskanerbrüder, ist der vielleicht berühmteste und bekannteste Heilige – mit Sicherheit einer der populärsten. Hunderttausende pilgern Jahr für Jahr in das mittelalterliche Assisi, keiner – nach der Gottesmutter →Maria – wurde so oft gemalt, gezeichnet oder als Skulptur verewigt wie der berühmte Bettelmönch.

Franz erblickte in Assisi bei Perugia als Kind reicher Eltern das Licht der Welt. Getauft auf den Namen Giovanni, nannte man ihn wegen seiner französischen Mutter schon früh Francesco. In seiner Jugend war er den weltlichen Genüssen sehr zugetan, bis er im Krieg 1202 schwer erkrankt eine einjährige Haft im Kerker verbüßen mußte. Nach seiner Rückkehr von einer Pilgerfahrt nach Rom kam es in der verfallenen Kapelle S. Damiano schließlich zu dem bekannten Schlüsselerlebnis. So hörte Franz, als er betete, Christus vom Kreuz herabsprechen: „Franz, stelle mein Haus wieder her." Als Franz zur Restaurierung der Kapelle Eigentum seines Vaters verkaufte, kam es zum Streit. Franz soll daraufhin sein ganzes Erbe zurückgewiesen, vor einer großen Volksmenge seinem Vater die vornehmen Kleider, die er am Leib trug, vor die Füße geworfen haben und nackt davon gelaufen sein.

Im Eremitengewand zog er von da an als Bettler, als „Poverello" (Ärmster der Armen), durch das Land. Bald schon schlossen sich ihm Gefährten an, die wie er in der Nachfolge Christi in Armut und Gebet wandeln wollten.

Der heilige Franz von Assisi

1209 gründete er mit ihnen den Bettelorden der Minderen Brüder, auch als Minores oder Minoriten bekannt. Ein Jahr später bestätigte der Papst mündlich eine erste Ordensregel. Das erste Konvent entstand bei der Kapelle S. Maria degli Angeli (einem Geschenk der Benediktiner), die fortan „Portiuncula" genannt wurde, was „Erbteilchen" bedeutet.

1212 gründete Franz mit seiner Jugendfreundin →Klara von Assisi den weiblichen Ordenszweig, den Zweiten Orden oder Klarissen-Orden. In den darauffolgenden Jahren zogen die Bettelmönche in alle Welt und auch Franz selbst reiste predigend durch den westlichen Mittelmeerraum und 1219 während des 5. Kreuzzugs auch nach Ägypten. 1221 gründete Franz schließlich den Dritten Orden der Franziskaner (Terziaren), der auch den Laien einen Zugang zum Leben der Vollkommenheit bieten sollte. 1223 bestätigte der Papst die neue, juristisch gefaßte Ordensregel.

Als er zunehmend von Malaria, Magenkrämpfen und einer hartnäckigen Augenkrankheit geschwächt wurde, mußte Franz – der bis zu seinem Lebensende Diakon blieb – die Ordensleitung abgeben.

Trotz allem Leid verlor er jedoch nie die Liebe zu Christus und allen Geschöpfen Gottes, einschließlich der Tiere. Noch 1224 dichtete Franz seinen berühmten „Sonnengesang". Im September desselben Jahres empfing Franz während einer tiefen Ekstase die Wundmale Christi, die erste geschichtlich sicher bezeugte Stigmatisation des Christentums.

Zwei Jahre später, am 3. Oktober 1226, starb „der seraphische Heilige" in Portiuncula auf dem Boden seiner Hütte, so wie er es gewünscht hatte.

Seine Gebeine ruhen in der Basilika S. Francesco in Assisi. Franz von Assisi wurde bereits 1228 heiliggesprochen.

Franz von Paula

Ordensgründer
(* um 1416/1436, † 1507)

auch: Franz von Paola, Francesco de Paola
Patron: der Einsiedler, italienischen Seeleute; gegen Unfruchtbarkeit, Pest
Festtag: 2. April
Darstellung: als Kapuzinermönch im schwarzen Habit, mit Stab (mit der Aufschrift Caritas), mit von Strahlen umgebener Scheibe
Leben und Wirken: Franz von Paula ist der Gründer des Ordens der „Eremiten vom heiligen →Franz von Assisi", besser bekannt als Orden der „Mindesten Brüder" oder Paulaner.
Geboren in Paola im italienischen Kalabrien lebte Franz zwei Jahre bei den dortigen Franziskanern. Im Alter von 15 Jahren zog er sich in die Einsiedelei zurück und scharte schon bald zahlreiche Gleichgesinnte um sich. Für sie gründete Franz 1454 einen eigenen Orden, der 1474 vom Papst bestätigt wurde, und begann mit dem Bau eines Kloster in Cosenza. Schon bald verbreitete sich der Orden der in strenger Askese lebenden Eremiten in ganz Süditalien; zahlreiche Klöster folgten.
So erreichte Franz von Paulas Ruf 1482 auch den französischen König Ludwig XI., als dieser auf dem Krankenbett lag. Auf Bitte des Papstes reiste Franz nach Plessis-les-Tours, um

Der heilige Franz von Paula

den König seelisch auf sein Sterben vorzubereiten. Aus Dankbarkeit errichtete Ludwigs Sohn und Nachfolger Karl VIII. Franz ein Kloster in Plessis-les Tours, von dem aus sich der Orden rasch auch in ganz Frankreich und nach Spanien und Deutschland ausbreitete. Franz von Paula starb am 2. April 1507 in Plessis-les-Tours und wurde bereits 1519 heiliggesprochen. Seine Gebeine gingen in den Hugenottenkriegen verloren.

Franz von Sales

Bischof, Kirchenlehrer,
Ordensgründer (* 1567, † 1622)

Patron: von Genf, Annecy, Chambéry, der Diözese Fribourg; der Salesianer (-innen) Don Boscos, Schriftsteller, katholischen Presse
Festtag: 24. Januar
Darstellung: im Bischofsornat, mit Mitra, Buch, Schreibfeder, einem dornen-

umwundenen Herz, oft mit der hl. →Johanna Franziska Frémyot von Chantal
Leben und Wirken: In seinen Schriften setzte sich der Mitbegründer des „Ordens von der Heimsuchung Mariä“ (Salesianerinnen) kritisch mit dem Gedankengut des Reformators Johannes Calvin auseinander, v.a. mit dessen Prädestinationslehre, der Lehre von der göttlichen Vorherbestimmung zum Heil oder Unheil.
Geboren wurde Franz auf Schloß Sales in Savoyen in Frankreich. Er studierte in Paris und Padua Rechtswissenschaft und Theologie und beendete sein Studium 1591 mit der Promotion. Tief erschüttert von den Lehren Calvins und überzeugt von ihrer Fehlerhaftigkeit, gelang es ihm ab 1594 als Priester, die calvinistische Bevölkerung in Chablais am südlichen Genfer See zur Rückkehr zum katholischen Glauben zu bewegen. Die Verbindung von Religiosität und weltlicher Kultur sowie das Vertrauen auf die Liebe Gottes waren ihm zeitlebens ein großes Anliegen.
1599 stieg Franz zum Koadjutor des Bischofs von Genf auf, drei Jahre später nahm er dessen Platz ein und setzte sich in seinem neuen Amt für die Durchsetzung der Beschlüsse des Konzils von Trient ein. 1604 begegnete er Johanna Franziska Frémyot von Chantal, wurde ihr Seelenführer und gründete mit ihr 1610 den „Orden von der Heimsuchung Mariä“ (Salesianerinnen), der 1618 vom Papst bestätigt wurde. Franz von Sales starb 1622 bei Lyon an einem Schlaganfall. 1665 wurde er in den Kreis der Heiligen, 1877 in den der Kirchenlehrer aufgenommen.
Seine Gebeine wie auch die der hl. Johanna Franziska Frémyot von Chantal ruhen zu Annecy in der Kirche Mariä Heimsuchung.

Franz Xaver

Jesuit (* 1506, † 1552)

auch: Francisco de Jassu y Javier
Patron: von Indien; des Vereins zur Verbreitung des Glaubens, aller Missionen, der Missionare, Seefahrer, katholischen Presse; für ein gutes Sterben; gegen Pest, Sturm
Festtag: 3. Dezember
Darstellung: im Gewand der Jesuiten, mit Kreuz, die Taufe spendend, predigend
Leben und Wirken: Franz Xaver, der „Apostel Indiens und Japans“, ist bekannt als Mitbegründer des Jesuitenordens und Begründer der Mission im Fernen Osten.
Der große Apostel des Fernen Ostens wurde auf Schloß Javier bei Sangüesa im spanischen Navarra geboren. Er studierte ab 1525 Theologie in Paris, schloß sich dort 1533 →Ignatius von Loyola und seiner späteren „Gesellschaft Jesu“, den Jesuiten, an und wurde 1537 Priester. Zwei Jahre später er-

arbeitete Ignatius mit Franz Xavers Hilfe die Ordenssatzungen, die 1540 vom Papst bestätigt wurden. 1541 reiste Franz Xaver im Auftrag des portugiesischen Königs und des Papstes nach Ostindien, wo er in Goa ungefähr 30 000 Heiden getauft haben soll und danach bei den Perlfischern in Travancore wirkte. 1546 missionierte er auf den Molukken und weiteren Inseln bis er schließlich 1549 nach der neuentdeckten Insel Japan reiste. Nachdem er dort etliche christliche Gemeinden gegründet hatte, reizte den Weitgereisten auch das für Ausländer verbotene China. Doch sein letztes Ziel erreichte Franz Xaver nicht mehr. Er starb am 3. Dezember 1552 auf der Insel Sancian vor Kanton. Franz Xavers Gebeine ruhen seit 1554 in Goa, die Reliquie des rechten Unterarms seit 1615 in der Jesuitenkirche Il Gesù in Rom. Seine Heiligsprechung erfolgtc 1622.

Franziska von Rom

Ordensgründerin, Mystikerin
(* 1384, † 1440)

auch: Francesca Romana
Patronin: von Rom; der Autofahrer, Frauen; gegen Qualen des Fegefeuers, Pest
Festtag: 9. März
Darstellung: als Römerin, mit Buch, Schutzengel; im Kleid der Benediktinerinnen
Leben und Wirken: Franziska ist bekannt als Gründerin des weiblichen Zweigs des Olivetanerordens (Benediktiner-Oblatinnen). Der Legende nach verfügte sie über besondere mystische Gaben und stand in engem Kontakt mit ihrem Schutzengel.

Bereits mit zwölf Jahren heiratete die gebürtige Römerin den reichen Römer Lorenzo de Ponziani. In ihrer 40jährigen Ehe schenkte sie ihm vier Kinder und setzte sich aufopfernd für Hilfesuchende und die Arbeit der Spitäler ein. 1425 gründete Franziska in Rom an der Kirche S. Maria Nuova eine Vereinigung von Benediktiner-Oblatinnen. Diese schlossen sich 1433 zu einem gemeinsamen Leben zusammen und widmeten sich karitativen Tätigkeiten. Als ihr Mann 1436 starb, trat Franziska dem Orden als Nonne bei und übernahm dessen Leitung. Sie starb am 9. März 1440 in Rom.

Ihre Gebeine wurden in der damaligen Ordenskirche S. Maria Nuova, heute S. Francesca Romana, in Rom beigesetzt. Ihre Heiligsprechung erfolgte 1608.

Franziska Schervier

Ordensgründerin (* 1819, † 1876)

Festtag: 14. Dezember
Darstellung: im Ordenskleid, mit Kreuz
Leben und Wirken: Franziska Schervier wurde in Aachen als Tochter eines In-

dustriellen geboren. Schon als Kind legte sie eine tiefe Frömmigkeit an den Tag und widmete später ihr ganzes Leben dem Dienst an Bedürftigen. 1845 gründete sie den Orden der „Armen Schwestern vom heiligen Franziskus“, dessen Leiterin sie auch wurde. Die Aufgabe des Ordens liegt in der Hilfe für Notleidende. Besonderes Anliegen von Franziska Schervier war neben der ambulanten Krankenpflege auch die seelische Betreuung straffälliger Frauen. Sie starb am 14. Dezember 1876 in Aachen und wurde dort im Mutterhaus ihres Ordens bestattet. 1974 wurde Franziska Schervier seliggesprochen.

Franziska Xaveria

Ordensgründerin (* 1850, † 1917)

auch: Francesca Saveria, Maria Francesca Cabrini
Patronin: der Auswanderer
Festtag: 22. Dezember
Leben und Wirken: Franziska Xaviera, die 1946 heiliggesprochen wurde, war die erste Heilige in den Vereinigten Staaten von Amerika.
Franziska Xaveria wurde in dem kleinen Ort Sant' Angelo Lodigiano in der Nähe von Mailand als dreizehntes Kind einer Bauernfamilie geboren. Sie leitete zunächst ein Pensionat in Codogno bei Mailand, bevor sie 1880 den Orden der „Missionarinnen vom Heiligsten Herzen“ gründete, dessen erste Oberin sie wurde. Um ihre Verehrung für den hl. →Franz Xaver auszudrücken, nahm sie den Beinamen Xaveria an. 1888 ging Franziska Xaveria schließlich nach Nordamerika, wo sie von New York aus zahlreiche Krankenhäuser, Heime und Schulen gründete. Besonders kümmerte sie sich um Einwanderer. Schließlich gründete sie in Chicago das Mutterhaus ihres Ordens, in dem sie am 22. Dezember 1917 starb.

Franziskus

→Franz von Assisi

Fridolin von Säckingen

Abt († im 6. Jh.)

Patron: des Kantons Glarus, von Säckingen; der Schneider, des Viehs; gegen Wasser- und Feuergefahr, Viehseuchen, Kinderkrankheiten; für fruchtbare Witterung
Festtag: 6. März
Darstellung: als Abt oder Wandermönch, mit Pilgerstab, -tasche; mit (totem) Urso (der Fridolin der Legende nach den heutigen Kanton Glarus geschenkt haben soll)
Leben und Wirken: Fridolin, der vermutlich aus Irland stammte, gilt als der erste Missionar Alemanniens. In Säckingen gedenken die Gläubigen ihres Patrons noch heute feierlich mit Prozes-

sion, Gottesdienst und großem Jahrmarkt.

Der Legende nach soll Fridolin die zerstörte Kirche des von ihm verehrten hl. →Hilarius im französischen Poitiers wiederaufgebaut haben. Der Bischof von Poitiers ernannte Fridolin daraufhin aus Dankbarkeit zum Abt des dazugehörigen Hilariusklosters. Später zog Fridolin als Wandermönch durch das Elsaß, predigte an der Mosel und in Chur und gründete auf seinem Weg zahlreiche Kirchen und Klöster. Auf der Rheininsel Säckingen, die ihm von König Chlodwig geschenkt worden war, errichtete Fridolin schließlich aufgrund einer Vision das Hilariuskloster und sorgte für die Verbreitung des Evangeliums im ganzen Oberrheingebiet.

Fridolins Gebeine befinden sich in einem kostbaren alten Schrein in Säkkingen.

G

Gabriel

Erzengel

Patron: der Boten, Postbeamten, Briefmarkensammler, des Fernmeldewesens, Nachrichtendienstes
Festtag: 29. September
Darstellung: als leuchtender Engel/Jüngling, mit Lilie, Weltkugel
Leben und Wirken: Der Erzengel Gabriel zählt mit →Michael, →Raphael und →Uriel zu den vier höchsten Engeln, die im Himmel vor Gott stehen.

Der Erzengel Gabriel

Gabriel erscheint in der Bibel als Bote Gottes, der die göttliche Botschaft nicht nur verkündet, sondern den Menschen auch interpretiert. Er erklärte Daniel verschiedene Visionen und verkündete sowohl Zacharias (→Elisabeth und Zacharias) die Geburt seines Sohnes →Johannes des Täufers, als auch →Maria die Geburt ihres Sohnes Jesus, des kommenden Messias.

Gaetano

→Kajetan von Tiene

Galgolf

→Gangolf

Gallus

Missionar (* um 550, † um 640)

Patron: der Diözese St. Gallen; der Gänse, Hühner; gegen Fieber
Festtag: 16. Oktober
Darstellung: im einfachen Mönchsgewand, mit Pilgerstab, Bär
Leben und Wirken: Aus der Einsiedelei des Gallus entwickelte sich ungefähr 80 Jahre nach seinem Tod die Benediktinerabtei St. Gallen.
Geboren in Irland zog Gallus um 590 mit dem hl. →Kolumban dem Jüngeren ins Frankenreich. Nachdem sie in Tug-

Der heilige Gallus

gen am Ostende des Zürcher Sees vergeblich versucht hatten zu missionieren und man sie vertrieb, flohen beide 610 ins Bodenseegebiet. Zwei Jahre später wanderte Kolumban weiter nach Italien, Gallus mußte schwer erkrankt zurückbleiben. Als er sich erholt hatte, gründete er eine Einsiedelei an der Steinach südlich vom Bodensee, der sich später weitere Gleichgesinnte anschlossen. Mit ihnen lebte Gallus nach der Regel seines ehemaligen Gefährten Kolumban. Aufgrund seiner Wundertätigkeit und Weisheit bot man Gallus 615 sowohl das Amt des Bischofs von Konstanz als auch 625 das des Abts von Luxeuil an, doch Gallus blieb bei seinen Schülern. Über neunzigjährig starb er schließlich in Arbon und wurde in seiner Klause, der Grundlage der heutigen Abtei St. Gallen, beigesetzt.

Gangolf

Märtyrer († um 760)

auch: Galgolf, Gandoul, Gangloff, Gangwulfis, Gignoux, Gandulph, Gengoult
Patron: der Schuhmacher, Gerber, Kinder, Haustiere, einiger Quellen; gegen Knieleiden, Eheprobleme
Festtag: 11. Mai
Darstellung: in Ritterrüstung, mit Speer, Schild, Stab, Quelle

Leben und Wirken: Die Vita Gangolfs ist legendarisch. Verwoben wird sie teilweise mit dem Leben des 716 und 731 erwähnten Gangvulfus, der bei Langres an der Marne ein Kloster besaß.

Als das Kloster unter Wassermangel litt, soll der burgundische Edelmann Gangolf durch ein Wunder eine entfernte Quelle mit seinem Wanderstab herbeigeholt haben. Auf Anstiften seiner betrügerischen Gattin soll er am 11. Mai durch die Hand ihres Geliebten, eines Priesters, gemeuchelt worden sein. Seit dem 9. Jh. wird Gangolf als Märtyrer verehrt, anfangs v.a. durch Benediktiner und Ritter. Später ist er v.a. auch als Quellenschutzheiliger bekannt. Eine wichtige Reliquie Gangolfs befindet sich in St. Gangolf in Bamberg.

Gellért

→Gerhard von Csanád

Genaro

→Januarius von Benevent

Geneviève

→Genovefa

Gengoult

→Gangolf

Genovefa

Nonne (* 422, † 502)

auch: Geneviève
Patronin: von Paris; der nach ihr benannten Vereinigungen, der Frauen, Hirten, Winzer; gegen Krieg, Feuergefahr, Trockenheit, Pest, Fieber, Augenleiden
Festtag: 3. Januar
Darstellung: als vornehme Frau oder Hirtin, mit Engel, der das vom Teufel ausgeblasene Kerzenlicht wieder entzündet; Paris und seine Einwohner beschützend
Leben und Wirken: Genovefa gilt als Retterin von Paris, die allein durch ihre Fürbitten 451 die berüchtigten Hunnen von der Stadt an der Seine abgehalten haben soll.

Die heilige Genovefa

Geboren in Nanterre bei Paris zog Genovefa nach dem Tod ihrer Eltern nach Paris, um dort in Buße und Gebet zu leben und ihren Mitmenschen durch wohltätige Werke zu dienen. Zweimal soll die fromme Jungfrau die Stadt gerettet haben: zuerst im Jahre 451, als sie die Stadt durch ihre Gebete vor einem Einfall der Hunnen unter König Attila bewahrte. Das zweite Mal, als sie für die hungernde Bevölkerung Nahrungsmittel in das von den Franken eingeschlossene Paris schmuggelte.

Später stiftete Genovefa zu Ehren des von ihr verehrten hl. →Dionysius von Paris die Kirche St-Denis bei Paris. Genovefa starb am 3. Januar 502 in Paris.
König Chlodwig I. ließ über ihrer Grabstätte eine Kirche erbauen, die 1791 zum Pantheon umgewandelt wurde. Genovefas Reliquien wurden in der Französischen Revolution zerstört.

Der heilige Georg von Kappadokien

Georg von Kappadokien

Märtyrer († um 303)

Patron: von England; Genua, der Diözese Limburg und ihrer Kathedrale; der Georgs-Ritterorden, Pfadfinder, Bauern, Reiter, Ritter, Kavallerie, Soldaten, Schützen, Sattler, Büchsenmacher, (Waffen-)Schmiede, Wanderer, Bergleute, Artisten, Spitäler, Pferde, des Viehs; gegen Fieber, Pest, Versuchungen; einer der Vierzehn Nothelfer
Festtag: 23. April
Darstellung: als Ritter, mit und ohne Pferd, mit einem von seiner Lanze durchbohrten Drachen, mit Kreuz auf weißer Fahne
Leben und Wirken: Georg ist der Schutzheilige der Engländer: König Richard Löwenherz erklärte ihn zu seinem persönlichen Schutzherrn, 160 Kirchen wurden ihm allein in England geweiht. Doch auch in anderen Ländern ist der „Drachentöter“ hochverehrt, u.a. als

Schirmherr der Kreuzfahrer und des Deutschen Ordens sowie als „Großmärtyrer" der Ostkirche.
Um das Leben Georgs ranken sich ausschließlich Legenden, die schon früh weit verbreitet waren. So soll der in Kappadokien, in der heutigen Türkei, geborene Sohn vornehmer Eltern als römischer Legionär zur Zeit Kaiser Diokletians gekämpft haben. Nach seiner Bekehrung zum Christentum soll er ein grausames Martyrium erlitten haben, doch alle Torturen konnten Georg nichts anhaben. Beeindruckt von diesem Wunder Gottes, bekehrte sich die Kaiserin und wurde kurz darauf zusammen mit Georg vor den Toren der Stadt (angeblich Lydda-Diospolis in Palästina) geköpft.
Am bekanntesten ist jedoch die Legende vom Drachenkampf, die ab dem 13. Jh. verbreitet wurde. Ihr zufolge hauste in Libyen einst ein Drache, dem zur Besänftigung täglich eine Jungfrau geopfert werden mußte. Als das Los auf die Königstochter fiel und sie im Gebet auf ihren Tod wartete, erschien Georg, verletzte den Drachen schwer und schleifte ihn in die Stadt. Er versprach dem Volk ihn zu töten, wenn sie sich taufen ließen. Als sich 15 000 Menschen zur Taufe begaben, löste Georg sein Versprechen ein.
Als Symbol der Ritterlichkeit wurde Georg schon im Mittelalter in Europa verehrt. Begonnen hatte der Kult um ihn im Vorderen Orient, von wo die Kreuzfahrer, v.a. Richard Löwenherz, seinen Namen nach Europa brachten. Georgs Grab liegt wahrscheinlich in Lydda-Diospolis, dem heutigen Lod in Israel. Angebliche Reliquien befinden sich in vielen Städten Europas.

Gerhard von Csanád

Bischof, Märtyrer
(* um 980, † 1046)

auch: Gellért, Gherardo
Patron: von Budapest; der Erzieher
Festtag: 24. September
Darstellung: im Bischofsornat, mit Mitra, Stab, vor Marienbild, mit durchbohrtem Herzen; im Gewand der Benediktiner
Leben und Wirken: Gerhard, Sohn der venezianischen Familie Sagredo, war Abt im Benediktinerkloster S. Giorgio seiner Heimatstadt. Eine Pilgerfahrt ins Heilige Land führte ihn um 1015 nach Ungarn zu König →Stephan I., der ihn sogleich als Erzieher seines Sohnes →Emmerich einstellte. 1030 wurde er erster Bischof der neuen Diözese Csanád und missionierte unter der noch überwiegend heidnischen Bevölkerung. Als das Land nach dem Tod Stephans in Unruhen geriet, wurde Gerhard das Opfer aufständischer Heiden, die ihn am heutigen Gerhards-Berg steinigten und durch Lanzenstiche töteten

Der heilige Gerhard von Csanád

bzw. in ein Faß steckten und in den Fluß rollten. Sein Leichnam wurde in der Marienkirche in Csanád beigesetzt. Gerhards Heiligsprechung erfolgte bereits 1083.

Germain

→Germanus von Paris

Germain l'Auxerrois

→Germanus von Auxerre

Germanos I. von Konstantinopel

Patriarch († um 740)

Festtag: 12. Mai
Leben und Wirken: Über das Leben des Germanos ist kaum etwas bekannt. Er wirkte zunächst als Kleriker in Konstantinopel und als Bischof in der antiken Handelsstadt Kyzikos, bevor er im Jahre 715 Patriarch von Konstantinopel wurde.
729 wurde er jedoch vom byzantinischen Kaiser Leo III. abgesetzt, da diesem sein Einsatz für die Bilderverehrung mißfiel.

Germanus von Auxerre

Bischof (* um 378, † 448)

auch: Germain l'Auxerrois
Festtag: 31. Juli
Darstellung: als Bischof, Jäger, mit Wild, Kreuz, Drachen
Leben und Wirken: Germanus stammte aus dem französischen Auxerre und studierte zunächst Rechtswissenschaften, bevor er sich taufen und zum Priester weihen ließ. 418 wurde er Bischof von Auxerre. Sein Vermögen verwendete er zur Gründung von Kirchen und Klöstern. Während seiner Wirkungszeit unternahm er zwei Reisen nach England, wo er die Irrlehre des Mönches Pelagius bekämpfte, der behauptete, es gäbe keine Erbsünde. Auch war er ein Lehrmeister des hl. →Patricius. Germanus starb am 31. Juli 448 in Ravenna.
Er wurde in Auxerre bestatte. Die Frankenkönigin →Klothilde ließ über seinem Grab eine Kirche erbauen, die

sich in der Folgezeit zu einer der bedeutendsten Wallfahrtsstätten Europas entwickelte.

Germanus von Paris

Bischof (* 496, † 576)

auch: Germain
Patron: der Gefangenen, der Musik; gegen Feuersnot, Fieber
Festtag: 28. Mai
Darstellung: im Bischofsgewand, mit Schlüssel, Ketten, brennendem Haus (dieses soll Germanus der Legende nach durch sein Gebet vor dem Niederbrennen gerettet haben)
Leben und Wirken: Geboren in der Nähe der französischen Stadt Autun zog sich Germanus schon früh in die Einsiedelei zurück. 530 wurde er Priester, zehn Jahre später Abt des Stiftes St-Symphorian in Autun. Um 550 schließlich ernannte König Childerich I. den begabten, aber trotzdem bescheidenen Germanus zum Bischof von Paris und zu seinem Erzkaplan. In seinem Amt zeichnete sich Germanus zum einen durch große Predigtgewalt, zum anderen durch besondere Milde und Liebe gegenüber den Armen und Notleidenden aus. Der Legende nach soll er sich besonders um die Gefangenen in seiner Diözese gekümmert haben, weshalb er häufig mit Ketten und Schlüsseln dargestellt wird.
Germanus starb am 28. Mai 576 und wurde in der von ihm 543 gegründeten Abtei St-Germain-des-Prés beigesetzt. Seine Reliquien gingen in der Französischen Revolution verloren.

Gertrud von Helfta

Mystikerin (* 1256, † 1302)

auch: Gertrud die Große von Helfta
Patronin: von Peru; Tarragona
Festtag: 17. November
Darstellung: als Äbtissin (in Verwechslung mit Gertrud von Hackeborn) oder als Nonne, mit flammendem Herz, Kruzifix, Buch, Schreibfeder
Leben und Wirken: Gertrud von Helfta gilt als eine der größten deutschen Mystikerinnen. Im Mittelalter förderte sie entscheidend die Herz-Jesu-Verehrung; so entstammen die meisten Anrufungen der Herz-Jesu-Litanei ihren Schriften.
Geboren in Thüringen, gaben ihre Eltern Gertrud schon im Alter von fünf Jahren zur Erziehung ins Kloster Helfta bei Eisleben. Unter dessen berühmter Äbtissin Gertrud von Hackeborn erhielt sie dort eine ausgezeichnete theologische und humanistische Ausbildung. Ab ihrem 26. Lebensjahr empfing Gertrud von Helfta zahlreiche Visionen, in denen sie sich mit Christus auf das innigste verbunden fühlte. Ab 1289

schrieb sie diese Erlebnisse in lateinischer Sprache beeindruckend klar nieder. Die hochbegnadete Mystikerin starb wahrscheinlich am 13. November 1302.

Gertrud von Nivelles

Äbtissin (* 626, † 659)

Patronin: der Krankenhäuser, Armen, Witwen, Pilger, Reisenden, Gärtner, Feld- und Gartenfrüchte; gegen Mäuse- und Rattenplage
Festtag: 17. März
Darstellung: als Äbtissin, mit Stab, Kirchenmodell, Buch, Mäusen, Spinnrad; im fürstlichen Gewand
Leben und Wirken: Gertrud war Tochter Pippins des Älteren, des Stammvaters der Karolinger. Nach dem Tode des Vaters 640 stiftete Gertruds Mutter das Kloster Nivelles in der Nähe von Brüssel, in das Gertrud eintrat und dort 652 Äbtissin wurde. Um den Nonnen tiefere Kenntnisse der Heiligen Schrift zu vermitteln, berief Gertrud irische Wandermönche und richtete für sie ein Spital ein. Dort pflegte sie die Kranken aufopferungsvoll bis zu ihrem Tod am 17. März 659. Ihr Leichnam wurde in Kloster Nivelles beigesetzt.
Im Maingebiet nennt man Gertrud von Nivelles aufgrund einer angeblichen Personengleichheit auch Gertrud von Karlburg.

Gervasius und Protasius

Märtyrer († um 270)

Patrone: von Mailand, Breisach; der Kinder; gegen Blutungen, Harnfluß, Diebstahl; für gute Heuernte
Festtag: 19. Juni
Darstellung: als Märtyrer, Edelmänner, Diakone; Gervasius mit Geißel/Keule, Protasius mit Schwert
Leben und Wirken: Die Vita der Zwillingsbrüder Gervasius und Protasius ist legendenhaft. Sie sollen in Mailand gelebt und zur Zeit des Kampfes gegen die Markomannen das Martyrium erlitten haben. So wurde Gervasius der Legende nach zu Tode gegeißelt, sein Bruder Protasius geköpft.
386 fand Bischof →Ambrosius von Mailand bei einer Ausgrabung in der Basilika der Märtyrer Felix und Nabor ihre Gebeine. Sie ruhen heute zusammen mit den Reliquien des hl. Ambrosius in S. Ambrogio in Mailand. Angebliche Teilreliquien befinden sich im Münster in Breisach.

Gherardo

→Gerhard von Csanád

Gignoux

→Gangolf

Gilg, Gilles

→Ägidius

Giovanni Bernardone
→Franz von Assisi

Giovanni Bosco
→Johannes (Don) Bosco

Giovanni da Fiesole
→Fra Angelico

Giovanni di Fidanza
→Bonaventura von Bagnoreggio

Girolamo Miani
→Hieronymus Ämiliani

Gisbert von Lindisfarne
→Cuthbert von Lindisfarne

Gisela von Ungarn

Königin, Äbtissin, Benediktinerin
(* um 985, † 1060)

Festtag: 7. Mai
Darstellung: in königlichem Gewand, mit Krone, Kirchenmodell, Rosenkranz
Leben und Wirken: Gisela entstammte als Tochter des bayerischen Herzogs Heinrichs II. und Schwester des späteren Kaisers →Heinrichs II. einer berühmten und bedeutenden Familie. Sie selbst wurde schon in jungen Jahren mit König →Stephan I. von Ungarn vermählt, dem sie einen Sohn schenkte. Gemeinsam mit ihrem Gemahl bemüh-

Die selige Gisela von Ungarn

te sich Gisela, das ungarische Reich zu christianisieren. In dieser Aufgabe ließ sie zahlreiche Kirchen und Klöster errichten. Doch schon bald wurde die engagierte Königin von tiefen Rückschlägen getroffen: 1031 starb ihr Sohn →Emmerich, sieben Jahre später ihr Gemahl. Nach dem Tod Stephans mußte Gisela schwere Repressalien seitens der heidnischen Nationalpartei ertragen – bis hin zur Gefangennahme. Ihre Befreiung im Jahr 1045 verdankte Gisela schließlich König Heinrich III. In Passau trat sie daraufhin in das Kloster Niedernburg ein, wo sie später das Amt der Äbtissin übernahm. Gisela starb am 7. Mai 1060 in Niedernburg und wurde dort auch beigesetzt. Die

Grabplatte aus dem 11. Jh. ist bis heute erhalten geblieben.

Giulio Cesare Russo

→Laurentius von Brindisi

Goar

Einsiedler († im 6. Jh.)

Patron: von St. Goar; der Ziegelarbeiter, Töpfer, Gastwirte, Winzer, Schiffer; für einen ehrlichen Namen
Festtag: 6. Juli
Darstellung: als Mönch oder Priester, mit Schlangen, Hirschkühen, Kirchenmodell, Teufel
Leben und Wirken: St. Goar am Rhein verdankt Namen und Entstehung dem Einsiedler Goar, aus dessen kleiner Zelle die Stadt entstand. Das Leben des aus Aquitanien stammenden Goar ist stark von Legenden überlagert. So soll er als Priester in jungen Jahren an den Rhein gekommen sein und sich dort um 520 mit Erlaubnis des Bischofs von Trier als Einsiedler niedergelassen haben. In seiner Zelle sorgte er jahrelang liebevoll für arme und bedürftige Gäste. Als der Bischof von Trier starb, soll Goar aufgrund seiner Beliebtheit als dessen Nachfolger vorgeschlagen worden sein. Eine schwere Krankheit, an der er später verstarb, soll den Einsiedler, der weiter in Zurückgezogenheit leben wollte, jedoch vor dieser Aufgabe „gerettet" haben.

Godehard von Hildesheim

Bischof, Benediktiner
(* 960, † 1038)

auch: Gotthard von Hildesheim
Patron: der Diözese Hildesheim; der Maurer; gegen Steinleiden, Rheuma, Gicht, Kinderkrankheiten, Blitz, Hagel
Festtag: 5. Mai
Darstellung: als Bischof, mit Kasel, Kirchenmodell, Buch, Maurer mit Winkel, Senkel und Hammer; Tote erweckend
Leben und Wirken: Der im niederbayerischen Reichersdorf geborene Godehard trat, nachdem er die Klosterschule von Niederaltaich besucht hatte, 990 in den Benediktinerorden ein. Sechs Jahre später wurde er Abt von Niederaltaich, das unter seiner Leitung schon bald zu den bedeutendsten Klöstern der Erzdiözese Salzburg aufstieg. Auch andere Klöster, wie z.B. Hersfeld und Tegernsee, denen er später vorstand, erneuerte Godehard im Geist von Cluny, dem berühmten französischen Reformkloster. 1013 kehrte Godehard nach Niederaltaich zurück, 1022 trat er auf Wunsch Kaiser →Heinrichs II. das Bischofsamt in Hildesheim an. In seinem Amt errichtete er rund 30 Kirchen, kümmerte sich um die Nöte der Armen und Kranken und verbesserte nicht zuletzt das Schulwesen.
Godehard starb am 5. Mai 1038 im Moritzstift bei Hildesheim. Sein Leichnam ruht im Dom zu Hildesheim. Godehards

Verehrung breitete sich schon bald in ganz Europa aus; er wurde 1131 heiliggesprochen.

Gordianus und Epimachus

Märtyrer († im 3./4. Jh.)

Patrone: von Kempten
Festtag: 10. Mai
Darstellung: Gordianus als Ritter, mit Schwert, Zweig; Epimachus in vornehmer Kleidung, mit Kreuz, Nagel
Leben und Wirken: Über das Leben von Gordianus und Epimachus gibt es keine gesicherten Angaben. Eine Inschrift aus dem 6. Jh. besagt, daß Gordianus ein Knabe im Alter von sieben Jahren gewesen sei. Vermutlich erlitten beide das Martyrium entweder unter Kaiser Valerian oder unter Diokletian. Eine andere Legende behauptet jedoch, Epimachus sei schon früher in Alexandria den Feuertod gestorben.
Die gemeinsame Verehrung der Heiligen am 10. Mai ist schon im 5. Jh. belegt und geht darauf zurück, daß Gordianus und Epimachus gemeinsam in einem Cömeterium an der Via Latina in Rom bestattet wurden. 774 gelangten Reliquien der beiden Märtyrer angeblich nach Kempten im Allgäu.

Gotthard von Hildesheim

→Godehard von Hildesheim

Gottschalk

Fürst, Märtyrer (* um 1000, † 1066)

Festtag: 14. Juni
Darstellung: als Fürst, mit Speer, Palme
Leben und Wirken: Erzogen wurde Gottschalk im Michaelskloster zu Lüneburg. Als Wendenfürst schuf er ab 1043 ein großes Reich und setzte sich für die Christianisierung seines Landes ein. So gründete er u.a. mit Bischof Adalbert I. von Bremen-Hamburg die Bistümer Mecklenburg und Ratzeburg. Bei einem Aufstand der heidnischen Wenden wurde Gottschalk am 14. Juni 1066 in Lenzen an der Elbe ermordet.

Gregor I. der Große

Papst, Kirchenvater, Kirchenlehrer (* um 540, † 604)

Patron: der Gelehrten, Lehrer, Schüler, Studenten, Maurer, Musiker, des kirchlichen Schulwesens, Chor- und Choralgesangs; gegen Pest, Gicht
Festtag: 3. September
Darstellung: als Papst, mit Papstkreuz, Buch, Schreibfeder, Taube auf der Schulter
Leben und Wirken: Gregor I. gilt als „Idealpapst". In seiner Weisheit und seinem herausragenden Dienst als Seelsorger, der den kirchlichen Besitz zur Linderung der Not der Armen einsetzte, wurde er zum Vorbild vieler

Päpste nach ihm. Mit →Augustinus, →Ambrosius und →Hieronymus zählt er zu den vier lateinischen Kirchenvätern.

Gregor wurde in Rom als Sohn einer Senatorenfamilie geboren. Nach dem Tod seines Vaters wandelte er den elterlichen Palast in ein Benediktinerkloster um und lebte dort ab 575 als Mönch mit zwölf Gefährten. Mit seinem Erbteil stiftete er weitere sechs Klöster in Sizilien. Zuerst Vorsteher der Seelsorgebezirke in Rom und Ratgeber des Papstes Pelagius II., wurde

Papst Gregor I. der Große

er nach dessen Tod einmütig zum Papst gewählt und am 3. September 590 geweiht.

Mit Kraft und Verstand lenkte Gregor I. die Kirche, baute geschickt auf den Einfluß charismatischer Missionare und seine Beziehungen zu den Fürstenhäusern und trieb so u.a. die Christianisierung der Angelsachsen und Franken voran. In Spanien hatte er ebenfalls Erfolg, als er die arianisch geprägten Westgoten für den Katholizismus gewinnen konnte. Zudem stand er in gutem Einvernehmen mit den Langobarden. Neben aller Politik unterstützte Georg I. in besonderem Maße die kirchliche Armenpflege sowie die Sängerschule Roms und reformierte Liturgie und Kirchenmusik.

In seinen zahlreichen Schriften zeigte er sich als Seelsorger und beeinflußte mit seinen Schriften stark das gesamte Mittelalter. Papst Gregor I. starb am 12. März 604. Seine Gebeine ruhen im Petersdom zu Rom.

Gregor VII.

Papst, Benediktiner
(* um 1020/1025, † 1085)

auch: Hildebrand
Festtag: 25. Mai
Darstellung: als Papst, mit Heinrich IV. in der Szene des „Gang nach Canossa"
Leben und Wirken: Papst Gregor VII. lag Zeit seines Lebens im Kampf mit dem

deutschen König Heinrich IV. im sog. Investiturstreit. Ein geflügeltes Wort ist seitdem der „Gang nach Canossa", den Gregor König Heinrich IV. zur Buße auferlegt hatte. Er bezeichnet noch heute das Lösen einer unangenehmen Aufgabe, die im Zusammenhang mit einer anderen Person steht.
Gregor VII., der ursprünglich Hildebrand hieß, stammte aus der Toskana. Unklar ist, ob er im Marienkloster auf dem Aventin Benediktinermönch wurde oder erst 1048 im französischen Reformkloster Cluny. 1049 holte Papst →Leo IX. Hildebrand nach Rom, wo der toskanische Mönch 24 Jahre lang verschiedenen Päpsten als Berater diente und allmählich immer höheren Einfluß gewann. Unermüdlich setzte sich Hildebrand für eine Reform der Kirche ein, bekämpfte das Konkubinat unter den Priestern, das Erkaufen geistlicher Ämter (Simonie) und die Abhängigkeit von der weltlichen Macht. Am 22. April 1073 wurde er schließlich selbst zum Papst berufen. Als Gregor VII. verbot er die Laieninvestitur und brach das alte Gewohnheitsrecht der deutschen Könige, Bischöfe zu ernennen. Darüber kam es zum Investiturstreit mit König Heinrich IV. 1076 erklärte dieser den Papst für abgesetzt, worauf Gregor den Kirchenbann über den König verhängte. Daraufhin drohten die deutschen Fürsten, sich von Heinrich loszusagen, falls er nicht innerhalb einer bestimmten Frist die Lossprechung vom Bann erhalten habe. Heinrich IV. machte sich deshalb im Winter 1077 zum „Gang nach Canossa" auf, wo sich Gregor gerade aufhielt. Dort unterwarf sich der König der Kirchenbuße im Büßergewand, woraufhin Gregor den Bann löste.
Doch der Streit ging schon bald weiter. 1080 bestätigte Gregor VII. Rudolf von Schwaben als Gegenkönig und erneuerte den Bann über Heinrich, woraufhin dieser einen Gegenpapst ernannte, Klemens III. Von diesem ließ er sich 1084 zum Kaiser krönen, während Gregor VII. auf der Engelsburg belagert wurde. Befreit wurde er erst von den Normannen unter Führung Robert Guiscards, mußte aber aus Rom fliehen, als sie die Stadt plünderten. Gregor VII. starb am 25. Mai 1085 in der Verbannung in Salerno, wo er auch begraben wurde. Er wurde 1606 heiliggesprochen.

Gregor von Nazianz der Jüngere

Bischof, Kirchenvater, Kirchenlehrer
(* 330, † 390)

auch: Gregor der Theologe
Patron: der Dichter; für eine gute Ernte
Festtag: 2. Januar (in der Ostkirche: 25. Januar)
Darstellung: als Bischof des griechischen oder lateinischen Ritus, am Pult, mit Taube auf der Schulter

Leben und Wirken: Gregor hinterließ eine große Menge an Schriften und zeigte sich darin als Vertreter eines christlichen Humanismus. In der Ostkirche zählt er als einer der „drei Kappadokier" und der drei bzw. vier Kirchenväter zu den am häufigsten dargestellten Heiligen.
Geboren wurde Gregor als Sohn des Bischofs Gregor des Älteren auf dem einsamen Landgut Arianz bei Nazianz. Er studierte u.a. in Athen, wo er seinen späteren Gefährten und Freund →Basilius kennenlernte. Als Getaufter zog Gregor um 360 mit ihm in die klösterliche Einsamkeit am Schwarzen Meer. 361 zum Priester geweiht, wurde Gregor ein Jahr später gegen seinen Willen Bischof der winzigen Diözese Sasima. Nach dem Tod seines Vaters war er ab 374 Bischof von Nazianz, 381 wählte ihn die Synode des Konzils wegen seines erfolgreichen Vorgehens gegen die Arianer zum Bischof von Konstantinopel. Doch Gregor war dem kirchlichen Ränke- und Intrigenspiel nicht gewachsen. (Bei aller Begeisterungsfähigkeit, die Gregor verliehen war und die er in seinen Zuhörern entfachen konnte, soll er leicht zu entmutigen gewesen sein.)
So verzichtete er schließlich auf sein Amt, kehrte in seine Heimat zurück und widmete sich seiner Schriftstellerei. Er starb auf seinem Landgut in Arianz.

Der heilige Gregor von Nazianz der Jüngere

Gregor von Nyssa

Bischof, Kirchenlehrer
(* um 334, † um 394)

Festtag: 9. März (in der Ostkirche: 10. Januar)
Darstellung: im Bischofsgewand der griechischen Kirche, mit Omophorion, Buch, oft auch mit Bischof →Basilius
Leben und Wirken: Gregor von Nyssa zählt mit seinem älteren Bruder Basilius und →Gregor von Nazianz dem Jüngeren zu den „drei Kappadokiern". Nach seiner Rhetorenausbildung studierte der in Cäsarea in Kappadokien geborene Gregor Theologie in dem von seinem Bruder gegründeten Kloster

Der heilige Gregor von Nyssa

am Schwarzen Meer. Gegen seinen Willen betraute ihn Basilius 372 mit dem Bischofsamt von Nyssa, einem kleinen, unbedeutenden Ort. Wegen angeblicher Veruntreuung von Kirchengeldern wurde Gregor 376 abgesetzt, aber schon zwei Jahre später zurückgeholt und 380 zum Metropoliten von Sebaste ernannt. Auf dem Konzil in Konstantinopel von 381 setzte sich Gregor von Nyssa zusammen mit den beiden anderen Kappadokiern hartnäckig gegen die Arianer und ihre Lehre durch. Gregor von Nyssa schrieb zahlreiche theologische Werke, u.a. das bekannte „Große katechetische Gebet".
Über Gregors Grab ist nichts bekannt, eine angebliche Reliquie seines Hauptes wird im Kloster Iwrions auf Athos verehrt.

Gregor von Pfalzel

→Gregor von Utrecht

Gregor der Theologe

→Gregor von Nazianz der Jüngere

Gregor von Utrecht

Abt († um 776)

auch: Gregor von Pfalzel
Patron: gegen Lähmung
Festtag: 26. August (in Utrecht: 8. November)
Darstellung: im Bischofsgewand, Almosen verteilend
Leben und Wirken: Gregor von Utrecht, der aus einer adligen Familie stammte, lernte seinen Lehrer, den hl. →Bonifatius, in Kloster Pfalzel bei Trier kennen. Später wirkte Gregor als Abt des Klosters St. Martin der Benediktiner im holländischen Utrecht und als Administrator des Bistums. Nach dem Tod

seines alten Lehrers übernahm Gregor schließlich die Leitung der Friesenmission. Das Amt des Bischofs lehnte er Zeit seines Lebens ab, da er angeblich ein einfacher Mönch bleiben wollte. Gregor starb an einem 25. August um 776. Sein Haupt wird im Kirchenschatz von Susteren gehütet.

Gunther von Niederaltaich

Einsiedler, Laienbruder
(* um 955, † 1045)

auch: Günther von Niederaltaich
Festtag: 9. Oktober
Darstellung: als Einsiedler oder Benediktinermönch, mit Engel, der ihm die Heilige Kommunion reicht
Leben und Wirken: Gunther stammte aus dem Geschlecht der Grafen von Schwarz und war ein Vetter Kaiser →Heinrichs II. und Schwager des Königs →Stephan I. von Ungarn. Nach einem sehr weltoffenen Lebenswandel bat er unter Einfluß des Abtes →Godehard um die Aufnahme in das Kloster Niederaltaich. Nach einer Bußwallfahrt nach Rom wurde Gunther diese Bitte im Jahr 1005 oder 1006 gewährt, und er wurde als Laienbruder in das Kloster Hersfeld aufgenommen. Als er die Leitung des Familienklosters Göllingen in Thüringen 1008 übernehmen sollte und in dieser Aufgabe scheiterte, zog sich Gunther in das böhmisch-bayerische Grenzgebirge zurück. Auf dem Ranzingerberg und später im Rinchnachtal errichtete er mit ein paar Gefährten eine Einsiedlerklause. Aus dieser entwickelte sich im Laufe der Zeit das Kloster Rinchnach. Gunther zeichnete sich bei aller Zurückgezogenheit, in der er lebte, auch durch politisches Geschick aus, mit dessen Hilfe er mehrere Male Streitigkeiten zwischen Bayern und Böhmen schlichten konnte. Um 1040 zog er sich jedoch noch mehr in die Einsamkeit zurück und starb am 9. Oktober 1045, vermutlich nahe Hartmanitz in der heutigen Tschechei.
Sein Leichnam wurde von Herzog Bretislav in die Abtei Brevnov bei Prag überführt. Als das Kloster im 15. Jh. zerstört wurde, gingen die Reliquien jedoch verloren.

H

Hadelog

Äbtissin, Benediktinerin († um 750)

auch: Adelheid von Kitzingen
Patronin: gegen Fieber
Festtag: 2. Februar
Leben und Wirken: Hadelog war vermutlich eine Tochter des Karolingers Karl Martell, wurde jedoch von ihrem Vater verstoßen, da sie schon früh Jungfräulichkeit gelobte, Karl Martell sie aber reich verheiraten wollte. 732 gründete sie das Kloster Kitzingen am Main und wurde dessen erste Äbtissin. In der Folgezeit versöhnte sie sich wieder mit ihrem Vater, der das Kloster daraufhin reich beschenkte. Nach ihrem Tod wurde Hadelog in Kitzingen beigesetzt, doch wurden ihre Reliquien bei einem Bauernaufstand im Jahre 1525 vernichtet.

Hadrian

→Adrian von Nikomedien

Hartmann von Brixen

Bischof (* um 1090, † 1164)

Patron: des Bistums Brixen; in der Schwangerschaft
Festtag: 23. Dezember (in Passau, Graz, Wien: 12. Dezember)
Darstellung: im Bischofsgewand oder als junger Augustiner-Chorherr, mit Lamm Gottes, mit Jesuskind, das über einem Kelch schwebt
Leben und Wirken: Hartmann von Brixen wurde aufgrund seiner vorbildlichen Güte und seines festen Glaubens bereits zu Lebzeiten wie ein Heiliger verehrt.
In Polling bei Passau geboren, genoß Hartmann eine ausgezeichnete Erziehung bei den Augustiner-Chorherren in Passau, wo er auch zum Priester geweiht wurde. 1128 wirkte er als Probst in Herrenchiemsee, sechs Jahre später in Klosterneuburg bei Wien. Durch sein vorbildliches Leben brachte Hartmann jede Einrichtung, in der er wirkte, schon bald (wieder) zum Blühen. Um 1140 wurde er deshalb zum Bischof von Brixen berufen.
In seinem Bischofsamt setzte er sich für eine Neuordnung des Klerus ein, förderte das religiöse Leben nicht zuletzt auch unter der Bevölkerung und stand den Bedürftigen mit Rat und Tat zur Seite. Zudem gründete Hartmann 1142 in Brixen das Kloster Neustift, wo er nach seinem Tod am 23. Dezember 1164 beigesetzt wurde.
Das Grab des Hartmann von Brixen wurde schon kurz darauf zum Ziel zahlloser Wallfahrer.

Hedwig von Schlesien

Herzogin (* 1174, † 1243)

auch: Hedwig von Andechs, Avoice, Jadwiga
Patronin: von Polen; der Diözese Berlin, von Schlesien, Andechs, Breslau, Trebnitz, Krakau; der Heimatvertriebenen, Brautleute
Festtag: 16. Oktober
Darstellung: als Herzogin, selten als Nonne, mit Marienbild, Kreuz, Kirchenmodell; Almosen spendend

Die heilige Hedwig von Schlesien

Leben und Wirken: Hedwig von Schlesien war berühmt für ihre Frömmigkeit, ihr soziales Engagement und ihr Bemühen um eine Vertiefung des christlichen Glaubens und der christlichen Kultur in ihrem Volk.
Geboren auf Schloß Andechs am Ammersee als Tochter des Grafen Berthold IV., wird sie in Bayern als Hedwig von Andechs verehrt. Erzogen wurde sie im Benediktinerinnenkloster Kitzingen. Im Alter von 13 Jahren heiratete sie Herzog Heinrich I. von Schlesien und schenkte insgesamt sieben Kindern das Leben. Hedwig berief etliche Orden nach Schlesien und stiftete neben mehreren Spitälern 1203 das Zisterzienserinnenkloster Trebnitz in der Nähe von Breslau – den ersten Frauenkonvent Schlesiens. Dorthin zog sie sich nach dem Tod Heinrichs 1238 zurück, legte jedoch nie die Gelübde ab. Im Alter von knapp 70 Jahren starb Hedwig am 15. Oktober 1243.
Ihr Leichnam ruht in der Klosterkirche zu Trebnitz in einem prunkvollen Hochgrab, Reliquien befinden sich auch in Kloster Andechs. Ihre Gebeine wurden 1267 feierlich erhoben.

Heimeran, Heimrham

→Emmeram von Regensburg

Heinrich II. und Kunigunde

Kaiser (* 973, † 1024)
und Kaiserin
(* um 980, † 1033/1039)

Patron: der (Erz-)Diözesen und Städte Bamberg und Basel
Festtag: 13. Juli (Kunigunde in Bamberg auch: 3. März)
Darstellung: als Kaiser, mit Krone, Zepter, Kirchenmodell, Lilie, oft mit Kaiserin Kunigunde in prächtigem Gewand oder als Benediktinerin, mit Kirchenmodell, Buch, Pflugschar
Leben und Wirken: Heinrich II. gelang es durch politische Klugheit und Kampfesgeist, das Heilige Römische Reich wiederherzustellen.

Heinrich II. wurde als Sohn Heinrichs II. von Bayern geboren und von Bischof →Wolfgang von Regensburg erzogen. 995 wurde er Herzog von Bayern, 1002 deutscher König. Dabei gelang es Heinrich II. im Laufe der Jahre durch sein Geschick, das Frankenreich wiederherzustellen. 1004 erhielt er die italienische Krone und wurde schließlich zusammen mit seiner Gemahlin Kunigunde 1014 während seines zweiten Romzuges von Papst Benedikt VIII. in Rom zum Kaiser gekrönt. Heinrich II. engagierte sich stark in der Kirchenpolitik, unterstützte die Klosterreform und gründete 1007 das Bistum Bamberg. Er starb am 13. Juli 1024 in Grona bei Göttingen. Sein Leichnam wurde im Bamberger Dom bestattet. Die Heiligsprechung erfolgte 1146.

Seine Ehe mit Kunigunde, Tochter des Grafen Siegfried von Luxemburg, blieb kinderlos. Angeblich führten die beiden eine „Josefsehe“. Nach dem Tod Heinrichs II. lebte Kunigunde als Nonne in dem von ihr gestifteten Benediktinerinnenkloster Kaufungen, wo sie 1033 oder 1039 starb. Ihre Gebeine ruhen heute neben denen ihres Gatten im Dom zu Bamberg. Kunigunde wurde wie auch Heinrich heiliggesprochen, allerdings erst im Jahr 1200. Der Legende nach soll Kunigunde in einem Gottesurteil unverletzt über glühende Pflugscharen gelaufen und so vom Verdacht des Ehebruchs losgesprochen worden sein.

Der heilige Heinrich II. und die heilige Kunigunde

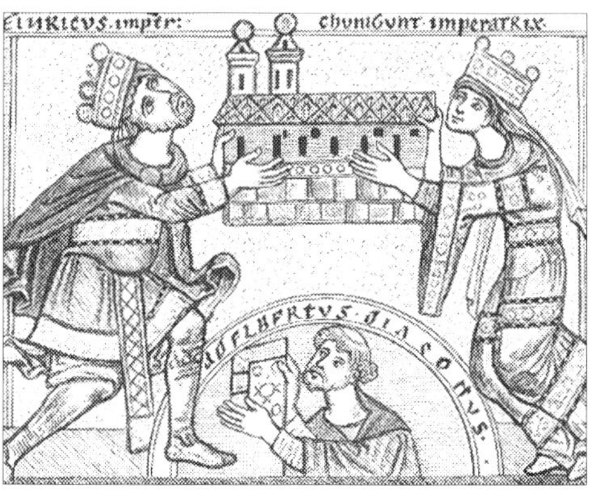

Heinrich Seuse

→Suso

Helena

Kaiserin (* um 257, † um 330/336)

Die heilige Helena

auch: Helene
Patronin: von Frankfurt (a.M.), Pesaro; der Färber, Nadler, Bergleute, Schatzgräber; gegen Feuer, Blitz; für das Finden verlorener Dinge und das Aufdekken von Diebstählen
Festtag: 18. August (in der Ostkirche: 21. Mai)
Darstellung: als Kaiserin, mit Krone, Kirchenmodell, Kreuz, Kreuznägeln
Leben und Wirken: Helena ist die Mutter Kaiser →Konstantins des Großen. Der Überlieferung nach soll sie in Jerusalem das Kreuz und Gewand Jesu sowie die Gebeine des Apostels →Matthias gefunden haben. Den „Heiligen Rock" und die Gebeine des Matthias schenkte sie Bischof →Agritius von Trier. (Der „Heilige Rock" befindet sich heute im Dom, die Gebeine in Kloster St. Matthias in Trier.)
Helena stammte entweder aus Depranum in der heutigen Türkei oder aus Trier. Als Tochter aus niederem Stand wurde sie 275 die Geliebte des Römers Konstantius Chlorus und schenkte ihm um 280 einen Sohn namens Konstantin. Aufgrund ihrer Herkunft beendete der 293 zum Kaiser aufgestiegene Konstantius die Verbindung mit Helena. Als 306 der noch junge Konstantin selbst an die Macht kam, holte dieser seine Mutter – die sich 312 taufen ließ – zu sich und erhob sie 325 zur „Augusta", zur Kaiserin.
Helena zeichnete sich durch ihre überragende Großzügigkeit gegen Kirche und Hilfsbedürftige aus, sie ließ zahlreiche Spitäler errichten und stiftete Kirchen und Klöster, wie beispielsweise die Geburtskirche in Bethlehem, die Heilig-Kreuz-Kirche in Rom und die Apostelkirche in Konstantinopel. Als eine der ersten Frauen pilgerte Helena ins Heilige Land. Sie starb in Nikomedien in der heutigen Türkei.
Reliquien befinden sich in Rom, in der Abtei Hautvillers in Frankreich und in Trier.

Helga
→Olga

Hemma von Gurk
Stifterin (* um 980, † 1045)

auch: Emma von Gurk
Patronin: von Kärnten; gegen Augenbeschwerden, Krankheit; für eine gute Geburt
Festtag: 27. Juni
Darstellung: in vornehmer Kleidung, mit Kirchenmodell, gebauschter Haube, Rose
Leben und Wirken: Hemma von Gurk stammte aus dem Grafengeschlecht der von Friesach-Zeltschlacht in Kärnten. Ihr Mann, Graf Wilhelm von der Sann, starb 1016 auf einer Pilgerfahrt und zwanzig Jahre später verlor Hemma auch ihren Sohn. Daraufhin zog sie sich aus der Gesellschaft zurück und widmete sich fortan geistlichen Stiftungen und mildtätigen Werken. Bekannt wurde sie als Gründerin des Benediktinerinnenklosters Gurk in Kärnten. Zudem schuf Hemma die Grundlage für die Errichtung des Benediktinerklosters Admont im Ennstal in der Steiermark. Hemma starb am 29. Juni 1045 in Gurk. Ihre Reliquien werden in der Krypta des Domes von Gurk verehrt; die Approbation des Kultes erfolgte 1938.

Herasmus
→Erasmus

Heribert von Köln
Erzbischof (* um 970, † 1021)

auch: Ariberto, Eriberto, Herbart
Patron: von Deutz; für Regen
Festtag: 16. März (in Köln: 30. August)
Darstellung: als Bischof in Pontifikalgewand, um Regen betend
Leben und Wirken: Heribert wurde als Sohn des Grafen Hugo von Worms in der Domschule von Worms und im Kloster Gorze in Lothringen erzogen. Schon in jungen Jahren machte er eine steile Karriere. So wurde er zuerst Domprobst in Worms, 994 Kanzler Ottos III. für Italien und vier Jahre später

Der heilige Heribert von Köln

auch für Deutschland. 995 zum Priester geweiht, wurde Heribert 999 zum Erzbischof von Köln gewählt.
Heribert war ein einflußreicher Berater und Vertrauter Ottos III. Als dieser 1002 in Italien starb, überführte Heribert den Leichnam nach Aachen und mußte sich dabei gegen Heinrich von Bayern zur Wehr setzen. Dieser forderte die Herausgabe der Reichsinsignien. Da das Verhältnis zu dem Kaiser-Nachfolger Heinrich von Anfang an getrübt war, trat Heribert von seinem Kanzleramt zurück und gründete die Abtei Deutz, wo er am 16. März 1021 starb. Seine Gebeine ruhen in der dortigen Heribert-Kirche.
Historisch nicht gesichert ist, daß Heribert 1046 bzw. 1048 heiliggesprochen wurde.

Hermann Joseph von Steinfeld

Mystiker, Prämonstratenser
(† 1241 oder 1252)

Patron: der Mütter, Kinder, Uhrmacher
Festtag: 21. Mai
Darstellung: als Prämonstratenser in weißem Gewand oder als Schulkind, mit →Maria, Schlüssel am Gürtel, Kelch mit Rosen, Buch, Jesuskind
Leben und Wirken: Hermann, der aufgrund seiner mystischen Vermählung mit der Gottesmutter den Beinamen „Joseph" erhielt, war ein bedeutender Mystiker. Als Seelenführer diente er mehreren Frauenklöstern. Geboren in Köln, trat Hermann schon im Alter von zwölf Jahren in den Prämonstratenserorden in Steinfeld in der Eifel ein. Von Anfang an zeichnete ihn eine innige Beziehung zur Gottesmutter Maria aus, der er etliche Hymnen, wie den bekannten Herz-Jesu-Hymnus „Summi regis Cor", widmete. Durch mystische Gnaden begabt, diente Hermann Joseph verschiedenen Frauengemeinschaften, wie auch den Zisterzienserinnen von Hoven bei Zülpich. Dort starb er nach einem Besuch im Jahr 1241 oder 1252. Sein Grab befindet sich in der ehemaligen Klosterkirche von Steinfeld.
Der Kult von Hermann Joseph wurde 1958 bestätigt, seine Verehrung als Heiliger ist seit 1960 gestattet.

Hermas von Philippopolis

Bischof († um 180)

auch: Hermes
Festtag: 9. Mai
Darstellung: als Bischof, mit Schriften, Schulterband
Leben und Wirken: Über das Leben des Hermas ist kaum etwas bekannt. Vermutlich war er Bischof von Philippopolis im heutigen Bulgarien. Er war ein Schüler des Apostels →Paulus und wird in dessen „Brief an die Römer" erwähnt.

Hermenegild

Königssohn, Märtyrer († 585)

auch: Ermengildo, Ermingild, Irmingild
Festtag: 13. April
Darstellung: in fürstlichem Gewand, mit Beil, Palme
Leben und Wirken: Hermenegild regierte als Sohn des arianischen Königs der Westgoten, Leovigild, über die Provinz Baetica mit Hauptstadt Sevilla. Durch seine katholische Ehefrau Ingundis und deren Vertrauten, Bischof →Leander von Sevilla, bekehrte sich Hermenegild schließlich zum katholischen Glauben. Dies war v.a. seiner arianischen Stiefmutter Goesintha ein Dorn im Auge. Sie hetzte König Leovigild gegen seinen Sohn auf, bis er schließlich 584 mit seinen Truppen in Sevilla einfiel, Hermenegild gefangennahm und in den Kerker werfen ließ. Doch Hermenegild schwor auch hier nicht dem katholischen Glauben ab.
Zur Strafe für seine „Empörung gegen den König“ wurde er auf Befehl seines eigenen Vaters am 13. April 585 im spanischen Tarragona in der Nähe von Barcelona enthauptet. Seine letzte Ruhestätte fand er in Sevilla. Der Kult Hermenegilds wurde 1636 für die Gesamtkirche bestätigt.

Hermes

→Hermas von Philippopolis

Hieronymus

Kirchenvater, Kirchenlehrer
(* um 347, † um 419/420)

auch: Hieronymus Sophronius Eusebius
Patron: von Dalmatien, Lyon; der Lehrer, Schüler, Studenten, Theologen, Gelehrten, Übersetzer, Asketen, Universitäten, wissenschaftlichen Vereinigungen, Bibelgesellschaften; gegen Augenleiden
Festtag: 30. September (in Bamberg: 3. Oktober, in Basel: 1. Oktober)
Darstellung: als alter Mann, mit Kardinalshut, am Pult lesend oder schreibend, im Büßerhemd, mit Kreuz, Löwen, Totenschädel
Leben und Wirken: Hieronymus gehört zu den charismatischen und bedeutendsten Persönlichkeiten der katholischen Kirche. Neben →Ambrosius, →Augustinus und →Gregor I. dem Großen zählt er zu den vier lateinischen Kirchenvätern.
Hieronymus wurde in Stridon in Dalmatien als Sohn vermögender, christlicher Eltern geboren. Er studierte ab 354 in Rom und wurde gegen Studienende dort getauft. Während einer Reise lernte er in Trier das Mönchsleben kennen, lebte kurz in einer asketischen Klerikergemeinschaft und pilgerte daraufhin in den Orient. Bei Aleppo in Syrien ließ er sich für zwei Jahre als Asket in einer Mönchsgemeinschaft nieder. 379 wurde Hieronymus in Antio-

chia zum Priester geweiht und kehrte danach über Konstantinopel, wo er →Gregor von Nazianz den Jüngeren gehört hatte, schließlich 382 nach Rom zurück. Dort wurde er zum Sekretär des Papstes →Damasus I. berufen und wurde zum geistigen Mittelpunkt eines Kreises frommer, asketischer Römerinnen wie →Marcella oder →Paula von Rom. Außerdem begann er im Auftrag des Papstes mit der Revision der lateinischen Bibeltexte. Als sein Gönner Damasus I. 384 gestorben war, wurde Hieronymus Opfer verschiedener Verleumdungen und verließ 385 Rom in Richtung Palästina und Ägypten. Ab 386 lebte er in Bethlehem, gründete einige Klöster und führte dort heftige Auseinandersetzungen, u.a. um die häretische Lehre der Pelagianer. In seinem selbst gewählten Exil widmete er sich aber v.a. seiner teilweise sehr angriffslustigen, aber immer scharfsinnigen theologischen Schriftstellerei und verstärkt der Erstellung der Vulgata, einer allgemein gebräuchlichen Übersetzung des Bibeltextes. Der streitbare, teilweise cholerische Hieronymus starb am 30. September 419 oder 420 in Bethlehem. Sein Gebeine ruhen heute in der römischen Kirche S. Maria

Der heilige Hieronymus

Maggiore. Berühmt und oft dargestellt ist die Legende von Hieronymus und dem Löwen, dem er einen Dorn aus der Pranke zog. Der Löwe wurde daraufhin zahm und blieb bis zu Hieronymus' Tod bei ihm.

Hieronymus Ämiliani

Ordensgründer (* 1486, † 1537)

auch: Girolamo Miani
Patron: von Treviso, Venedig; der verlassenen und verwaisten Jugendlichen, Waisenhäuser, Schulgründer
Festtag: 8. Februar
Darstellung: in vornehmer Venezianer-Tracht, mit Ketten, Eisenkugeln, Buch, Kruzifix; als Ordensmann, mit Waisenkindern
Leben und Wirken: Hieronymus Ämiliani gründete im italienischen Somasca den Somaskerorden, eine Genossenschaft von Regularklerikern, die sich der Waisenpflege widmete und Armen- und Krankenhäuser sowie Internate unterhielt.
Geboren als Sohn einer vornehmen venezianischen Familie wurde Hieronymus schon früh Offizier und General. Als er 1508 in Gefangenschaft geriet und aus dieser auf wundersame Weise befreit wurde, bekehrte er sich und widmete sein Leben fortan in tiefer Buße und Nächstenliebe den Armen, Waisen und Kranken. Um deren Not zu lindern, stiftete er zahlreiche Waisenhäuser in Bergamo, Brescia, Como, Mailand und Verona. Ab 1528 unterstellte sich Hieronymus der geistlichen Leitung Giampetro Caraffas, des späteren Papstes Paul IV. und gründete den Somaskerorden. Im Mutterhaus seiner Genossenschaft in Somasca widmete er sich unermüdlich der Krankenpflege, bis er sich dort an einem Pestkranken ansteckte und starb. Hieronymus Ämiliani wurde 1767 heiliggesprochen.

Hieronymus Sophronius Eusebius

→Hieronymus

Hilarius von Poitiers

Bischof, Kirchenlehrer
(* um 315, † 367)

Patron: von Poitiers, La Rochelle, Luçon, Poitiers; gegen Schlangenbiß
Festtag: 13. Januar
Darstellung: im Bischofsgewand, als Drachen- oder Schlangentöter, mit Buch
Leben und Wirken: Hilarius ist bekannt als erster Hymnendichter der lateinischen Kirche und größter Dogmatiker vor Kirchenvater →Augustinus. Die ersten klösterlichen Gemeinschaften Galliens gehen auf ihn zurück.
Hilarius erhielt als Sohn wohlhabender Eltern eine gute Ausbildung in Rheto-

Der heilige Hilarius von Poitiers

rik und Philosophie. Später im Verwaltungsdienst tätig, ließ sich Hilarius 345 mit seiner Familie taufen, wurde Priester und fünf Jahre danach Bischof des französischen Poitiers.
Hilarius war Zeit seines Lebens Gegner des Arianismus, der auch in Gallien immer mehr an Einfluß gewann. Unter Führung des arianisch gesinnten Bischof Saturninus von Arles und mit Hilfe Kaiser Konstantius' II. gelang es den Arianern, Hilarius 356 nach Kleinasien zu verbannen. In seinem Exil in Phrygien verfaßte er zahlreiche Schriften gegen die Irrlehre des Arius, v.a. sein Hauptwerk „De Trinitate". Seine rege Tätigkeit auch in der Verbannung machte Hilarius bald unbequem und so schickte man ihn 360 zurück nach Poitiers. Vom Volk begeistert empfangen, sorgte er 361 für die Exkommunikation des Saturninus auf der Synode in Paris. Hilarius starb 367 in Poitiers; 1851 wurde er zum Kirchenlehrer erhoben. Reliquien befinden sich u.a. in Poitiers, Le Puy, Paris und Parma.

Hildebrand

→Gregor VII.

Hildegard von Bingen

Äbtissin, Mystikerin, Benediktinerin
(* 1098, † 1179)

Patronin: der Naturwissenschaftler, Esperantisten, Sprachforscher
Festtag: 17. September
Darstellung: als Benediktinerin, mit Äbtissinnenstab, Buch, Schreibfeder; als Klostergründerin, mit Kirchenmodell
Leben und Wirken: Hildegard von Bingen gilt nicht nur als erste deutsche Mystikerin, sondern auch als Begründerin der wissenschaftlichen Naturgeschichte in Deutschland. Ihre Heilkunde, gegründet auf ihrem für damalige

Zeiten erstaunlichen Wissen über Medizin und Naturwissenschaft, erfreut sich auch heute noch wachsender Beliebtheit.
Hildegard stammte wahrscheinlich aus Bermersheim nahe Bingen. Als Tochter des Edlen Hildebert wurde sie von der Äbtissin Jutta von Sponheim im Benediktinerinnenkloster Disibodenberg erzogen und 1114 selbst Benediktinerin. Nach dem Tod Juttas 1136 übernahm sie die Leitung und verlegte die Frauengemeinschaft zwischen 1147 und 1150 auf den Rupertsberg bei Bingen

Die heilige Hildegard von Bingen

in ihr neugründetes Kloster. 1165 folgte ein Tochterkloster in Eibingen in der Nähe von Rüdesheim. Um Volk und Klerus zur Umkehr zu bewegen, hielt sie trotz angegriffener Gesundheit scharfe Bußpredigten in Köln, Trier und Süddeutschland. Ihre umfangreiche Korrespondenz belegt, daß sie nicht nur Ratgeberin des einfachen Volkes, sondern auch einflußreicher Persönlichkeiten, wie Päpsten, Königen, Fürsten und Bischöfen, war.
Schon im Kindesalter hatte Hildegard Visionen, die sie in ihren berühmt gewordenen spekulativen Schriften, wie der „Scivias", niederschreiben ließ. Ihre Bücher gelten heute als Erstlinge der deutschen Mystik. Hildegard starb am 17. September 1179 in ihrem Kloster auf dem Rupertsberg, wo sie auch bestattet wurde. Reliquien befinden sich in der Klosterkirche von Eibingen.

Hildegund von Schönau

Zisterzienserin (* um 1170, † 1188)

Festtag: 20. April
Darstellung: in Männerkleidung, mit Engel, der neben ihr reitet
Leben und Wirken: Hildegund stammte aus Neuss und brach als Zwölfjährige mit ihrem Vater zu einer Wallfahrt ins Heilige Land auf. Ihr Vater verstarb jedoch unterwegs und riet seiner Tochter, Männerkleidung anzuziehen und

den Namen Josef anzunehmen, damit sie unbehelligt wieder nach Hause kommen könne. Nach ihrer Rückkehr behielt sie Namen und Kleidung bei und trat in das Zisterzienserkloster Schönau ein. Dort lebte sie eine Zeitlang unerkannt als Novize. Bevor sie jedoch ihr Gelübde ablegen konnte, erkrankte Hildegund schwer und starb schließlich am 20. April 1188. Erst nach ihrem Tod erkannte man ihr wahres Geschlecht und begann, Nachforschungen über ihre Herkunft anzustellen.

Hippolyt von Rom

„Gegenpapst", Märtyrer († 235)

Patron: der Diözese und Stadt St. Pölten, von St. Pilt; gegen Körperschwäche
Festtag: 13. August
Darstellung: meist als Philosoph auf dem Lehrstuhl, als Märtyrer, als Soldat
Leben und Wirken: Hippolyt war einer der größten griechischen Kirchenschriftsteller und erster Gegenpapst der Kirchengeschichte.

Angeblich in Kleinasien geboren, zählte Hippolyt wohl zu den Schülern des Kirchenlehrers →Irenäus von Lyon. Nach dem Tod seines Förderers Papst →Viktor I. entzweite sich Hippolyt mit dessen mittelbarem Nachfolger, dem ehemaligen Sklaven →Kalixtus I., und ließ sich 217 zum Gegenpapst wählen. Das Schisma dauerte auch unter den beiden Nachfolgern des Kalixtus an. Um 234 wurden Papst →Pontianus und Hippolyt schließlich gemeinsam auf die Insel Sardinien zur Zwangsarbeit verbannt. Beide versöhnten sich dort, legten ihre Ämter ab und starben bald darauf an den körperlichen Strapazen. Beigesetzt wurde Hippolyt in Rom wahrscheinlich am 13. August 236, im Cömeterium an der Via Tiburtina. Seine Gebeine wurden später angeblich nach St. Pilt im Elsaß überführt.

Hippolyt der Soldat

Märtyrer († 258)

auch: Pölt, Pilt
Patron: der Gefängniswärter, Pferde
Festtag: 13. August
Darstellung: als römischer Soldat, mit Lanze, Schild, Pferden, die ihn zu Tode schleifen
Leben und Wirken: Ob Hippolyt der Soldat wirklich existierte, ist nicht nachzuweisen, vermutlich ist er Teil einer Legende, die sich um →Hippolyt von Rom rankt. Demnach war er ein römischer Soldat und Gefängniswärter des hl. →Laurentius von Rom, der ihn auch bekehrte und taufte. Nachdem Laurentius während der Christenverfolgungen unter Kaiser Valerian das Martyrium erlitten hatte, wurde auch Hippolyt festgenommen und ermordet.

Hrabanus Maurus

Erzbischof, Benediktiner
(* 780, † 856)

auch: Rhabanus Maurus, Rabanus Maurus
Festtag: 4. Februar
Darstellung: als Benediktinerabt, im Bischofsgewand, mit Band (Aufschrift: „Veni Creator Spiritus")
Leben und Wirken: Hrabanus Maurus, der den Beinamen „Lehrer Germaniens" trägt, gilt als einer gelehrtesten Theologen des Abendlandes seiner Zeit. Geboren in Mainz, besuchte Hrabanus die Klosterschule der Benediktiner in Fulda, die er nach seiner Rückkehr aus Tours, wo er Schüler des angesehenen Angelsachsen Alkuins gewesen war, zu einer der besten Deutschlands machte. 814 zum Priester geweiht, wählte man Hrabanus 822 zum Abt von Fulda und 847 zum Erzbischof von Mainz. Dort starb er am 4. Februar 856. Seine Gebeine wurden später nach Halle übertragen. Hrabanus verfaßte zahlreiche einflußreiche theologische Schriften, Schulbücher, Gedichte und Hymnen. Berühmt ist u.a. die 22bändige Enzyklopädie „De rerum naturis" und sein Pfingsthymnus „Veni Creator Spiritus".

Hubert von Maastricht und Lüttich

Bischof (* um 655, † 727)

Patron: des Bistums Lüttich, der Ardennen; der Jäger, Förster, Schützenvereine, Büchsenmacher, Gießer, Metallarbeiter, Drechsler, Metzger, Optiker, Mathematiker, Jagdhunde; gegen Tollwut, Hunde-/Schlangenbiß, Wasserscheu
Festtag: 3. November
Darstellung: als Bischof oder Jäger, mit Buch, Hirsch (zwischen dem Geweih ein Kreuz), Jagdhorn
Leben und Wirken: Hubert von Maastricht und Lüttich zählt zu den bekanntesten Heiligen, nicht zuletzt wegen der alljährlich um den 3. November stattfindenden Hubertus-Jagden. Zudem gehört er zu den „Vier heiligen

Der heilige Hubert von Maastricht und Lüttich

Marschällen", wie auch →Antonius der Große, →Kornelius und →Quirinus von Neuss.
Hubert wirkte als Missionar v.a. in den Ardennen und in Südbrabant. Um 705 wurde er Bischof von Maastricht-Tongern, überführte um 715 die Reliquien seines Vorgängers →Lambert von Maastricht nach Lüttich und verlegte auch den Bischofssitz dorthin. Hubert starb am 30. Mai 727 zu Tervueren bei Brüssel.
Seine Gebeine wurden am 3. November 743 erhoben und später in das Ardennenkloster Andagium, das heutige St-Hubert-en-Ardennes, übertragen.
Huberts Leben ist umrankt von Legenden. Angeblich entstammte er einer aquitanischen Adelsfamilie, verlor früh seine Frau und zog sich aus Kummer in die Wälder zum Jagen zurück. Dort soll ihm (in Anlehnung an die Legende des hl. →Eustachius) an einem Karfreitag ein Hirsch mit einem leuchtenden Kreuz zwischen dem Geweih begegnet sein. Daraufhin weihte Hubert sein Leben Gott und zog unermüdlich als Priester durch die Ardennen, weshalb ihm das Volk schon bald den Namen „Apostel der Ardennen" verlieh.
Um den Hubertus-Tag sind zahlreiche Volksbräuche entstanden. So weiht man am Festtag Brot, Salz und Wasser, um nach deren Verzehr gegen Hundebisse geschützt zu sein. Für das Heil ihrer Haustiere wollen Pilger sorgen, die Hubertus-Brot von St-Hubert mitbringen.

Hugo von Cluny

Abt (* 1024, † 1109)

Patron: gegen Fieber
Festtag: 28. April
Darstellung: als Abt, im Meßgewand, mit Buch
Leben und Wirken: Hugo von Cluny führte die Reformbewegung des Klosters Cluny – der „Mutter der westlichen Zivilisation" – auf ihren Höhepunkt. Über 60 Jahre hielt der hochintelligente und gütige „Erzabt" die Fäden in der Hand, diente einer Vielzahl von Päpsten und war geschätzter Berater der deutschen Könige.
In Burgund als Sohn eines Grafen geboren, trat Hugo im Alter von 15 Jahren in das berühmte Benediktinerkloster Cluny ein, das damals von Abt →Odilo geleitet wurde. 1044 wurde Hugo Priester, fünf Jahre später der sechste Abt von Cluny. In der Folge verbreitete er die cluniazensische Mönchsidee in Deutschland, Italien, Ungarn und Spanien und gründete die „Kongregation von Cluny", den Zusammenschluß aller Reformklöster im Orden der Cluniazenser, die nur Cluny und dem Papst unterstellt war. Auch in der Politik war Hugo von Cluny ein geschätzter Mann. So vermittelte er beispielsweise im Inve-

stiturstreit zwischen Heinrich IV. und Papst →Gregor VII. im Jahr 1077. Ab 1089 ließ Hugo eine gewaltige fünfschiffige Basilika bei Cluny errichten. Mit 187 Metern soll die Abteikirche die damals längste Kirche der Welt gewesen sein. In der Französischen Revolution wurde sie zerstört. Hugo starb am 28. April 1109 in Cluny.
Seine Gebeine gingen während der Hugenottenkriege verloren. Eine Armreliquie wird jedoch noch in der Kirche von Marcigny aufbewahrt. Hugo von Cluny wurde 1121 heiliggesprochen. Er wird v.a. im Benediktinerorden und in der Diözese Autun verehrt.

Hugo von Grenoble

Bischof (* 1053, † 1132)

Patron: von Grenoble, gegen Kopfschmerzen
Festtag: 1. April
Darstellung: als Bischof, als Kartäuser, mit sieben Sternen (die den Ordensgründer →Bruno den Kartäuser mit seinen sechs Gefährten symbolisieren)
Leben und Wirken: Der im französischen Chateauneuf-d'Isére geborene Hugo wurde 1080 von Papst →Gregor VII. zum Bischof von Grenoble geweiht. Er war es, der dem hl. Bruno 1084 einen Platz in der Gebirgswildnis bei Grenoble schenkte, auf dem dann die berühmte „Grande Chartreuse", die Basis des Kartäuserordens, entstand. In seiner mehr als 50 Jahre währenden Amtszeit unterstützte Hugo von Grenoble die noch junge Gemeinschaft nach Kräften und sorgte für Ordnung in seinem Bistum, indem er Priesterehe und das Erkaufen geistlicher Ämter hartnäckig bekämpfte. Er starb am 1. April 1132 in Grenoble und wurde in der dortigen Kathedrale beigesetzt.
Seine Gebeine gingen jedoch während der Hugenottenkriege verloren. Hugo von Grenoble wurde bereits 1134 heiliggesprochen.

Hyazinth

Dominikaner († 1257)

auch: Hyacinthus von Polen, Hyazinth Odrowaz, Jacek Odrowaz
Patron: von Polen, Litauen, Rußland; Pommern, Preußen, Breslau, Kiew, Krakau; der Dominikaner; bei Ertrinkgefahr; gegen Unfruchtbarkeit; für eine leichte Geburt
Festtag: 17. August
Darstellung: als Dominikanermönch, mit Monstranz, Ziborium, Marienstatue, Kelch, Buch
Leben und Wirken: Dem Dominikanermönch Hyazinth ist die Gründung der polnischen Ordensprovinz zu verdanken.
Hyazinth wurde als Sohn der adligen Odrowaz auf Schloß Großstein im pol-

Der heilige Hyazinth

nischen Herzogtum Oppeln geboren. Nach seinen theologischen Studien in Krakau, Prag und Bologna erwarb er den Doktorgrad und trat nach seiner Begegnung mit Ordensgründer →Dominikus 1218 dem noch jungen Orden der Dominikaner bei. Schon bald sandte ihn Dominikus zurück in seine Heimat, wo Hyazinth eine Reihe von Niederlassungen gründete, wie 1222 in Krakau, 1223 in Kiew und 1227 in Danzig. In Kärnten, genauer gesagt in Friesach, hatte Hyazinth bereits 1221 den ersten Konvent des deutschen Sprachraums gegründet. Unermüdlich predigte er in Südrußland und Preußen bis zu seinem Tod am 15. August 1257 in Krakau. Er ist in der dortigen Dominikanerkirche beigesetzt. Seine Heiligsprechung erfolgte 1594.

Der Legende nach soll Hyazinth die Monstranz und eine Marienstatue vor der Zerstörung Kiews durch die Tartaren gerettet haben.

I

Ida von Herzfeld

Stifterin
(* um 755, † 813/825)

auch: Itha von Herzfeld
Patronin: der Schwangeren
Festtag: 4. September
Darstellung: in vornehmer Kleidung, mit Kirchenmodell, Hirschkuh
Leben und Wirken: Ida war die Schwester der Gründer von Corvey, Adalhard und Wala, und war mit dem Sachsenherzog Egbert verheiratet. Zusammen mit ihrem Mann gründete sie um 790 eine Kirche in Herzfeld. Als Egbert 811 starb, errichtete sie bei dieser Kirche eine Halle, in der sie fortan ein Leben der Frömmigkeit und Nächstenliebe führte. Ida starb am 4. September 813 oder 825.
Ida wurde besonders im Mittelalter verehrt. Die Kirche in Herzfeld wurde bald in „Ida-Kirche" umbenannt.

Ignatius von Antiochia

Bischof, Märtyrer († 117)

auch: Ignatius Theophorus von Antiochia
Patron: gegen Halsweh
Festtag: 17. Oktober (in der Ostkirche: 20. Dezember)

Der heilige Ignatius von Antiochia

Darstellung: als alter Mann, im Bischofsornat, mit Löwen
Leben und Wirken: Ignatius von Antiochia war Schüler des Apostels Johannes (→Johannes der Evangelist). Seine „Sieben heiligen Briefe" sind ein wichtiges Zeitzeugnis des Glaubensverständnisses der frühen Kirche. Demnach verstand sich der Bischof als authentischer Verkünder der Lehre, dem eine Gemeinschaft von Gemeindevorstehern, sog. Presbytern, und Diakonen untergeordnet ist. In der Ostkirche wird Ignatius als einer der „Väter der Orthodoxie" (Rechtgläubigkeit) verehrt.
Ignatius war dritter Bischof von Antiochia am Orontes in der heutigen Türkei, der größten heidenchristlichen Gemeinde der damaligen Zeit. Unter Kaiser Trajan wurde er mit anderen Christen nach Rom gebracht und soll im Flavischen Amphitheater, dem heuti-

gen Kolosseum, den Löwen vorgeworfen worden sein.
Auf seiner Reise nach und in Rom schrieb er seine berühmten Briefe an die Gemeinden in Ephesus, Philadelphia, Smyrna, Magnesia und Tralles und bestärkte sie in der Einheit zur „katholischen Kirche" – der Gesamtheit aller Gläubigen.
Die Gebeine des hl. Ignatius von Antiochia, der in den Römischen Meßkanon aufgenommen wurde, ruhen in der römischen Kirche S. Clemente; verschiedene Reliquien befinden sich auch in Belgien, Frankreich und Deutschland.

Ignatius von Loyola

Ordensgründer (* 1491, † 1556)

Der heilige Ignatius von Loyola

auch: Iñigo
Patron: der Jesuiten, Exerzitien(-häuscr), Kindcr, Schwangeren, Soldaten; gegen Fieber, Zauberei, Gewissensbisse, Pest, Viehseuchen; bei einer schweren Geburt
Festtag: 31. Juli
Darstellung: als Geistlicher (mit wenig Haar) im Jesuitengewand oder Meßornat, mit Christusmonogramm IHS, Kreuz, Buch, Fackel, flammendem Herz, Teufel; als Pilger
Leben und Wirken: Ignatius von Loyola ist der Gründer der Gesellschaft Jesu (SJ), des Jesuitenordens. Neben den Gelübden der Armut, des Gehorsams und der Keuschheit legten die Jesuiten noch ein viertes ab, den absoluten Gehorsam gegenüber dem Papst. Auf gemeinsames Chorgebet und Ordenstracht wurde verzichtet, von außerordentlicher Wichtigkeit waren die „Geistlichen Übungen", die Exerzitien. Der Einsatz der Jesuiten beschränkte sich nicht auf bestimmte Tätigkeiten, sondern zeigte sich in den verschiedensten Bereichen des Lebens.
Als jüngstes von 13 Kindern der baskischen Oñaz y Loyola kam Ignatius auf dem Familienschloß bei Azpéitia in Spanien zur Welt. Der auf den Namen

Iñigo getaufte Adelssproß wurde Offizier und genoß das weltliche Leben hemmungslos, bis er 1521 von einer Kanonenkugel schwer verletzt wurde und für Monate bettlägerig war. Aus Langeweile las er in dieser langen Zeit auch das Leben Jesu und die Heiligenlegenden, die ihn sehr beeindruckten. Eine vollkommene innere Umkehr erfuhr Iñigo während seines Aufenthalts im Benediktinerkloster Montserrat und seiner darauffolgenden einjährigen Eremitenzeit in Manresa. Dort entstanden die „Geistlichen Übungen", sein berühmtes Exerzitienbuch. Von 1523 bis 1524 zog Iñigo als Bettler ins Heilige Land und studierte nach seiner Rückkehr in Alcal, Salamanca und auch in Paris.

Dort legte er zusammen mit sechs Gefährten, darunter auch →Franz Xaver, am 15. August 1534 in der Marienkapelle auf dem Montmatre die Gelübde ab. 1537 wurde Iñigo, der sich mittlerweile Ignatius von Loyola nannte, zum Priester geweiht, 1539 entwarf er die Satzungen des neuen Ordens, zu dessen Generaloberen er zwei Jahre später gewählt wurde. Der Jesuitenorden, der bereits 1540 vom Papst bestätigt worden war, breitete sich schon zu Lebzeiten Ignatius' schnell in Europa und Übersee aus. Ignatius starb sechs Jahre nachdem er die Ordenssatzungen in ihre endgültige Form gebracht hatte in Rom. Seine Grabstätte liegt in der römischen Jesuitenkirche Il Gesù. Er wurde bereits 1622 heiliggesprochen.

Ignatius Theophorus von Antiochia

→Ignatius von Antiochia

Ildefons

Erzbischof, Benediktiner

(* um 606, † 667)

auch: Alfonso, Ildefons von Toledo
Patron: von Toledo
Festtag: 23. Januar
Darstellung: als Benediktinermönch, als Bischof, mit Mitra, Kasel, mit →Maria, die ihm ein weißes Kleid oder Meßgewand überreicht, am Schreibtisch
Leben und Wirken: Ildefons zeichnete sich als außergewöhnlicher Marienverehrer und Verteidiger der Jungfräulichkeit der Muttergottes aus.

Der Spanier Ildefons – angeblich ein Schüler des späteren Kirchenlehrers →Isidor von Sevilla – wirkte zuerst als Abt in Kloster S. Cosma y Damiàn in Agli bei Toledo und wurde schließlich 657 zum Erzbischof von Toledo gewählt. In seinen umfangreichen Schriften erwies er sich nicht nur als glühender Verehrer Marias, sondern auch als großer Literat des damals westgotischen Spaniens. Er starb am 23. Januar 667 in Toledo.

Imre

→Emmerich von Ungarn

Ingeborg

Königin (* um 1180, † 1237)

Festtag: 30. Juli
Darstellung: als Königin, mit Insignien
Leben und Wirken: Die dänische Prinzessin Ingeborg heiratete 1193 König Philipp August von Frankreich, der sie jedoch sofort verstieß, um eine andere Frau, Agnes von Meran, zu heiraten. Nachdem Ingeborg sogar etliche Zeit in Kerkerhaft hatte verbringen müssen, konnte sie erst 1198 durch ein Interdikt des Papstes ihre Rechte zurückgewinnen. Die in ihrer Duldsamkeit hart geprüfte Königin starb am 30. Juli 1237.

Ingenuin und Albuin

Bischöfe († um 605 / um 1005)

auch: Ingwin und Albuin
Patron: des Bistums Bozen-Brixen; der Bergwerke
Festtag: 5. Februar
Darstellung: als Bischöfe, manchmal auch allein
Leben und Wirken: Ingenuin war Bischof von Säben und nahm um 588 an der Synode von Marano teil. Während seines Wirkens wurde das Bistum wiederholt von Bajuwaren und Langobarden heimgesucht; man nimmt deshalb an, daß Ingenuin den Märtyrertod erlitten hat. Seine Gebeine ruhen unter dem Hochaltar des Brixener Doms, zusammen mit denen des späteren Bischofs Albuin von Säben-Brixen. Dieser stammte aus Kärnten und gehörte zum Geschlecht der Aribonen. Er war es, der den Bischofssitz schließlich von Säben nach Brixen verlegte und in seiner Aufgabe aufgrund der guten Beziehung zu Kaiser Otto II. in großem Maße auch materiell unterstützt wurde. Albuin starb am 5. Februar 1005 oder 1006 in Brixen.

Iñigo

→Ignatius von Loyola

Irenäus von Lyon

Bischof, Kirchenlehrer, Märtyrer
(* um 130, † um 202)

auch: Eirenaios
Patron: der Diözese Lyon
Festtag: 28. Juni
Darstellung: im Bischofsgewand, mit Mitra, Stab, Buch, Schwert
Leben und Wirken: Irenäus gilt als bedeutendster Theologe des 2. Jhs. Er stammte aus Kleinasien und war dort Schüler des hl. →Polykarp von Smyrna. Um 170 wurde er in Lyon Priester und um 177/178 zweiter Bischof von Lyon. Irenäus setzte sich in seiner Tätigkeit und Schriftstellerei hartnäckig gegen den Gnostizismus ein, der u.a.

eine Erlösung durch Erkenntnis versprach. Vermutlich missionierte er erfolgreich in weiten Teilen Ostgalliens. Der Legende nach starb er als Märtyrer.

Irene

Märtyrerin († 304)

Festtag: 1. April
Darstellung: mit Scheiterhaufen, Palme, ihren Schwestern
Leben und Wirken: Während der Christenverfolgung unter Kaiser Diokletian wurde Irene zusammen mit ihren Schwestern Agape und Chionia am 1. April 304 im griechischen Thessalonike, dem heutigen Saloniki, auf dem Scheiterhaufen verbrannt.

Irmgard

Äbtissin, Benediktinerin
(* um 830, † 866)

auch: Irmengard, Irmingard
Festtag: 16. Juli
Darstellung: als Äbtissin, mit Krone, Stab, flammendem Herzen
Leben und Wirken: Irmgard war die Tochter Königs Ludwig des Deutschen und wirkte bereits als Äbtissin im Kloster Buchenau, bevor sie 857 Äbtissin des Klosters Frauenchiemsee wurde. Dort starb sie am 16. Juli 866. Seit 1922 ruhen ihre Gebeine in der Irmengardis-Kapelle hinter dem Hochaltar der Klosterkirche Frauenchiemsee.

Irmingild

→Hermenegild

Isidor von Madrid

Bauer (* um 1070, † 1130)

Patron: von Madrid; der Bauern, Vermessungsingenieure; gegen Dürre, für Regen
Festtag: 15. Mai
Darstellung: in Bauerntracht, mit landwirtschaftlichem Werkzeug, vor Kruzifix, während ein Engel mit Pferden oder Ochsen das Feld pflügt

Der heilige Isidor von Madrid

Leben und Wirken: Isidor war ein verheirateter Bauer bzw. Knecht in Madrid. Im Gebet fand er Trost und Erfrischung, und konnte so nicht nur seine harte Arbeit erfüllen, sondern sich auch um die Hilfsbedürftigen in seiner Umgebung kümmern.
Er starb am 15. Mai 1130, seine Gebeine ruhen in der Kirche S. Andreas von Madrid. Seine Heiligsprechung erfolgte 1622.

Der heilige Isidor von Sevilla

Isidor von Sevilla

Erzbischof, Kirchenlehrer
(* um 560, † 636)

auch: Isidorus Hispalensis
Patron: von Spanien
Festtag: 4. April
Darstellung: im Bischofsgewand; als Reiter, mit Buch, Schreibfeder, Kreuz, Schwert
Leben und Wirken: Isidor von Sevilla, Nationalheiliger der Spanier, ist einer der wichtigsten Kirchenschriftsteller der Frühzeit. In seinem umfangreichen Schrifttum bewahrte er eine Fülle an Erkenntnissen der Antike, die das Geistesleben des Mittelalters befruchteten. Berühmt ist v.a. seine 20bändige „Etymologiae“, eine Art Enzyklopädie des gesamten kirchlichen und weltlichen Wissens seiner Zeit.
Isidor wurde als Sohn vornehmer Eltern in der Hafenstadt Cartagena geboren. Nachdem die byzantinische Behörde die Familie ausgewiesen hatte, übersiedelte sie 543 nach Sevilla. Um die Erziehung Isidors kümmerte sich sein Bruder, der hl. →Leander, später Erzbischof von Sevilla. Selbst zum Priester geweiht, wurde Isidor 600 dessen Nachfolger im Amt. In dieser Eigenschaft sorgte Isidor für die (Aus-)Bildung des Klerus, indem er u.a. Schulen und Klöster mit reich ausgestatteten Bibliotheken bauen ließ. 619 leitete er das bekannte Konzil von Sevilla, 633 das von Toledo. Am 4. April 636 verstarb er in Sevilla. Seine Gebeine wurden 1063 nach León in die Isidor-Kirche überführt. Isidor von Sevilla wurde 1598 in den Kreis der Heiligen und 1722 in den der Kirchenlehrer erhoben.

Isidorus Hispalensis

→Isidor von Sevilla

Itha von Herzfeld

→Ida von Herzfeld

Iudocus

→Jodokus

Ivo

Rechtsgelehrter, Priester
(* 1253, † 1303)

auch: Ivo Hélory, Yves Hélory
Patron: der Bretagne, der Universität Nantes; etlicher juristischer Fakultäten Frankreichs, der Juristen, Richter, Anwälte, Notare, Gerichtsdiener, Ministerialbeamten, Pfarrer, Priester, Drechsler, Armen, Witwen, Waisen; für Prozesse
Festtag: 19. Mai
Darstellung: als Richter/Anwalt, mit Papierrolle, Buch, Federkiel
Leben und Wirken: Ivo Hélory, der „Advokat der Armen", ist der Vater der Ivo-Bruderschaften. Diese Vereinigungen in Frankreich, Belgien und Italien kümmern sich um den rechtlichen Schutz der Armen.
Ivo wurde auf dem Adelssitz Ninihy-Tréguier in der Bretagne geboren und wirkte später als Rechtsanwalt und kirchlicher Beamter. Um 1284 wurde er zum Priester geweiht und blieb bis 1297/1298 Pfarrer in Trédrez und Louannec. Dann zog er sich auf das väterliche Landgut Kermartin zurück und lebte dort streng asketisch. Vor weltlichen und kirchlichen Gerichten engagierte er sich für die Rechte der Armen, Witwen, Waisen und anderer Hilfsbedürftiger. Er starb am 19. Mai 1303 in Tréguier, seine Gebeine ruhen auf dem dortigen Friedhof. Seine Heiligsprechung erfolgte 1347.

J

Jacek Odrowaz

→Hyazinth

Jadwiga

→Hedwig von Schlesien

Jakobus der Ältere

Apostel, Märtyrer († um 44)

auch: Jakobus major
Patron: von Spanien; der nach ihm benannten Gemeinschaften, der Pilger, Apotheker, Drogisten, Hutmacher, Kettenschmiede, Lastträger, Arbeiter, Krieger, Ritter, des Wetters, Getreides, der Äpfel; gegen Rheuma
Festtag: 25. Juli
Darstellung: als Apostel, mit Buch; als Pilger, mit Stab, Hut, Jakobsmuschel, Reisebeutel; als Ritter, mit Schwert
Leben und Wirken: Jakobus der Ältere war vermutlich der erste der zwölf Apostel Christi, der den Märtyrertod erlitt. Weltberühmt ist die Wallfahrt nach Santiago (St. Jakob) de Compostela im spanischen Galizien, auf die sich auch heute noch eine Vielzahl von Gläubigen begibt (v.a. im „Heiligen Jahr", d.h. wenn der Jakobstag auf einen Sonntag fällt, wie 1999). Jakobus ist Nationalheiliger der Spanier.

Jakobus der Ältere, so genannt in Unterscheidung zu dem Apostel →Jakobus dem Jüngeren, erscheint im Neuen Testament als Sohn des Fischers Zebe-

Der Apostel Jakobus der Ältere

däus am See Genezareth. Gemeinsam mit seinem jüngeren Bruder Johannes (→Johannes der Evangelist) wurde er von Jesus zur Jüngerschaft berufen. Mit →Petrus gehörten die beiden Brüder, die wegen ihres Temperaments „Donnersöhne“ genannte wurden, zu den engsten Vertrauten Jesu. Sie waren der Schrift nach bei der Auferweckung der Tochter des Jairus, der Verklärung Jesu auf dem Berg und dem Passionsbeginn im Garten Gethsemane anwesend.
Um Ostern soll Jakobus der Ältere auf Befehl von Herodes Agrippa I. durch das Schwert getötet worden sein. Auf dem Weg zur Hinrichtungsstätte in Jerusalem soll er einen Lahmen geheilt und so einen der Henker zum christlichen Glauben bekehrt haben.
Seine Gebeine sollen nach alter spanischer Überlieferung im 7./8. Jh. nach Santiago de Compostela gebracht worden sein. (Einer Legende nach soll Jakobus in Spanien gepredigt haben und dort gestorben sein.) Die Wallfahrt zu seinem dortigen Grab fand ihren Höhepunkt zwischen dem 10. und 15. Jh. Jakobswege, gesäumt von Jakobskirchen, führten aus fast allen Ländern zu dem Grab des berühmten Pilgers, der auch in den Römischen Meßkanon aufgenommen wurde.
Am Ende ihrer oft sehr langen Reise bekamen die Wallfahrer damals einen Hut mit der berühmten „Jakobsmuschel“ daran geschenkt.

Jakobus der Jüngere

Apostel, Märtyrer († im 1. Jh.)

auch: Jakobus minor
Patron: von Friesland, Dieppe; der Hutmacher, Krämer, Tuchwalker, Pastetenbäcker
Festtag: 3. Mai, (in Einsiedeln: 4. Mai)
Darstellung: als Apostel in Tunika, mit Keule, Walkerstange
Leben und Wirken: Jakobus der Jüngere, so genannt in Unterscheidung zu dem Apostel →Jakobus dem Älteren, er-

Der Apostel Jakobus der Jüngere

scheint im Neuen Testament als der Sohn des Alphäus und wurde von Jesus zum Apostel berufen. Über sein Leben ist sonst nichts Genaues überliefert. Schon in der alten Kirche setzte man ihn mit Jakobus, dem Bruder des Herrn, gleich. Der Legende nach wurde er als Oberhaupt der Kirche von Jerusalem vom Hohepriester im Jahr 62 wegen seiner erfolgreichen Mission unter den Juden getötet. Man soll ihn von der Tempelmauer gestoßen und mit Keulen oder Walkerstangen erschlagen haben. Angebliche Reliquien des Märtyrers, der in den Römischen Meßkanon aufgenommen wurde, befinden sich u.a. in Rom, Ancona, Gemblour, Antwerpen.

Jakobus major

→Jakobus der Ältere

Jakobus minor

→Jakobus der Jüngere

Januarius von Benevent

Bischof, Märtyrer († 305)

auch: Janiver, Genaro, Jenaro
Patron: von Neapel; gegen Vulkanausbrüche
Festtag: 19. September
Darstellung: als Bischof, mit Pallium, von Engeln gereichtem Bischofsstab, Löwen, Blutfläschchen; in einem glühenden Ofen
Leben und Wirken: Der Legende nach war Januarius Bischof von Benevent (oder des nicht weit entfernten Neapel) und wurde während der Christenverfolgung unter Kaiser Diokletian in Pozzuoli geköpft, weil er sich geweigert hatte, Götzen zu opfern. Vor der Enthauptung soll Januarius sowohl ein Feuer im glühenden Ofen als auch die Konfrontation mit einer Löwenmeute durch Gottes Hilfe ohne Schaden überstanden haben. Seine Gebeine befinden sich heute nach zahlreichen Übertragungen in der Cappella S. Gennaro in Neapel.
Berühmt ist v.a. das bis heute naturwissenschaftlich nicht erklärte „Blutwunder". So verflüssigt sich das in zwei Ampullen aufbewahrte Blut des Heiligen jährlich an den Fest- und Übertragungstagen.

Jean de Brébeuf

→Johannes Brébeuf

Jeanne d'Arc

→Johanna von Orléans

Jeanne-Françoise Frémyot de Chantal

→Johanna Franziska Frémyot von Chantal

Jeanne la Pucelle

→Johanna von Orléans

Jenaro

→Januarius von Benevent

Joachim

Vater der Gottesmutter →Maria

auch: Jojakim
Patron: der Eheleute, Schreiner, Leinenhändler
Festtag: 26. Juli (zusammen mit der hl. →Anna)
Darstellung: als alter Mann, mit Buch, Schriftrolle, Tauben, Lamm, Marienkind auf dem Arm; als „Heilige Sippe" mit →Josef von Nazareth, Anna, Maria und Jesuskind
Leben und Wirken: Joachim ist nach dem apokryphen Evangelium des Jakobus aus der Mitte des 2. Jhs. der Mann Annas und der Vater der Gottesmutter Maria. Die Ehe mit Anna blieb 20 Jahre kinderlos, weshalb Joachim nicht im Tempel in Jerusalem opfern durfte. Eines Nachts erschien ihm jedoch ein Engel, der die Geburt Marias ankündigte. Aus Dankbarkeit soll Joachim nach der Geburt ein Lamm geopfert haben.
Höhepunkt der Verehrung von Joachim und Anna war während des zunehmenden Marienkultes im Spätmittelalter. Die Glaubensgemeinschaften der Karmeliten und Kapuziner taten sich hier besonders hervor.

Jodokus

Einsiedler, Pilger († um 669)

auch: Jodok, Judok, Iudocus, Jobst, Jost, Just, Josse, Jox
Patron: der Pilger, Schiffer, Siechenhäuser; für gute Ernte; gegen Getreideschädlinge, Unwetter, Feuer, Fieber, Pest
Festtag: 13. Dezember
Darstellung: als junger Pilger oder Einsiedler, mit Pilgerstab, Pilgertasche, Jakobsmuschel, abgelegter Krone
Leben und Wirken: Jodokus war, nach →Jakobus dem Älteren, lange Zeit der beliebteste Pilgerpatron der Deutschen.
Der Sohn eines bretonischen Adeligen soll um 604 aus seiner Heimatstadt geflohen sein, um nicht die Nachfolge seines Vaters antreten zu müssen. Als Priester und Einsiedler lebte Jodokus an zahlreichen Orten des Landes und starb schließlich nach seiner Rückkehr von einer anstrengenden Romwallfahrt in Frankreich.
In der Nähe einer seiner Einsiedeleien entstand später das Benediktinerkloster St-Josse-sur-Mer. Ein weithin bekannter Wallfahrtsort in Deutschland ist St. Jost.

Johann Evangelist Birndorfer

→Konrad von Parzham

Johanna Franziska Frémyot von Chantal

Ordensgründerin (* 1572, † 1641)

auch: Jeanne-Françoise Frémyot de Chantal
Patronin: der Salesianerinnen; für eine glückliche Geburt
Festtag: 12. Dezember
Darstellung: in der Ordenstracht der Salesianerinnen, mit Herz Jesu
Leben und Wirken: Johanna Franziska gründete gemeinsam mit →Franz von Sales den „Orden von der Heimsuchung Mariens“ (Salesianerinnen).

Geboren im französischen Dijon als Tochter des burgundischen Parlamentspräsidenten Frémyot, heiratete Johanna Franziska 1592 Baron Christoph de Rabutin-Chantal und schenkte ihm während ihrer neunjährigen Ehe vier Kinder. Nach dessen tödlichem Jagdunfall widmete sie ihr Leben ganz Gott, den Werken der Nächstenliebe sowie der Erziehung ihrer Kinder. Zusammen mit Franz von Sales, seit 1604 ihr Seelenführer, stiftete Johanna Franziska 1610 in Annecy den Orden der Salesianerinnen, der 1618 vom Papst bestätigt wurde. Der Einrichtung des Mutterhauses folgten noch zu Johannas Lebzeiten die Gründungen weiterer 81 Klöster.

Johanna Franziska starb am 13. Dezember 1641 im Salesianerinnenkloster Moulins. Ihre Gebeine ruhen neben denen des Franz von Sales in der Klosterkirche in Annecy. Ihre Heiligsprechung erfolgte 1767.

Johanna von Orléans

Jungfrau (* um 1412, † 1431)

auch: Jeanne d'Arc, Jeanne la Pucelle (die Reine, Unschuldige), Jungfrau von Orléans
Patronin: von Frankreich; Rouen, Orléans; der Telegraphie, des Rundfunks
Festtag: 30. Mai (in Frankreich: 1. Sonntag nach Christi Himmelfahrt)
Darstellung: als junge Frau in Rüstung, reitend, mit Schwert, Banner, bei ihrer Hinrichtung
Leben und Wirken: Johanna von Orléans ist Nationalheilige der Franzosen. Unzählige Theaterstücke, Bücher und Lieder behandeln den Mythos der tragischen Retterin Frankreichs. Sie zählt jedoch erst seit 1920 zu den offiziellen Heiligen.

Johanna wurde als einfaches Bauernmädchen in Domrémy an der Maas in Frankreich geboren. Ab ihrem 13. Lebensjahr hörte Johanna Stimmen, die sie zu einem gottesfürchtigen Leben aufriefen. 1429 schließlich drängten sie die Stimmen, Orléans von den Engländern zu befreien und den französischen König Karl VII. nach Reims zur Krönung zu führen (auf französischem Grund tobte zu dieser Zeit der Hundertjährige Krieg zwischen Frankreich und England). Sie überzeugte den anfangs zweifelnden Karl und ritt schließlich in Rüstung mit Schwert und Banner an der Spitze der begeisterten Soldaten nach Orléans. Die Engländer flüchteten bei diesem Anblick, ein Sieg folgte auf den anderen. Am 17. Juli 1429 konnte Johanna die Früchte ihres Erfolgs genießen und bei der Krönung des Königs in Reims neben ihm stehen. Doch die Neider ließen nicht lange auf sich warten. Durch Verrat fiel Johanna 1430 während eines Kampfes bei Compiègne in die Hände der Burgunder, die sie an die Engländer verkauften. Vor einem Inquisitionsgericht wurde sie monatelang verhört und schließlich der Hexerei und Ketzerei für schuldig befunden (eventuell um die Krönung Karls als Hexenwerk zu diffamieren). Am 30. Mai 1431 wurde die 19jährige Johanna auf dem Scheiterhaufen in Rouen verbrannt, ihre Asche soll man in die Seine geworfen haben. 1455 nahm Papst Kalixtus III. auf Bitten der Eltern Johannas den Prozeß wieder auf.

Die heilige Johanna von Orléans

Am 7. Juli 1456 hoben die mit der Überprüfung beauftragten Bischöfe das Urteil wieder auf und sprachen Johanna von allen vorgeworfenen Verbrechen frei. Ihre Heiligsprechung erfolgte 1920.

In Frankreich erinnern unzählige Abbildungen und Standbilder an die fromme Heerführerin und die Befreierin des Landes.

Johanna von Valois

Ordensgründerin (* 1464, † 1505)

Patronin: von Bourges
Festtag: 4. Februar
Darstellung: im Ordensgewand mit dunklem Schleier, manchmal mit Hermelin darüber; mit Geißel, Krone

Leben und Wirken: Johanna kam als Tochter König Ludwigs XI. von Frankreich bei Paris zur Welt. Aufgrund ihres abstoßenden Äußeren – sie soll von Geburt an mißgestaltet gewesen sein – war sie schon als kleines Kind zahllosen Demütigungen ausgesetzt. 1476 verheiratete Ludwig XI. die ungeliebte Tochter aus politischen Gründen mit deren Vetter Ludwig von Orléans. Als dieser

1498 zum König von Frankreich gekrönt wurde, ließ er die Ehe wegen Johannas angeblicher Unfruchtbarkeit für nichtig erklären. Johanna lebte daraufhin auf einem Schloß in Bourges, wo sie 1500 unter Zustimmung von →Franz von Paula den Orden der französischen Annunziatinnen gründete. Bereits ein Jahr später wurde dieser vom Papst bestätigt, Johanna selbst trat ihm 1503 bei. Sie starb am 4. Februar 1505 in Bourges. Ihre Gebeine wurden um 1561 von Protestanten verbrannt.

Johannes I.

Papst († 526)

Festtag: 18. Mai
Darstellung: als Papst, im Gefängnis
Leben und Wirken: Der in der Toskana geborene Johannes wurde 523 zum Papst gewählt. Auf Befehl des Ostgotenkönigs Theoderich, damaliger Herrscher in Italien, mußte er nach Konstantinopel ziehen, um beim oströmischen Kaiser Justinus I. eine Aufhebung der Maßnahmen gegen die arianischen Goten zu erwirken. Trotz ehrenvollem Empfang konnte Johannes jedoch nichts erreichen. Zurück von seiner erfolglosen Mission wurde er von dem enttäuschten Theoderich in Ravenna festgehalten und angeblich eingekerkert. Kurz darauf starb Johannes I. Schon bald wurden seine Gebeine nach Rom überführt und Johannes als Märtyrer verehrt.

Johannes von Alexandria

Bischof († um 619)

auch: Johannes der Almosengeber
Festtag: 23. Januar (in der Ostkirche: 12. November)
Darstellung: als Patriarch oder Einsiedler, Almosen verteilend, mit Kreuzstab, Geldbeutel
Leben und Wirken: Der in der Ostkirche hochverehrte Johannes von Alexandria wurde in Amanthus auf Zypern geboren. Nachdem seine Frau und seine Kinder gestorben waren, zog er sich als Asket zurück und verschenkte seinen ganzen Besitz an die Armen in Alexandria. Um 610 wurde der beliebte Johannes zum Patriarchen von Alexandria gewählt und kämpfte in seinem Amt gegen die Lehre des Monophysitismus, deren Anhänger nur die Mensch gewordene göttliche Natur in Christus anerkannten. Als er einige Zeit später vor den Persern in seine Heimat fliehen mußte, starb er entweder noch auf der Flucht oder kurz nach seiner Heimkehr.
Seine Ruhestätte liegt auf Zypern; Reliquien befinden sich u.a. auch in der Kathedrale von Preßburg.

Johannes von Ávila
(† 1569)

Festtag: 10. Mai
Darstellung: vor dem Heiligen Sakrament betend
Leben und Wirken: Der im spanischen Almodóvar-del-Campo geborene Johannes war Sohn eines jüdischen Konvertiten. Als seine Pläne zu studieren – wohl aufgrund seiner Herkunft – scheiterten, begab sich Johannes auf Wunsch des Bischofs von Sevilla auf Mission durch Andalusien. Sein tiefer Glaube und seine sprachlichen Fähigkeiten begeisterten schon bald große Teile der Bevölkerung, u.a. auch →Johannes von Gott, der sich aufgrund einer Predigt des „Apostel Andalusiens" bekehrte. Sein Wunsch, in den Jesuitenorden aufgenommen zu werden, wurde Johannes von Ávila Zeit seines Lebens jedoch nicht erfüllt. Nach jahrelanger schwerer Krankheit starb der begabte Prediger schließlich am 10. Mai 1569 in Montilla und wurde in der dortigen Kirche der Jesuiten bestattet.

Johannes Baptista
→Johannes der Täufer

Johannes Baptist de La Salle
Ordensgründer (* 1651, † 1719)

Patron: der Erzieher, Lehrer, des christlichen Unterrichts
Festtag: 7. April (im Orden der Schulbrüder: 26. Januar)
Darstellung: im schwarzen Priestergewand mit weißem Beffchen, Buch, Kindern
Leben und Wirken: Johannes Baptist de La Salle ist v.a. in Frankreich bekannt als Begründer des dortigen Volksschulwesens und der Kongregation der Brüder der christlichen Schulen („Schulbrüder").
Geboren im französischen Reims, wurde Johannes Baptist 1678 zum Priester geweiht. Ein Jahr später gründete er in seiner Geburtsstadt eine Freischule für Knaben, um die geistigen und leiblichen Nöte der Kinder aus der unteren Bevölkerungsschicht ein wenig zu lindern. 1683 verzichtete er deshalb auf seine Domherrenstelle, verschenkte seinen Besitz, gründete die Genossenschaft der christlichen Schulbrüder und errichtete etliche Schulen für arme Kinder und junge Arbeiter, in denen es u.a. keine Prügelstrafe gab und auch keinen Unterricht in Latein. Die Schüler wurden statt dessen in ihrer Muttersprache gelehrt. Zudem kümmerte sich Johannes Baptist auch um die (Fort-)Bildung der Lehrer in sog. Lehrerseminaren.
Seine neue Genossenschaft wie auch die Einrichtung von Freischulen breiteten sich schon zu seinen Lebzeiten über ganz Frankreich aus. Johannes Baptist de La Salle starb am 7. April

1719 im nordfranzösischen Rouen. Seine Heiligsprechung erfolgte dann im Jahr 1900.

Johannes (Don) Bosco

Ordensgründer (* 1815, † 1888)

auch: Giovanni Bosco
Patron: der Schüler, Jugend, Jugendseelsorger, katholischen Verlage
Festtag: 31. Januar
Darstellung: als Priester, mit Kindern
Leben und Wirken: Johannes Bosco, der „Apostel der Jugend", ist noch heute ein Vorbild für viele Erzieher und Pädagogen. Er beeindruckte sowohl durch sein Einfühlungsvermögen für das Denken der Jugend als auch durch seine von Liebe geprägten Erziehungsmethoden. Aus ärmlichen Verhältnissen stammend, kam der in Becchi nahe Turin geborene Johannes Bosco erst im Alter von 26 Jahren zum Priestertum. Ab dieser Zeit kümmerte er sich mit ganzer Kraft um das Wohl der verwahrlosten Kinder der Turiner Arbeiter. 1846 gründete er das „Oratorium vom Heiligen →Franz von Sales" mit verschiedenen Schulen, Lehrwerkstätten und Unterkünften, 1859 die Kongregation der „Salesianer Don Boscos" zur Ausbildung und Erziehung Jugendlicher. Zusammen mit →Maria Domenica Mazzarello stiftete er 1872 die Genossenschaft der Maria-Hilf-Schwestern. Beide Kongregationen wurden 1874 vom

Der heilige Johannes (Don) Bosco

Papst bestätigt. 1876 entstand schließlich noch die Gemeinschaft der Salesianischen Mitarbeiter, die v.a. der äußeren Mission dienen sollte. Johannes Don Bosco starb am 31. Januar 1888 in Turin, wo er in der Salesianerkirche zur Ruhe gelegt wurde. Seine Heiligsprechung erfolgte 1934.

Johannes Brébeuf

Jesuit, Märtyrer (* 1593, † 1649)

auch: Jean de Brébeuf
Festtag: 19. Oktober
Darstellung: am Marterpfahl
Leben und Wirken: Johannes Brébeuf stammte aus Condé-sur-Vire in Frank-

reich. Als Priester der Gesellschaft Jesu wurde er 1625 mit mehreren Ordensgefährten nach Kanada in die Mission geschickt. Im Gebiet des Stammes der Huronen gründete Johannes mehrere Missionsstationen und verfaßte einen Katechismus sowie eine Grammatik und ein Wörterbuch in der Sprache der Indianer. Zwischen 1642 und 1649 starben sieben Priester der Gruppe den Märtyrertod. Johannes wurde am 16. März 1649 in St-Ignace bei der Zerstörung der Huronenmission von feindlichen Irokesen oder den Huronen selbst ermordet. Er wurde 1930 heiliggesprochen.

Johannes Cantius

→Johannes von Krakau

Johannes von Capestrano

Franziskaner-Observant

(* 1386, † 1456)

auch: Johannes Kapistran
Festtag: 23. Oktober
Darstellung: als Franziskaner, mit Stern, Kreuzfahne, Kreuz, besiegtem Türken, Monstranz (mit Christusmonogramm IHS)
Leben und Wirken: Fast 40 Jahre lang zog der „Apostel Europas“, Johannes von Capestrano, als Prediger durch Mitteleuropa, verbreitete das Evangelium und die Namen-Jesu-Verehrung und vermittelte als Vertrauter der Mächtigen. Geboren in dem Abruzzenort Capestrano wirkte Johannes als Richter in Perugia. Dort trat er 1415 dem Orden der Franziskaner-Observanten bei. Ab 1417 zog Johannes unermüdlich als Prediger u.a. durch Italien, Frankreich, Österreich, Deutschland, Ungarn und Polen, bekämpfte Sektierer und setzte sich für eine Verbreitung der Observanten ein. Er führte zwischen 1451 und 1454 zahlreiche Hussiten zurück in den Schoß der römischen Kirche und war als Berater von Päpsten und Fürsten nicht selten Friedensstifter in politischen Angelegenheiten. So wird Johannes von Capestrano, der seit 1454 als Kreuzzugsprediger wirkte, auch die Rettung Belgrads vor den türkischen Eroberern 1456 zugeschrieben.
Er starb kurz nach dem Sieg über die Türken am 23. Oktober desselben Jahres in Ilok nahe Belgrad; seine Gebeine gingen bereits 1526 verloren. Johannes Capestrano wurde 1690 heiliggesprochen.

Johannes Chrysostomos

Kirchenvater, Kirchenlehrer

(* um 344/345, † 407)

auch: Johannes Chrysostomus
Patron: von Konstantinopel; der Prediger; gegen Epilepsie
Festtag: 13. September (in Innsbruck: 11. September)

Der heilige Johannes Chrysostomos

Darstellung: als griechischer Bischof, mit Buch, Taube, Engel, Bienenkorb (Fleiß)

Leben und Wirken: Johannes, der neben →Basilius, →Gregor von Nazianz dem Jüngeren (und →Athanasius) zu den drei bzw. vier griechischen Kirchenvätern zählt, gilt als begabtester Prediger des Morgenlandes. Seiner Fähigkeit zu Ehren trägt er den Beinamen Chrysostomos, „Goldmund". Von seinen mitreißenden Predigten ist eine Großzahl noch im Urtext erhalten.

In Antiochia in der heutigen Südosttürkei geboren, wurde Johannes 369 oder 372 als Erwachsener getauft. Als Asket lebte er sechs Jahre in den Bergen bei Antiochia. Aus gesundheitlichen Gründen kehrte er 381 in seine Geburtsstadt zurück, wo er im gleichen Jahr noch Diakon und 386 schließlich Priester wurde. Als außergewöhnlich begabter Prediger an der Bischofskirche von Antiochia fand er bald eine begeisterte Menge von Zuhörern. Berühmt sind seine „Bildsäulenpredigten", die er zur Beruhigung der aufständischen Bevölkerung, die die kaiserlichen Statuen stürzen wollte, hielt. Um 397/398 wurde Johannes zum Patriarchen von Konstantinopel erhoben. In diesem Amt sorgte er mit aller Kraft für die Kranken und Bedürftigen seiner Gemeinde und die Verkündigung des christlichen Glaubens unter den Heiden. Seine zunehmende Kritik an der

Prasserei des kaiserlichen Hofes brachte ihm das Mißfallen der Kaiserin Eudoxia ein. Mit Hilfe Bischofs Theophilos von Alexandria ließ sie Johannes 403 auf der „Eichensynode" in Chalcedon absetzen und an die armenische Grenze verbannen.

Kurzfristig zurückgerufen, wurde Johannes 404 nach Armenien und später in eine noch entferntere Gegend am Schwarzen Meer verbannt. Auf dem Weg dorthin starb Johannes in Komana, in der heutigen Türkei.

Theodosius II. ließ die Gebeine 438 in der Apostelkirche von Konstantinopel beisetzen, um 1200 brachte man sie nach Rom in den Petersdom. Reliquien befinden sich u.a. auch in Mainz, Brügge, Moskau, Paris und auf Athos. Johannes Chrysostomos wurde 1568 zum Kirchenlehrer erhoben.

Johannes von Damaskus

Kirchenlehrer (* um 650, † um 750)

auch: Johannes Damaskenos
Patron: der Apotheker in Mailand, Ikonenmaler, Herrgottsschnitzer
Festtag: 4. Dezember
Darstellung: als Greis mit langem Bart, in orientalischer Mönchskleidung, an einem Schreibpult, eine abgeschlagene Hand haltend
Leben und Wirken: Johannes wurde als Sohn einer vornehmen christlich-arabischen Familie in Damaskus geboren. Er folgte seinem Vater, der Finanzminister war, in den Dienst beim Kalifen. Als er und seine Familie aufgrund der beginnenden Christenverfolgung Damaskus verlassen mußten, zog sich Johannes um 700 oder 715 in das Kloster Mar Saba nahe Jerusalem zurück und erhielt die Priesterweihe.

In seinen Schriften nahm Johannes um 726 im byzantinischen Bilderstreit Stellung, indem er das Bilderverbot des Alten Testaments auf die Darstellung des unsichtbaren Gottes beschränkte. Beeindruckt von der Gelehrsamkeit des tiefgläubigen Mönchs wurde Johannes immer häufiger zum Ratgeber verschiedener Bischöfe und des Patriarchen von Jerusalem. Neben seinen theologischen Schriften beschäftigte sich Johannes auch mit der Dichtung von Marienhymnen, die teilweise bis heute überliefert sind. Bekannt ist auch die Legende, derzufolge Johannes aufgrund einer Verleumdung während des Bilderstreits eine Hand abgeschlagen wurde, die auf wundersame Weise wieder am Arm anwuchs. Johannes starb hochbetagt – angeblich wurde er über 100 Jahre alt – bei Jerusalem. Er wurde 1890 in den Kreis der Kirchenlehrer aufgenommen. Seine Reliquien befanden sich bis Ende des 12. Jhs. im Kloster Mar Saba, danach sollen sie nach Byzanz übertragen worden sein. Sie sind seitdem verschwunden.

Johannes Eudes

Ordensgründer (* 1601, † 1680)

Festtag: 19. August
Darstellung: im Priestergewand, mit Herz Jesu, Buch
Leben und Wirken: Johannes Eudes ist nicht nur als Ordensgründer, sondern auch als einer der größten französischen Missionare bekannt.
Geboren in Ri bei Argentan in der Normandie, trat er nach seinem Studium 1623 den Oratorianern, der Weltpriestervereinigung in Paris bei, und wurde zwei Jahre später zum Priester geweiht. Zurück in der von der Pest geplagten Normandie machte sich Johannes Eudes schon bald einen großen Namen als begabter Prediger und Volksmissionar – der Überlieferung zufolge soll er 110 Volksmissionen gehalten haben. 1643 gründete er schließlich eine eigene Weltpriesterkongregation, die sich der Ausbildung von Priestern und Volksmissionaren widmete, ein Jahr später eine Schwesternkongregation, die „Schwestern von der christlichen Liebe", heute als „Schwestern vom Guten Hirten" bekannt. Zudem förderte Johannes Eudes die Herz-Jesu- und Herz-Marien-Verehrung in herausragender Weise.
Er starb – in einem für seine Zeit hohen Alter – am 19. August 1680 im französischen Caen. Johannes Eudes wurde 1925 heiliggesprochen.

Johannes der Evangelist

Apostel, Evangelist († um 100/101)

auch: Johannes Evangelista
Patron: der Theologen, Bildhauer, Maler, Buchdrucker/-binder, Graveure, Papierhersteller, Schriftsteller, Schreiber, Beamten, Notare, Spiegelmacher, Glaser, Metzger, Sattler, Winzer, Kerzenhersteller, Korbmacher; für Freundschaft, gute Ernte; gegen Hagelschlag, Fußleiden, Brandwunden, Vergiftung, Epilepsie
Festtag: 27. Dezember
Darstellung: als Jüngling (westliche Kirche), mit Ölkessel, Kelch mit Schlange, Buch, Schreibfeder, Adler (Symbol des Johannes), unter dem Kreuz Jesu; als Greis (östliche Kirche)
Leben und Wirken: Johannes, der Verfasser des gleichnamigen Evangeliums und Lieblingsjünger Jesu, starb als einziger Apostel eines natürlichen Todes. In den Volksbräuchen gedenkt man seiner noch heute bei der Weihe des Johannesweines für Freundschaft und Gesundheit und als Wetterherr im Bauernkalender.
Der Jünger Johannes, Sohn des Zebedäus, zählte mit seinem älteren Bruder →Jakobus dem Älteren und →Petrus zu den engsten Vertrauten Jesu. Der ehemalige Fischer vom See Genezareth war sowohl bei Jesu Verklärung als auch bei der Auferweckung der Tochter des Jairus als auch zu Beginn der

Der Evangelist Johannes

Leidensgeschichte im Garten Gethsemane anwesend. Der biblischen Überlieferung nach folgte Johannes Jesus als einziger seiner Jünger bis ans Kreuz und wurde dort von Jesus mit der Sorge um →Maria betraut. Um das Jahr 69 soll er nach Ephesus gereist und die dortige Christengemeinde geleitet haben. Während der grausamen Christenverfolgung unter Kaiser Domitian soll Johannes im Jahr 95 verhaftet und fürchterlich gefoltert worden sein. Als man ihn nach zahlreichen Martern in einen Kessel mit siedenden Öl tauchte und Johannes der Legende nach unversehrt daraus hervorging, verbannte ihn Domitian schließlich auf die Insel Patmos (Griechenland). Dort soll Johannes die „Offenbarung“, das letzte Buch des Neuen Testaments geschrieben haben. Nach seiner späten Rückkehr nach Ephesus verfaßte er dort die Briefe sowie das vierte Evangelium und starb schließlich in hohem Alter.
Sichere Angaben über den Verbleib seiner Gebeine gibt es keine. Über seinem angeblichen Grab in Ephesus errichtete die hl. →Helena um 200 Johannes zu Ehren eine Kirche. Nach der neueren Bibelforschung sind der Lieblingsjünger, der Apostel, der Verfasser der Apokalypse und der Evangelist Johannes nicht unbedingt dieselbe Person.

Johannes Fidanza

→Bonaventura von Bagnoreggio

Johannes Fisher

Bischof, Märtyrer (* um 1469, † 1535)

auch: John Fisher
Festtag: 22. Juni
Darstellung: als Kardinal oder Bischof, mit Märtyrerpalme
Leben und Wirken: Johannes Fisher zählt zu den berühmtesten Humanisten. In England obliegen dem dort hochverehrten Heiligen etliche Kirchenpatronate. Geboren in Beverly in Yorkshire studierte Johannes Fisher zunächst in Cambridge und wurde 1491 zum Prie-

ster geweiht. 1501 wurde der hochgebildete und begabte Prediger Kanzler der Universität Cambridge, drei Jahre später Bischof von Rochester. Als einfühlsamer Seelsorger stand er den Notleidenden in seinem Amt mit Rat und Tat zur Seite. Zudem erwies sich Johannes Fisher als ausgezeichneter Kirchenschriftsteller, der mit inhaltlicher und formaler Brillianz den Primat des Papstes und die katholische Lehre gegen die Angriffe Luthers verteidigte. Seine Treue zur katholischen Kirche wurde ihm schließlich jedoch zum Verhängnis. Als er dem Anspruch Königs Heinrich VIII. auf die Oberhoheit der englischen Kirche entschieden entgegentrat, wurde er 1534 im Tower in London eingekerkert und kurz nach seiner Ernennung zum Kardinal am 22. Juni 1535 enthauptet. Aufgrund der großen Verehrung wurden seine Gebeine später nach St. Petrus in Vincula, in die Kirche des Towers übertragen.

Johannes von Gott

Ordensgründer (* 1495, † 1550)

auch: Johannes von Gott von Granada, Juan de Dios
Patron: von Granada; der Kranken, Krankenpfleger, Krankenhäuser, Buchhändler, Buchdrucker, Papiermüller
Festtag: 8. März
Darstellung: in Ordenstracht, mit Dornenkrone, Kruzifix, Körben oder Töpfen (zum Sammeln von Almosen für die Kranken), Jesuskind mit Granatapfel (als Symbol Granadas)
Leben und Wirken: Im portugiesischen Montmemór o Novo geboren, verließ Johannes schon früh sein Elternhaus und führte u.a. als Söldner ein unstetes Leben. Erst eine Predigt des →Johannes von Ávila brachte ihn 1539 im spanischen Granada zur Umkehr. Tief erschüttert widmete er sich fortan der Krankenpflege, bemühte sich um eine Einheit von körperlicher und seelischer Heilung und entwarf neue Methoden der Pflege von Kranken und Geisteskranken. Ein Jahr später gründete Johannes in Granada ein Hospital, aus dem der Orden der Barmherzigen Brüder hervorging, der 1586 bestätigt wurde. Dieser verbreitete sich schon bald weltweit und gilt noch heute als der bedeutendste Männerorden in der Pflege von männlichen Kranken. Johannes von Gott starb am 8. März 1550 in Granada, wo seine Gebeine in der Basilika S. Juan de Dios ruhen. Er wurde 1691 heiliggesprochen.

Johannes Gualbertus

Ordensgründer (* um 1000, † 1073)

Patron: der Forstleute, Waldarbeiter; gegen Besessenheit
Festtag: 12. Juli
Darstellung: im grau-braunen Ordensgewand, mit Kruzifix, Stab, Buch

Leben und Wirken: Johannes wurde als Sohn adliger Eltern in der Nähe von Florenz geboren. Der Legende nach soll ihm in einer Kirche der gekreuzigte Christus das Haupt zugeneigt haben, nachdem Johannes dem Mörder seines Bruders verziehen und auf Blutrache verzichtet hatte. Geprägt von diesem Ereignis trat Johannes 1013 in das Benediktinerkloster S. Miniato bei Florenz ein und lebte vier Jahre später für kurze Zeit im Kamaldulenserkloster Camaldoli bei Arezzo. 1030 errichtete Johannes am Prato magno in der Einöde von Vallombrosa östlich von Florenz eine Einsiedelei, aus der 1039 eine Abtei wurde. Johannes stand ihr als Abt vor und entwarf auch die Ordensregel, die die Regel des hl. →Benedikt um eigene Statuten erweiterte. So trennte man bei den Vallombrosanern, wie die Ordensleute aufgrund der Lage ihres Mutterklosters genannt wurden, streng zwischen Chormönchen und Laienbrüdern. Erstere widmeten sich nur dem Gebet und geistiger Arbeit und durften das Kloster nie verlassen, letztere waren für alle körperlichen Arbeiten und Besorgungen außer Haus zuständig.
Ordensgründer Johannes kämpfte zudem Zeit seines Lebens gegen das Konkubinat unter den Priestern und den Erkauf geistlicher Ämter (Simonie). Er starb auf einer Visitationsreise am 12. Juli 1073 im Kloster S. Michele Arcangelo in Passignano bei Siena, wo er auch beigesetzt wurde.
Die Verehrung Johannes Gualbertus' begann bereits im 11. Jh., seine Heiligsprechung erfolgte 1193.

Johannes Hofbauer

→Klemens Maria Hofbauer

Johannes Kapistran

→Johannes von Capestrano

Johannes von Krakau

Pilger (* 1390, † 1473)

auch: Johannes Cantius, Johannes von Kety
Festtag: 23. Dezember
Darstellung: im Priestergewand, mit Kreuz, Monstranz; auch mit Marienvision
Leben und Wirken: Johannes von Krakau wird v.a. von den polnischen Gläubigen hochverehrt.
In Kety bei Krakau geboren, wurde Johannes Kanoniker am Kollegiatsstift St. Florian in Krakau und Theologieprofessor an der dortigen Universität, wo er sich liebevoll um seine Studenten kümmerte. Zu Fuß pilgerte der tiefgläubige Gelehrte im Laufe seines Lebens viermal nach Rom und einmal ins Heilige Land.

Er starb am Heiligabend des Jahres 1473 in Krakau, wo er in der Universitätskirche St. Anna bestattet wurde. Johannes von Krakau wurde 1767 heiliggesprochen.

Johannes vom Kreuz

Kirchenlehrer, Mystiker, Karmeliter
(* 1542, † 1591)

auch: Juan de la Cruz, Juan de S. Matía de Yepes
Festtag: 14. Dezember
Darstellung: als Karmeliter im braunen Gewand mit weißem Mantel und Kapuze, mit Kreuz, Buch, Adler zu Füßen
Leben und Wirken: Johannes vom Kreuz zählt zu den begnadetsten Mystikern

Der heilige Johannes vom Kreuz

der Neuzeit. Seine zahlreichen Schriften, darunter „Dunkle Seele der Nacht" oder „Aufstieg zum Berg Karmel", bestechen durch die Analyse mystischer Erlebnisse und ihre hohe Formulierungskunst.
Geboren in Fontivera, im Norden Spaniens, als Sohn eines verarmten Adeligen, arbeitete Johannes anfangs als Krankenpfleger im Hospital von Medina del Campo. 1563 trat er den dortigen Karmeliten bei, studierte Theologie und Philosophie und wurde um 1567/1568 zum Priester geweiht. Zusammen mit der Karmeliterin →Theresia von Ávila wollte er den Orden reformieren (aus diesem Werk ging später der Zweigorden der Unbeschuhten Karmeliten hervor) und nannte sich fortan Johannes vom Kreuz. Zwischen 1572 und 1577 war er Spiritual am Kloster der Menschwerdung in Ávila und wurde 1578 schließlich von den Gegnern der Ordensreform im Kloster von Toledo inhaftiert und mißhandelt. Nach neun Monaten gelang Johannes die Flucht, ein Jahr später trennte sich der Orden offiziell in einen reformierten und einen nichtreformierten Zweig. Johannes bekleidete danach mehrere Ordensämter, war zuletzt Prior des Hauptklosters der Unbeschuhten Karmeliten in Segovia, und starb nach erneuten Streitereien schwer erkrankt am 14. Dezember 1591 im Kloster in Ubeda.

Seine Gebeine kamen 1593 nach Segovia. 1726 wurde Johannes vom Kreuz heiliggesprochen und genau 200 Jahre später zum Kirchenlehrer ernannt.

Johannes Leonardi

Ordensgründer (* um 1541, † 1609)

Festtag: 9. Oktober
Darstellung: im Ordensgewand, das Regelbuch schreibend
Leben und Wirken: Ordensgründer Johannes Leonardi zeichnete sich durch große Schaffenskraft und ein offenes Herz für Arme und Jugendliche aus.
Geboren in Diecimo bei Lucca, wurde der gelernte Apothekengehilfe nach seinem Studium der Theologie 1573 zum Priester geweiht. 1574 gab er ein Handbuch für den Religionsunterricht heraus und gründete zur Erziehung der Jugend die „Gesellschaft von der christlichen Lehre". Ihr folgten die Kongregation der „Reformierten Priester", die später „Regularkleriker der Mutter Gottes" hieß und sich der Seelsorge der Armen widmete, und 1603 ein Missionskolleg in Rom. Zudem förderte Johannes das Krankenhaus- und Schulwesen in Rom und erneuerte im Auftrag von Papst Klemens VIII. mehrere Orden. Johannes Leonardi starb am 9. Oktober 1609 in Rom, wo seine Gebeine in der dortigen Kirche S. Maria in Campitelli ruhen. Der fleißige Ordensgründer wurde 1938 heiliggesprochen.

Johannes Maria Vianney

Pfarrer (* 1786, † 1859)

Patron: der Pfarrer
Festtag: 4. August
Darstellung: als Pfarrer, mit Stola
Leben und Wirken: Der berühmte „Pfarrer von Ars" gilt noch heute als das Vorbild der Pfarrer. Als herausragender Seelenführer und Beichtvater zog der tiefgläubige Bauernsohn zahllose Menschen nach Ars.
Geboren in Dardilly bei Lyon, entschied sich Johannes im Alter von neunzehn Jahren für ein Studium der Theologie. Doch der Sohn einfacher Bauersleute war den geistigen Anforderungen nicht gewachsen und mußte das Priesterseminar wieder verlassen. Durch die Unterstützung des Pfarrers von Ecully, der in Johannes' Tiefgläubigkeit jedoch schon damals die Voraussetzung für einen guten Pfarrer sah, konnte Johannes 1811 wieder zu studieren beginnen – diesmal mit Erfolg. Vier Jahre später wurde er Priester, 1818 Pfarrer von Ars, einem kleinen Städtchen im Norden Lyons. Durch seine tiefe Frömmigkeit und den unermüdlichen Einsatz als Seelsorger für die Nöte der ihm Anvertrauten gelang es Johannes, die geistlich völlig uninteressierte Gemeinde innerhalb kürzester Zeit zu verwandeln. Sein Charisma als Seelenhirte und Beichtvater zog schon bald Hunderte von Gläubigen aus der Umgegend

in das kleine Ars-sur-Formans, was ihm nicht nur Freunde brachte.
Angefeindet vom Neid anderer Pfarrer kämpfte der erfolgreiche und trotzdem bescheidene Johannes zeitweise stark mit Zweifeln an seiner Berufung als Pfarrer. Doch seine Gemeinde und auch die kirchlichen Vorgesetzten hielten zu ihm. 1850 wurde Johannes Ehrendomherr, 1855 ernannte ihn die Regierung zum Ritter der Ehrenlegion. Johannes Maria Vianney starb am 4. August 1859 nach einem Leben unter größten körperlichen Entbehrungen in Ars.
Seine Grabstätte in der damaligen Pfarrkirche, über der später eine Basilika errichtet wurde, war schon bald ein äußerst beliebter Wallfahrtsort. Johannes Maria Vianney wurde 1925 heiliggesprochen.

Johannes von Matha

Ordensgründer (* um 1160, † 1213)

Patron: der Trinitarier
Festtag: 8. Februar
Darstellung: im weißen Habit der Trinitarier mit rot-blauem Kreuz auf Brust und schwarzem Mantel, mit Gefangenen, mit zerbrochener Kette in Händen
Leben und Wirken: Johannes von Matha gründete gemeinsam mit Felix von Valois den Trinitarierorden, den „Orden der heiligsten Dreifaltigkeit zum Loskauf von Christensklaven“, dessen Ordensregel er entwarf.
Geboren im provenzalischen Faucon, studierte Johannes von Matha Theologie in Paris. Als Doktor der Theologie wurde er 1185 zum Priester geweiht und hatte schon bald eine herausragende Vision der Dreifaltigkeit. Johannes nahm diese zum Anlaß, einen Orden zu gründen, um mit Gleichgesinnten im Zeichen der Trinität zu helfen. 1198 bestätigte der Papst die von Johannes verfaßte Ordensregel. Die Trinitarier verbreiteten sich daraufhin schnell in Europa, befreiten Gefangene auf der ganzen Welt und bemühten sich, als Seelsorger in Gefängnissen, Krankenhäusern und auf den Kreuzzügen Leid zu lindern. Johannes von Matha starb am 17. Dezember 1213 in Rom. Seine Gebeine wurden 1665 heimlich von spanischen Trinitariern in ihre Kirche nach Madrid gebracht. Der Kult des Johannes von Matha wurde 1694 bestätigt.

Johannes von Nepomuk

Märtyrer (* um 1350, † 1393)

Patron: von Böhmen, der Erzdiözese Salzburg; des Jesuitenordens (2. Patron), der Brücken, Schiffer, Müller, Priester, des Beichtgeheimnisses; gegen Wassergefahren, Verleumdung
Festtag: 16. Mai

Der heilige Johannes von Nepomuk

Darstellung: als Priester, mit Stola, Birett, Kreuz, Palmzweig, den Finger an den Lippen (Beichtgeheimnis), Kranz mit fünf oder sechs Sternen; an einer Brücke

Leben und Wirken: Auch hl. Nepomuk genannt, ist Johannes der vielleicht bekannteste Brückenheilige. Die seine Person darstellende Statue auf der Prager Karlsbrücke stand als Vorbild für unzählige Brückenheilige in Europa.

In Pomuk bei Pilsen in Böhmen geboren, wurde Johannes Notar und Vorsteher der Gerichtskanzlei zu Prag, erhielt 1380 die Priesterweihe und wurde 1393 Generalvikar des dortigen Erzbischofs Johann von Jenzenstein. In der Nacht vom 20. auf den 21. März ließ ihn König Wenzel festnehmen, foltern und von der Brücke in die Moldau werfen. Die Gründe sind umstritten. Eine Quelle spricht von einem andauernden Streit zwischen König und Erzbischof als Ursache, eine andere davon, daß Johannes der Beichtvater der Gemahlin König Wenzels gewesen sei, und das Beichtgeheimnis auch auf hartnäckige Aufforderung Wenzels nicht brechen wollte. Daß man die Zunge des Märtyrers bei der Öffnung des Grabes 1719 unverwest vorfand, führte man als Beweis für die letztere Legende an. Das Grab Johannes' im Veitsdom zu Prag wurde schon früh Zentrum der Verehrung, über den böhmischen Adel erreichte sein Kult bald ganz Europa. Johannes von Nepomuk wurde 1729 heiliggesprochen.

Johannes Ogilvie

Jesuit, Märtyrer (* 1579, † 1615)

auch: John Ogilvie

Festtag: 10. März (in Graz: 7. September)

Leben und Wirken: Johannes Ogilvie stammte aus Schottland, aus einer adligen calvinistischen Familie. Im Alter von 17 Jahren trat er zum katholischen Glauben über und 1599 trat er in den Jesuitenorden ein. In der Folgezeit wirkte er vor allem in Österreich. 1610 empfing er die Priesterweihe in Paris, ein Jahr darauf kehrte er nach Schottland zurück. Dort kümmerte er sich besonders um Katholiken in Gefängnissen. 1614 wurde allerdings auch Johannes Ogilvie verhaftet und grausam gefoltert, doch weigerte er sich, seinem Glauben abzuschwören und die Namen anderer Katholiken preiszugeben. Am 10. März 1615 wurde er in Glasgow gehängt und gevierteilt. Johannes Ogilvie wurde 1976 heiliggesprochen.

Johannes Sarkander

Märtyrer (* 1576, † 1620)

Patron: des Beichtgeheimnisses
Festtag: 17. März (in Graz: 7. September)
Leben und Wirken: Johannes Sarkander stammte aus Skotschau bei Teschen. 1603 promovierte er in Philosophie und brach drei Jahre später sein Theologiestudium am Jesuitenkolleg in Graz ab, um zu heiraten. Da seine Frau schon kurz nach der Eheschließung starb, nahm Johannes sein Studium wieder auf und wurde 1609 zum Priester geweiht. Im Anschluß daran verkündete er in Mähren mit Inbrunst den katholischen Glauben und wurde dort 1616 Pfarrer von Holleschau. Seine Predigten gegen die Reformation und die Erhebung der protestantischen Stände trafen jedoch nicht nur auf offene Ohren. So wurde Johannes im Aufstand der Stände vier Jahre später gegen Ferdinand II. von Revolutionären verhaftet, nach Olmütz verschleppt und im Verhör grausam gefoltert. Er erlag seinen Verletzungen am 17. März 1620. Sein Grab liegt in der Kathedrale von Olmütz. Im Bistum Graz wird Johannes Sarkander zusammen mit den →Kaschauer Märtyrern und →Johannes Ogilvie – die ebenfalls am Grazer Jesuitenkolleg studiert hatten – am 7. September gedacht. Seine Heiligsprechung erfolgte 1995.

Johannes der Täufer

Bußprediger, Prophet († um 29)

auch: Johannes Baptista
Patron: von Malta, Burgund, Florenz, Amiens, der Provence, von Görlitz; der Malteser, Karmeliten, Bauern, Hirten, Haustiere, Schafe, Lämmer, Winzer, Gastwirte, Abstinenten, Trinkerfürsorge, Weinberge, Faßbinder, Architekten, Maurer, Steinmetze, Zimmerer, Restaurateure, Schmiede, Sattler, Gerber, Kürschner, Weber, Schneider, Färber, Musiker, Sänger, Tänzer, Kaminkehrer, Kinobesitzer; gegen Hagel, Kopfweh, Schwindel, Epilepsie, Kinderkrankheiten, Furcht

Der heilige Johannes der Täufer

Festtag: 24. Juni (Tod Johannes des Täufers: 29. August)
Darstellung: als Prediger in Fellbekleidung, mit Lamm, (Kreuz-)Stab, bei der Taufe Jesu; sein Haupt auf einer Schale, die Salome hält

Leben und Wirken: Johannes der Täufer ist der letzte und wohl bekannteste Prophet des Alten Testaments. Unter den zahlreichen Volksbräuchen zu „Johannis" sind v.a. das „Johannisfeuer" bekannt, das in der Nacht vor dem Festtag entzündet wird, die brennenden Räder, die zur gleichen Zeit die Berghänge hinabrollen, und natürlich die zahlreichen „Johannisfeste".
Nach den Schilderungen in den Evangelien kam Johannes der Täufer als Sohn des hochbetagten Priesters Zacharias und seiner Frau Elisabeth (→Elisabeth und Zacharias) ein halbes Jahr vor Jesus in Ain Karem bei Jerusalem zur Welt. Um das Jahr 29 begann er, dem Ruf Gottes folgend, in der Wüste, in Jerusalem und am Jordan das baldige Kommen des Messias zu predigen und das Volk zur Vergebung der Sünden zu taufen. Aufgrund seiner Wortgewalt strömten die Anhänger in Massen zu ihm. Als sich auch Jesus im Jordan von Johannes taufen ließ, erkannte der Prophet in ihm den Messias und wies das ganze Volk darauf hin. Die steigende Popularität Johannes' sowie die öffentliche scharfe Kritik am Ehebruch des Königs Herodes Antipas brachten Johannes schließlich ins Gefängnis. Doch Herodes zögerte aus Angst vor dem Volk noch immer, Johannes zu töten. Auf einer Feier überredete die gekränkte Herodias ihre Tochter Salome schließlich, sich den

Kopf des Johannes auf einem Tablett zu wünschen. Von Salomes Tanz berauscht, stimmte Herodes diesem Wunsch zu und ließ Johannes enthaupten. Johannes der Täufer wurde in Samaria beigesetzt.
Über seinem Grab errichtete man im 4. Jh. eine Kirche, deren Ruinen heute noch zu sehen sind. Schon bald bekundete Konstantinopel, das Haupt des Johannes zu besitzen. Die Verehrung Johannes' des Täufers begann bereits zu dieser Zeit. Da der Festtag mit der Sonnenwende zusammentrifft, vermischen sich in vielen Bräuchen zu „Johannis“ Heidnisches und Christliches.

Johannes und Paulus

Märtyrer († um 361)

Patrone: für oder gegen Regen, Sonne; gegen Unwetter, Blitz, Hagel, Pest
Festtag: 26. Juni
Darstellung: als römische Beamte oder Ritter, mit Schwert, Palmzweig, Buch, Getreidegarbe, Hagel
Leben und Wirken: Über die Brüder Johannes und Paulus, die nicht mit den gleichnamigen Aposteln zu verwechseln sind, erzählen auch die Legenden nur Spärliches. Bekannt sind sie heute als „Wetterheilige“ oder „Wetterherren“, da ihr Festtag mit der Sommersonnenwende zusammentrifft.
Johannes und Paulus sollen als hohe Beamte am Hofe →Konstantias, einer nahen Verwandten Kaiser →Konstantins, gearbeitet und von dessen Nachfolger Julian Apostata aufgrund ihres Glaubens in ihrem Haus in Rom geköpft und verscharrt worden sein.
Als Märtyrer wurden die beiden, die auch im Römischen Meßkanon genannt werden, in Rom seit dem 6. Jh. verehrt. Reliquien befinden sich u.a. in Rom, Avignon, Wien, Fulda und auf Reichenau.

John Fisher

→Johannes Fisher

John Ogilvie

→Johannes Ogilvie

Jojakim

→Joachim

Josaphat Kuncewycz

Erzbischof, Märtyrer (* 1580, † 1623)

auch: Josaphat Kunzewitsch
Festtag: 12. November
Darstellung: als Basilianermönch oder im Bischofsgewand, mit Beil, Hackmesser (auch im Kopf steckend)
Leben und Wirken: Josaphat Kuncewycz wurde im russischen Wlodzimierz als Sohn orthodoxer Eltern geboren. 1604 trat er zu der mit Rom unierten ruthe-

nischen Kirche über und wurde Basilianermönch. Zehn Jahre später war Josaphat bereits Klostervorsteher in Wilna und wurde 1618 Erzbischof von Polozk im damaligen Polen. In seinem Amt setzte er sich für Ordensreformen und eine Einheit mit dem Papst in Rom ein. Dies war den polnischen Orthodoxen ein Dorn im Auge. Sie ließen ihn deshalb auf einer Visitationsreise zu Witebsk im heutigen Weißrußland grausam ermorden.
Die Reliquien Josaphats wurden 1916 nach Wien und 1949 schließlich nach Rom überführt. Josaphat Kuncewycz wurde 1867 heiliggesprochen.

Josef von Arimathäa

Ratsherr in Jerusalem († im 1. Jh.)

Patron: der Totengräber, Leichenbestatter
Festtag: 17. März
Darstellung: mit dem Leichnam Jesu, Gralskelch
Leben und Wirken: Josef von Arimathäa war ein Ratsherr in Jerusalem, der Jesus nach seinem Tode vom Kreuz nahm und ihn in seinem eigenen Felsengrab bestattete. Um ihn ranken sich zahlreiche Legenden. So soll Josef von Arimathäa das Blut Christi in einer Schale aufgefangen haben. Diese Überlieferung bildete die Grundlage für die mittelalterliche Gralssage.

Josef von Calasanza

Ordensgründer (* 1556, † 1648)

Patron: der Piaristen, Kinder, christlichen Volksschulen
Festtag: 25. August
Darstellung: im schwarzen Ordensgewand, mit Kindern
Leben und Wirken: Josef von Calasanza wurde im spanischen Peralta de la Sal auf Schloß Calasanza geboren. Nach Abschluß seines Theologiestudiums und seiner Promotion wurde er 1583 zum Priester geweiht. Als sein Vater 1592 starb, verschenkte Josef all seinen Besitz und zog nach Rom, wo er in den Dienst Kardinals Marcantonio Colonnas trat. Erschüttert von dem unermeßlichen Leid der Armen und ihrer Kinder, eröffnete Josef 1597 im Pfarrhaus von S. Dorothea im römischen Stadtteil Trastevere eine unentgeltliche Volksschule – die erste Europas. Schon bald schlossen sich Josef zahlreiche gleichgesinnte Lehrer und Geistliche an, mit denen er die Genossenschaft der „Regularkleriker von der frommen Schule“ gründete – später Piaristen genannt. Nach der Erhebung zum Orden 1621 wurde Josef dessen erster General. Doch die junge Gemeinschaft mußte anfangs etliche Krisen überstehen, in denen sie zeitweise sogar ganz aufgelöst wurde. In all dieser Zeit erwies sich Ordensgründer Calasanza jedoch stets als Versöhner und

Hüter des Ordens; er starb am 25. August 1648 in Rom, wo seine Gebeine in der Kirche S. Pantaleone ruhen. Josef von Calasanza wurde 1767 heiliggesprochen

Josef von Nazareth

Nährvater Jesu,
Ehemann der Gottesmutter →Maria

Patron: der gesamten Kirche; von Kanada, Mexiko, Peru, Österreich, der Philippinen; Böhmen, Tirol, Steiermark, Kärnten, Bayern, der (Erz-)Diözesen Osnabrück und Köln; der nach ihm lautenden Ordensgemeinschaften und Bruderschaften, der Eheleute, Keuschheit, Familien, Erzieher, Kinder, Jugendlichen, Waisen, Herbergen, Herbergssuchenden, Reisenden, Pioniere, Verbannten, Zimmerer, Holzfäller, Wagner, Arbeiter, Handwerker, Ingenieure; für einen guten Tod; bei Augenleiden; in Verzweiflung, bei Wohnungsnot
Festtag: 19. März, 1. Mai (Josef der Arbeiter)
Darstellung: als alter Mann, mit Jesuskind, Lilie, Wanderstab, Zimmermannswerkzeug; als Heilige Familie
Leben und Wirken: Josef zählt zu den meistverehrten Personen der Kirche. Vor allem in der Ostkirche räumte man ihm schon zeitig einen Ehrenplatz ein. Im Westen begann sein Kult wahrscheinlich erst im 9. Jh. 1870 wurde er vom Papst zum Schutzpatron der ganzen Kirche erhoben.
Dem Neuen Testament zufolge stammte Josef aus dem Geschlecht Davids. Als Zimmermann in Nazareth verlobte er sich mit Maria. Als seine Braut schwanger wurde, wollte er sich wegen ihrer vermeintlichen Untreue im Stillen von ihr trennen, doch ein Engel erklärte ihm im Traum das Geheimnis ihrer Empfängnis des Sohnes Gottes. Danach blieb Josef bei ihr, ohne sie zu berühren („Josefsehe“). Aufgrund einer

Der heilige Josef von Nazareth

Volkszählung mußten Maria und er nach Bethlehem, wo Maria ein Kind gebar, dem Josef auf Geheiß des Engels den Namen Jesus gab. Vor den Häschern des Königs Herodes floh die Familie nach Ägypten und kehrte erst nach dessen Tod zurück nach Nazareth. Zuletzt wird Josef in der Bibel genannt, als er mit Maria und dem zwölfjährigen Jesus das Passahfest in Jerusalem besuchte. Danach ist er vermutlich gestorben. Angebliche Reliquien befinden sich u.a. in Rom, Loreto und Frascati.

Josse, Jost, Jox

→Jodokus

Juan de Dios

→Johannes von Gott

Juan de la Cruz, Juan de S. Matía de Yepes

→Johannes vom Kreuz

Der Apostel Judas Thaddäus

Judas Thaddäus

Apostel, Märtyrer († nach 57)

auch: Thaddäus, Addai
Patron: von Goslar (mit →Simon Zelotes); für große Anliegen, in großer Not
Festtag: 28. Oktober (mit Simon Zelotes)
Darstellung: als Apostel, mit Buch, Hellebarde, Keule, Steinen

Leben und Wirken: Judas Thaddäus, der oft mit dem Verräter Judas oder dem Bruder Jesu verwechselt wird, war der zwölfte Apostel Jesu. Er wird hauptsächlich in den Apostelkatalogen des Neuen Testaments erwähnt.
Über das Leben des Judas Thaddäus berichten nur Legenden. Er soll zusammen mit Simon Zelotes die Mission in

Syrien, Mesopotamien und Persien vorangetrieben haben. In Persien erlitten beide den Märtyrertod. Judas Thaddäus wurde von heidnischen Priestern aufgrund seines Glaubens gesteinigt und mit einer Keule erschlagen. Angebliche Reliquien des Judas befinden sich im Petersdom in Rom. Die Verehrung des oft Verwechselten wächst erst seit dem 18. Jh.

Judok

→Jodokus

Julia von Korsika

Märtyrerin († um 250 oder 439)

auch: Julia von Karthago
Patronin: von Brescia, Bergamo, Livorno, Korsika
Festtag: 22. Mai
Darstellung: mit Palme, Kreuzstab, am Kreuz
Leben und Wirken: Das Leben der Julia ist nur in Legenden überliefert. Demnach stammte sie aus Karthago und wurde als Sklavin nach Korsika verkauft. Laut dem Martyrologium Hieronymianum wurde sie dort 439 gekreuzigt. Einer anderen Überlieferung zufolge erlitt Julia bereits um 250 während der Christenverfolgungen unter Kaiser Decius in Karthago das Martyrium und ihre Reliquien gelangten später nach Korsika. Mitte des 8. Jhs. gelangten Julias Gebeine nach Brescia, wo sie sich heute noch befinden.

Juliana von Nikomedien

Märtyrerin († um 304)

Festtag: 16. Februar
Darstellung: als Jungfrau, mit Märtyrerkrone, Teufel, Handkreuz, Buch, Taube, Schwert, Lilie; im Kessel
Leben und Wirken: Der Legende nach versprach Julianas heidnischer Vater sie an den ebenso heidnischen Eulogius, Stadtpräfekten von Nikomedien, in der heutigen Türkei. Als die tiefgläubige Juliana von ihrem zukünftigen Mann jedoch verlangte, daß er sich taufen ließe, wurde sie von ihm und ihrem Vater als Christin angezeigt und mußte entsetzliche Martern ertragen. Da sie ihrem Glauben trotzdem nicht abschwören wollte, soll sie zuletzt mit Blei übergossen und enthauptet worden sein. Reliquien Julianas gelangten 568 nach Cumae und 1207 schließlich nach Neapel.

Julitta und Quirikus

Märtyrer († um 304)

auch: Julitta und Cyricus/Cyr/Kerykos/Kyriakos/Cerdre/Cergue
Patronat: der Ärzte (nur in der Ostkirche)

Festtag: 16. Juni (in der Ostkirche: 13. oder 15. Juli)
Darstellung: Julitta mit Krone, Kreuz, Nägeln, das Kind auf dem Arm
Leben und Wirken: Während der Christenverfolgung unter Kaiser Diokletian soll die Christin Julitta aus Ikonium, in der heutigen Türkei, nach Tarsus geflohen sein. Zusammen mit ihrem dreijährigen Sohn Quirikus wurde sie dort verhaftet und unter grausamer Folter getötet. Quirikus soll vom Richter oder Stadtpräfekten vor dessen Thron oder auf dem Straßenpflaster zu Boden geworfen und zerschmettert worden sein. Verehrt wurden die beiden schon früh, v.a. in der Ostkirche, doch auch in Italien, Spanien und Frankreich gedenkt man ihrer später.

Julius I.

Papst († 352)

Festtag: 12. April
Darstellung: als Papst, mit Pallium, Tiara, Buch
Leben und Wirken: Julius I., der ab 337 als Papst wirkte, kämpfte Zeit seines Lebens gegen die Irrlehre des Arius, der die Wesenseinheit zwischen Christus und Gottvater leugnete. In dieser Aufgabe setzte sich Julius auch für den von den Arianern vertriebenen →Athanasius, Patriarch von Alexandria, ein. Er nahm ihn bei sich in Rom auf und berief eine Synode ein, auf der Athanasius als Patriarch bestätigt wurde. Julius I., der zudem als Gründer der römischen Kirche Zu-den-zwölf-Aposteln gilt, starb am 12. April 352 und wurde schon bald heiliggesprochen.

Jungfrau von Orléans

→Johanna von Orléans

Just

→Jodokus

Justinus

Märtyrer († um 165)

auch: Justin
Patron: der Philosophen
Festtag: 1. Juni
Darstellung: im Philosophenmantel, mit Buch
Leben und Wirken: Justinus gilt als bedeutendster Apologet des 2. Jhs. In seiner „Schutzschrift der christlichen Religion", die sich an den römischen Kaiser, den Senat und das Volk richtete, verteidigte er leidenschaftlich das Christentum.
Geboren als Sohn griechischer Eltern in Flavia Neapolis, war Justinus lange auf der Suche nach Gott. Als ihm keine Philosophie und keiner seiner hochgebildeten Lehrer weiterhelfen konnte,

soll Justinus am Strand einen alten Mann getroffen haben, der ihn zum Christentum bekehrte. Als Getaufter zog Justinus nach Rom, verkündete überall das Evangelium und scharte schon bald etliche Schüler um sich. In seinen zahlreichen Schriften rechtfertigte er die christliche Lehre und versuchte in dem berühmten „Dialog mit dem Juden Tryphon", die Gemeinsamkeiten, aber auch die Abgrenzungen zum Judentum darzulegen. Seine öffentliche Verurteilung der Christenverfolgung brachte ihn schließlich in den Kerker. Als sich Justinus und seine Gefährten weigerten, den Götzen zu opfern, wurden sie in Rom enthauptet. Das Grab des Märtyrers wird in der römischen Kirche S. Pudenziana vermutet.

K

Kajetan von Tiene

Theatiner (* 1480, † 1547)

auch: Cajetanus von Thiena, Gaetano
Patron: von (Kur-)Bayern; der Theatiner; gegen Pest
Festtag: 7. August
Darstellung: in Theatinertracht mit schwarzer Soutane und weißen Strümpfen, mit Kreuz, geflügeltem brennenden Herz, Lilie, Buch, Kornähre, Füllhorn, Rosenkranz, Totenkopf, Jesuskind
Leben und Wirken: Kajetan von Tiene war Mitbegründer der Kongregation der Theatiner, die sich bereits zu seinen Lebzeiten rasch über ganz Italien – und später u.a. auch über das angrenzende Österreich und Bayern – ausbreitete.

Der heilige Kajetan von Tiene

Geboren in Tiene bei Vicenza in Italien als Sohn des adligen Gasparo von Tiene, schloß Kajetan 1505 sein juristisches Studium in Padua mit dem Doktorgrad ab. Danach arbeitete er für Papst Julius II. als Geheimsekretär, wurde Päpstlicher Protonotar und empfing 1516 schließlich die Priesterweihe. Zuerst Mitglied der Bruderschaft der göttlichen Liebe, trat Kajetan 1519 in Vicenza der „Bruderschaft des Heiligen →Hieronymus“ bei, die für Arme und Kranke sorgte. Fünf Jahre später gründete er zusammen mit dem Erzbischof von Theate, Giampietro Caraffa (dem späteren Papst Paul IV.) und zwei Priestern die „Kongregation der regulierten Kleriker zur Reform des Klerus“, die Theatiner, die sich für eine verstärkte Bildung der Priester einsetzen wollten. Nachdem der Orden 1527 während der Soldatenunruhen aus Rom vertrieben wurde, waren die Brüder unermüdlich in Venedig während der Pestepidemie tätig.

In Neapel starb Kajetan als Abt des dortigen Theatinerklosters am 7. August 1547. Beigesetzt wurde er ebenfalls in Neapel, und zwar in der Kirche S. Paolo Maggiore. Seine Heiligsprechung erfolgte 1671.

Kalixtus I.

Papst, Märtyrer († 222)

auch: Calixtus, Kallistus, Kalixt, Kallixtus
Festtag: 14. Oktober
Darstellung: als Papst, mit Tiara, Buch, Mühlstein
Leben und Wirken: Kalixtus I., ehemaliger Sklave des Christen Carpophorus, war unter Papst Zephyrinus erster Diakon und Verwalter des Gemeindefriedhofs an der Via Appia, den späteren Kalixtus-Katakomben. 217 zum Papst ernannt, kämpfte er in diesem Amt v.a. gegen die Häretiker. Aufgrund seines energischen Handelns und seiner Herkunft kam es bald zum ersten Schisma der Kirchengeschichte: der konservative Teil des Klerus wählte →Hippolyt zum Gegenpapst. Dieser kritisierte Kalixtus I. v.a. wegen angeblicher früherer Unzucht und mangelnder Konsequenz. So hatte Kalixtus beispielsweise die Ehe zwischen adligen Frauen und Sklaven erlaubt und es Unzuchtsündern gestattet, in die kirchliche Gemeinschaft zurückzukehren bzw. in ihr zu bleiben. Kalixtus I. ließ sich durch die massiven Vorwürfe jedoch nicht von seiner milden Bußpraxis abbringen.
Über seinen Tod erzählt eine Legende aus dem 7. Jh., daß er von einer Schar entrüsteter Christen aus dem Fenster geworfen und mit einem Mühlstein um den Hals im Brunnen ertränkt wurde.

Papst Kalixtus I.

Seine Gebeine wurden im Cömeterium des Calepodius in Rom an einem 14. Oktober beigesetzt, Reliquien befinden sich u.a. in der Abtei Cysoing bei Tournay, in Reims und in Fulda.

Kamillus von Lellis

Ordensgründer (* 1550, † 1614)

auch: Camillus, Camillo
Patron: der Krankenpfleger, Krankenhäuser, Kranken, Sterbenden
Festtag: 14. Juli

Darstellung: im schwarzen Priestergewand, mit Kruzifix, Engel, Buch, Kranken

Leben und Wirken: Kamillus von Lellis gilt als Reformer des Krankenhausbetriebes. Im Abruzzenort Bucchianico geboren, wurde Kamillus schon früh Waise, lernte weder lesen noch schreiben und kämpfte schließlich als Soldat in den Türkenkriegen. Als er seinen ganzen Besitz verspielt hatte, half er 1574 beim Bau des Kapuzinerklosters Manfredonia, bekehrte sich dort und trat dem Orden bei. Später arbeitete er zuerst als Krankenpfleger und dann als Spitalmeister des römischen Jakobusspitals. 1582 gründete Kamillus eine religiöse Gemeinschaft für Krankenpfleger, aus der der 1591 vom Papst bestätigte Orden der Kamillianer entstand. Zwei Jahre später wurde der Schüler →Philipp Neris zum Priester geweiht. 1607 legte er die Leitung seines Ordens nieder und widmete sich ganz der Krankenpflege, die vorbildlich für ganz Italien wurde. Kamillus starb am 14. Juli 1614 in Rom. Er wurde 1746 heiliggesprochen.

Karl Borromäus

Kardinal, Erzbischof (* 1538, † 1584)

auch: Carlo Borromeo

Patron: der Diözese Lugano; der Borromäerinnen (Kongregation zur Krankenpflege), des Borromäusvereins, der Salzburger Universität, Priesterseminare, Seelsorger; gegen Pest

Der heilige Karl Borromäus

Festtag: 4. November

Darstellung: im Bischofsgewand; im Kardinalsgewand, mit Kreuz, Strick um den Hals, Totenkopf, Pestpfeilen, Pestkranken

Leben und Wirken: Karl Borromäus ging als energischer Reformbischof in die Geschichte ein. Er sorgte für die Bildung der Priester durch die Einrichtung von Instituten und Seminaren, bekämpfte Mißbräuche im Klerus, wie das Konkubinat, sowie Aberglauben und Unwissenheit im Volk.

Geboren wurde Karl am 2. Oktober als Sohn adliger Eltern auf der Burg Arona am Lago Maggiore. Von 1552 bis 1559 studierte er in Pavia Rechtswissenschaften und wurde am Ende seines Promotionsstudiums von seinem Onkel, Papst Pius IV., zum Geheimsekretär bestellt. 1560 wurde er zum Kardinaldiakon und Administrator von Mailand berufen. Nach dem Tod seines Bruders 1562 wandte sich Karl der Askese zu und empfing 1563 die Priesterweihe. Im selben Jahr noch wurde er zum Erzbischof und Kardinal von Mailand ernannt. Mit großem Eifer setzte Karl mit Hilfe von Visitationen, Synoden und Pastoralinstruktionen die tridentinischen Konzilsbeschlüsse in die Praxis um. Außerdem bekämpfte er die protestantischen Einflüsse in der Schweiz, stiftete das Borromäum für arme Studenten und half 1576 selbstlos während der Pestepidemie in Mailand.

Karl starb am 3. November 1584 in Mailand und wurde in der Krypta des Domes bestattet. Seine Heiligsprechung erfolgte 1610.

Karl der Große

Kaiser (* um 742/747, † 814)

auch: Carolus Magnus, Charlemagne
Patron: der Lehrer, Makler, Zinngießer
Festtag: 28. Januar
Darstellung: als Kaiser, mit Krone, Reichsapfel, Zepter, Schwert, Kirchenmodell
Leben und Wirken: Karl der Große kümmerte sich Zeit seines Lebens nicht nur rigoros um die Ordnung in seinem (weltlichen) Reich, sondern auch in der Kirche. Sein Staatskirchentum brachte ihm viele Gegner ein; zwar billigte Gegenpapst Paschalis III. die Heiligsprechung durch den Erzbischof von Köln, Rainald von Dassel, doch Rom nicht (allerdings wurde den Diözesen Aachen und Osnabrück eine Verehrung Karls als Seligem gestattet).

Geboren als Sohn Pippins III. des Jüngeren, wurde Karl mit seinem Bruder Karlmann 768 fränkischer König, eroberte Aquitanien und regierte nach Karlmanns Tod 771 als Alleinherrscher. Um 771/773 kam er Papst Hadrian I. zu Hilfe, besiegte den Langobardenkönig Desiderius und machte sich selbst 774 zum König der Langobarden. Er bestätigte dem Papst den Kirchenstaat und übernahm dessen Schutzherrschaft, wobei Karl sich mit Selbstverständlichkeit auch in Glaubensdinge einmischte. Zudem stiftete und erhielt er kirchliche Schulen, förderte Klöster, führte den Pfarrzehnten ein und umgab sich an seinem Hof mit den angesehensten Gelehrten. In militärischen Angelegenheiten ging er oft sehr brutal vor und vergrößerte auf diese Weise das Frankenreich durch die Einverleibung Sachsens und Bayerns. Am 25. Dezember 800 wurde Karl vom Papst in Rom zu Kaiser Karl I. gekrönt. Er starb am 28. Januar 814 in Aachen. Seine Gebeine ruhen seit 1215 im Karlsschrein im Aachener Münster,

Friedrich II. soll sie bei seiner Krönung zum König selbst in den neu angefertigten Schrein gelegt haben.

Karl Lwanga und Gefährten

Märtyrer (* 1865, † 1886)

Patron: der Katholischen Aktion der afrikanischen Jugend
Festtag: 3. Juni
Darstellung: mit seinen Gefährten auf dem Scheiterhaufen
Leben und Wirken: Geboren im ugandischen Bulimu, arbeitete Karl Lwanga als Führer der Pagen am Hof Königs Mwanga. Als der König feststellte, daß Karl und zwölf weitere Pagen Christen waren, warf er sie in den Kerker, wo sie grausam gefoltert wurden. Da sie trotzdem an ihrem Glauben festhielten, ließ König Mwanga sie am 3. Juni 1886 im ugandischen Namugongo verbrennen. Karl Lwanga und seine Gefährten wurden 1964 heiliggesprochen.

Kaschauer Märtyrer

(Markus Stephan Crisinus, Stephan Pongracz, Melchior Grodecz)
Märtyrer († 1619)

auch: Markus Stephan Körösy/Marek Krizin, Melichar Grodziecky; Märtyrer des Grazer Jesuitenkollegs
Festtag: 7. September
Leben und Wirken: Die katholischen Geistlichen Markus Stephan Crisinus, Stephan Pongracz und Melchior Grodecz – die alle drei am Grazer Jesuitenkolleg studiert hatten – erlitten das Martyrium, nachdem der Calvinist und Heerführer Rákóczi auf Befehl des Fürsten Gabor von Siebenbürgen die Stadt Kaschau in der heutigen Slowakei am 5. September 1619 erobert hatte.
Da sie nicht zum protestantischen Glauben übertreten wollten, wurden sie verhaftet und von Soldaten und Pöbel grausam gefoltert. Crisinus und der Jesuit Grodecz starben noch am 7. September, Jesuitenpater Pongracz erlag seinen Verletzungen schließlich am 8. September 1619. Gräfin Katharina von Palffy barg die Leichname, die in die Kloake geworfen worden waren, und bestattete sie in Ehren. 1636 wurden sie in die Jesuitenkirche von Tyrnau übertragen. Die drei Märtyrer wurden 1995 heiliggesprochen.
Im Bistum Graz wird an ihrem Festtag auch der Grazer Jesuiten →Johannes Sarkander und →Johannes Ogilvie gedacht, die ebenfalls den Märtyrertod erlitten.

Kasimir von Polen

Königssohn (* 1458, † 1484)

auch: Kazimieras
Patron: von Polen, Litauen; des Malteser-Ritterordens, der Jugend; gegen Pest, Religions- und Vaterlandsfeinde
Festtag: 4. März

Darstellung: als Ritter, als König, mit Krone, Zepter, Schmuck, Kreuz, Palme
Leben und Wirken: Kasimir, Nationalheiliger Litauens und eifriger Förderer der Marienverehrung, wurde am 5. Oktober als drittes Kind des Königs von Polen und Großfürsten von Litauen, Kasimir IV. Jagiello, und dessen Frau Elisabeth von Österreich, Tochter Kaiser Albrechts, in Krakau geboren. 1471 wurde er vom ungarischen Adel zwar zum König gewählt, konnte sich jedoch nicht gegen Matthias Corvinus durchsetzen. Während sich sein Vater in Litauen aufhielt, vertrat ihn Kasimir von 1479 bis 1483 in Polen. 1481 lehnte der tief gläubige Prinz die Heirat mit einer Tochter Kaiser Friedrichs III. mit Hinweis auf sein Gelöbnis der Keuschheit ab. Drei Jahre später starb er am 4. März 1484 auf einer Reise nach Litauen in Grodno an der Schwindsucht. Seine Gebeine wurden im Dom von Wilna beigesetzt. Die Heiligsprechung erfolgte wahrscheinlich 1521.

Kaspar

→Drei Heilige Könige

Kastor aus Pannonien

Märtyrer († um 303)

auch: Castorius aus Pannonien
Patron: der Bildhauer, Steinmetze, des Viehs (zusammen mit den anderen drei Gekrönten)
Festtag: 8. November
Darstellung: als Bildhauer, mit Werkzeug
Leben und Wirken: Zusammen mit Claudius, Nicostratus und Symphorianus zählt Kastor zu den Vier Gekrönten („Quattuor Coronati"), einer Gruppe von Bildhauern aus Pannonien, die um 303 unter Kaiser Diokletian als Märtyrer starben. Der Legende nach weigerte sich Kastor, ein Bildnis des Gottes Äskulap anzufertigen und wurde deshalb in den Kerker geworfen, wo er von Bischof Cyrill von Antiochia getauft wurde. Er erlitt das Martyrium durch Folter – u.a. wurde ihm eine Krone mit scharfen Spitzen aufgesetzt – und Ertränken. 1053 gelangten Kastors Reliquien ins Kloster Tegernsee.

Kastulus

Märtyrer († um 286)

Patron: der Hirten; gegen Blitzschlag, Rotlauf
Festtag: 26. März
Darstellung: als Märtyrer, mit Palme, Schaufel
Leben und Wirken: Der Römer Kastulus soll unter dem Christenverfolger Diokletian ein grausames Martyrium erlitten haben, indem er lebendig begraben wurde.
Zuerst in einer Katakombe bestattet, wurden seine Gebeine später nach Pa-

via und von dort im 8. Jh. nach Moosburg bei Freising übertragen. Anfang des 17. Jhs. gelangten sie schließlich nach St. Martin in Landshut.

Katharina von Alexandria

Märtyrerin († um 306)

auch: Aikatherinê
Patronin: des Wallis; der Universität Paris, der Mädchen, Jungfrauen, Ehefrauen, Hochschulen, Philosophen, Lehrer, Schüler, Studenten, Bibliotheken, Redner, Buchdrucker, Spinner, Seiler, Tuchhändler, Näherinnen, Gerber, Schuhmacher, Wagner, Müller, Friseure, Schiffer, Spitäler, Feldfrüchte; gegen Kopfschmerzen, Zungenkrankheiten, Milchlosigkeit beim Stillen (der Legende nach floß bei der Folter Milch statt Blut aus Katharinas Körper); für das Auffinden Ertrunkener; eine der Vierzehn Nothelfer
Festtag: 25. November
Darstellung: als Jungfrau (manchmal in vornehmer Kleidung), mit Rad, Krone, Schwert, Handkreuz, Palme, Buch, Lilie
Leben und Wirken: Über das Leben Katharinas – neben →Barbara und →Margareta von Antiochia eines der „Drei heiligen Madl'n" – berichten nur Legenden; sie soll zur Regierungszeit des Kaisers Maxentius in Alexandria den Märtyrertod erlitten haben. Der Legende nach lebte Katharina Anfang des 4. Jhs. als Tochter von König Costus im ägyptischen Alexandria. Vormals sehr hochmütig, entwickelte sie sich durch ihre Bekehrung zum Christentum zu einer engagierten Verfechterin ihres Glaubens. So überzeugte sie 50 der gebildetsten heidnischen Philosophen in einem von Kaiser Maxentius angeregten Streitgespräch. Vor Wut ließ sie der Kaiser in den Kerker werfen und grausam foltern. Als Katharina alle Martern unverletzt überstand (u.a. zerbrach das Rad, auf das man sie flechten wollte), ließ sie der Kaiser köpfen. Den Leichnam sollen Engel auf den Berg Sinai getragen haben, wo er angeblich von Eremiten begraben wurde. Im 6. Jh. entstand dort unter Kaiser Justinian I. das berühmte, noch heute existierende Katharinenkloster. Katharinas Verehrung begann in der Ostkirche bereits im 6./7. Jh., im Westen erst im 8. Jh. Höhepunkt des Kultes war in der

Die heilige Katharina von Alexandria

lateinischen Kirche allerdings erst im 13. Jh., Katharina war einige Zeit die am meisten verehrte Heilige nach →Maria. Seit der Reform von 1969 ist Katharina von Alexandria im Römischen Generalkalender jedoch nicht mehr vertreten.

Vor allem im bäuerlichen Leben gab und gibt es teilweise noch heute zahlreiche Bräuche um „Kathrein", so endete mit dem „Kathreinsfest" traditionell die Weidezeit und die Schafschur begann, das „Kathreinsfest" war das letzte ausgelassene Fest vor dem besinnlichen Advent, außerdem soll Katharinas Festtag der Lostag für das Wetter des kommenden Winters gewesen sein.

Katharina von Siena

Kirchenlehrerin, Mystikerin, Dominikaner-Terziarin
(* um 1347, † 1380)

auch: Caterina Benincasa
Patronin: von Italien; Rom (2. Patronin); der Dominikaner-Terziarinnen, Sterbenden, Wäscherinnen; gegen Kopfschmerz, Pest
Festtag: 29. April
Darstellung: in vornehmer Kleidung oder im Ordenshabit der Dominikaner-Terziarinnen mit weißem Gewand und dunklem Mantel, Herz, Buch, Händen mit Stigmata, Lilie, Kreuz, Dornenkrone, Pestkranken

Leben und Wirken: In Italien als „größte Frau des Christentums" verehrt, zählt Katharina von Siena neben der großen Mystikerin →Theresia von Ávila und →Theresia von Lisieux zu den einzigen drei Frauen, die bisher den Titel des Kirchenlehrers vom Papst verliehen bekamen.

Katharina kam als 24. oder 25. Kind eines Wollfärbers in Siena zur Welt. Mit achtzehn Jahren trat sie zu Siena bei den Bußschwestern des hl. →Dominikus, den Dominikaner-Terziarinnen, ein. 1374 überlebte sie bei der Pflege von Pestkranken in Pisa selbst die tödliche Krankheit. Mystisch begnadet, empfing sie zahlreiche Visionen, u.a. erschien ihr Christus, der ihr den Brautring anbot, sie aber nahm die Dornenkrone. Da Katharina selbst nicht schreiben konnte, ließ sie ihre Begegnungen in Briefen und Schriften notieren, wobei deren hohes literarisches Niveau noch heute beeindruckt. 1375 erhielt Katharina in Pisa die Stigmata, die sie bis zu ihrem Tod allerdings verborgen hielt.

Ihre direkte, offene Art brachte ihr jedoch nicht nur Freunde: So mußte sich Katharina vor dem Generalkapitel der Dominikaner in Florenz wegen sittenwidrigen Verhaltens verantworten, weil sie einem frierenden Armen auf der Straße ihren Mantel geschenkt hatte und daraufhin nur im Hemd zum Kloster gelaufen war. Trotz aller Verleumdungen war Katharina in der von Krisen erschütterten Zeit begehrte Beraterin der Fürsten und hoher kirchlicher Personen. Sie bewegte 1377 Papst Gregor XI. zur Rückkehr aus Avignon nach Rom, und setzte sich nach dem Abendländischen Schisma von 1378 bei den kirchlichen Würdenträgern hartnäckig für den rechtmäßigen Nachfolger Gregors XI., Papst Urban VI., ein. Auf seinen Wunsch zog Katharina 1378 nach Rom und kämpfte bis zu ihrem Tod am 29. April 1380 für die Einheit der Kirche.

Die heilige Katharina von Siena

Ihr Leichnam wurde in der römischen Kirche S. Maria sopra Minerva beigesetzt, Katharinas Haupt wird in der Kirche S. Domenico in Siena verehrt. Ihre Heiligsprechung erfolgte 1461; zur Kirchenlehrerin wurde sie 1970 ernannt.

Kazimieras

→Kasimir von Polen

Kephas

→Petrus

Kerykos

→Julitta und Quirikus

Kilian von Würzburg

Bischof, Märtyrer († um 689)

auch: Killena, Kyllena
Patron: von Franken, der Diözese Würzburg; der Tüncher, Weißbinder; gegen Augenleiden, Gicht, Rheuma
Festtag: 8. Juli
Darstellung: im Bischofsgewand, mit Kreuz, Stab, Buch, Palme, Schwert, mit Gefährten Kolonat und Totnan; im Martyrium
Leben und Wirken: Im Raum Würzburg wird noch heute am „Kilianifest“ mit großem Volksfest und Wallfahrten des eifrigen irischen Mönches gedacht. Verehrt wird Kilian aber nicht nur in Franken, sondern auch im Bistum Paderborn und in Oberösterreich.

Der heilige Kilian von Würzburg

Der aus Mullagh stammende Kilian kam in Begleitung des Priesters Kolonat und des Diakons Totnan als Wanderbischof nach Würzburg und missionierte dort ab 687 mit großem Erfolg. Der Legende nach soll er den von ihm getauften Frankenherzog Gozbert wegen dessen Ehe mit der Witwe seines Bruders kritisiert haben und deshalb auf Befehl der wütenden Herzogin Gailana samt seinen Gefährten ermordet worden sein. Die zur Bluttat gedungenen Mörder und Gailana sollen daraufhin verrückt geworden sein und sich gegenseitig umgebracht haben. Seine Reliquien befinden sich in der Neumünsterkirche und dem Dom St. Kilian in Würzburg.

Klara von Assisi

Ordensgründerin (* 1194, † 1253)

auch: Clara von Assisi, Chiara dei Scifi
Patronin: von Assisi; der Klarissen; der Wäscherinnen, Stickerinnen, Vergolder, Glaser, Glasmaler, Blinden, des Fernsehens; gegen Fieber, Augenkrankheiten
Festtag: 11. August
Darstellung: als Klarisse im dunklen Habit mit heller Stirnbinde, Monstranz, Ziborium, Buch, Kreuz, Lilie
Leben und Wirken: Berühmt wurde die wundertätige Klara von Assisi als Gründerin des Ordens der Klarissen. Als Tochter aus dem vornehmen Hause der Offreducci Favarone in Assisi war Klara fasziniert vom Wandel im Leben des →Franz von Assisi. Als Achtzehnjährige floh sie aus ihrem Elternhaus und wurde in der kleinen Portiuncula-Kirche unterhalb von Assisi seine erste Jüngerin (der Legende nach soll Franz ihr, bevor sie Schleier und Ordensgewand bekam, ihr wundervolles langes Haar abgeschnitten haben). Bei S. Damiano bewohnte sie ein kleines Haus, das bald auch ihre Mutter Hortulana, ihre Schwester Beatrix und andere junge Frauen in klösterlicher Gemeinschaft aufnahm. 1215 erteilte Papst Innozenz III. Klara und ihren „Armen Schwestern“ (des 2. Ordens) der Franziskaner, auch Klarissen genannt, das Armutsprivileg. Ab 1224 war Klara

kränklich und bettlägerig, konnte jedoch ihr Kloster S. Damiano um 1240 der Legende nach allein durch ihr flehentliches Gebet vor den Sarazenen retten. Trotz ihrer Krankheit wirkte sie noch viele Heilungen und Wunder und war ihren Mitschwestern ein großes Vorbild an Demut. Zu Lebzeiten konnte Klara noch zahlreiche Klöstergründungen der Klarissen verzeichnen, sie starb am 11. August 1253 in S. Damiano, zwei Tage nachdem ihr Orden vom Papst bestätigt worden war. Klara wurde in S. Giorgio bestattet und bereits zwei Jahre später heiliggesprochen. Ihren mumifizierten Leichnam übertrug man

Die heilige Klara von Assisi

1260 in die Kirche S. Chiara in Assisi, wo er noch heute in einem Glasschrein ruht. Das „Klara-Wasser", gesegnet in S. Chiara, soll Augenleiden heilen.

Klemens I.

Papst, Märtyrer († um 97/101)

auch: Clemens Romanus
Patron: von Sevilla, Aarhus, Compiègne, der Krim; der Hutmacher, Seeleute, Steinmetze, Kinder, Marmorarbeiter; gegen Kinderkrankheiten, Unwetter, Sturm, Überflutung
Festtag: 23. November
Darstellung: im Bischofsgewand, mit Tiara, Pallium, Lamm, Buch, Anker, Quelle/Brunnen
Leben und Wirken: Papst Klemens I. war der dritte Nachfolger des Apostels →Petrus in Rom. (Nach den Aufschreibungen des Tertullian soll er noch von Petrus selbst ordiniert worden sein.)
In seinem berühmten Brief an die Korinther ruft Klemens I. die dortigen Christen zur Wiederherstellung der kirchlichen Ordnung auf und weist sie auf die Unterordnung der Gemeinde unter die von den Aposteln oder deren Nachfolgern eingesetzten kirchlichen Vorsteher hin. Der Brief gilt als erstes Zeugnis für den Primat des Papstes. Der Legende nach hat Klemens I. den Märtyrertod während seiner Verbannung auf der Krim erlitten. Er mußte in den trockenen Steinbrüchen bei

Papst Klemens I.

Chersones arbeiten, als er durch das Zeichen eines Lammes eine Quelle entdeckte. Der Zauberei beschuldigt, hängte man ihm daraufhin einen Anker um den Hals und warf ihn ins Meer. Papst Klemens I. wurde später in den Römischen Meßkanon aufgenommen; seine Reliquien befinden sich in der Kirche S. Clemente in Rom.

Klemens Maria Hofbauer

Redemptorist (* 1751, † 1820)

auch: Johannes Hofbauer
Patron: von Wien; der Gesellenvereine (2. Patron)
Festtag: 15. März
Darstellung: als Redemptorist, mit weißer Halskrause, Rosenkranz, betend
Leben und Wirken: Klemens Maria Hofbauer, der „Apostel Wiens", kämpfte sein Leben lang gegen eine deutsche Nationalkirche und stärkte erfolgreich den Einfluß Roms in Österreich und Deutschland. Er stand in engem Kontakt zu den berühmten Romantikern Schlegel, Eichendorff und Brentano.

Getauft auf den Namen „Johannes", stammte Klemens Maria Hofbauer aus Taßwitz bei Znaim in Südmähren. Sein Vater, ein Tscheche, hatte den Familiennamen Dvorak in Hofbauer eingedeutscht. Finanzielle Gönner ermöglichten dem Bäckergesellen von 1772 bis 1777 den Besuch der Lateinschule in Wien und von 1780 bis 1784 ein Studium der Theologie in Rom. (Dazwischen hatte er eine Weile als Einsiedler in Tivoli bei Rom gelebt und den Namen Klemens Maria Hofbauer angenommen.) 1784 wurde er der erste deutschsprachige der von →Alfons Maria di Liguori gegründeten Redemptoristen, 1785 ließ er sich zum Priester weihen. Von 1787 bis 1808 predigte er in Warschau an der Kirche St. Benno, richtete ein Waisenhaus ein und gründete eine Armen- und Lateinschule. 1808 wurde der Konvent von Napoleon aufgehoben, Klemens Maria ging nach Wien zurück und widmete sich ab 1813 als Kirchenrektor an St. Ursula ganz der Stärkung der Seelsorge und der

Der heilige Klemens Maria Hofbauer

Missionstätigkeit, u.a. durch Einführung der Hausbesuche. Zudem bekämpfte er hartnäckig den „Josephinismus", Kaiser Josephs II. Bestrebungen, mit staatlicher Hoheit über die Kirche zu herrschen. Klemens Maria starb am 15. März 1820 in Wien, wo auch seine Gebeine in der Kirche Maria am Gestade ruhen. Er wurde 1909 heiliggesprochen.

Kletus

→Anaklet I.

Klothilde

Königin (* um 474, † 544)

auch: Clothilde
Patronin: der Frauen, Lahmen; gegen Kinderkrankheiten, Fieber; für Bekehrung des Ehegatten
Festtag: 4. Juni
Darstellung: als Königin, mit Krone, Zepter, Buch, Kirchenmodell, Almosen austeilend
Leben und Wirken: Klothilde war die Tochter Königs Chilperich II. von Burgund. Sie war mit dem Frankenkönig Chlodwig I. verheiratet und maßgeblich an dessen Bekehrung beteiligt. Nach dem Tode ihres Gatten im Jahre 511 zog sie sich nach Tours zurück. Dort gründete sie Kirchen und widmete sich ganz karitativen Tätigkeiten. Klothilde starb am 3. Juni 544 in Tours. Beigesetzt wurde sie in der Kirche St. Peter zu Paris, doch wurden ihre Reliquien während der Französischen Revolution vernichtet.

Knut

König, Märtyrer (* um 1040, † 1086)

auch: Knud
Festtag: 10. Juli
Darstellung: als König, mit Zepter, Reichsapfel, Schwert, Lanze
Leben und Wirken: Knut regierte ab 1080 als König über Dänemark. In seinem Amt sorgte er für Reformen in der Kirche, förderte den Kirchenbau, hob das Ansehen des Klerus und führte den Kirchenzehnten ein. Er wurde von Gegnern seiner Reformen während eines Gottesdienstes am 10. Juli 1086 in der St.-Alban-Kirche zu Odense ermordet.

Koloman von Melk

Pilger, Märtyrer († 1012)

Patron: von Österreich (bis 1662); der zum Tod durch den Strick Verurteilten, Reisenden, des Viehs; gegen Krankheiten, Pest, Unwetter, Feuergefahr, Mäuse- und Rattenplage
Festtag: 13. Oktober
Darstellung: im Pilgergewand, mit Hut, Pilgerflasche, Stab, Strick, Zange, Steinen, im Martyrium
Leben und Wirken: Der Pilger Koloman wird v.a. in Bayern und Österreich verehrt. An seinem Festtag finden dort alljährlich Pferdeumritte statt. Bekannt ist im Volksglauben auch das Kolomani-Büchlein, das man zum Schutz gegen Unwetter und Unglück bei sich trägt, oder der Koloman-Segen zum Schutz gegen Feuergefahr.

Der heilige Koloman von Melk

Der irische Pilger Koloman kam auf seiner Wallfahrt nach Palästina durch Österreich, wo er aufgrund seiner fremden Kleidung als Spion verdächtigt und in Stockerau bei Wien an einem Baum aufgeknüpft wurde. Der Legende nach soll sein Leib zwei Jahre nicht verwest sein. Kolomans Gebeine wurden am 13. Oktober 1014 nach Kloster Melk übertragen.

Kolumban der Jüngere

Abt (* um 542/543, † 615)

auch: Columba, Columban, Kolumban von Luxeuil und Bobbio
Patron: von Irland; Bobbio; gegen Hochwasser, Geisteskrankheit
Festtag: 23. November (in Chur: 27. November)
Darstellung: als Abt oder Pilger, mit Stab, Bär (der Legende nach ließ er in dessen Höhle eine Quelle entspringen)
Leben und Wirken: Kolumban war einer der bedeutendsten Ordensreformer des frühen Mittelalters, seine strenge Regel bestimmte lange Zeit das abendländische Mönchtum.
Kolumban stammte aus der irischen Provinz Leinster und wirkte als Mönch und langjähriger Lehrer in Kloster Bangor bei Belfast. Um 590/591 be-

Der heilige Kolumban der Jüngere

gann er mit zwölf Gefährten, darunter der hl. →Gallus, seine Reise nach Gallien. Dort gründete er etliche Klöster, u.a. um 593 Luxeuil bei Belfort. Die von ihm verfaßte Mönchsregel fand trotz ihrer Härte große Verbreitung. Sie wurde erst später durch die mildere Regel des hl. →Benedikt ersetzt. Als Kolumban König Theuderich II. des Konkubinats beschuldigte, ließ ihn dieser schließlich 610 aus Burgund verbannen. Kolumban zog daraufhin über die Schweiz nach Oberitalien, wo er 613 die Abtei Bobbio bei Piacenza gründete. Er starb dort am 23. November 615 und wurde in der Abteikirche begraben.

Konrad von Konstanz

Bischof (* um 900, † 976)

Patron: der Erzdiözese Freiburg, von Konstanz
Festtag: 26. November
Darstellung: im Bischofsgewand, mit Kelch, Spinne (der Legende nach fiel das giftige Insekt in seinen Kelch, ohne ihm beim Trinken zu schaden)
Leben und Wirken: Als Sohn des Welfengrafen Heinrich von Altdorf erhielt Konrad seine Ausbildung im Kloster St. Gallen und der Domschule Konstanz. 934 wurde er von seinem Freund, Bischof →Ulrich von Augsburg, zum Bischof von Konstanz geweiht. In diesem Amt stiftete und beschenkte er aus seinem großen Erbe zahlreiche Kirchen, Klöster und Spitäler. 948 weihte er die erste Kirche von Einsiedeln. Zeit seines Lebens ging er dreimal auf Wallfahrt ins Heilige Land. Konrad starb am 26. November 975 in Konstanz.
Ursprünglich in der St.-Mauritius-Kirche bestattet, warf man seine Reliquien während der Reformation in den Bodensee. Nur das Haupt, das heute im Münsterschatz liegt, konnte gerettet werden. Konrad von Konstanz wurde 1123 heiliggesprochen.

Konrad von Parzham

Klosterpförtner, Laienbruder im Kapuzinerorden (* 1818, † 1894)

auch: Bruder Konrad, Johann Evangelist Birndorfer
Patron: der Pförtner, des seraphischen Liebeswerks, der katholischen Burschenvereine; in allen Nöten
Festtag: 21. April
Darstellung: als Kapuziner im braunen Habit, mit Kreuz
Leben und Wirken: Berühmt wurde der bescheidene, tiefgläubige Bruder Konrad als Klosterpförtner von Altötting, wo er sich 41 Jahre lang mit tatkräftiger Liebe um die Anliegen der Armen, Wallfahrer, Wanderburschen und Kinder kümmerte.
Geboren wurde Johann Evangelist Birndorfer als Sohn einer niederbayerischen Bauernfamilie in Parzham im Rottal. Bis er 1849 als Laienbruder in das Kapuzinerkloster St. Anna in Altötting eintrat, hatte er mit seinen Geschwistern auf dem elterlichen Hof gearbeitet.
Seit Ablegen der Gelübde 1852 hieß der Bauernsohn Konrad. Über 40 Jahre wirkte er als Pfortenbruder in Altötting, dem bedeutendsten Marien-Wallfahrtsort im süddeutschen Raum. Hunderttausenden von Pilgern begegnete Konrad in immerwährender Liebe und Gelassenheit, nahm sich Zeit für ihre Fragen und Wünsche. Der „ewige Pförtner“ starb am 21. April 1894 in Altötting, wo er in der Kapuzinerkirche St. Anna, der heutigen Bruder-Konrad-Kirche, beigesetzt wurde. Seine Heiligsprechung erfolgte 1934.

Konstantia

(† im 4. Jh.)

auch: Konstantina, Konstanza, Constantia
Festtag: 18. Februar
Darstellung: als vornehme Römerin, mit kaiserlichen Insignien, Taube
Leben und Wirken: Konstantia war eine nahe Verwandte des Kaisers →Konstantin, wahrscheinlich eine Halbschwester. Der Legende nach wurde sie durch die hl. →Agnes von Rom von einer unheilbaren Krankheit befreit und ließ aus Dankbarkeit über dem Grab der Agnes die Basilika S. Agnese errichten. Konstantia starb an einem 18. Februar in der ersten Hälfte des 4. Jhs. Bestattet wurde sie in einem nach ihr benannten Rundbau in Rom.

Konstantin der Große

Kaiser (* um 285, † 337)

Festtag: 21. Mai
Darstellung: als römischer Kaiser, mit Kirchenmodell, Feldzeichen mit Christusmonogramm
Leben und Wirken: Konstantin wurde im heutigen Serbien als Sohn des Kaisers

Konstantius Chlorus und der hl. →Helena geboren. Erzogen wurde er am Hof des Christenhassers Diokletian, dessen Tochter Fausta er später auch heiratete. 306 wurde er Kaiser und beherrschte von da an den Nordwesten des römischen Reiches. Als 311 der Oberkaiser Galerius ein Toleranzedikt erließ, in dem er die Duldung der christlichen Religion erklärte, unterschrieb auch Konstantin dieses Edikt. 312 erzielte er einen entscheidenden Sieg an der Milivischen Brücke in Rom. Der Legende nach hatte Konstantin vor der Schlacht ein Kreuz mit der strahlenden Aufschrift „in diesem Zeichen siege“ am Himmel erblickt. Von diesem Zeitpunkt an förderte er das Christentum, jedoch ohne jemals das Heidentum zu verbieten. Er baute zahlreiche Kirchen, u.a. die Peterskirche in Rom, die Grabeskirche in Jerusalem. 330 verlegte Konstantin den Kaisersitz von Rom nach Byzanz, das fortan Konstantinopel hieß. Er starb am 22. Mai 337 in Nikomedien. Erst auf dem Sterbebett ließ er sich von Bischof Eusebius von Nikomedien taufen.

Bestattet wurde Konstantin der Große in der Apostelkirche zu Konstantinopel, die er hatte erbauen lassen. Seine Reliquien gingen jedoch 1453 bei der Eroberung der Stadt durch die Türken verloren.

Seine Verehrung beschränkt sich auf die Ostkirche, wo Konstantin „der Apostelgleiche“ genannt wird.

Konstantina, Konstanza

→Konstantia

Korbinian von Freising

Bischof (* um 680, † zw. 720 und 730)

auch: Corbinianus
Patron: der Erzdiözese München-Freising
Festtag: 8. September (München-Freising: 20. November; Bozen-Brixen: 9. September)

Der heilige Korbinian von Freising

Darstellung: als Priester oder Bischof, mit Buch, Stab, Kirchenmodell, mit einem Lasten tragenden Bären (der Legende nach soll der Bär, nachdem er Korbinians Esel getötet hatte, zur Strafe selbst das Reisegepäck nach Rom getragen haben)
Leben und Wirken: Korbinian war der erste Bischof der Diözese Freising.
Geboren in der Nähe von Chartres in Frankreich, wurde Korbinian von seinen Eltern im christlichen Glauben erzogen. In der Nähe seines Heimatortes baute er sich als junger Mann eine kleine Zelle, in der er 14 Jahre als Einsiedler lebte. Um 709/710 kam Korbinian auf einer Wallfahrt nach Rom, wurde vom Papst zum Missionsbischof berufen und in das noch größtenteils heidnische Bayern geschickt. Zuvor gründete er jedoch noch ein kleines Kloster in Kains bei Meran. 714 wurde Korbinian auf Veranlassen des Herzogs Grimoald zum ersten Bischof von Freising ernannt, mußte jedoch 724 nach Kains fliehen, da er die Beziehung Grimoalds zu seiner Konkubine Pilitrud verurteilt hatte und von ihr bedroht wurde. Von Grimoalds Nachfolger Hugibert wurde Korbinian später nach Freising zurückgeholt, wo er am 8. September zwischen 720 und 730 starb.
Zuerst in der Zenoburg bei Meran beigesetzt, wurden Korbinians Gebeine am 20. November 765/769 nach Freising übertragen, wo sie nun im Dom ruhen.

Kordula

→Cordula

Kornelius

Papst, Märtyrer († 253)

auch: Cornelius
Patron: von Kornelimünster; der Bauern, des Hornviehs; gegen Epilepsie („Kornelkrankheit“), Ohrenleiden
Festtag: 16. September
Darstellung: im Pontifikalgewand, mit Tiara, Pallium, Kreuzstab, Buch, Palme, Schwert, Jagd- oder Trinkhorn („cornu“, lateinisch für: Horn)
Leben und Wirken: Kornelius zählt neben →Antonius dem Großen, →Hubert von Maastricht und Lüttich und →Quirinus von Neuss zu den „Vier heiligen Marschällen“.
Der in Rom geborene Kornelius wurde im März 251 nach dem Ende der Christenverfolgung unter Kaiser Decius zum Papst gewählt. Er vertrat gegenüber den während der Verfolgung vom Glauben abgefallenen Christen eine mildere Bußpraxis als sein Gegner, Bischof Novitian. Nach Leistung einer entsprechenden Sühne sollten sie wieder in die Gemeinde aufgenommen werden, Novitian sah dagegen die Schuld als unwiderrufbar an und wurde von seinen Anhängern zum Gegenpapst gewählt, dem zweiten der Kirchengeschichte nach →Hippolyt. Er wurde jedoch im Herbst 251 auf der

römischen Synode abgesetzt, die Bußpraxis Papst Kornelius' wurde von der Kirche auf der Synode von Karthago bestätigt.
Kornelius wurde 253 von Kaiser Gallus nach Centumdellae bei Rom verbannt und starb dort am 14. September 253. Einer Legende nach soll der verbannte Kornelius 253 nach Rom zurückgekehrt, sich dem Götzendienst verweigert und deshalb mit Bleiklötzen geschlagen und schließlich hingerichtet worden sein.
Seine Grabstätte liegt in der Lucinagruft der Kalixtus-Katakombe. Papst Kornelius wurde später in den Römischen Meßkanon aufgenommen; Reliquien besitzt u.a. Kornelimünster bei Aachen und St. Severin in Köln.

Korona

→Corona

Kosmas und Damianus

Ärzte, Märtyrer († um 303/305)

auch: Cosmas und Damianus, Cosmas und Damian
Patrone: von Florenz; der Jesuiten, der medizinischen Fakultäten, Kranken, Ammen, Ärzte, Chirurgen, Barbiere, Bader, Friseure, Apotheker, Drogisten, Krämer, Zuckerbäcker, Physiker; gegen Geschwüre, Epidemien, Pferdekrankheiten
Festtag: 26. September (in der Ostkirche: 17. Oktober, 1. November)
Darstellung: als Ärzte in vornehmer Kleidung, mit ärztlichen Instrumenten, Arzneifläschchen, Salbgefäßen, Spatelpinzette, Mörser, Stößel, Schlangenstab, Scheiterhaufen, Steinen
Leben und Wirken: Der Legende nach praktizierten die tief gläubigen Zwillingsbrüder Kosmas und Damianus im 4. Jh. in Syrien als Ärzte (für die Armen unentgeltlich) und bekehrten dabei zahlreiche Patienten zum Christentum. Unter Kaiser Diokletian wurden sie um 303/305 von dem Statthalter Lysias

Der heilige Kosmas und der heilige Damianus

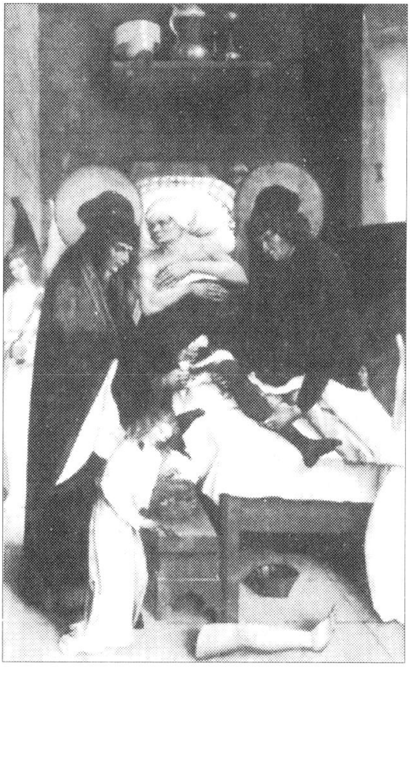

verhaftet und um ihres Glaubens willen fürchterlich gefoltert und anschließend enthauptet (einer anderen Legende nach wurden sie auf dem Scheiterhaufen verbrannt).
Der Kult um die mutigen Brüder, die im Römischen Meßkanon aufgeführt werden, begann nachweisbar bereits im 5. Jh., um 850 kamen Reliquien schließlich nach Hildesheim und Essen. Gebeine der Zwillinge befinden sich heute u.a. auch in der Münchner St.-Michael-Kirche und in der römischen Kirche S. Cosma e Damiano.

Kreszentia Höß

→Creszentia Höß

Krispin und Krispinian

→Crispinus und Crispinianus

Kunibert

Bischof (* um 600, † um 663)

auch: Cunibert, Chunebertus
Patron: gegen Fieber, Kopfweh
Festtag: 12. November
Darstellung: im Bischofsgewand, mit Kirchenmodell, Buch, Taube (nach der Legende soll eine Taube Kunibert das Grab der hl. →Ursula gezeigt haben)
Leben und Wirken: Kunibert stammte aus einer Adelsfamilie in der Moselgegend. Schon in jungen Jahren wurde er Archidiakon in Trier und kurz darauf – wahrscheinlich um 623 – Bischof von Köln. Trotz seiner Jugend zeigte sich Kunibert als verantwortungsbewußter und mitfühlender Kirchenmann. Er strukturierte das Bistum neu, förderte die Errichtung und Erneuerung von Kirchen und Klöstern in der Diözese Köln und schuf verschiedene karitative Einrichtungen, um die Nöte der Kranken und Armen zu lindern. Zudem war er auch bei den weltlichen Herrschern der damaligen Zeit, wie König Dagobert I., ein begehrter Ratgeber. Kunibert starb an einem 12. November um das Jahr 663.
Er wurde in der wahrscheinlich von ihm errichteten St.-Klemens-Kirche in Köln beigesetzt, deren Nachfolgebau im 13. Jh. ihm zu Ehren den Namen St. Kunibert erhielt.

Kunigunde

→Heinrich II. und Kunigunde

Kyllena

→Kilian von Würzburg

Kyprianos

→Cyprianus von Karthago

Kyriakos

→Cyriacus von Rom

Kyriakos

→Julitta und Quirikus

Kyrill(os) von Alexandria

→Cyrillus von Alexandria

Kyrill(os) von Jerusalem

→Cyrillus von Jerusalem

Kyrillos und Methodios

Missionare
(K: * um 826/827, † 869;
M: † 885)

auch: Cyrillus und Methodius, Kyrill und Method
Patrone: von Europa, Böhmen, Mähren, Bulgarien; aller slawischen Völker; gegen Gewitter
Festtag: 14. Februar (in der Ostkirche: 11. Mai)
Darstellung: als Bischöfe des lateinischen oder griechischen Ritus, mit Kreuzstab, Buch, Kelch, ein Gemälde mit dem Jüngsten Gericht haltend
Leben und Wirken: Als „Apostel der Slawen", die das Christentum nach Mähren brachten, sind die Brüder Kyrillos und Methodios in die Geschichte eingegangen.
Geboren wurden die beiden Brüder, die ursprünglich Konstantinos und Michael hießen, im griechischen Thessalonike. Konstantinos war nach der Priesterweihe Chartophylax und Lehrer der Philosophie, sein älterer Bruder Michael hoher Beamter und später unter dem Namen Methodios ein Mönch. Um 860 missionierten beide im Auftrag des byzantinischen Kaisers Michael III. bei den Chasaren zwischen Don und Wolga. In Cherson fanden sie die Gebeine von Papst →Klemens I., die sie 868 nach Rom übertrugen. Ungefähr sechs Jahre zuvor hatte Kaiser Michael III. die beiden slawisch sprechenden Brüder auf Bitten Fürst Rastislavs nach Mähren geschickt, wo Kyrillos ein slawisches Alphabet schuf („Glagolitische Schrift") sowie biblische und liturgische Texte übersetzte. In Rom ließen sich die Brüder 867 von Papst Hadrian II. das Slawische als eine liturgische Sprache anerkennen, was die bayerisch-ostfränkischen Bischöfe verärgerte. Schwer erkrankt, starb Konstantinos in einem griechischen Kloster in Rom am 14. Februar 869 (zuvor hatte er noch den Namen „Kyrillos" angenommen). Er wurde in der römischen Kirche S. Clemente bestattet.
Methodios wurde vom Papst daraufhin zum Erzbischof von Mähren und Pannonien ernannt, vom Erzbischof von Salzburg jedoch 870 gefangengesetzt. Papst Johannes VIII. konnte ihn erst 873 befreien und wieder einsetzen – mit eingeschränkten Befugnissen. Methodios starb zwölf Jahre später am 6. April 885, seine Grabstätte ist unbekannt.
Wenige Jahre nach seinem Tod verbot Papst Stephan VI. die slawische Liturgiesprache wieder.

L

Ladislaus I. von Ungarn

König (* um 1040, † 1095)

auch: László
Festtag: 29. Juli
Darstellung: als König in Ritterrüstung, mit Pferd, Fahne, Streitaxt
Leben und Wirken: König Ladislaus I. festigte das Christentum in Ungarn.
Als Sohn König Bélas I. von Ungarn wurde der in Polen geborene Ladislaus 1077 zum König von Ungarn ausgerufen, ließ sich jedoch aufgrund heftiger Thronkämpfe nicht krönen. Er verteidigte Ungarn gegen die heidnischen Kumanen und Petschenegen, gründete 1090 das Bistum Agram (Zagreb) und verlegte 1092 den verwüsteten, von →Stephan I. gegründeten Bischofssitz Bihar nach Großwardein im heutigen Rumänien. Zudem erwirkte Ladislaus 1083 die Heiligsprechung von Stephan I., →Emmerich und →Gerhard von Csanád. Ladislaus I. starb am 29. Juli 1095 bei Neutra und wurde in der von ihm gebauten Kathedrale in Großwardein beigesetzt.
Diese entwickelte sich im Mittelalter zum Zentrum des Ladislaus-Kultes. Ladislaus I. wurde 1192 heiliggesprochen.

Lambert von Maastricht

Bischof, Märtyrer
(* um 625, † um 705/706)

auch: Lampert, Lambrecht, Lantpert
Patron: von Lüttich, Freiburg; der Chirurgen, Zahnärzte, Bauern; gegen Nierenbeschwerden
Festtag: 18. September
Darstellung: als Bischof, mit Kasel, Handkreuz, Stab, Schwert, Pfeil, Kirchenmodell; kniend von einer Lanze durchbohrt

Der heilige Lambert von Maastricht

Leben und Wirken: Der Niederländer Lambert von Maastricht wurde nach der Ermordung seines Lehrers, Bischof →Theodard von Maastricht, um 672 zum Bischof seiner Heimatstadt Maastricht geweiht. 675 vertrieb ihn der fränkische Hausmeier Ebroin für sieben Jahre in das Kloster Stablo. Nach Ebroins Sturz kehrte er unter König Pippin II. in sein altes Amt zurück. Aufgrund eines Streits um kirchenrechtliche Fragen mit Graf Dodo ließ dieser Lambert am 17. September 705 oder 706 in Lüttich umbringen.
Da sich Lambert nicht gegen diese Untat gewehrt hatte, wurde er schon bald als Märtyrer verehrt. Seine Reliquien gingen in der Französischen Revolution verloren; im Freiburger Münster befindet sich allerdings seit dem 12. Jh. eine Kopfreliquie.

László

→Ladislaus I. von Ungarn

Laurentius von Brindisi

Kirchenlehrer, Kapuziner
(* 1559, † 1619)

auch: Giulio Cesare Russo
Patron: des Kapuzinerordens
Festtag: 21. Juli
Darstellung: in Kapuzinertracht, mit Buch, Schreibfeder, Jesuskind, Engeln
Leben und Wirken: Laurentius von Brindisi führte den Kapuzinerorden in Deutschland, Österreich und Böhmen ein. Er zählte zu den bedeutendsten Predigern seiner Zeit und verfaßte zahlreiche Schriften, u.a. eine vollständige Mariologie.
In Brindisi in Italien geboren, wurde Laurentius 1582 Priester im Kapuzinerorden und wirkte danach als Lektor in Venedig. Aufgrund seiner großen rednerischen Begabung stieg er im Orden rasch auf, wurde Provinzial in der Toskana, in Venedig, in der Schweiz und schließlich in Genua. Zwischen 1602 und 1605 war er Generaloberer des Kapuzinerordens. Berühmt wurde er durch seinen Einsatz als Feldgeistlicher für die Soldaten im Kampf gegen die Türken. Durch seinen unermüdlichen Ansporn trug er einen wesentlichen Anteil an dem Sieg in der Schlacht bei Stuhlweißenburg im heutigen Ungarn am 16. Oktober 1601. Laurentius starb auf einer seiner zahlreichen diplomatischen Reisen am 22. Juli 1619 in Lissabon und wurde im spanischen Villafranca del Bierzo beigesetzt. Seine Heiligsprechung erfolgte 1881, die Anerkennung als Kirchenlehrer 1959.

Laurentius von Rom

Diakon, Märtyrer († 258)

auch: Lorenz
Patron: von Nürnberg, Wuppertal, Merseburg, Kulm; der armen Seelen im Fegefeuer, der Armen, Bibliothekare, Ar-

chivare, Schüler, Studenten; aufgrund seines Martyriums für alle Berufe, die mit Feuer zu tun haben: Bierbrauer, Köche, Kuchenbäcker, Büglerinnen, Wäscherinnen, Glaser, Glasbläser, Feuerwehr; gegen Feuergefahr, Verbrennungen, Fieber, Ischias, Hexenschuß, Augenleiden

Festtag: 10. August

Darstellung: als junger Diakon, mit Broten, Rost, Geldbeutel, Almosen spendend

Leben und Wirken: Laurentius von Rom ist nicht nur Nationalheiliger Spaniens, er zählt in der ganzen Welt zu den meistverehrten Heiligen. Im Bauernkalender gilt sein Festtag als Los- und Wettertag, im Volksglauben kennt man „Laurentiustränen" – Sternschnuppen im August, „Laurenzibrote" für die Armen, „Laurenzikohlen" zum Schutz vor Feuer und Heilmittel wie die „Laurenzikräutl".

Über das Leben des Laurentius von Rom berichten nur Legenden. Angeblich in Aragon, Spanien geboren, wirkte er in Rom als Erzdiakon von Papst →Sixtus II. In der Christenverfolgung unter Kaiser Valerian soll er zusammen mit vier Diakonen am 10. August 258 den Märtyrertod erlitten haben, nachdem er zuvor den vom Kaiser geforderten Kirchenschatz heimlich an die Armen verteilt hatte.

Einer Legende aus dem 4. Jh. nach soll Laurentius auf einem großen Rost zu

Der heilige Laurentius von Rom

Tode gebrannt worden sein. Seine Reliquien ruhen zusammen mit denen des hl. →Stephanus in der 330 über seinem Grab errichteten Basilika S. Lorenzo fuori le mura.

Die Verehrung Laurentius' verbreitete sich sehr schnell, in Deutschland v.a., nachdem Kaiser Otto I. bei der Schlacht auf dem Lechfeld bei Augsburg am „Laurentiustag" im Jahr 955 die Ungarn besiegt hatte. Laurentius von Rom wurde auch in den Römischen Meßkanon aufgenommen.

Lazarus von Bethanien

Freund Jesu († im 1. Jh.)

Patron: der Aussätzigen, Leprosenhäuser, Totengräber, Metzger, Bettler
Festtag: 17. Dezember
Darstellung: in der Auferweckungsszene, als Bischof
Leben und Wirken: Der biblischen Überlieferung nach war Lazarus ein Freund Jesu und wurde oft von diesem besucht. Vier Tage nach seinem Tode wurde er von Jesus auferweckt. Über das weitere Leben des Lazarus gibt es keine gesicherten Informationen. Eine Legende aus dem 11. oder 12. Jh. behauptet, er sei nach der Himmelfahrt Jesu mit seinen Schwestern Maria und →Martha von Bethanien in die Provence gefahren und später Bischof von Marseille geworden.
In Bethanien gibt es ein Lazarusgrab, das seit dem 4. Jh. bezeugt ist. Es ist anzunehmen, daß es sich dabei um die Grabstätte handelt, in der Lazarus bestattet wurde, bevor er von Jesus auferweckt wurde.

Leander von Sevilla

Erzbischof (* um 540, † 600)

Patron: von Sevilla; gegen Rheuma
Festtag: 13. März
Darstellung: im Bischofsgewand, mit Schreibfeder, Buch, Herz; auch mit seinem Bruder →Isidor von Sevilla
Leben und Wirken: Leander kam als Sohn römischer Eltern im damals byzantinischen Cartagena im heutigen Spanien zur Welt. Im westgotischen Sevilla wurde er um 562 Benediktinermönch und pflegte engen Kontakt zu dem arianischen Prinzen →Hermenegild. Als sich dieser gegen seinen Vater, König Leovigild, empörte, woran Leander nicht ganz unschuldig gewesen sein soll, verbannte der König Leander aus dem Land. In Konstantinopel, wohin Leander geflohen war, lernte er daraufhin den späteren Papst →Gregor I. den Großen kennen und konnte schließlich 577 nach Sevilla zurückkehren. Dort wurde er um das Jahr 578/579 zum Erzbischof geweiht.
Um diese Zeit (manche Überlieferungen behaupten, schon vor seiner Verbannung) bekehrte Leander Hermenegild zum katholischen Glauben. Auf der Synode zu Toledo, die auf Drängen Leanders im Jahr 589 zusammentraf, gelang ihm dies auch bei dem arianischen König Rekkared, Bruder des Hermenegild, mitsamt dessen Adel und arianischen Klerus. Als Anerkennung für seine Erfolge verlieh Papst Gregor I. Leander im Jahr 599 das Pallium. Der tatkräftige Erzbischof starb am 13. März 600 in Sevilla, wo er in der Kathedrale beigesetzt wurde; die Nachfolge auf dem Bischofsstuhl trat sein berühmter Bruder, der spätere Kirchenlehrer Isidor von Sevilla, an.

Léger

→Leodegar von Autun

Leo I. der Große

Papst, Kirchenlehrer († 461)

Patron: der Musiker, Organisten, Sänger
Festtag: 10. November
Darstellung: als Papst, mit Tiara, Pallium, Evangelienbuch, Drachen (Rettung Roms vor Attila)
Leben und Wirken: Papst Leo I. galt als idealer Nachfolger Petri. Er kämpfte hartnäckig für die Kirchenrechte und gegen die Irrlehrer in Europa und rettete durch seinen mutigen Einsatz die römischen Bürger vor den Hunnen (452) und den Vandalen (455).
Leo I. stammte aus der Toskana, war Archidiakon unter Papst Cölestin I. und wurde 440 selbst zum Papst gewählt. In seinem Amt setzte er sich hartnäkkig für die Rechte des Papsttums ein, v.a. gegenüber dem Patriarchen von Konstantinopel.
Sein Schreiben gegen die häretische Lehre des Eutyches bildete die Basis für die „Zwei-Naturen-Lehre", die auf dem berühmten Konzil von Chalcedon 451 von den Kirchenvertretern angenommen wurde.
Leo I. starb am 10. November 461 in Rom, seine Ernennung zum Kirchenlehrer erfolgte 1754.

Leo IX.

Papst (* 1002, † 1054)

Festtag: 19. April
Darstellung: als Papst, mit Kirchenmodell, Aussätzigem
Leben und Wirken: Trotz seiner kurzen Amtszeit in Rom war Papst Leo IX. einer der bedeutendsten deutschen Päpste. Auf seinen langen Visitationsreisen durch Deutschland, Frankreich und Italien machte er sich stets vor Ort ein Bild der Situation des Kirchenvolkes und des Klerus und nahm dies als Grundlage für seine zahlreichen Reformen.
Papst Leo IX. kam im elsässischen Egisheim als Bruno Graf von Egisheim und Dagsburg zur Welt. Seit 1026 war er Bischof des französischen Toul, wo er etliche Synoden einberief und zahlreiche Reformen im Geiste Clunys durchführte. 1048 schließlich ernannte ihn sein Vetter Kaiser Heinrich III. zum Papst. Von Rom aus setzte sich Leo IX. vehement gegen das Erkaufen kirchlicher Ämter sowie Priesterehe und Laieninvestitur ein. Aufgrund der Ergebnisse seiner zahlreichen Visitationen erneuerte er bestehende Klöster und reformierte die päpstliche Verwaltung. 1053 fiel Leo in die Hände normannischer Truppen, die ihn ein Jahr später wieder freiließen. Zwischenzeitlich schwer erkrankt hatte der Zeit seines Lebens tatkräftige Papst jedoch

nur noch kurz zu leben. Er starb am 19. April 1054 in Rom und wurde im Petersdom beigesetzt.

Leobgith

→Lioba von Tauberbischofsheim

Leodegar von Autun

Bischof (* um 616, † 679)

auch: Lutgar, Léger
Patron: des Kantons Luzern, von Murbach, Autun; der Müller; gegen Augenleiden, Besessenheit
Festtag: 2. Oktober
Darstellung: als Bischof, mit Palme, Schwert, Bohrer, Stachel
Leben und Wirken: Leodegar, Sohn einer fränkischen Adelsfamilie, war Berater Königin Balthilds. Sie war es auch, die ihn 663 zum Bischof von Autun bestimmte. Doch Leodegars Tatkraft und Zielstrebigkeit, mit der er sich für eine Erneuerung der Kirchenzucht einsetzte, brachten ihm nicht nur Freunde. So verbannte ihn König Childerich II. 675 nach Luxeuil, da Leodegar sich in politische Angelegenheiten eingemischt hatte. Leodegar konnte allerdings bald an seinen Bischofssitz zurückkehren, jedoch nur für kurze Zeit. Im Mai 676 wurde er im Auftrag des neustrischen Hausmeiers in Autun verhaftet und anschließend geblendet, weshalb Leodegar häufig mit Bohrer oder Stachel abgebildet wird. Sogar die Zunge sollen die Folterknechte Leodegar im Kerker herausgerissen haben. Danach soll er in die Abtei Fécamp verbannt worden sein.
Am 2. oder 3. Oktober 679 wurde er bei Sarcing schließlich enthauptet. Die Gebeine Leodegars wurden 681 in das von ihm selbst erbaute Kloster St-Maixent in Poitiers, wo er als Abt gewirkt hatte, übertragen.

Leonhard von Noblac

Einsiedler, Abt († um 559)

auch: Leonhard von Limoges, Léonard de Noblac
Patron: der Bauern, Stallknechte, Fuhrleute, Schmiede, Schlosser, Butter- und Obsthändler, Gefangenen, Bergleute, Kohlenträger, Lastenträger, Pferde, des Viehs; für eine gute Geburt; gegen Kopfweh, Geisteskrankheit; regional einer der Nothelfer
Festtag: 6. November
Darstellung: als Abt in schwarzem Gewand, mit Stab, Buch, Kette, Gefangenen, Pferden
Leben und Wirken: Leonhard zählt nicht zuletzt aufgrund der beliebten „Leonhardi-Ritte“ mit ihren Pferdesegnungen an seinem Festtag zu den populärsten Heiligen in Bayern. Weniger bekannt ist, daß Leonhard nicht Bayer, sondern

Der heilige Leonhard von Noblac

Franzose war und Deutschland wahrscheinlich nie betrat.

Über Leonhard berichten hauptsächlich Legenden. Er soll aus einer vornehmen, fränkischen Adelsfamilie gestammt haben, Schüler des Bischofs →Remigius von Reims gewesen sein und im Bistum Limoges als Einsiedler eine Zelle gegründet haben. Aus dieser entstand das Kloster St-Léonard-de-Noblac, in dem er auch starb.

Sein besonderer Einsatz hatte v.a. dem Wohl der Gefangenen gegolten, denen er oftmals beim König einen Weg in die Freiheit hatte vermitteln können. Leonhards Reliquien wie auch seine Verehrung verbreiteten sich von Frankreich aus nach England, Italien, Österreich und Deutschland. Verehrt wird er v.a. als Schutzpatron der Bauern, ihres Viehs und ihrer Ernten.

Leopold III. von Österreich

Markgraf (* um 1073, † 1136)

auch: Liutpold
Patron: von Österreich (seit 1663)
Festtag: 15. November
Darstellung: in fürstlichem Gewand, mit Markgrafenhut, Fahne, Kirchenmodell
Leben und Wirken: Leopold III. wurde in Gars am Kamp als Sohn des Markgrafen Leopold II. geboren. Erzogen in Kloster Melk von Bischof →Altmann von Passau, wurde er 1095 Markgraf von Österreich. Im Investiturstreit bewegte er sich geschickt zwischen Papst und Kaiser Heinrich V. und heiratete 1106 Agnes, eine Tochter Heinrichs, die ihm 18 Kinder schenkte. 1125 lehnte er die ihm angebotene deutsche Kaiserkrone ab. Aufgrund seiner Frömmigkeit kümmerte sich Leopold III. intensiv um die Erneuerung und reiche Ausstattung zahlreicher Klöster und Stifte in Österreich. 1110 unterstellte er das Stift Melk dem Papst, 1113 erwarb er das Stift Klosterneuburg, 1135 gründete er die Zisterzienserabtei Heiligenkreuz, 1136 die Benediktinerabtei

Der heilige Leopold III. von Österreich

Klein-Mariazell im Wienerwald. Leopold III. starb nach einem Jagdunfall am 15. November 1136 und wurde in der Stiftskirche von Klosterneuburg beigesetzt. Seine Heiligsprechung erfolgte 1485.

Liborius von Le Mans

Bischof († um 397)

Patron: der Erzdiözese Paderborn; gegen Steinleiden
Festtag: 23. Juli
Darstellung: im Bischofsornat, mit Buch und daraufliegenden Steinen, mit Pfau
Leben und Wirken: Liborius, Freund des hl. →Martin von Tours, wurde 348 zum Bischof von Le Mans in Frankreich geweiht. Von unerschütterlichem Glauben und tiefer Liebe zu den Menschen geprägt, errichtete er etliche Kirchen und sorgte für die Kranken. Als er am 9. Juni um 397 starb, soll Martin von Tours an seinem Sterbebett gewesen sein und ihn bestattet haben.
Seine Reliquien wurden 836 von Le Mans nach Paderborn übertragen, was zu einer engen, noch heute bestehenden Freundschaft zwischen den beiden Bistümern führte. 1622 wurden die Gebeine in Paderborn geraubt, aber fünf Jahre später zurückgebracht.

Lidmilla

→Ludmilla von Böhmen

Linus

Papst († 67/79)

Festtag: 23. September
Darstellung: als Papst, mit Buch, Stab, Palme
Leben und Wirken: Linus war ein Schüler des Apostels →Paulus und wurde der erste Papst nach →Petrus. Berichte, nach denen er das Martyrium erlitten hat, sind höchstwahrscheinlich falsch.
Angeblich wurde Linus neben Petrus bestattet. Er wurde in den Römischen Meßkanon aufgenommen.

Lioba von Tauberbischofsheim

Äbtissin (* um 710, † um 782)

auch: Leobgith, Truthgeb
Festtag: 28. September
Darstellung: als Äbtissin, mit Buch und Glocke darauf, mit Wimpel, Schleier
Leben und Wirken: Lioba, eine Verwandte des hl. →Bonifatius, war die erste Äbtissin des Klosters Tauberbischofsheim.
Als Tochter einer angesehenen angelsächsischen Familie wurde Lioba in Kloster Thanet erzogen und trat danach in Südengland in das Benediktinerinnenkloster zu Wimborne ein. Später folgte sie Bonifatius' Ruf nach dem Festland und half ihm bei seinem Missionswerk. Seit 735 erste Äbtissin des Klosters Tauberbischofsheim war die hochgebildete Lioba mit Pippin und →Karl dem Großen bekannt sowie mit Karls Frau eng befreundet. Unterwegs auf einer ihrer Visitationsreisen starb die auch als Erzieherin herausragende Äbtissin in Schornsheim bei Mainz.
Lioba wurde neben Bonifatius in Fulda bestattet, 838 übertrug man ihre Gebeine in die Klosterkirche auf dem Petersberg bei Fulda.

Liudger von Münster

Bischof (* um 742, † 809)

auch: Luitger, Luitgar, Ludger, Ludgerus
Patron: der Diözesen Münster und Essen
Festtag: 26. März
Darstellung: als Bischof, mit Kasel, Kirchenmodell, Wildgänsen (der Legende nach befreite Liudger einen klösterlichen Acker von einer Wildgänseplage)
Leben und Wirken: Liudger wird v.a. im Bistum Münster als dessen erster Bischof hochverehrt. Im heutigen Westfalen hatte der „Apostel der Friesen und Sachsen" ein Stift, ein „monasterium", gegründet, von dem sich der spätere Stadtname „Münster" ableitete.
Als Sohn einer vornehmen friesischen Familie erhielt Liudger Unterricht durch den hl. →Gregor von Utrecht und wurde 777 in Köln zum Priester geweiht. Liudger entwickelte sich daraufhin zum eifrigen Missionar und wirkte zuerst in Friesland und später auch in Sachsen. Später 794 schuf er im Bistum Mimigardeford ein Stift für Bischof und Klerus und gründete als Bischof zahlreiche Kirchen und Pfarreien sowie das Frauenkloster Nottuln und die Abteien Helmstedt und Werden. Liudger starb am 26. März 809 und wurde in Kloster Werden beigesetzt.

Liutpold

→Leopold III. von Österreich

Lorenz

→Laurentius von Rom

Louise de Marillac

Ordensgründerin (* 1591, † 1660)

auch: Luise de Marillac
Patronin: der Sozialarbeiter
Festtag: 15. März
Darstellung: als Witwe, in der Ordenstracht der Vinzentinerinnen
Leben und Wirken: Louise de Marillac wurde in Paris geboren. Schon in jungen Jahren wurde sie Witwe und beschloß, ihr Leben von diesem Zeitpunkt an der Frömmigkeit und Nächstenliebe zu widmen. Sie arbeitete eng mit →Vinzenz von Paul zusammen und gründete mit ihm 1633 den Orden der „Filles de la Charité", auch Vinzentinerinnen genannt. Sie wurde erste Generaloberin des neuen Ordens und leitete ihn bis zu ihrem Tode am 15. März 1660.
1934 wurde Louise de Marillac heiliggesprochen.

Lucia

Märtyrerin (* 286, † 304)

auch: Lucia von Syrakus, Luzia
Patronin: von Syrakus; der Blinden, kranken Kinder, reuigen Dirnen, Dienerinnen, Türhüter, Weber, Schneider, Näherinnen, Polsterer, Sattler, Glaser, Messerschmiede, Kutscher, Bauern, Notare, Schreiber; gegen Blutfluß, Halsschmerzen, Augenkrankheiten, Infektionen, Ruhr
Festtag: 13. Dezember
Darstellung: als Jungfrau im langen Kleid, mit Schwert, Halswunde, Palme, Lampe, ihre Augen auf einem Teller
Leben und Wirken: Um Lucia haben sich zahlreiche Bräuche, Volksfeste und Lichterumzüge entwickelt. In Schweden beispielsweise erscheint die Lichterkönigin oder Lucienbraut an ihrem Festtag in ein langes weißes Kleid gehüllt und mit einem Kranz brennender Kerzen auf dem Kopf, um das Ende der dunklen Tage anzukündigen. Aber auch in Deutschland gibt es am Luciatag schöne Bräuche: Bei der „Lichterschwemme" lassen die Kinder im bayerischen Fürstenfeldbruck auf der Amper kleine Häuschen mit brennenden Kerzen schwimmen, um der Errettung vor der Flut im 18. Jh. zu gedenken.
Lucias Leben ist von Legenden umrankt. So entstammte das in Syrakus

Die heilige Lucia

geborene Mädchen einer vornehmen sizilianischen Familie. Nach einer Vision, in der sie die hl. →Agatha erblickt hatte, schwor Lucia ewige Keuschheit und ließ sich taufen – zur Zeit der Herrschaft Kaiser Diokletians ein großes Verbrechen.
So klagte sie ihr enttäuschter Bräutigam öffentlich als Christin an, woraufhin Lucia gefoltert wurde und schließlich durch einen Stich mit dem Schwert in den Hals getötet worden sein soll. Zuvor soll sie alle Martern auf wunderbare Weise ohne Schaden überstanden haben.
Lucias Grab befindet sich in der Lucia-Katakombe in Syrakus, über der heute die Kirche S. Lucia steht. Angebliche Reliquien der Heiligen, die später in den Römischen Meßkanon aufgenommen wurde, besitzen die Kirche SS. Geremia e Lucia in Venedig und das Vinzenzkloster in Metz.
Die Verehrung Lucias entwickelte sich sehr unterschiedlich: In manchen Ländern beschenkte Lucia ähnlich dem Christkind die Kinder, in anderen trug sie eher hexenartige Züge. Zur Patronin der Blinden wurde Lucia aufgrund ihres Namens, der die „Lichtvolle" bedeutet, und dem legendarischen Verlust ihrer – schönen – Augen. Diese soll sie sich der Legende nach ausgerissen haben, um keinem Mann mehr zu gefallen, und sie anschließend ihrem Bräutigam zugeschickt haben.

Lucius von Chur

Märtyrer († um 176 oder im 5./6. Jh.)

auch: Luzius, Luzi
Patron: der Diözese Chur
Festtag: 2. Dezember
Darstellung: im königlichen Gewand, mit Krone, Reichsapfel, Schwert, Buch, Pflug mit Ochsen und/oder Bär
Leben und Wirken: Lucius, der angeblich erste Bischof von Chur, zählt in der Schweiz zu den wichtigsten Heiligen.
Über Lucius' Leben berichten verschiedene, einander widersprechende Legenden. So soll Lucius entweder als Angehöriger der aus Churrätien stammenden Pritanni innerhalb der großteils heidnischen Bevölkerung um Chur missioniert haben oder als britischer König dort das Evangelium verkündigt und deshalb zu Tode gemartert worden sein. Anfang des 8. Jhs. wurden seine Gebeine in die Ringkrypta der Churer Kirche St. Luzi überführt.

Ludger(us)

→Liudger von Münster

Ludmilla von Böhmen

Herzogin (* um 860, † 921)

auch: Lidmilla, Ludmila
Patronin: gegen Rheuma
Festtag: 15. September
Darstellung: in vornehmen Gewändern, mit Tuch/Strick um den Hals

Leben und Wirken: Ludmilla war Gattin Herzogs Borivoj von Böhmen. Nachdem sie und ihr Mann sich von dem Missionar Methodios (→Kyrillos und Methodios) hatten taufen lassen, erzog Herzogin Ludmilla auch ihren Enkel →Wenzeslaus, den späteren Nationalheiligen Böhmens, im christlichen Glauben. Eifersüchtig auf die enge Beziehung zwischen Ludmilla und Wenzeslaus ließ Wenzeslaus' Mutter Drahomira die Herzogin am 15. September 921 schließlich auf der Burg Tetin bei Beraun erdrosseln.
Das Grab Ludmillas befindet sich in der St.-Georg-Kirche auf der Prager Burg.

Ludwig IX. von Frankreich (der Heilige)

König (* 1214, † 1270)

auch: Saint Louis
Patron: von München, Berlin, Saarlouis, Saarbrücken, Paris, Poissy und allen französischen Orten, die im Namen das Wort Louis tragen; des 3. Ordens der Franziskaner; der Wissenschaft, Blinden, Buchdrucker, Buchbinder, Kaufleute, Friseure, Bürstenbinder, Weber, Bäcker, Juweliere, Paramentensticker, Knopfmacher, Fischer, Bauleute, Steinhauer, Stukkateure, Maler, Tapezierer, Pilger, Reisenden; gegen Blindheit, Schwerhörigkeit, Pest
Festtag: 25. August
Darstellung: im königlichen Gewand, mit Krone, Lilienzepter, Dornenkrone und Nägeln (Teilnehmer des Kreuzzugs)
Leben und Wirken: König Ludwig IX. machte Frankreich mit Tatkraft und Umsicht zum mächtigsten Staat des damaligen Europa. Selbst tief religiös bewahrte er trotzdem die Rechte des Königs gegenüber den Ansprüchen der Geistlichkeit und wendete sich gegen kirchliche Mißbräuche.
Als Sohn König Ludwigs VIII. in Poissy geboren, wurde Ludwig IX. bereits mit knapp zwölf Jahren zum König von Frankreich gekrönt. Anfangs unterstand er jedoch noch der Vormundschaft seiner Mutter Blanka (Blanche), die ihn zu einem strengen Gebetsleben erzog. Ludwig IX. stärkte Frankreich und sein Ansehen durch eine Reform des Gerichts- und Münzwesens und der Grundlagen des Gewerbes, die Förderung der Wissenschaft (als Mitbegründer der späteren „Sorbonne", der ersten Universität des Landes) sowie Stiftungen für Bedürftige. Zwischen 1248 und 1254 eroberte er auf dem Kreuzzug das ägyptische Damiette, auf einem anschließenden erneuten Kreuzzug 1270 nach Tunis konnte er noch Karthago einnehmen, fiel jedoch im selben Jahr am 25. August einer Seuche zum Opfer.
Ludwigs IX. Gebeine ruhen in der Kirche St-Denis in Paris, sein Herz im Dom

von Monreale auf Sizilien. Seine Verehrung breitete sich rasch nach Italien, Deutschland, Spanien und in die Schweiz aus. Die Heiligsprechung erfolgte 1297.

Luise de Marillac

→Louise de Marillac

Luitgar, Luitger

→Liudger von Münster

Der Evangelist Lukas

Lukas

Evangelist († um 63)

Patron: von Reutlingen, Bologna, Padua; der Ärzte, Chirurgen, Künstler, Maler, Glasmaler, Bildhauer, Goldschmiede, Sticker, Bortenwirker, Buchbinder, Notare, Metzger, des Viehs
Festtag: 18. Oktober
Darstellung: in der Aposteltracht, mit Evangelienbuch, Schreibfeder, Stier (Symbol des Lukas), ein Marienbild malend
Leben und Wirken: Als Verfasser des dritten Evangeliums und der Apostelgeschichte zählt Lukas zu den bekanntesten Heiligen. Auch heute noch existieren die sog. Lukas-Gilden, Vereinigungen von christlichen Ärzten auf der ganzen Welt, die sich mit ethischen Fragen in der Medizin befassen. Dagegen sind manche Volksbräuche um den hl. Lukas, wie die „Lukaszettel“ (mit Besprechungsformeln und Segensgebeten beschriebene Papierfetzen), die unheilbar Kranken aufgelegt wurden, heute nahezu vergessen.
Der Überlieferung nach stammte Lukas wahrscheinlich aus einer heidnischen Familie im syrischen Antiochia und war von Beruf Arzt. Über seine Bekehrung zum Christentum weiß man nichts genaues, allerdings soll er ab 50/51 den Apostel →Paulus auf dessen zweiter Missionsreise begleitet haben. Lukas blieb für sechs Jahre in Philippi und ging dann mit Paulus nach Jerusalem und später nach Rom. Nach Paulus' Tod im Jahr 67 wirkte Lukas vermutlich im griechischen Achaia, wo er auch sein Evangelium und die Apostelge-

schichte geschrieben haben soll. Allerdings wird in der heutigen Wissenschaft bezweifelt, daß der Evangelist Lukas und der Begleiter des Paulus dieselbe Person waren. Als hochbetagter Mann soll Lukas schließlich im griechischen Böotien im Alter von 84 Jahren gestorben sein.
Unter Kaiser Konstantin II. wurden seine Gebeine im 4. Jh. in der neuerbauten Apostelkirche in Konstantinopel beigesetzt.

Lutgar
→Leodegar von Autun

Luzi
→Lucius von Chur

Luzia
→Lucia von Syrakus

Luzius
→Lucius von Chur

Lydia
(† im 1./2. Jh.)

Patronin: der Färber
Festtag: 3. August
Darstellung: als vornehme Frau, mit Mantel
Leben und Wirken: Die für ihre Gastfreundlichkeit berühmte Lydia stammte aus Thyatira in Kleinasien und war der Legende nach Purpurhändlerin. Mit all ihren Angehörigen soll der Apostel →Paulus sie getauft haben, als er zu Gast in ihrem Haus in Philippi war.

M

Magnus von Füssen

Missionar († um 772)

auch: Maginold
Patron: von Füssen, Kempten; des Viehs; gegen Augenleiden, Schlangenbiß, Ungeziefer, Raupen, Würmer, Mäuse; regional einer der Nothelfer
Festtag: 6. September
Darstellung: in der Ordenstracht der Benediktiner, mit dem Kreuz in der Hand Drachen und Tiere unschädlich machend
Leben und Wirken: Magnus war vermutlich alemannischer oder rätoromanischer Abstammung und hieß ursprünglich Maginold. Den Namen Magnus („der Große") erhielt er später aufgrund zahlreicher Wundertaten. Magnus war zunächst Mönch in St. Gallen, erhielt dann aber von Bischof Wigbert von Augsburg den Auftrag, im östlichen Allgäu und am oberen Lech zu missionieren.
Er errichtete in Füssen eine Zelle, die sich dank zahlreicher Schenkungen von Pippin III. dem Jüngeren bald zu dem Benediktinerkloster St. Mang entwickelte. Magnus starb am 6. September, vermutlich 772.
Er wurde in seinem Füssener Kloster bestattet, seine Gebeine sind jedoch seit dem 11. Jh. verschollen.

Magundat

→Anastasius der Perser

Malachias von Armagh

Erzbischof (* um 1095, † 1148)

auch: Maol
Patron: von Irland
Festtag: 3. November
Darstellung: als Bischof, mit Kreuzstab, Buch
Leben und Wirken: Malachias wurde in Nordirland als Sohn eines Lektors der Klosterschule von Armagh geboren. 1119 empfing er die Priesterweihe, vier Jahre später wurde er zum Bischof von Connor ernannt. Im Jahre 1129 sollte er die Nachfolge des Reformers Cellach als Erzbischof von Armagh antreten, doch stieß diese Entscheidung auf großen Widerstand beim irischen Klerus. Nach siebenjähriger Wirkungszeit, in der er u.a. die römische Liturgie in Irland eingeführt hatte, trat Malachias zurück und wurde statt dessen Bischof von Down. 1139 reiste er nach Rom, um beim Papst die Bestätigung für die irischen Reformen einzuholen und wurde daraufhin zum päpstlichen Legat ernannt. Malachias war ein Freund des →Bernhard von Clairvaux und half den Zisterziensern, in Irland Fuß zu fassen.

Auch gründete er zahlreiche Augustiner-Chorherrenstifte. Auf einer weiteren Reise nach Rom erkrankte Malachias schließlich so schwer, daß er am 1. oder 2. November 1148 im Zisterzienserkloster zu Clairvaux starb.
Dort wurde er auch beigesetzt, doch ist seine Grabstätte heute nicht mehr erhalten. Als man während der Französischen Revolution versuchte, seine Gebeine in Sicherheit zu bringen, wurden sie mit denen von Bernhard von Clairvaux vermischt.
Heute ruhen sie in der Kirche von Villesous-la-Ferté-sur-Aube bei Clairvaux. 1190 wurde Malachias von Armagh heiliggesprochen.

Mamertus

Bischof († um 475)

Patron: der Ammen (in Frankreich); Eisheiliger
Festtag: 11. Mai
Darstellung: als Bischof, mit brennendem Licht
Leben und Wirken: Mamertus stammte aus Frankreich und wurde 462 Bischof von Vienne. Während seiner Wirkungszeit ordnete er eigenmächtig die Bistümer Vienne und Arles neu und erhielt deshalb einen scharfen Tadel vom Papst. Nachdem die Stadt Vienne von mehreren Erdbeben und Bränden heimgesucht worden war, führte er 470 die Bittgänge an den drei Tagen vor Christi Himmelfahrt ein, die sich schnell in ganz Frankreich und Spanien verbreiteten und später auch von Rom übernommen wurden. Mamertus starb in Vienne, über seine Grabstätte und den Verbleib seiner Reliquien ist allerdings nichts bekannt.
In Norddeutschland, den Niederlanden und der Schweiz zählt Mamertus zu den Eisheiligen.

Maol

→Malachias von Armagh

Marbot

Einsiedler, Benediktiner († 1120)

auch: Merbot, Merbod, Marbodus
Festtag: 23. März
Darstellung: mit einem schwarzen Umhang, Kopfwunden, Keule
Leben und Wirken: Marbot gehörte ursprünglich dem Benediktinerkloster Mehrerau bei Bregenz an, zog sich dann aber um 1100 in den Bregenzer Wald zurück, um dort ein Leben als Einsiedler zu führen. Er widmete sich der Seelsorge und hatte stets ein offenes Ohr für Hilfesuchende. Als wieder einmal Leute bei ihm Rat suchen wollten, fanden sie Marbot tot auf, er war vermutlich ermordet worden. Als sein Todestag gilt der 23. März 1120.

Über seinem Grab in Alberschwerde wurde eine Kapelle errichtet, die sich zu einem beliebten Wallfahrtsort entwickelte.

Marcella von Rom

(* um 330, † um 410)

auch: Marzella
Festtag: 31. Januar
Darstellung: als vornehme Römerin, mit Schülerinnen
Leben und Wirken: Marcella, die aus einer vornehmen römischen Familie stammte, beschloß nach dem frühen Tod ihres Ehemannes, nicht mehr zu heiraten. Sie widmete sich fortan einem Kreis frommer Witwen und Mädchen, der sich in ihrem Haus in Rom traf, um die Heilige Schrift zu studieren und den Bedürftigen zu helfen.
Später betreute auch der berühmte →Hieronymus den Kreis. Im Jahr 385 zogen zwei der Schülerinnen, →Paula von Rom und ihre Tochter, mit ihm nach Palästina. In dieser Zeit blieb Hieronymus mit Marcella weiterhin in Kontakt.
410 schließlich wurde die tiefgläubige Marcella bei der Plünderung Roms unter Gotenkönig Alarich von den Soldaten schwer mißhandelt. Sie starb an ihren Verletzungen in der Basilika S. Paolo, in die sie sich noch hatte schleppen können.
Noch heute bekannt ist der ehrende Nachruf, den Hieronymus auf die kluge Witwe schrieb.

Marcellinus und Petrus

Märtyrer († um 299 oder 303/305)

auch: Marzellinus und Petrus
Festtag: 2. Juni
Darstellung: als Märtyrer, mit Palme, Kreuz, Buch, Schwert
Leben und Wirken: Die Römer Marcellinus und Petrus erlitten zur Regierungszeit des Kaisers Diokletian das Martyrium in ihrer Heimatstadt. Der Legende nach war Marcellinus ein Priester, Petrus Exorzist. Beide wurden nach ihrer Enthauptung an der Via Labicana beigesetzt, von wo sie Einhard 827 nach Seligenstadt überführte.

Marek Krizin

→Kaschauer Märtyrer

Margareta von Antiochia

Märtyrerin († 305)

auch: Marina
Patronin: der Jungfrauen, Ehefrauen, Gebärenden, Ammen, Bauern; gegen Unfruchtbarkeit; bei schweren Geburten, Gesichtskrankheiten, Wunden
Festtag: 20. Juli

Die heilige Margareta von Antiochia

Darstellung: als junge Frau, mit Drache, Palme, Kreuz, Krone, Buch, Fackel, Kamm; eine der Vierzehn Nothelfer

Leben und Wirken: Margareta zählt nicht nur zu den Vierzehn Nothelfern, sondern neben →Barbara und →Katharina von Alexandria auch zu den „Drei heiligen Madl'n" bzw. den „Heiligen drei Jungfrauen".

Das Leben der hl. Margareta von Antiochia ist legendenhaft. Als Tochter heidnischer Eltern soll sie in Antiochia von ihrer Amme christlich erzogen worden sein, worauf sie ihr Vater, der Priester Theodosius beim Stadtpräfekten Olibrius anzeigte (eine andre Version spricht davon, daß er sie verstoßen habe). Dieser verliebte sich in die schöne Frau und wollte sie heiraten, doch Margareta weigerte sich, ihren Glauben zu verraten. Daraufhin wurde sie während der Verfolgung unter Kaiser Diokletian um 305 nach schrecklichen Martern und Verhören auf Befehl des verschmähten Statthalters enthauptet. Zuvor soll Margareta im Gefängnis noch bei Nacht ein Drache erschienen sein (als Symbol der Versuchung), der sie töten wollte, aber aufgrund des Kreuzzeichens, das Margareta zu ihrem Schutz schlug, verschwand.

Besonders stark verehrt wurde Margareta von Antiochia im Mittelalter. Reliquien befinden sich im italienischen Montefiascone.

Margaretas Festtag war im Bauernkalender einer der wichtigsten Lostage; zeigte sich das Wetter zuvor von seiner guten Seite, begannen die Bauern an diesem Tag zu ernten.

Margareta von Cortona

Gründerin, Mystikerin, Franziskaner-Terziarin (* 1247, † 1297)

Patronin: von Cortona; der Büßer und Büßerinnen

Festtag: 22. Februar

Darstellung: in der dunklen Ordenstracht der Terziarinnen mit hellem Schleier, Rosenkranz, kleinem Hund, Geißel, Totenschädel, Bußgürtel

Leben und Wirken: Geboren im italienischen Laviano bekehrte sich Margareta im Jahr 1274, als sie den entstellten

Leichnam ihres Liebhabers – eines Edelmanns, mit dem sie neun Jahre im Konkubinat gelebt hatte – entdeckte (der Legende nach soll sie ihr Hund zu der Leiche geführt haben). Daraufhin trat sie in Cortona in das Kloster der Franziskaner-Terziarinnen ein und führte dort ein strenges Büßerleben. In dieser Zeit war sie durch zahlreiche Visionen begnadet, gründete ein Spital und eine Vereinigung von Schwestern des Dritten Ordens (Franziskaner-Terziarinnen). Margareta starb am 22. Februar 1297 in Cortona, wo sie auch bestatte wurde. Ihre Heiligsprechung erfolgte 1728.

Margareta von Schottland

Königin (* um 1046, † 1093)

auch: Margarete
Patronin: von Schottland
Festtag: 16. November
Darstellung: in königlichem Gewand, mit Krone zu Füßen; als Nonne, mit Kranken
Leben und Wirken: Die schottische Königin Margareta wurde über lange Zeit als Inbild der vollkommenen Familien- und Landesmutter verehrt.

Margareta kam als Tochter des englischen Königs Eduard Atheling und der ungarischen Prinzessin Agathe in Reska in Ungarn zur Welt, wohin ihr Vater verbannt worden war. Ab 1057 lebte Margareta am Hof ihres Großonkels König Eduards des Bekenners in England. Aufgrund der Schlacht von Hastings mußte sie 1066 nach Schottland fliehen, wo sie ungefähr vier Jahre später den schottischen König Malcolm III. heiratete. Margareta sorgte mit Hilfe ihres Mannes und des Erzbischofs Lanfranc von Canterbury für die Reform der schottischen Kirche, kümmerte sich aufopfernd um Kranke und Arme und gründete die Abtei Dunfermline. Sie starb am 16. November 1093 in Edinburgh und wurde in der Kirche von Dunfermline beigesetzt.

Margareta von Ungarn

Königstochter († 1270)

auch: Margit
Festtag: 18. Januar
Darstellung: in der Tracht der Dominikanerinnen, mit Lilie, sternenbedecktem Mantel, die (abgelehnte) Krone zu Füßen
Leben und Wirken: Die Margareten-Insel in Budapest trägt ihren Namen zu Ehren der vom Volk hochverehrten ungarischen Königstochter.

Margareta war die Tochter König Bélas IV. von Ungarn und die Nichte der hl. →Elisabeth von Thüringen. Als junges Mädchen lehnte sie alle Heiratsanträge – auch des Königs von Polen – ab, wurde Dominikanerin und lebte ab

1252 in dem von ihrem Vater gestifteten Kloster auf der heutigen Margareten-Insel. Dort führte Margareta ein strenges Büßerleben und pflegte bis zu ihrem Tod am 18. Januar 1270 hingebungsvoll Schwerkranke. Ihre Heiligsprechung erfolgte 1943.

Margareta Maria Alacoque

Mystikerin, Salesianerin
(* 1647, † 1690)

auch: Marguerite-Marie Alacoque
Festtag: 16. Oktober
Darstellung: als Salesianerin in dunkler Ordenstracht, oft die Hände über der Brust verkreuzt, das Herz Jesu betrachtend
Leben und Wirken: Margareta Maria Alacoque war begnadet durch zahlreiche Visionen Jesu, dem Miterleben seiner Passion und dem Ruhen an seinem Herzen, dem Erleben seiner tiefen Liebe zu den Menschen.
Geboren im burgundischen Lauthecour am 22. Juli litt Margareta Maria mit 10 Jahren an Kinderlähmung, von der sie vier Jahre später auf wundersame Weise geheilt wurde. Schon früh durch mystisches Schauen begnadet, trat sie 1671 in den Orden der Heimsuchung (Salesianerinnen) zu Paray-le-Monial ein. Dort wurde sie aufgrund der immer häufigeren ekstatischen Visionen von den Mitschwestern gemieden und gedemütigt. Am 16. Juni 1675 hatte Margareta Maria schließlich ihre berühmte große Herz-Jesu-Vision, die sie beauftragte, sich für die Förderung der Herz-Jesu-Verehrung und die Einführung des Herz-Jesu-Freitags einzusetzen. Zur Seite stand ihr bei diesem Werk ihr geistlicher Führer, der Jesuit Claude de Colombière, der Margareta Marias Offenbarungen aufschrieb, später dann der Jesuit Jean Croiset. Sechs Jahre vor ihrem Tod wurde Margareta Maria schließlich doch noch in ihrer Begabung ein wenig anerkannt und zur Assistentin der neuen Oberin und Novizenmeisterin berufen.
Sie starb am 16. Oktober 1690 im Kloster Paray-le-Monial, wo sie auch bestattet wurde. Ihre Heiligsprechung erfolgte 1920.
Margareta Marias größtes Anliegen wurde allerdings erst über 150 Jahre später verwirklicht, als das Herz-Jesu-Fest 1856 offiziell in der Kirche eingeführt wurde. Margareta Maria wurde 1920 heiliggesprochen.

Margarete

→Margareta von Schottland

Margit

→Margareta von Ungarn

Marguerite-Marie Alacoque

→Margareta Maria Alacoque

Maria

Gottesmutter

Festtag: Die wichtigsten Marienfeste: 1. Januar (Hochfest Mariä), 2. Februar (Darstellung des Herrn/Mariä Lichtmeß), 25. März (Mariä Verkündigung), 2. Juli (Mariä Heimsuchung), 15. August (Mariä Himmelfahrt), 22. August (Maria Königin), 8. September (Mariä Geburt), 12. September (Mariä Namen), 15. September (Gedächtnis der Schmerzen Marias), 7. Oktober (Maria vom Rosenkranz), 21. November (Gedenktag Unserer Lieben Frau zu Jerusalem), 8. Dezember (Unbefleckte Empfängnis)
Patronin: der Christenheit; von Bayern, der (Erz-)Diözesen Aachen, Essen, Freiburg, Hildesheim, Köln, Speyer und Fribourg; von Lausanne; der Gastwirte, Köche, Lebkuchenbäcker, Essigbrauer, Kürschner, Tuchmacher, Seidenweber, Töpfer, Schiffer; bei allen Nöten; gegen Gewitter, Blitz
Darstellung: u.a. als Unbefleckte Jungfrau, Gottesmutter mit dem Kind, Maria auf dem Thron, Schmerzensmutter, Himmelskönigin, Schwarze Madonna; in verschiedenen Szenen, u.a.: unter dem Kreuz Jesu, in der Heiligen Familie, in Mariä Verkündigung, Mariä Heimsuchung, Mariä Himmelfahrt; mit zahlreichen Attributen, u.a.: mit Zepter, Krone, Weltkugel, Vögeln, Handkreuz, Lamm, Buch, Dornen, Lilie, Wasserschale, Rosenkranz, sieben Schwertern
Leben und Wirken: Im jungen Christentum war die Verehrung Marias noch eng mit der Christi verbunden. Doch bereits im 4. Jh. tauchten sowohl in der Ost- als auch in der Westkirche die ersten eigenen Marienfeste auf. Maria gilt als höchste der Heiligen, der Fürsprecher vor Gott, und bildet nach der Darstellung Christi das beliebteste Thema der christlichen Kunst. Die Motive sind dabei genauso vielfältig wie die Ehrentitel Marias: Heilige Jungfrau, Gottesmutter, Unsere Liebe Frau, Himmelskönigin – um nur ein paar zu nennen. Die Bedeutung Marias ist in ihrer jungfräulichen Empfängnis und Mutterschaft zu finden als demjenigen Ort, an welchem sich der Übergang des ewigen Gottessohnes in die menschliche Natur und menschliche Geschichte vollzog.

Der heilige Jungfrau Maria

In den vier Evangelien ist über Marias Kindheit und Jugend nichts zu lesen. Im apokryphen Evangelium des Jakobus dagegen wird von Marias Eltern →Anna und →Joachim berichtet, denen im hohen Alter von Gott noch eine Tochter geschenkt wurde. Zahllose Legenden erzählen von Marias Kindheit – alle mit dem Ziel, die Reinheit und Gottesgefälligkeit des Mädchens hervorzuheben. Die Evangelisten →Matthäus bzw. →Lukas schildern schließlich die Verlobung Marias mit →Josef von Nazareth, die jungfräuliche Empfängnis durch den Heiligen Geist und die Verkündigung der Geburt Christi, des langersehnten Messias', durch den Erzengel →Gabriel. Maria, die sich ganz in den Willen Gottes fügt, muß danach mit Josef aufgrund einer Volkszählung von Nazareth nach Bethlehem ziehen, wo das Jesuskind in einem Stall geboren wurde. Nach der Rückkehr aus Ägypten, wohin die junge Familie vor König Herodes fliehen mußte, tauchen die Eltern in der Bibel das letzte Mal gemeinsam auf, bei der Suche nach ihrem Sohn im Tempel. Ab diesem Zeitpunkt wird nur noch Maria erwähnt. Sie soll in den folgenden 18 Jahren mit Jesus und ihren anderen Kindern in Nazareth gelebt haben. Vor dem Kreuzestod Jesu erscheint Maria nur noch bei der Hochzeit zu Kana. Am Kreuz schließlich empfiehlt Jesus sie seinem Lieblingsjünger →Johannes an. Nach der Himmelfahrt Jesu befindet Maria sich laut Überlieferung bei der Ausgießung des Heiligen Geistes unter den Jüngern. Über ihr weiteres Leben, ihren Tod und ihre Himmelfahrt berichten nur Legenden. Als Ort ihres Sterbens werden Jerusalem und auch Ephesus angegeben.
Bereits im 4. Jh. errichteten die Gläubigen u.a. in Rom und Ephesus mehrere Marienkirchen. Im Laufe der Jahrhunderte wurde Maria Patronin zahlloser Kirchen auf der ganzen Welt. Zahlreiche Orden förderten und fördern noch heute die Verehrung der Gottesmutter. Unzählige Marienwallfahrten, u.a. nach Lourdes, Fatima, Altötting, Kevelaer, Mariazell oder Maria-Einsiedeln, zeugen auch im 20. Jh. noch von Marias ungebrochener Wirkung und Ausstrahlung.

Maria von Ägypten

Einsiedlerin († im 4. Jh.)

Patronin: der Büßerinnen; gegen Fieber
Festtag: 2. April
Darstellung: als Einsiedlerin oder Büßerin, ihr langes Haar verhüllt dabei ihre Blöße
Leben und Wirken: Von Maria Ägyptiaca, wie sie manchmal genannt wird, berichten fast nur Legenden. Die meisten lehnen sich in ihren Schilderungen an die Vita der Büßerin →Maria Magdalena an.

Geboren zu Alexandria in Ägypten, soll Maria, Tochter christlicher Eltern, als Dirne ein zügelloses Leben geführt und sich erst auf einer Wallfahrt nach Jerusalem vor einem Marienbild bekehrt haben. Daraufhin lebte sie 47 Jahre als Einsiedlerin in der Wüste und büßte für ihre früheren Sünden. Nachdem ihre Kleider zerfallen waren, sollen ihre langen Haare ihr Kleid gewesen sein. Als sie gestorben war, soll ein Löwe ihr Grab in der Wüste ausgehoben haben. Im 6. Jh. wurde Marias Grab in Palästina zur Wallfahrtsstätte, im 7. Jh. erreichte ihre Verehrung über Italien auch das Abendland. Angebliche Reliquien befinden sich auch in Rom, Neapel, Tournai und Antwerpen.

Maria von den Aposteln

→Maria Theresia von Wüllenweber

Maria Domenica Mazzarello

Ordensgründerin (* 1837, † 1881)

auch: Maria Dominicia Mazzarello
Festtag: 14. Mai
Leben und Wirken: Maria Domenica Mazzarello wurde im norditalienischen Piemont als Tochter eines Bauern geboren. Schon früh fand sie ihre Bestimmung in der Erziehung von Waisenkindern. 1864 lernte sie →Johannes Bosco kennen und unterstütze ihn fortan bei seiner Arbeit. 1872 gründete sie zusammen mit ihm den Orden „Töchter Mariä, Hilfe der Christen" oder Maria-Hilf-Schwestern, dessen erste Generaloberin sie auch wurde. Maria Domenica Mazzarello starb am 14. Mai 1881 im Mutterhaus ihres Ordens im italienischen Nizza Montferrato. 1951 wurde sie heiliggesprochen.

Maria Francesca Cabrini

→Franziska Xaveria

Maria Goretti

Märtyrerin (* 1890, † 1902)

auch: Marietta
Festtag: 6. Juli
Leben und Wirken: Maria wurde als ältestes Kind armer Bauern im italienischen Corinaldo geboren. Als die Familie 1899 auf das Pachtgut der Familie Serenelli nahe Nettuno zogen und der Vater ein Jahr später starb, mußte sich Maria allein um ihre vier Geschwister kümmern, während die Mutter arbeitete. In dieser Zeit begann der 16jährige Pächterssohn Alessandro, Maria nachzustellen. Als er sie am 5. Juli 1902 vergewaltigen wollte, wehrte sich Maria, woraufhin Alessandro 14 Mal mit dem Messer auf sie einstach. Noch auf dem Krankenbett verzieh Maria ihrem Mörder. Der Legende nach soll sie ihm

während seiner Haft in einer Vision mit einem Blumenkranz begegnet sein, worauf sich Alessandro zum christlichen Glauben bekehrt haben soll. Maria Goretti wurde 1950 heiliggesprochen.

Maria Magdalena

Frau aus dem Gefolge Jesu

(† im 1. Jh.)

Patronin: der Magdalenerinnen, Frauen, Büßerinnen, Verführten, Gefangenen, Friseure, Kammacher, Parfüm- und Puderhersteller, Salbenmischer, Böttcher, Winzer, Weinhändler, Weißgerber, Wollweber, Bleigießer, Schüler, Studenten, der Kinder, die schwer laufen lernen; gegen Augenkrankheiten, Gewitter, Ungeziefer

Festtag: 22. Juli

Darstellung: als vornehme Frau im langen Kleid oder als Büßerin/Einsiedlerin (ihr langes Haar verhüllt dabei ihre Blöße), mit Salbgefäß, Geißel, Totenschädel (dämonische Besessenheit), Kreuz, Weihrauchgefäß, Palmzweig, Buch, Krone, unter dem Kreuz Jesu oder vor seinem leeren Grab stehend

Leben und Wirken: Um Maria Magdalena ranken sich zahllose Legenden, in der bildenden Kunst zählt sie seit jeher zu einem der beliebtesten Frauenmotive und auch die heutige Literatur beschäftigt sich ausgiebig mit der charismatischen und vielschichtigen Frauengestalt.

Maria Magdalena stammte aus dem Ort Magdala am See Genezareth. Das Neue Testament erwähnt sie als erste unter den Frauen, die Jesus durch Galiläa begleiteten. Der biblischen Überlieferung nach hatte sie Jesus von ihrer dämonischen Besessenheit geheilt. Als er gekreuzigt wurde, war seine treue Dienerin genauso zugegen wie bei der Kreuzabnahme und dem Begräbnis. Am Oster-

Die heilige Maria Magdalena

morgen erschien ihr im Beisein weiterer Frauen an Christi Grab zuerst ein Engel, der die Auferstehung verkündigte, und später der Auferstandene selbst, der sie beauftragte, die freudige Nachricht auch seinen Jüngern mitzuteilen. Mit diesem Ereignis enden die biblischen Ausführungen über Maria Magdalena. Spätere Überlieferungen vermischten die Person der Begleiterin Jesu mit den biblischen Gestalten der reumütigen Sünderin (die Jesu Füße salbt) und der der Maria von Bethanien, die den Worten Jesu bei seinem Besuch im Haus ihrer Schwester →Martha von Bethanien und ihres Bruders →Lazarus eifrig lauscht. Einer Legende zufolge soll Maria Magdalena bzw. Maria von Bethanien mit einem Schiff aufs Meer getrieben und nach langer Reise mit ihren Geschwistern in Frankreich gelandet sein, wo sie in der Provence gewirkt haben und auch gestorben sein soll.

Zahllose Legenden berichten über die Wundertaten Maria Magdalenas, die sie zu ihren Lebzeiten und auch nach ihrem Tod vollbracht haben soll.

Einer griechischen Überlieferung nach wurden die Gebeine Maria Magdalenas seit dem 6. Jh. in Ephesus verehrt und 899 von Kaiser Leon VI. nach Konstantinopel übertragen. Im burgundischen Benediktinerkloster Vézelay in der Nähe von Dijon sollen seit dem 11. Jh. Reliquien Maria Magdalenas ruhen. Zweiter wichtiger Wallfahrtsort ist die provenzalische Stadt St-Maximin bei Aix. Weitere Reliquien besitzen Paris und Exeter.

Maria Magdalena von Pazzi

Mystikerin, Karmeliterin

(* 1566, † 1607)

auch: Caterina dei Pazzi

Patronin: von Florenz, Neapel; der Barfüßer

Festtag: 25. Mai

Darstellung: als Edelfräulein; im Habit der Karmeliterinnen, mit Stigmata, Lilie, Dornenkrone, Kreuz, brennendem Herz, Geißel

Leben und Wirken: Geboren in Florenz als Tochter der Adeligen dei Pazzi, trat Caterina 1582 in das dortige Karmeliterinnenkloster S. Maria degli Angeli ein und nahm den Namen Maria Magdalena an. Fünf Jahre litt die junge Frau an körperlichen Gebrechen und schweren Depressionen. In ihrer Hingabe an das Leiden Christi fand Maria Magdalena in dieser Zeit schließlich zu einer mystischen Vereinigung mit Gott und wurde mit zahlreichen Visionen und Prophetien begnadet, die ihre Mitschwestern aufschrieben. Die spätere Subpriorin und Novizenmeisterin starb am 25. Mai 1607 in Florenz, wurde im Kloster in Florenz-Carecci bestattet und bereits 1669 heiliggesprochen.

Maria Margareta

Ordensgründerin, Mystikerin
(* 1701, † 1771)

auch: Marie-Marguerite d'Youville, Marie-Marguerite Dufrost de Lajemmerais
Festtag: 23. Dezember
Leben und Wirken: Maria Margareta, die aus Montreal in Kanada stammte, wurde 1990 als erste Kanadierin heiliggesprochen.
Nachdem ihr Mann verstorben war und ihre beiden Söhne die Priesterweihe empfangen hatten, gründete Maria Margareta in ihrem Haus in Montreal ein kleines Hospiz, in dem sie sich um Waisen, Kranke, Flüchtlinge und andere Hilfsbedürftige kümmerte. Aus diesem Hospiz entwickelte sich schließlich der Orden der „Grauen Schwestern der Liebe", der bald überall in Kanada und den USA Fuß faßte.
Maria Margareta starb am 23. Dezember 1771 in ihrem Mutterhaus in Montreal.

Maria Theresia von Wüllenweber

Ordensgründerin (* 1833, † 1907)

auch: Maria von den Aposteln
Festtag: 5. September
Darstellung: in der Ordenstracht der Salvatorianerinnen, betend vor einem Kruzifix
Leben und Wirken: Maria Theresia von Wüllenweber wurde auf Schloß Myllendonk bei Mönchengladbach geboren. Schon früh fühlte sie sich zu einem Ordensleben berufen, doch verwehrten ihr mehrere Ordensgemeinschaften die Aufnahme. 1888 gründete sie schließlich zusammen mit Pater Franz vom Kreuze Jordan in Tivoli bei Rom die Gemeinschaft der „Schwestern vom Göttlichen Heiland" oder Salvatorianerinnen. Der Orden, dessen Generaloberin Maria Theresia von Wüllenweber war, breitete sich rasch bis nach Amerika und Asien aus. Maria Theresia von Wüllenweber starb am 25. Dezember 1907 in Rom. Sie wurde 1968 seliggesprochen.

Marie Bernard

→Bernadette Soubirous

Marie-Marguerite Dufrost de Lajemmerais, Marie-Marguerite d'Youville

→Maria Margareta

Marietta

→Maria Goretti

Marina

→Margareta von Antiochia

Markus

Evangelist, Märtyrer († um 67)

Patron: von Venedig, Reichenau; der Bauleute, Maurer, Glaser, Glasmacher, Korbmacher, Notare, Schreiber; gegen Unwetter, Blitz, Hagel, plötzlichen Tod; für eine gute Geburt
Festtag: 25. April (in Venedig: 25. Juni)
Darstellung: als Evangelist in ein Buch schreibend, mit – geflügeltem – Löwen (Symbol des Markus); Löwe mit Evangelienbuch
Leben und Wirken: Abbildungen des Evangelisten, der eigentlich Johannes hieß und nur den Beinamen Markus trug, findet man heute v.a. in Italien. Von den Einwohnern Venedigs, in deren berühmter Markuskirche seine Gebeine ruhen, wird er als Schutzpatron verehrt.

Der Überlieferung nach war der Verfasser des zweiten Evangeliums Sohn jener Maria, in deren Haus Jesus das letzte Abendmahl mit seinen Jüngern feierte. Die Apostelgeschichte berichtet, daß Markus →Paulus und →Barnabas auf der ersten Missionsreise nach Antiochia in die heutige Türkei begleitete und später auch nach Zypern und Kleinasien. Angeblich aufgrund eines Streites trennten sich Markus und Barnabas vor der zweiten Missionsreise von Paulus und zogen nach Zypern. Um 61/63 kehrte Markus zurück nach Rom, wo er in enger Verbindung zu

Der Evangelist Markus

→Petrus stand. Dort soll Markus auch sein Evangelium verfaßt haben. (Allerdings geht die heutige Wissenschaft davon aus, daß der Evangelist und der Paulus-Begleiter nicht dieselbe Person waren.) In Rom soll sich Markus zudem wieder mit Paulus versöhnt haben. Nach dem Märtyrertod des Petrus soll Markus um 64/65 nach Alexandria gegangen, die dortige Kirche gegründet und kurze Zeit später als ihr erster Bischof von Heiden mit einer Schlinge um den Hals zu Tode geschleift worden sein.

Eine Reliquie des hl. Markus befindet sich auch auf der Insel Reichenau im Bodensee, wo sie noch heute im Marien-Markus-Münster verehrt wird.

Markus Roy

→Fidelis von Sigmaringen

Markus Stephan Crisinus, Markus Stephan Körösy

→Kaschauer Märtyrer

Maron von Syrien

Eremit († um 410)

Festtag: 14. Februar
Darstellung: als Eremit, betend oder predigend vor seiner Klause
Leben und Wirken: Maron lebte als Eremit im heutigen Syrien und sammelte zahlreiche Anhänger um sich. Diese gründeten nach seinem Tod über seinem Grab das Kloster St. Maron. 1495 schlossen sich die Maroniten der katholischen Kirche an. Die Gemeinschaft zählt heute etwa 600000 Mitglieder, die meisten davon im Libanon, in Israel und Syrien.

Die heilige Martha von Bethanien

Martha von Bethanien

Schwester des →Lazarus († im 1. Jh.)

auch: Marta
Patronin: der Häuslichkeit, Hausfrauen, Köchinnen, Hausangestellten, Wäscherinnen, Arbeiterinnen, Hospitalverwalter, Gastwirte, Hotelbesitzer, Maler, Bildhauer, Sterbenden; gegen Blutfluß
Festtag: 29. Juli
Darstellung: als Hausfrau, mit Kopftuch, Kochgeräten, Schlüsselbund, Weihwasserkessel (der Legende nach soll Martha einen Drachen mit Weihwasser vertrieben haben)
Leben und Wirken: Die hl. Martha taucht als vorbildliche Hausfrau im Neuen Testament auf. Als Jesus zu Gast in ihrem und dem Haus ihrer Geschwister Lazarus und Maria war, lauschte letztere den Worten Christi, während Martha

sich fortlaufend um das leibliche Wohl des Gastes kümmerte. Später bewies Martha ihren tiefen Glauben, als sie nach dem Tod ihres Bruders an dessen Grab ihre gesamte Hoffnung auf Jesus als den Sohn Gottes setzte. An dieser Stelle enden die biblischen Berichte. Der Legende nach soll Martha nach Jesu Tod mit ihren Geschwistern in die französische Provence gereist sein, wo sie ein Kloster errichtet haben und gestorben sein soll.
Ihre berühmteste Gedenkstätte befindet sich zwischen Arles und Avignon in der provenzalischen Stadt Tarascon in der Kirche St-Marthe.

Martialis von Limoges

Bischof († im 3. Jh.)

Festtag: 30. Juni
Darstellung: im bischöflichen Gewand, mit Stab, Mitra
Leben und Wirken: Martialis soll einer der sieben Bischöfe gewesen sein, die zur Regierungszeit des Kaisers Decius zur Mission nach Gallien geschickt wurden. Er starb im neugegründeten Bistum Limoges in Frankreich, zu dessen Bischof man ihn geweiht hatte. Als später an seiner Ruhestätte etliche Wunder geschahen, wurde sie ein zeitweise beliebtes Pilgerziel. Über dem Grab entstand 848 die Benediktinerabtei St-Martial.

Martin I.

→Martinus I.

Martin von Porres

Dominikaner-Laienbruder
(* 1569, † 1639)

Patron: der sozialen Gerechtigkeit, der Haustiere (in Lima), des Heil- und Pflegepersonals; gegen Ratten- und Mäuseplagen
Festtag: 3. November
Darstellung: als dunkelhäutiger Dominikaner, mit Rosenkranz, Kreuz, Brotkorb voller Mäusen, Geißel
Leben und Wirken: Martin von Porres, dem aufgrund seiner dunklen Hautfarbe der Weg in den Priesterstand damals verschlossen blieb, ist einer der wenigen südamerikanischen Heiligen. Martin kam als Sohn des Spaniers Juan de Porres und einer Farbigen im peruanischen Lima zur Welt. Seine dunkle Hautfarbe machte ihn schon früh zum Gespött, doch Martin ertrug dies in der Kraft seines Glaubens. Nach der Ausbildung zum Heilkundler trat er 1603 als Laienbruder in den Dominikanerorden in Lima ein und widmete sich aufopferungsvoll der Krankenpflege. Dabei machte er keinen Unterschied zwischen der sozialen Herkunft oder Hautfarbe der Patienten, wie es sonst in den Krankenhäusern der Stadt üblich war. Er selbst lebte in großer Buß-

strenge bis zu seinem Tod am 3. November 1639 in Lima. Martin von Porres wurde 1962 heiliggesprochen.

Martin von Tours

Bischof (* um 316/317, † 397)

Patron: der Diözesen Mainz und Rottenburg, des Burgenlandes, des Eichsfeldes, der Diözese Eisenstadt, der Kantone Schwyz und Einsiedeln; der Reiter, Kavalleristen, Soldaten, Waffen- und Hufschmiede, Gerber, Weber, Tuchhändler, Schneider, Gürtel- und Hutmacher, Bürstenbinder, Abstinenzler, Böttcher, Gastwirte, Reisenden, Flüchtlinge, Armen, Bettler, Gefangenen, Pferde, Haustiere, Gänse; gegen Ausschlag, Rotlauf, Schlangenbiß; für gute Ernte
Festtag: 11. November
Darstellung: als berittener Soldat, der mit dem Schwert seinen Mantel für einen Bettler teilt; im Bischofsgewand, mit Gans, inmitten von Armen
Leben und Wirken: Berühmt und beliebt sind die Umzüge an Sankt Martin, bei denen Kinder mit hell erleuchteten Laternen singend durch die Straßen ziehen. Doch auch viele weitere Volksbräuche verbinden sich mit dem Festtag des barmherzigen Reiters, der seinen Mantel mit einem Bettler geteilt haben soll. So läßt man sich am Vorabend von „Martini“ im Freundeskreis die Martinsgans schmecken (der Legende nach soll eine Gänseherde Martin in seinem Versteck verraten haben, als er zum Bischof von Tours gewählt wurde) oder entzündet mancherorts das Martinsfeuer. Etwas weniger bekannt ist Bischof Martin in seiner Funktion als Schutzherr der Franken, deren Könige den berühmten Mantel Martins als Reichsreliquie auf ihren Heerzügen mit sich führten. Der hl. Martin ist zudem der erste Nicht-Märtyrer unter den Heiligen.
Geboren als Sohn eines ehemaligen römischen Offiziers in Sabria in Panno-

Der heilige Martin von Tours

nien, im heutigen Ungarn, trat Martin im Alter von fünfzehn Jahren bei den Reitern der kaiserlichen Garde ein. In diesen jungen Jahren soll er vor den Toren Amiens mit einem frierenden Bettler seinen Offiziersmantel geteilt haben, worauf ihm in der Nacht Christus begegnet sein soll, der die Mantelhälfte des Bettlers getragen hat. Tief bewegt von diesem Glaubenserlebnis, ließ sich Martin taufen, verließ ein Jahr darauf die Armee und wurde Schüler des →Hilarius von Poitiers. 356 wollte er als Missionar nach Pannonien zurückkehren, mußte aber vor den dort ansässigen Arianern auf die Insel Gallinaria fliehen. Vier Jahre später führte ihn sein Weg wieder zu Hilarius nach Poitiers, wo er 361 in Ligugé das erste Kloster Galliens gründete. Martin widmete sich in der Folgezeit stark der Mission, u.a. im Gebiet von Chartres und Paris. 371 wählte man ihn zum Bischof von Tours, in dessen Nähe er vier Jahre darauf das Kloster Marmoutier stiftete. Dieses wurde schon bald zu einem Mittelpunkt asketischen Lebens im Abendland. Martins strenggläubiges Leben sowie sein konsequentes Eintreten für die Benachteiligten unter den Menschen verschafften ihm jedoch nicht nur Freunde, v.a. nicht im großteils verweltlichten Klerus Galliens. Doch Martin ließ sich nicht entmutigen, wofür ihn das Volk und der einfache Klerus noch mehr liebte. Nachdem er auf einer Seelsorgereise in Candes bei Tours am 8. November 397 gestorben war, erwies ihm eine riesige Menschenmenge – darunter eine Vielzahl an Mönchen und Nonnen – am 11. November die letzte Ehre.

Martins Grab in Tours war v.a. im Mittelalter beliebtes Pilgerziel und fränkisches Nationalheiligtum. Aber auch heute noch finden zahlreiche Gläubige ihren Weg in die Basilika St-Martin.

Martinus I.

Papst, Märtyrer († 655)

auch: Martin I.
Festtag: 13. April
Darstellung: als Papst, mit Tiara, Stab
Leben und Wirken: Martinus stammte aus Todi in Umbrien und wurde 649 zum Papst geweiht, ohne daß Kaiser Konstans II. diese Wahl bestätigt hatte. Als Vertreter der von Martinus I. auf der Lateransynode desselben Jahres abgelehnten Lehre des Monotheletismus wollte der Kaiser ihn deshalb verhaften lassen. Dies gelang dem Exarchen des Kaisers, Theodoros Kalliopas, jedoch erst 653. Er nahm Martinus I. in der Lateranbasilika gefangen und brachte ihn nach Konstantinopel, wo der Papst wegen angeblicher Beteiligung an der Rebellion des Exarchen Olympios zum Tod verurteilt wurde. Der Einspruch des Patriarchen Pau-

los II. von Konstantinopel bewirkte eine Begnadigung zu Verbannung auf Lebenszeit nach Chersones auf der Insel Krim. Dort starb Martinus zwei Jahre später am 16. September 655 aus Enttäuschung über seine ehemaligen Freunde und an den körperlichen Folgen seiner Mißhandlungen.
Obwohl noch zu seinen Lebzeiten Eugen I. als Nachfolger in Rom eingesetzt wurde, galt Martinus I. bis zu seinem Tod als amtierender Papst, da er nie abgedankt hatte.
In der römisch-katholischen Kirche wird Martinus I. als Märtyrer verehrt, da er wegen seines Amtes verurteilt wurde und in der Gefangenschaft gestorben ist.

Marzella

→Marcella von Rom

Marzellinus und Petrus

→Marcellinus und Petrus

Maternus

Bischof († 314)

Patron: gegen Fieber und ansteckende Krankheiten; für das Gedeihen der Weinreben
Festtag: 14. September (in Limburg, Köln, Trier, Aachen, Essen: 11. September; in Straßburg: 12. September)
Darstellung: im Bischofsgewand, mit drei Mitren (eine auf seinem Haupt, zwei zu Füßen oder in der Hand), drei Kirchenmodellen, dreitürmiger Kirche (alle als Symbole seiner angeblichen Bischofstitel Trier, Köln, Tongern)
Leben und Wirken: Maternus ist der erste urkundlich bezeugte Bischof von Köln. In dieser Funktion nahm er 313 und 314 an Synoden in Rom bzw. Arles teil. Allerdings berichten noch etliche andere, einander widersprechende Legenden über Maternus' Leben. Einer zufolge soll er von →Petrus selbst an den Rhein geschickt und nach seinem Tod vom Stab des Petrus auferweckt worden sein, einer anderen nach soll er Bischof von Trier gewesen sein, wo um 760 Maternus-Reliquien bezeugt sind (die aber auch von einem anderen Maternus stammen könnten, da der Name damals sehr beliebt war). In der Bischofsliste von Tongern, im heutigen Limburg, wird Maternus ebenfalls aufgeführt. Daß Maternus nacheinander in allen drei Städten Bischof war, ist eine weitere Hypothese. Sein Sterbeort ist unbekannt.

Mathilde

Königin (* um 895, † 968)

auch: Mechthild
Festtag: 14. März
Darstellung: in königlichen Gewändern, mit Kirchenmodell, Almosen verteilend
Leben und Wirken: In Engern in Sachsen als Tochter des Grafen Dietrich und der

dänischen Adeligen Reinhild geboren, heiratete Mathilde 909 Herzog Heinrich von Sachsen, den späteren deutschen König Heinrich I. Sie schenkte ihm fünf Kinder, darunter den späteren Kaiser Otto I. und den späteren Erzbischof von Köln, →Bruno I. Nach Heinrichs Tod 936 widmete sie sich ganz wohltätigen Aufgaben, sorgte für die Armen und gründete die Klöster St. Servatius und St. Wigbert in Quedlinburg, sowie weitere Klöster in Nordhausen, Engern und Pöhlde. Die für ihre Mildtätigkeit und Weitsicht berühmte Witwe starb am 14. März 968 in Quedlinburg, wo sie in der Stiftskirche bestattet wurde.

Der Evangelist Matthäus

Matthäus

Apostel, Evangelist, Märtyrer
(† im 1. Jh.)

Patron: der Stadt und des Bistums Salerno; der Buchhalter, Finanz-, und Zollbeamten, Bankleute, Geldwechsler; gegen Trunksucht
Festtag: 21. September
Darstellung: als Apostel in ein Buch schreibend, mit Engel (Symbol des Matthäus), Zählbrett, Geldbeutel (Kennzeichen der Zöllner), Schwert
Leben und Wirken: Der Apostel Matthäus ist nicht nur als – angeblicher – Verfasser des gleichnamigen Evangeliums bekannt, sondern auch als Wetterherr und durch geflügelte Worte. So weiß der Volksmund, daß derjenige, „bei dem Matthäi am letzten ist", bald kein Geld mehr hat.
Im Neuen Testament wird der hl. Matthäus zum einen in den Apostellisten und zum anderen als „Levi", Sohn des Alphäus aus Kapernaum am See Genezareth erwähnt. Das Markus-Evangelium spricht zudem von dem Zöllner Matthäus. Die Bibelwissenschaftler bezweifeln allerdings heute, daß es sich bei dem Apostel, dem Zöllner und dem Evangelisten um ein und dieselbe Person gehandelt hat. Den spärlichen Legenden nach soll Matthäus um das Jahr 42 Palästina verlassen haben, um in Äthiopien und Persien oder Parthien zu

missionieren. Die dortigen Einwohner sollen ihn schließlich gesteinigt, verbrannt oder mit einem Schwert niedergestochen haben.
Die Gebeine des hl. Matthäus brachte man angeblich zuerst von Äthiopien nach Paestum in Italien und im 10. Jh. nach Salerno, wo sie noch heute im Dom S. Matteo ruhen.

Matthias

Apostel, Märtyrer († um 63)

Patron: der Diözese Trier, von Goslar, Hannover, Hildesheim; der Matthias-Bruderschaften, Bau- und Zimmerleute, Schmiede, Metzger, Zuckerbäcker, Schneider; gegen Blattern, Keuchhusten, Unfruchtbarkeit
Festtag: 14. Mai
Darstellung: als Apostel in langem Gewand, mit Buch, Steinen, Beil, Schwert, Hellebarde

Die Apostel Matthias

Leben und Wirken: Matthias ist der einzige Apostel, dessen Reliquien in Deutschland ruhen, und zwar in Trier. Sie sind bis heute beliebtes Ziel vieler Wallfahrer. Daneben ist Matthias als Wetterheilliger bekannt, dessen früherer Festtag (24. Februar) als Vorbote des Frühlings gilt.
Über Matthias' Leben ist nur wenig bekannt. Nach der Himmelfahrt Christi wurde er durch das Los als Ersatz für den Verräter Judas Ischariot in den Kreis der Apostel gewählt. Später soll er der Legende nach zuerst in Judäa und dann in ausschließlich heidnischen Gebieten wie Äthiopien mit großem Eifer das Evangelium verbreitet haben. Bei einer seiner Missionen soll Matthias schließlich von Heiden gesteinigt und mit einem Beil erschlagen worden sein.
Als Geschenk der Kaiserin →Helena sollen seine Gebeine von Bischof →Agritius nach Trier gebracht worden sein, wo sie 1050 und 1127 erhoben wurden. Die Reliquien werden in der heutigen St.-Matthias-Kirche aufbewahrt.

Mauritius und Gefährten

Märtyrer († 302)

auch: Moritz
Patron: der Soldaten, Messer- und Waffenschmiede, Färber, Tuchweber, Hutmacher, Glasmaler, Wä-

scher, Weinstöcke, Pferde; bei Kämpfen; gegen Besessenheit, Ohrenkrankheiten, Gicht, Pferdekrankheiten
Festtag: 22. September
Darstellung: als Soldat oder dunkelhäutiger Ritter, mit Schwert, Lanze, Schild
Leben und Wirken: Der in Ägypten geborene Mauritius war Primicerius, Offizier und Hauptmann, der Thebäischen Legion, einer aus christlichen Soldaten bestehenden Legion. Als sich diese weigerten, an der Christenverfolgung unter Kaiser Diokletian in Agaunum in der heutigen Schweiz mitzuwirken, ließ Mitkaiser Maximian jeden zehnten der Männer und schließlich die gesamte Legion niedermetzeln.
Als die Gebeine der Märtyrer 380 wiedergefunden wurden, ließ der Walliser Bischof →Theodul über ihnen eine kleine Kirche bauen. Diese wurde schon bald ein beliebtes Pilgerziel, deshalb vergrößert und um ein Hospiz erweitert, das später zum Kloster St-Maurice wurde.

Maurus

Abt († im 6. Jh.)

Patron: der Köhler, Kupferschmiede; gegen zahlreiche Krankheiten wie Heiserkeit, Schnupfen, Gicht, Rheuma
Festtag: 15. Januar
Darstellung: in Mönchskleidung
Leben und Wirken: Maurus, Sohn eines römischen Senators, war angeblich Lieblingsschüler und später Gehilfe des berühmten Ordensgründers →Benedikt von Nursia. Seinen vorbildlichen Gehorsam gegenüber Benedikt lobte später auch der berühmte Kirchenlehrer →Gregor I. der Große. Maurus soll zudem Benedikts Nachfolger als Abt des Klosters Subiaco gewesen sein. Über den Verbleib seiner Reliquien ist nichts genaues bekannt; sie sollen in der Französischen Revolution verloren gegangen sein.
Bekannt war im Volk lange Zeit der „Maurus-Segen“, der bei zahlreichen Krankheiten helfen sollte. Er geht zurück auf die Gabe der Heilung, die Maurus besessen haben soll.

Maximilian von Celeia, Maximilian von Cilli

→Maximilian vom Pongau

Maximilian Kolbe

Märtyrer (* 1894, † 1941)

Patron: der Familie, politisch Verfolgten, Gefangenen, Journalisten, Medien
Festtag: 14. August (in Fulda: 17. August)
Darstellung: im Franziskanerhabit; als KZ-Häftling
Leben und Wirken: Ausgeprägter Widerstandsgeist, große Glaubensstärke und eine aufopfernde Liebe zu seinen Nächsten bis in den Tod zeichneten den polnischen Priester Maximilian Kolbe

Der heilige Maximilian Kolbe

aus – und machten ihn zur Zielscheibe der Nationalsozialisten.
Geboren im polnischen Zdunska-Wola, trat Maximilian mit 17 Jahren bei den Minoriten ein. Ab 1912 studierte er in Rom, erhielt den Doktortitel und gründete 1917 eine Gemeinschaft zur Bekehrung der Sünder und Ungläubigen, die „Militia Immaculata". Ein Jahr später wurde Maximilian zum Priester geweiht. 1922 kehrte er in sein Heimatland zurück, gründete 1927 das Kloster Niepokalanów in der Nähe von Warschau und rief mehrere christliche Zeitungen und Monatshefte ins Leben. Auch in Japan, wohin ihn der Papst gesandt hatte, widmete er sich von 1930 bis 1936 dem Aufbau der katholischen Presse in Form eines Pressezentrums. Drei Jahre nach seiner Rückkehr wurde Maximilian – der den Nationalsozialismus offen ablehnte und v.a. jüdischen Kriegsopfern nach Kräften beistand – in Polen zum ersten Mal durch die Gestapo verhaftet, 1940 zum zweiten Mal. Man verschleppte ihn zuerst in das Konzentrationslager Oranienburg, 1941 nach Auschwitz. Dort opferte er sich anstelle eines jungen, polnischen Familienvaters, den das Los getroffen hatte, und ließ sich für Wochen in den sog. Hungerbunker einsperren. Ehemalige KZ-Häftlinge berichteten später, daß sie von dort tagelang Singen und Beten gehört hätten. Am 14. August 1941 schließlich wurde dem völlig abgemagerten und regungslosen Maximilian auf Befehl des Lagerkommandanten eine Phenolspritze zur Hinrichtung verabreicht. Maximilian Kolbes Heiligsprechung erfolgte 1982.

Maximilian vom Pongau

Bischof, Märtyrer († um 284)

auch: Maximilian von Lorch, Maximilian von Celeia, Maximilian von Cilli
Patron: der Diözese Passau
Festtag: 12. Oktober
Darstellung: im Bischofsgewand, mit Kreuz, Palme, Schwert
Leben und Wirken: Über das Leben Maximilians berichtet eine Legende aus

dem 13. Jh. Ihr zufolge stammte Maximilian entweder aus Celeia in Slowenien oder aus der Steiermark und soll als Wanderbischof von Papst →Sixtus II. in das damalige Noricum geschickt worden sein. Im österreichischen Lorch soll er später zum Bischof geweiht worden sein und Jahre darauf während der Christenverfolgung den Märtyrertod erlitten haben.
Geschichtlich bezeugt ist, daß über dem Grab eines Maximilians in Bischofshofen im Pongau bei Salzburg Anfang des 8. Jhs. eine Kapelle erbaut wurde.
Die Maximilian-Reliquien wurden 878 nach Altötting und im 10. Jh. in den Dom von Passau übertragen. Sie gelten heute als verschwunden.

Mechthild

→Mathilde

Mechthild von Helfta

Mystikerin, Zisterzienserin (* 1241, † 1299)

auch: Mechthild von Hackeborn
Festtag: 19. November
Darstellung: in der Tracht der Zisterzienserinnen, mit Buch, Taube
Leben und Wirken: Mechthild, Schwester der →Gertrud von Helfta, hatte großen Einfluß auf die Förderung der Herz-Jesu-Verehrung, v.a. durch die weitverbreiteten Aufzeichnungen über ihr Leben.
Als Tochter aus dem Geschlecht der Edlen von Hackeborn lebte Mechthild wie ihre Schwester Gertrud ab 1258 im Zisterzienserinnenkloster in Helfta bei Eisleben, wo Gertrud Äbtissin war. Mechthild leitete dort die Klosterschule und hatte im Laufe ihres Lebens viele mystische Erlebnisse, die ihre Mitschwestern in dem später sehr beliebten Buch „Liber specialis de gratia" notierten. Aufgrund der darin enthaltenen zahlreichen Herz-Jesu-Gebete wurde die Herz-Jesu-Verehrung stark gefördert. Mechthild starb am 19. November 1299 in Helfta.

Medardus von Noyon

Bischof (* um 473, † um 560)

auch: Medard
Patron: der Bauern, Bierbrauer, Winzer; gegen Zahnweh, Fieber, Geisteskrankheiten; für Regen, eine gute Feld-, Wein- und Heuernte
Festtag: 8. Juni
Darstellung: als Bischof, mit Buch (auf dem drei Brote liegen), Adler, Tauben, Schafen, Ochsen; Almosen verteilend; oft lachend
Leben und Wirken: Medardus, der aus dem französischen Salency nahe Valencienne stammte, war Sohn fränkischer

Adeliger. 505 wurde er Priester, ungefähr 40 Jahre später weihte ihn Bischof →Remigius von Reims zum Bischof von Noyon. In diesem Amt setzte sich Medardus für eine Beseitigung der Überbleibsel heidnischer Kulte ein und brachte seine Diözese zu neuem Glanz. 555 bot er der Frankenkönigin →Radegundis Zuflucht vor ihrem brutalen Ehemann Chlotar I. und nahm sie als Nonne auf. Nach seinem Tod wurde ihm zu Ehren in Soissons die Benediktinerabtei St-Médard errichtet, in deren Krypta die Gebeine des Medardus beigesetzt wurden.

Meinrad von Reichenau

Einsiedler, Benediktiner, Märtyrer
(† 861)

auch: Meinrad von Einsiedeln
Patron: der Region um Einsiedeln
Festtag: 21. Januar
Darstellung: in Benediktinertracht, mit Weinkrug, Brot, Palme, zwei Raben, Keule
Leben und Wirken: Ende des 8. Jhs. im württembergischen Sülichgau geboren, wurde Meinrad im Benediktinerkloster Reichenau erzogen, wo er 822 auch zum Priester geweiht wurde. Aufgrund seiner Liebe zur Einsamkeit lebte er ab 828 als Einsiedler am Etzelpaß, ab 835 im „Finstern Walde“, dem heutigen Einsiedeln in der Schweiz. Dort wurde Meinrad am 21. Januar 861 von zwei Räubern erschlagen, die er zuvor mit Wein und Brot verpflegt hatte. Der Legende nach verrieten zwei zahme Raben, für die Meinrad gesorgt hatte, die Mörder.
Meinrads Gebeine, die zuerst auf der Insel Reichenau bestattet worden waren, wurden 1093 in das Kloster Einsiedeln überführt, das man 934 am Ort seiner Einsiedelei gebaut hatte.

Melchior

→Drei Heilige Könige

Melchior Grodecz, Melichar Grodziecky

→Kaschauer Märtyrer

Merbod, Merbot

→Marbot

Method(ios)

→Kyrillos und Methodios

Methodios I. von Konstantinopel

Patriarch (* um 790, † 847)

auch: Methodius der Bekenner, Methodius der Große
Festtag: 14. Juni
Darstellung: als Bischof, mit Omophorion, Buch
Leben und Wirken: Methodius stammte aus Sizilien, erhielt seine Ausbildung jedoch im Kloster Chenolakkos in Kon-

stantinopel. Als Mönch verteidigte er die Bilderverehrung – eine Haltung, aufgrund derer in den folgenden Jahren Flucht, Verbannung, Folterung und Gefangenschaft sein Leben bestimmen sollten. 842 wendete sich jedoch das Schicksal des Methodius: Die Kaiserin Theodora ernannte ihn zum Patriarch von Konstantinopel. Methodius starb am 14. Juni 847. Er wurde in der Apostelkirche zu Konstantinopel bestattet.

Methodius

→Kyrillos und Methodios

Methodius der Bekenner

→Methodios I. von Konstantinopel

Methodius der Große

→Methodios I. von Konstantinopel

Michael

Erzengel

Patron: der katholischen Kirche, des deutschen Volkes, der nach ihm benannten Orden, der Ritter, Soldaten, Apotheker, Gewichtemacher, Eicher, Kaufleute, Bankangestellten, Schneider, Vergolder, Blei- und Zinngießer, Glaser, Maler, Drechsler, Radiotechniker, Armen Seelen, Sterbenden, der Friedhöfe; gegen Blitz, Gewitter; für einen guten Tod

Festtag: 29. September (gemeinsam mit →Raphael und →Gabriel)

Der Erzengel Michael

Darstellung: in Ritterrüstung oder langer Tunika, mit Lanze, Helm, (feurigem) Schwert, Schild, Waage, einen Drachen durchbohrend

Leben und Wirken: Seit der Gegenreformation gilt Michael als Vorkämpfer des Engelheeres gegen den abgefallenen Engel Luzifer. Im Laufe der Kirchengeschichte hat er viele Ehrentitel erhalten: Beschützer der Kirche Christi, Fürst der Seelen, Engelsfürst oder auch Engel der Gerechtigkeit.

In der Bibel wird Michaels Name im Alten Testament bei Daniel und im Neuen Testament in der Apokalypse und im Judasbrief erwähnt. Für die Gläubigen gilt Michael neben →Gabriel, →Raphael und →Uriel als einer der vier höchsten Engel und Führer der himmlischen Heerscharen. Er trägt die Anliegen und Gebete der Menschen vor Gottes Thron und ist Seelenführer der Verstorbenen (auf Abbildungen hält Michael manchmal eine Seelenwaage). Die Verehrung des Erzengels Michael verbreitete sich zuerst in der Ostkirche und erreichte im 5. Jh. mit der berühmten Erscheinung vom 8. Mai 495 auf dem Monte Gargano im Süden Italiens auch das Abendland. Eine weitere bekannte Vision ist die des Bischof Autbert, der Michael auf einem Felsen im Atlantik gesehen haben soll. Im Jahr 709 ließ er daraufhin die Abtei Mont-Saint-Michel vor der Atlantikküste der Normandie erbauen, die in ihrem Stil der Michaelskirche auf dem Monte Gargano ähnelt. Der Erzengel Michael ist v.a. bei den Deutschen sehr beliebt, in der Zeit um seinen Festtag finden zahlreiche Michaelsmärkte, -Kirchweihen und „Michaeli-Dulten“ statt. Der im Ausland häufig als „Michel“ bezeichnete Deutsche trägt diesen Spitznamen übrigens aufgrund des beliebten Erzengels; so nannte man in Deutschland früher junge Bauern oder Knechte „Michel“.

Modestus von Kärnten

Bischof († 772)

Festtag: 24. November
Darstellung: im Bischofsgewand, mit Kirchenmodell
Leben und Wirken: Geboren in Irland kam der Mönch Modestus Mitte des 8. Jhs. nach Salzburg und wurde dort Chorbischof. Bischof →Virgil von Salzburg schickte ihn mit vier weiteren Priestern um 762 zur Mission in Richtung Süden, nach Karantanien, dem heutigen Kärnten. Im heutigen Maria Saal bei Klagenfurt erbaute er die erste Kirche der Region, richtete dort den Sitz der Salzburger Chorbischöfe (bis 945) ein und verkündete unter den heidnisch-slawischen Einwohnern erfolgreich den christlichen Glauben. Modestus starb nach der Überlieferung am 3. Dezember 772; manche Quellen behaupten aber auch, daß sowohl Tag als auch Jahr seines Todes unbekannt sind. Er wurde in Maria-Saal zur Ruhe gelegt.

Monika

Mutter des hl. →Augustinus
(* um 332, † 387)

Patronin: der christlichen Müttervereine, Frauen und Mütter; für die Seelenrettung der Kinder
Festtag: 27. August
Darstellung: als Matrone oder Witwe mit Witwenschleier, Buch, Rosenkranz, Kruzifix, gemeinsam mit Augustinus
Leben und Wirken: Monika stammte aus Thagaste in Numidien, dem heutigen Algerien. Die Tochter christlicher El-

tern heiratete sehr jung den heidnischen Beamten Patricius, dem sie drei Kinder schenkte, darunter den später weltberühmten Kirchenvater und Bischof Augustinus. Als dieser in jungen Jahren immer mehr vom christlichen Glauben abkam, litt Monika schwer und bat Gott unermüdlich um die Errettung ihres Sohnes. Die Erhörung ihrer Gebete erlebte sie 387, als sich Augustinus in Mailand von Bischof →Ambrosius taufen ließ. Auf der Rückkehr in ihre Heimat starb Monika im Oktober 387 in Ostia. Ihre Gebeine ruhen in der Kapelle der römischen Kirche S. Agostino.

Moritz

→Mauritius und Gefährten

N

Narcissus

Bischof, Märtyrer († um 307)

Patron: gegen Schnaken, Stechfliegen
Festtag: 18. März
Darstellung: als Bischof, mit Stab, Palme, Schwert, Drachen
Leben und Wirken: Nach der Afra-Legende war Narcissus zu Beginn des 4. Jhs. Bischof im spanischen Gerona. Auf der Flucht vor der Christenverfolgung unter Kaiser Diokletian gelangte er nach Augsburg, wo er bei →Afra und ihrer Familie Unterschlupf fand.
Er bekehrte Afra und mehrere ihrer Angehörigen und weihte ihren Onkel →Dionysius zum ersten Bischof von Augsburg. Später kehrte Narcissus nach Gerona zurück, wo er den Märtyrertod erlitt.

Natalia von Nikomedien

Wohltäterin († im 4. Jh.)

auch: Natalie
Festtag: 1. Dezember
Darstellung: in der Kleidung römischer Witwen, mit →Adrian, Grab
Leben und Wirken: Natalia stammte aus Nikomedien und war mit dem römischen Offizier und Märtyrer Adrian verheiratet. Sie kümmerte sich besonders um Christen, die zum Tode verurteilt worden waren. Nach dem Märtyrertod ihres Mannes ließ sie sich bei dessen Grab nieder und lebte dort bis zu ihrem eigenen Tod.

Nereus und Achilleus von Rom

Märtyrer († um 304)

Festtag: 12. Mai
Darstellung: als Soldaten, mit Lanzen, Schwertern, Palmen
Leben und Wirken: Nereus und Achilleus waren Soldaten im Heer des römischen Kaisers Diokletian. Nachdem sie zum christlichen Glauben übergetreten waren, ließ sie der berüchtigte Christenverfolger enthaupten. Nereus und Achilleus wurden in der Domitilla-Katakombe in Rom begraben, über der gegen Ende des 4. Jhs. eine dreischiffige Basilika errichtete wurde.
Ihre Reliquien befinden sich zusammen mit den Reliquien der Domitilla unter dem Hochaltar dieser Kirche, die heute den Namen SS. Nèreo ed Achilleo trägt.

Nicolette Boillet

→Coletta

Nikanor

Diakon, Märtyrer († um 76)

Festtag: 10. Januar
Darstellung: als Diakon, mit Schriftrolle
Leben und Wirken: Nikanor war einer der sieben hll. Diakone, die von der christlichen Urgemeinde in Jerusalem gewählt wurden, um die Apostel zu entlasten und soziale Dienste zu verrichten. Im Rahmen dieser Tätigkeit kam Nikanor nach Zypern, wo er zu Tode gefoltert wurde.

Nikephoros I. von Konstantinopel

Patriarch (* um 758, † 828)

Festtag: 5. April (auch: 13. März, 2. Juni)
Darstellung: als Patriarch, mit weißem Bart und weißem Haar
Leben und Wirken: Nikephoros war zunächst Geheimsekretär der byzantinischen Kaiserin Irene und lebte dann eine Zeitlang als Einsiedler, bevor er 806 zum Patriarchen von Konstantinopel ernannt wurde. Im Bilderstreit stellte er sich Kaiser Leon V. entgegen und wurde von diesem abgesetzt und in die Verbannung geschickt. In Chalcedon bei Konstantinopel gründete Nikephoros das Kloster vom hl. Theodor dem Märtyrer, in dem er bis zu seinem Tod am 5. April 828 lebte. 847 wurden seine Gebeine in die Apostelkirche von Konstantinopel überführt.

Nikolaus von der Flüe

Einsiedler, Mystiker (* 1417, † 1487)

auch: Bruder Klaus
Patron: der Schweiz; von Unterwalden
Festtag: 25. September (in der Schweiz: 21. März)
Darstellung: als Einsiedler, mit Stock, Rosenkranz, Strick, Kreuz, Dornbusch, Teufel
Leben und Wirken: Auf dem Flüeli bei Sachseln in der Schweiz geboren, war Nikolaus von der Flüe zunächst Bauer, Landrat und Richter und zählte zu den angesehensten Bürgern seiner Gegend. Durch Visionen erleuchtet, verließ er schließlich 1467 seine Frau Dorothea Wyss und ihre zehn gemeinsamen Kinder und zog sich in die Einsamkeit zurück. In der Ranft-Schlucht errichtete er eine Zelle und ernährte sich der Legende nach 20 Jahre lang nur von der täglichen Eucharistie.
Für Hilfesuchende aus Nah und Fern hatte Nikolaus von der Flüe stets ein offenes Ohr und beriet sie mit Hilfe seiner Visionen. Auch auf die Politik nahm er großen Einfluß, als er 1481 durch die „Tagsatzung zu Stans“ die Eidgenossenschaft vor einer Zersplitterung bewahrte. Nikolaus von der Flüe starb am 21. März 1487 in seiner Einsiedelei.
Beigesetzt wurde er in der Pfarrkirche von Sachseln am Sarner See, die sich bereits kurz nach seinem Tod zu einer

der wichtigsten Wallfahrtsstätten der Schweiz entwickelte. 1947 wurde Nikolaus von der Flüe heiliggesprochen.

Nikolaus von Myra

Bischof (* 280/286, † 345/351)

Patron: von Rußland, Lothringen, der Diözese Fribourg; der Kinder, Jungfrauen, Ministranten, Pilger, Reisenden, Gefangenen, Rechtsanwälte, Notare, Richter, Schüler, Lehrer, Wirte, Weinhändler, Bierbrauer, Schnapsbrenner, Seeleute, Fischer, Fischhändler, Parfümfabrikanten und -händler, Apotheker, Kaufleute, Metzger, Bauern, Müller, Bäcker, Kornhändler, Steinbrucharbeiter, Steinmetze, Weber, Spitzenhändler, Tuchscherer, Knopfmacher, Kerzenzieher, Faßbinder, Feuerwehrleute; bei ungerechten Gerichtsurteilen, Wassergefahren, Seenot; gegen Diebe; für eine glückliche Heirat, für die Wiedererlangung gestohlener Dinge; regional einer der Nothelfer

Festtag: 6. Dezember

Darstellung: als Bischof, mit Pallium, Stab, Mitra, drei goldenen Kugeln auf einem Buch, Anker

Leben und Wirken: Es gibt wohl kaum jemanden, der nicht sofort das folgende Bild vor Augen hat, wenn er an den hl. Nikolaus von Myra denkt: Mit langem weißen Bart und in eine rote Bischofsrobe gekleidet, besucht er am 5. oder 6. Dezember die Familien, beschenkt die guten Kinder und tadelt die schlechten. Stellt man am Vorabend des Nikolaustages einen Stiefel vor die Türe, so ist dieser am nächsten Morgen garantiert mit Süßigkeiten gefüllt, vorausgesetzt natürlich, das Kind war auch artig. Bei kaum einem Heiligen vermischen sich Historie, Legende und Brauchtum auf eine so lebendige Weise wie bei Nikolaus von Myra. Die Vielzahl der Legenden um diesen Bischof spie-

Der heilige Nikolaus von Myra

geln sich auch in der großen Zahl seiner Patronate wieder.
Dabei ist es jedoch keineswegs einfach, Legende von wahrer Geschichte zu unterscheiden, denn über das eigentliche Leben des Heiligen ist nur wenig bekannt. Geboren wurde er in Patras im heutigen Griechenland. Bereits als junger Mann wurde er um das Jahr 300 Bischof von Myra. Kurz darauf wurde er ein Opfer der Christenverfolgungen unter Galerius Valerius Maximinus, der ihn einkerkern und foltern ließ. Von seinen Qualen noch immer gezeichnet, nahm Nikolaus von Myra am berühmten Konzil von Nicäa teil, wo er vehement das Dogma der Trinität vertrat. Er starb am 6. Dezember 345 oder 351 in Myra, wo er zunächst auch beigesetzt wurde.
Bereits im 5. Jh. stand über seinem Grab eine Basilika und etwa 200 Jahre nach seinem Tod setzte die Verehrung des Heiligen ein. Diese beschränkte sich zunächst auf den griechischen und slawischen Raum, weitete sich dann aber im 10. Jh. auch nach Deutschland, England und Frankreich aus. Diese Entwicklung wurde noch verstärkt, als 1087 italienische Seefahrer die Gebeine des hl. Nikolaus aus seinem Sarkophag raubten und sie nach Bari in Apulien schafften, wo sie bis heute in der Basilika S. Nicola ruhen. Im Laufe der Zeit gelangten Reliquien auch nach Fribourg und Nancy.

Nikolaus von Tolentino

Augustiner-Eremit
(* um 1245, † 1305)

Patron: von Bayern, Rom, Tolentino, Genua, Venedig, Córdoba, Lima, Antwerpen; der Armen-Seelen-Bruderschaft, der Armen Seelen im Fegefeuer, der Freiheit; für das tägliche Brot
Festtag: 10. September
Darstellung: in der Ordenstracht der Augustiner-Eremiten, mit Lilienstengel, Stern auf der Brust, mit einer Schüssel mit zwei gebratenen Vögeln, Buch, Kelch, Kreuz, Geißel, Teufel
Leben und Wirken: Geboren in der Mark Ancona, trat Nikolaus schon früh in seinem Heimatort Pontano in den Orden der Augustiner-Eremiten ein. Lange Zeit wirkte er dort als Prediger, Beichtvater und Krankenseelsorger, bevor er 1275 schließlich nach Tolentino gelangte. Seine aufopfernde Nächstenliebe galt besonders den Armen und Kranken. Er vollbrachte mehrere Heilungen und galt schon zu Lebzeiten als großer Wundertäter. Nikolaus von Tolentino starb am 10. September 1305, über seinem Grab wurde nicht viel später eine Basilika errichtet. Doch mit seinem Tod war die Wundertätigkeit des Nikolaus von Tolentino keineswegs zu Ende.
Auch in der Folgezeit trugen sich an seiner Grabstätte zahlreiche Wunder zu. Auch um den Heiligen selbst ereignete sich ein Wunder: Nachdem seine

Der heilige Nikolaus von Tolentino

Gebeine lange Zeit verschollen waren, wurden sie 1926 bei Grabungen in der Basilika S. Nicola da Tolentino wiederentdeckt. Nikolaus von Tolentino wurde 1446 heiliggesprochen.

Nonnosus

Abt († im 6. Jh.)

Patron: von Freising (Mitpatron)
Festtag: 2. September
Darstellung: als Abt, mit Ölzweig, Lampe, Felsen
Leben und Wirken: Nonnosus lebte als Mönch im Benediktinerkloster auf dem Soracte nördlich von Rom. Dort hatte er viele Jahre unter dem damaligen herrschsüchtigen Abt zu leiden. Doch Nonnosus ertrug die Launen des Geistlichen mit großer Geduld und Demut, für die ihn später der berühmte →Gregor I. der Große gelobt haben soll. Als Nonnosus schließlich selbst Abt war, führte er seine Mönche um so mehr in Freundlichkeit und Liebe.
Im 11. Jh. kamen Reliquien Nonnosus' nach Freising in den Mariendom. Im Mittelalter war das dortige Nonnosus-Hochgrab ein beliebtes Pilgerziel. Das Öl in seiner Grablampe soll wundertätig gewirkt haben. Einige Reliquien sollen später auch zurück nach Soracte gelangt sein.

Norbert von Xanten

Erzbischof, Ordensgründer
(* um 1280, † 1134)

Patron: von Böhmen; der Prämonstratenser, der Schwestern vom Dritten Orden des hl. Norbert; für eine glückliche Entbindung
Festtag: 6. Juni
Darstellung: in der Ordenstracht der Prämonstratenser, im Gewand des Erzbischofs, mit Kelch, Doppelkreuzstab, Monstranz, Teufel
Leben und Wirken: Geboren in Xanten als Sohn eines Edlen, war Norbert zu-

nächst Stiftsherr des dortigen Klosters, führte allerdings ein eher weltliches Leben am Hof des Kölner Erzbischofs Friedrich und des Kaisers Heinrich V.
1115 kam es jedoch zu einer Umkehr. Auf einem Ritt schlug ein Blitz in Norberts unmittelbarer Nähe ein, und dieses Erlebnis stimmte ihn nachdenklich. Er ging daraufhin als Büßer in die Benediktinerabtei Siegburg und wurde noch in demselben Jahr zum Diakon und Priester geweiht. Fortan zog er als

Der heilige Norbert von Xanten

Wanderprediger durch die Lande und gelangte 1118 nach Südfrankreich in das Kloster St-Gilles, wo er vom Papst die offizielle Predigtvollmacht erhielt. Nachdem mehrere Versuche, das Klosterleben zu reformieren, scheiterten, gründete Norbert schließlich im Tal von Prémontré bei Laon ein eigenes Kloster, in dem man sich streng an die Regel des hl. →Augustinus hielt: Der Reformorden der Prämonstratenser – nach ihrem Gründer auch Norbertiner genannt – war geboren. Im selben Jahr wurde Norbert zum Erzbischof von Magdeburg ernannt, die Ordensleitung übertrug er kurze Zeit später seinem Schüler Hugo von Fosses. Norbert von Xanten starb am 6. Juni 1134.
Er wurde zunächst in der Liebfrauenkirche von Magdeburg beigesetzt, 1627 wurden seine Gebeine in die Prämonstratenserabtei Strahov bei Prag überführt. Er wurde 1582 heiliggesprochen.

Notburga von Eben

(* um 1265, † 1313)

Patronin: der Dienstmägde, Bauern, des Feierabends; bei Viehkrankheiten, Nöten in der Landwirtschaft; für eine glückliche Entbindung
Festtag: 13. September
Darstellung: in der Kleidung einer Magd, mit Getreidegarbe, Milchkübel, Broten, Krug, Sichel, Schlüsselbund

Leben und Wirken: Notburga ist eine der meistverehrten Volksheiligen Tirols, ihre Grabstätte in Eben ist auch heute noch ein beliebter Wallfahrtsort.

Geboren im österreichischen Rattenberg war Notburga Magd auf dem Schloß der Grafen von Rottenburg. Dort sparte sie sich Nahrung vom Munde ab, um sie den Armen zukommen zu lassen, und wurde aufgrund dieser Wohltaten entlassen. Später kehrte sie jedoch als Köchin auf das Schloß zurück.

Notburga zeichnete sich durch große Nächstenliebe und Frömmigkeit aus, sie starb am 14. September 1313. Notburgas Kult wurde schließlich 1862 approbiert.

Notburga vom Klettgau

(† im 9. Jh.)

Patronin: des Klettgau; bei der Geburt
Festtag: 26. Januar
Darstellung: als Matrone, mit neun Kindern, eines davon ist tot
Leben und Wirken: Der Legende nach soll Notburga nach der Ermordung ihres Ehemannes, eines schottischen Königs, nach Bühl im Klettgau geflohen sein. Dort soll sie neun Kinder geboren haben und später beigesetzt worden sein. Notburga wird nachweislich zwar erst seit dem 15. Jh. verehrt, der Kult kann aber schon älter sein. Bekannt ist Notburga v.a. in der Schweiz und in Süddeutschland.

O

Odilia von Hohenburg

Äbtissin (* um 660, † 720)

auch: Ottilia, Ottilie
Patronin: des Elsaß; der Armen Seelen im Fegefeuer, Blinden; gegen Augen-, Ohren- und Kopfleiden
Festtag: 13. Dezember
Darstellung: als Äbtissin, meist in der Ordenstracht der Zisterzienserinnen (oder auch der Augustinerinnen oder Benediktinerinnen), mit Hahn, Kelch, Buch, auf dem zwei Augen liegen; während der Taufe

Die heilige Odilia von Hohenburg

Leben und Wirken: Der Legende nach wurde Odilia blind geboren, weshalb ihr Vater, der elsässische Herzog Attich, sie töten lassen wollte. Bei ihrer Taufe durch Bischof →Erhard von Regensburg erhielt sie jedoch ihr Augenlicht zurück. Zusammen mit ihrem Vater gründete Odilia 690 auf der Hohenburg ein Augustiner-Chorfrauenstift und wurde dessen erste Äbtissin. Zehn Jahre später folgte das Kloster Niedermünster.
Nach ihrem Tod wurde die Äbtissin im Kloster Odilienberg auf der Hohenburg beigesetzt. Sie war eine der meistverehrten Heiligen des Mittelalters.

Odilo von Cluny

Erzabt, Benediktiner
(* um 962, † 1048)

Patron: der Armen Seelen im Fegefeuer; gegen Gelbsucht
Festtag: 31. Dezember
Darstellung: als Abt, Bischof, mit Seelen im Fegefeuer
Leben und Wirken: Odilo stammte aus der Auvergne in Frankreich und trat 991 in das Benediktinerkloster Cluny ein. Bereits drei Jahre später wurde er zum Abt des Klosters bestimmt. Odilo verfügte über gute Kontakte zu kirch-

lichen und weltlichen Herrschern und über großes Organisationstalent. So verbreitete er die cluniazensische Reform in zahlreichen Klöstern, die er dann zu einem Klosterverband zusammenfaßte. 1028 oder 1030 führte Odilo den Allerseelentag am 2. November zum Gedächtnis der Armen Seelen ein, der sich bald in der ganzen Kirche ausbreitete. Odilo starb am 31. Dezember 1048 in Souvigny. Seine Reliquien wurden 1793 während der Französischen Revolution verbrannt.

Olaf II. Haraldssón von Norwegen

König, Märtyrer (* um 995, † 1030)

Patron: von Norwegen
Festtag: 10. Juli
Darstellung: als Ritter, mit königlichen Insignien, Drache, Krug
Leben und Wirken: Geboren um das Jahr 995, wurde Olaf bereits im Alter von 20 Jahren König von Norwegen. Ein Jahr zuvor hatte er nach der Rückkehr von einer Wikingerfahrt in Rouen die Taufe empfangen. Während seiner Regentschaft gelang es ihm, die dänische Oberherrschaft in Norwegen zu brechen. Auch setzte er Strafen für diejenigen aus, die sich weigerten, sich taufen zu lassen. Aus diesem Grund wurde er 1028 von den Stammesfürsten abgesetzt. Olaf starb am 29. Juli 1030 auf dem Schlachtfeld bei dem Versuch, seine Krone zurückzuerobern.
Beigesetzt ist er im Dom von Drontheim, der ihm zu Ehren erbaut wurde.

Olga

Großfürstin (* um 890, † um 970)

auch: Helga
Festtag: 11. Juli
Darstellung: als Großfürstin, mit Kreuz, Kirchenmodell
Leben und Wirken: Um die Herkunft von Olga ranken sich zwei unterschiedliche Legenden. Nach der einen war sie eine bulgarische Fürstentochter, nach der anderen eine russische Bäuerin. Sie heiratete den russischen Großfürsten Igor von Kiew. Um 957 reiste Olga nach Konstantinopel, wo sie sich taufen ließ. Fortan bemühte sie sich um die Ausbreitung des Christentums in Rußland, jedoch waren ihr dabei keine großen Erfolge beschieden. Olga starb schließlich in Kiew.

Onuphrius der Große

Asket († um 400)

Patron: von München; der Weber, des Viehs
Festtag: 12. Juni
Darstellung: mit Fellen oder Blättern bekleidet oder nackt, am ganzen Körper behaart, mit Kette, Kreuz, Hostie, Krone, Zepter

Leben und Wirken: Der Sohn eines ägyptischen Stammesfürsten lebte 60 Jahre allein in strenger Askese in der Wüste. Bei seinem Tod um das Jahr 400 leistete ihm Paphnutius Beistand.
Onuphrius ist der einzige Wüstenvater, der im Westen verehrt wird. Reliquien befinden sich in München und Braunschweig.

Oswald

König (* um 604, † 642)

Patron: des englischen Königshauses, der Stadt und des Kantons Zug; der Kreuzfahrer, Schnitter, des Viehs; gegen schlechtes Wetter; regional einer der Nothelfer
Festtag: 5. August
Darstellung: als König, Krieger mit königlichen Insignien, mit Rabe, Taube, Hirsch, Kreuz, Palme
Leben und Wirken: Oswald war der Sohn des Königs von Northumbrien. Nachdem sein Vater bei einem Aufstand getötet worden war, flüchtete Oswald in das Kolumban-Kloster auf der Insel Hy, dem heutigen Iona vor der Westküste Schottlands, und ließ sich dort taufen. 634 eroberte er seine Krone zurück und widmete sich fortan der Christianisierung seines Landes. Als Mittelpunkt seiner Mission gründete er 635 das Benediktinerkloster Lindisfarne. Am 5. August 642 fiel Oswald in der Schlacht von Maserfelth gegen den heidnischen König Penda von Mercia. Die Verehrung des Oswald wurde durch die Schottenmönche im 7. und 8. Jh. nach Deutschland, Frankreich und Italien gebracht. Reliquien befinden sich u.a. in der Abtei Weingarten und im Hildesheimer Domschatz. Auch in die Dichtung ging der hl. Oswald ein: So entstand um 1171 am Niederrhein das Spielmannsepos „Sant Oswalt uz Engellant“. In den deutschsprachigen Alpenländern wird Oswald als Nothelfer verehrt.

Otmar von St. Gallen

Abt, Benediktiner (* um 689, † 759)

Patron: der Kinder, Kranken, Schwangeren, Verleumdeten
Festtag: 16. November
Darstellung: als Abt, in der Ordenstracht der Benediktiner, mit Weinfaß, Weintraube
Leben und Wirken: Otmar war alemannischer Herkunft und wirkte zunächst als Seelsorger in der Florinuskirche von Remüs, bevor er 719 mit der Leitung der Mönchsgemeinde am Grab des hl. →Gallus im heutigen St. Gallen beauftragt wurde. Otmar baute die Einsiedelei zu einem Kloster aus und führte die Benediktinerregel ein. Auch gründete er das erste Heim für Leprakranke in der Schweiz. Als er später die Rech-

te des Klosters gegenüber machthungrigen fränkischen Grafen verteidigte, wurde er verleumdet, gefangengenommen und schließlich auf die Rheininsel Werd bei Stein verbannt. Dort starb er am 16. November 759.
Zehn Jahre nach seinem Tod wurden Otmars Gebeine nach St. Gallen überführt, 867 wurden sie in der dortigen St. Otmar-Kirche beigesetzt, drei Jahre nachdem er heiliggesprochen wurde. Otmar-Wallfahrten gibt es heute u.a. in Eutenhausen und Attenhausen, beide im Bistum Augsburg.

Ottilia, Ottilie

→Odilia von Hohenburg

Otto von Bamberg

Bischof (* um 1061, † 1139)

Patron: der Diözese Berlin; gegen Fieber, Tollwut
Festtag: 30. Juni (in Bamberg: 30. September)
Darstellung: als Bischof, predigend, mit Kirchenmodell, Pfeilen, Nägeln, Löwe
Leben und Wirken: Geboren als Sohn eines Adligen, stand Otto zunächst im Dienst des Kaisers Heinrich IV., bevor er 1102 zum Bischof von Bamberg ernannt wurde. Im Laufe seiner Amtszeit vermittelte er im Investiturstreit zwischen Kaiser und Papst und war 1122 entscheidend am Zustandekommen des Wormser Konkordats beteiligt, in dem der Streit schließlich beigelegt wurde. Der streng apostolisch ausgerichtete Bischof stiftete zahlreiche Klöster und vollendete den Bamberger Dom. Ein wesentliches Anliegen war die Christianisierung Pommerns, der er sich auf zwei Missionsreisen (1124–25 und 1128) widmete. 22000 Menschen soll er dort getauft haben. Otto von Bamberg starb am 30. Juni 1139 in Bamberg und wurde im Kloster Michelsberg beigesetzt. Bereits 50 Jahre nach seinem Tod wurde Otto heiliggesprochen.

P

Pachomius

Mönchsvater (* um 287, † 346)

Festtag: 14. Mai
Darstellung: als greiser Mönch, mit Kutte oder Fellkleidung, ein Engel reicht ihm Schrifttafeln mit den Mönchsregeln
Leben und Wirken: Pachomius gilt als Vater des sog. cönobitischen Mönchtums. Geboren als Sohn heidnischer Bauersleute aus Oberägypten, ließ sich Pachomius nach Beenden seines ungewollten Soldatendienstes taufen. Fortan lebte er als Einsiedler, bis er 320 in Tabennisi ein großes Kloster errichtete. Für die Einsiedler stellten die von Pachomius entworfenen Regeln innerhalb von Tabennisi eine ganz neue Lebensweise dar; so verpflichteten sie zur Gemeinschaft bei Gebet, Arbeit und Mahlzeiten sowie zum Gehorsam gegenüber dem Abt. In diesem Amt gründete Pachomius bis zu seinem Tod am 14. Mai 346 neun Männer- und zwei Frauenklöster.

Pankratius

Märtyrer (* um 290, † 304)

Patron: der Erstkommunikanten, Kinder (in Frankreich), der jungen Saat; gegen Kopfschmerzen, Meineid; Eisheiliger
Festtag: 12. Mai
Darstellung: als junger Mann, als Ritter, mit Märtyrerkrone, Palme, Schwert, Herzscheibe
Leben und Wirken: Über Pankratius gibt es kaum gesicherte Angaben. Der Legende nach wurde er in Phygrien in der heutigen Türkei geboren und gelangte nach dem frühen Tod seiner Eltern um das Jahr 303 nach Rom. Dort ließ er sich taufen und half mit seinem ererbten Vermögen den von der Christenver-

Der heilige Pankratius

folgung unter Kaiser Diokletian bedrohten Christen. Im Alter von nur 14 Jahren fiel er selbst dieser Christenverfolgung zum Opfer und wurde am 12. Mai 304 öffentlich enthauptet.
Um das Jahr 500 wurde eine Kirche über dem Grab des Pankratius an der Via Aurelia errichtet, eine Vorgängerin der heutigen Basilika S. Pancrazio fuori le mura. In Deutschland blühte die Verehrung des Heiligen v.a. im 10. Jh., als Kaiser Arnulf von Kärnten die Eroberung Roms auf die Fürbitte zu Pankratius zurückführte. In Deutschland wird Pankratius außerdem als Eisheiliger verehrt.

Pantaleon

Arzt, Märtyrer († 305)

auch: Panteleimon
Patron: von Köln; der Ärzte, Ammen, Hebammen; bei Verlassenheit; gegen Kopfleiden, Auszehrung, Heuschreckenplagen, Viehkrankheiten; einer der Vierzehn Nothelfer
Festtag: 27. Juli
Darstellung: in vornehmer Kleidung, als Märtyrer, an eine Palme gebunden, die Arme auf dem Kopf angenagelt, mit Arznei- oder Salbengefäßen, Palmzweig, Schwert
Leben und Wirken: Pantaleon wurde im 3. Jh. als Sohn eines heidnischen Vaters und einer christlichen Mutter in Nikomedien in der heutigen Türkei geboren. Von seiner Mutter als Christ erzogen, ließ er sich taufen. Schon in jungen Jahren zeigte Pantaleon großes Interesse an der Heilkunst und widmete sich dem Studium der Medizin. Sein Ruf als Arzt war bald so bedeutend, daß ihn der Kaiser Maximian zu seinem Leibarzt ernannte.
Neidische Kollegen zeigten Pantaleon schließlich wegen seines christlichen

Der heilige Pantaleon

Glaubens an, als er versuchte, auch die Kaiserin zu bekehren. Der Legende nach trat daraufhin Maximian zurück und ging mit seiner Frau ins Exil. Unter seinem Nachfolger Galerius wurde Pantaleon eingekerkert und gefoltert. Man band ihn an einen Ölbaum, nagelte ihm die Arme auf den Kopf und enthauptete ihn schließlich.
Schon im 4. und 5. Jh. wurde der Heilige verehrt, 550 ließ Kaiser Justinian ihm zu Ehren eine Kirche in Konstantinopel erbauen. Reliquien befinden sich heute in aller Welt, u.a. in St-Denis, Lyon, Genua sowie in der St.-Pantaleon-Kirche in Köln.

Papias von Hierapolis

Bischof († um 120)

Festtag: 22. Februar
Darstellung: als Bischof, mit Stab und Fahne
Leben und Wirken: Papias stammte aus Hierapolis in der heutigen Türkei und wurde Bischof seiner Heimatstadt. Er verfaßte Schriften mit dem Titel „Erklärungen der Sprüche des Herrn", die eine wichtige Rolle bei der Entstehung der Evangelien spielten. Früher sah man dies allerdings nicht so, und Eusebius von Cäsarea übte im 4. Jh. aufgrund dieser Schriften heftige Kritik an Papias. Über das Lebensende des Papias liegen keine gesicherten Informationen vor. Eine spätere Legende berichtet allerdings, daß er das Martyrium erlitt.

Paschalis Baylón

Franziskaner-Laienbruder
(* 1540, † 1597)

Patron: der Diözese Segorbe-Castellón de la Plana; der eucharistischen Vereinigungen und Bruderschaften, Köche, Hirten
Festtag: 17. Mai
Darstellung: in der Ordenstracht der Franziskaner, mit Hirtenstab, Gartenschaufel, Monstranz
Leben und Wirken: Geboren in Aragonien, war Paschalis Baylón zunächst Hirte im Dienst eines Gutsherren. Im Jahre 1564 trat er als Laienbruder in das Franziskanerkloster Montforte ein und verrichtete in den folgenden Jahren einfache Arbeiten in mehreren Klöstern, u.a. als Pförtner. Er zeichnete sich durch große Demut, Nächstenliebe und eine ausgeprägte Verehrung der Eucharistie aus. Am 17. Mai 1597 starb er im Kloster Villareal in der Nähe von Valencia.
In der Kirche dieses Klosters wurde Paschalis Baylón auch beigesetzt und an seinem Grab ereigneten sich in der Folgezeit zahlreiche Wunder. 1690 wurde er heiliggesprochen. Sein Grab wurde jedoch im spanischen Bürgerkrieg entehrt und die Reliquien verbrannt.

Patricius

Bischof (* um 385, † um 461)

auch: Patrick
Patron: von Irland; der Bergleute, Böttcher, Schmiede, Friseure, des Viehs; gegen Viehkrankheiten, Ungeziefer, alles Böse; für die armen Seelen
Festtag: 17. März
Darstellung: im bischöflichen Gewand, mit Mitra, Kreuzstab, Kleeblatt, Schlangen, Feuer, Vieh
Leben und Wirken: Patricius ist der Nationalheilige Irlands, seine Verehrung breitete sich durch irische Auswanderer bis nach Amerika und Australien aus. Ihm ist die Christianisierung Irlands zuzuschreiben.

Um das Leben des hl. Patricius ranken sich zahlreiche Legenden. Geboren wurde er um das Jahr 385 im römischen Britannien. Er war zwar Christ, führte jedoch ein eher weltliches Leben. Im Alter von 16 Jahren wurde er von irischen Seeräubern nach Irland verschleppt, wo er als Sklave diente. Während dieser Zeit setzte ein religiöser Wandel ein. Nach sechs Jahren gelang ihm die Flucht, jedoch vernahm er bald darauf eine innere Stimme, die ihn drängte, nach Irland zurückzukehren, um dort den christlichen Glauben zu verkünden. Er lebte zunächst einige Jahre als Mönch auf dem Festland, bevor er 432 in Irland zum Nachfolger des ersten irischen Bischofs Palladius ernannt wurde. In der Folgezeit unternahm er zahlreiche Missionsreisen und vollbrachte so den Anschluß Irlands an die christliche Welt. Um das Jahr 444 teilte er Irland in Diözesen auf und setzte Bischöfe ein. Seinen eigenen Bischofssitz richtet er im nordirischen Armagh ein. Sein Wirken rechtfertigte er kurz vor seinem Tod in der Schrift „Confessio". Patricius starb vermutlich 461 in Armagh, sein Grab wurde jedoch nie gefunden.

Der heilige Patricius

Die einzige Reliquie des hl. Patricius, ein Zahn, befindet sich heute im Nationalmuseum in Dublin. Der Festtag des hl. Patricius wird von der irischen Bevölkerung am 17. März mit großer Begeisterung gefeiert. Der Legende nach scheint an diesem Tag immer die Sonne, damit man ausgiebig feiern kann. Die Iren befestigen sich dabei ein Kleeblatt am Hut oder an der Jacke, das die Trinität symbolisieren soll. So wurde das Kleeblatt auch zum irischen Nationalemblem.

Patroclus

Märtyrer (* um 200, † 259)

Patron: von Soest
Festtag: 21. Januar
Darstellung: in vornehmer Kleidung, als Soldat, mit Schwert, Fahne, Schild, Palme
Leben und Wirken: Patroclus stammte aus dem französischen Troyes und erlitt dort vermutlich während der Christenverfolgungen unter Kaiser Valerian das Martyrium.
Seine Reliquien gelangten 964 nach Soest, wo sie im Patroklidom aufbewahrt werden.

Paul vom Kreuz

Ordensgründer, Mystiker (* 1694, † 1775)

Patron: der Passionisten
Festtag: 19. Oktober
Darstellung: in der schwarzen Ordenstracht der Passionisten, mit Lilie, Rosenkranz, Kreuz, Buch, Totenkopf, Leidenswerkzeugen
Leben und Wirken: Geboren in Ovada in Piemont als Sohn einer verarmten Adelsfamilie, beschloß Paul vom Kreuz im Alter von 22 Jahren, sein Leben Gott zu weihen. Nachdem er bereits 1725 die Zustimmung des Papstes zur Gründung eines Ordens erhalten hatte, setzte er dieses Vorhaben 1737 in die Tat um, als er am Monte Argentario bei Ortobello die erste Niederlassung des Ordens vom Leiden Christi, der Passionisten, gründete. Die von Paul verfaßte Regel wurde jedoch zunächst vom Papst wegen ihrer Strenge abgelehnt, eine mildere Version wurde schließlich 1741 genehmigt. Paul vom Kreuz starb am 18. Oktober 1775 in Rom im Kloster SS. Giovanni e Paolo, wo er auch bestattet wurde. Er wurde 1867 heiliggesprochen.

Paul Miki

(* um 1565, † 1597)

auch: Paul Michi
Festtag: 6. Februar
Darstellung: als Märtyrer am Kreuz
Leben und Wirken: Paul Miki wurde 1565 im japanischen Kyoto als Sohn einer christlichen Familie geboren. Im Alter von 22 Jahren trat er in den Jesuitenorden ein und wurde in den folgenden Jahren einer der wichtigsten Missionare Japans. Im Zuge der Christen-

verfolgung unter Shogun Toyotomi Hideyoshi wurde er 1596 zusammen mit 25 anderen Christen verhaftet und zum Kreuzestod verurteilt. Paul Miki wurde am 5. Februar 1597 in Nagasaki hingerichtet. 1862 wurde er heiliggesprochen.

Paula von Rom

(* 347, † 404)

auch: Paula Romana
Festtag: 26. Januar
Darstellung: als Pilgerin, mit Kopftuch, Stab, Kürbisflasche, Geißel, Schreibfeder, Buch, manchmal auch mit →Hieronymus
Leben und Wirken: Geboren in Rom, entstammte Paula einer vornehmen christlichen Familie. Nach dem frühen Tod ihres Mannes, dem sie fünf Kinder geschenkt hatte, schloß sich Paula einem Kreis vornehmer römischer Frauen um die Witwe →Marcella an, den ab 382 der berühmte →Hieronymus betreute. 385 folgte sie ihrem Seelenführer zusammen mit ihrer Tochter nach Palästina, wo sie gemeinsam die heiligen Stätten besuchten. Ein Jahr später ließen sich die beiden Frauen in Bethlehem nieder, gründeten ein Pilgerhaus sowie ein Mönchskloster und ein Nonnenkloster, in dem sie fortan selbst lebten und das sie leiteten. Paula widmete sich dort bis zu ihrem Tod am 26. Januar 404 den theologischen Studien. Bekannt ist die tiefgläubige Paula nicht zuletzt dank des ehrenden Nachrufs, den Hieronymus in einem seiner berühmten Briefe niederschrieb.

Paulin von Trier

Bischof, Märtyrer (* um 300, † 358)

Festtag: 31. August
Darstellung: als Bischof, mit Taube
Leben und Wirken: Paulin wurde vermutlich in Aquitanien geboren und wurde 346 zum Bischof von Trier ernannt. Auf der Synode von Arles weigerte er sich als einziger, →Athanasius zu verurteilen und wurde deshalb von Kaiser Konstantius II. nach Phygrien in der heutigen Türkei verbannt. Dort starb er am 31. August 358 unter großen Entbehrungen.
Aufgrund dieser Entbehrungen wird Paulin von Trier als Märtyrer verehrt. Gegen Ende des 4. Jhs. wurden seine Gebeine nach Trier überführt und in der Krypta der Paulinuskirche beigesetzt.

Paulinus von Nola

Bischof (* um 353, † 431)

Patron: von Nola, Regensburg; der Müller
Festtag: 22. Juni
Darstellung: als Bischof, Almosen austeilend, mit Korb, Schaufel, Gießkanne
Leben und Wirken: Paulinus von Nola wurde in der Nähe von Bordeaux als

Sohn einer christlichen Senatorenfamilie geboren. Kurz nach seiner Hochzeit ließ er sich taufen. Nach dem frühen Tod seines Sohnes beschloß er, der Welt zu entsagen und widmete sich theologischen Studien. 394 wurde Paulinus in Barcelona zum Priester geweiht. Er ließ sich schließlich in Nola in Kampanien in der Nähe des Grabes des hl. Felix von Nola nieder und gründete dort eine Mönchsgemeinschaft, die in strenger Askese lebte. 409 wurde Paulinus schließlich Bischof von Nola. Er stand u.a. in Briefwechsel mit →Augustinus, →Martin von Tours und →Hieronymus. Am 22. Juni 431 starb Paulinus in Nola.

Seine Gebeine wurden um 1000 nach Rom überführt, 1908 aber wieder nach Nola zurückgebracht. Die Einwohner der italienischen Stadt ehren ihren berühmten Bischof jedes Jahr am 26. Juni mit einem Volksumzug.

Paulus

(nicht der Apostel)

→Johannes und Paulus

Paulus

Apostel, Märtyrer († 67)

Patron: der nach ihm benannten Orden und religiösen Genossenschaften, der katholischen Presse, der Theologen, Seelsorger, Arbeiterinnen, Weber, Teppichweber, Seiler, Sattler, Korbflechter, Schwertfeger; gegen Krämpfe, Ohrenkrankheiten, Schlangenbisse, Angst; für Fruchtbarkeit der Äcker, Regen

Festtag: 29. Juni

Darstellung: als Apostel, oft zusammen mit →Petrus, mit Buch, Schwert, drei Quellen

Leben und Wirken: Die Lebensgeschichte des Paulus hat sich in einer bekannten Redewendung niedergeschlagen: „Vom Saulus zum Paulus werden" bedeutet, seine Ansichten plötzlich radikal ins Gegenteil zu verändern. Wie keinem anderen Apostel ist es Paulus zu verdanken, daß das Abendland christlich werden konnte; unschätzbar ist

Der Apostel Paulus

der theologische Einfluß, den er durch seine zahlreichen Briefe ausgeübt hat. Geboren wurde Paulus – oder Saulus, so sein ursprünglicher Name – in Tarsus in der heutigen Türkei als Sohn jüdischer Eltern. Ganz in der jüdischen Tradition erzogen, studierte er in Jerusalem die Schrift, erlernte aber nebenbei auch das Handwerk eines Zeltmachers. Aufgrund seiner Erziehung und seiner Ausbildung entwickelte er sich zu einem fanatischen Christenverfolger und wohnte auch der Steinigung des →Stephanus bei.

Seine Bekehrung erfolgte um das Jahr 34 auf einem Ritt nach Damaskus, wo Saulus weitere Christenverfolgungen organisieren wollte. Kurz vor den Toren der Stadt erschien ihm der Gekreuzigte, ein Ereignis, das ihn blind zu Boden stürzen ließ. Als man ihn nach Damaskus geführt hatte, traf er dort den Christen Ananias, der ihn wieder sehend machte und taufte. Saulus änderte seinen Namen in Paulus und widmete fortan sein Leben der Verbreitung des christlichen Glaubens. Er ging zunächst nach Arabien und unternahm in den folgenden Jahren Missionsreisen nach Kleinasien, Mazedonien und Griechenland. Um das Jahr 61 gelangte er nach Rom, wo er den Apostel →Petrus traf. Paulus wurde schließlich während der Christenverfolgungen unter Kaiser Nero gefangengenommen und kurz darauf enthauptet. Der Legende nach entsprangen an den drei Stellen, an denen sein abgeschlagenes Haupt aufschlug, drei Quellen.

Über der Grabstätte des Paulus wurde gegen Ende des 4. Jhs. eine Basilika errichtet, die heutige Kirche S. Paolo fuori le mura, nach dem Petersdom die zweitgrößte Kirche Roms. Auch in Tarsus, Münster, Frankfurt, Corvey, London, Malta, Saragossa und Utrecht wird Paulus verehrt. Da seine Lebensgeschichte eng mit der des Petrus verknüpft ist – beide begegneten sich mehrmals und erlitten ähnliche Martyrien – wird ihrer an einem gemeinsamen Festtag gedacht. Weitere Festtage zu Ehren des Paulus sind: 25. Januar (Pauli Bekehrung), 16. April (Translation des Hauptes), 6. Juli (erste Ankunft in Rom), 1. September (Wiedererlangung der Sehkraft), 18. November (Weihung der Kirche S. Paolo fuori le mura).

Paulus von Theben

Eremit (* um 228, † um 341)

Patron: der Pauliner, der Korb- und Mattenmacher
Festtag: 15. Januar
Darstellung: in einem aus Palmenblättern geflochtenen Gewand, mit Rabe, Brot, Löwen
Leben und Wirken: Geboren in Ägypten als Sohn reicher Eltern, flüchtete Paulus von Theben während der Christen-

verfolgung unter Decius ins Gebirge, wo er rund 90 Jahre als Anachoret in einer Höhle lebte. Im Alter von 113 wurde er dort von →Antonius dem Großen besucht, der ihn nach seinem Tode auch bestattete.
Reliquien von Paulus von Theben befinden sich in Venedig und in Buda im Kloster des 1212 gegründeten Paulinerordens.

Pedro Claver

→Petrus Claver

Perpetua und Felicitas

Märtyrerinnen († 202/203)

Festtag: 7. März
Darstellung: voneinander Abschied nehmend, mit Kuh; Perpetua mit Kind
Leben und Wirken: Perpetua und Felicitas stammten aus Karthago, Perpetua aus einer vornehmen Familie, Felicitas dagegen war Sklavin. Unter Kaiser Septimus Severus wurden die beiden Frauen verhaftet, weil sie sich auf die Taufe vorbereiteten – dies hatte der Kaiser bei Todesstrafe verboten. Dennoch ließen sich Perpetua und Felicitas im Kerker taufen und wurden deswegen am 7. März 202 oder 203 in der Arena von Karthago wilden Tieren vorgeworfen. Als sie dieses Martyrium überlebten, wurden sie mit Dolchstichen in den Hals getötet.
Über der Grabstätte von Perpetua und Felicitas wurde später eine Basilika errichtet. Auch wurden sie in den Kanon der Römischen Messe aufgenommen.

Peter Chanel

Märtyrer (* 1803, † 1841)

auch: Petrus Chanel, Pierre Chanel
Festtag: 28. April
Leben und Wirken: Geboren im französischen Potière, schloß sich Peter Chanel den Maristen an und ging als Missionar nach Ozeanien. Ab 1837 wirkte er als Glaubensbote auf Futuna, einer der Fidschi-Inseln, jedoch blieben ihm größere Erfolge versagt. Als sich schließlich der Sohn des dortigen Königs bekehren ließ, sah sich der König in seiner Herrschaft bedroht und ließ Peter Chanel am 28. April 1841 ermorden. Kurz nach Peters Tod ließ sich jedoch die gesamte Bevölkerung der Insel taufen. Peter Chanel wurde 1925 heiliggesprochen.

Peter Friedhofen

Ordensgründer (* 1819, † 1860)

Festtag: 21. Dezember
Leben und Wirken: Peter Friedhofen stammte aus Weitersburg bei Vallendar und arbeitete seit seinem 15. Lebensjahr als Schornsteinfeger. Schon als

Kind hatte er sich zum Apostolat hingezogen gefühlt, und auch später bewegte ihn das Elend, das er auf seinen Wanderschaften sah, sehr. So gründete er 1850 in Weitersburg die Gemeinschaft der „Barmherzigen Brüder von Maria Hilf", die sich besonders die Pflege von Kranken und Alten zur Aufgabe machte. 1851 verlegte er seinen Orden nach Koblenz. Dort starb Peter Friedhofen am 21. Dezember 1860.
1888 wurde das Mutterhaus der Gemeinschaft nach Trier verlegt, 1928 wurden auch die Gebeine Peter Friedhofens dorthin überführt. Die „Barmherzigen Brüder" wirken heute auch in Asien und Südamerika. Peter Friedhofen wurde 1985 seliggesprochen.

Petrus

(nicht der Apostel)

→Marcellinus und Petrus

Petrus

Apostel, Papst, Bischof, Märtyrer

(† 64/67)

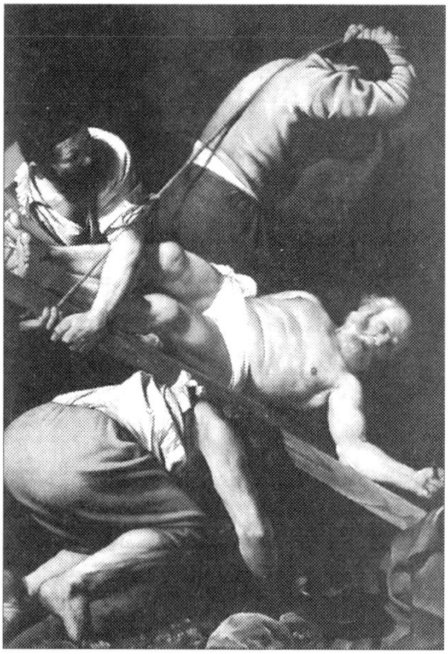

Der Apostel Petrus

auch: Simon Petrus, Kephas
Patron: der Diözese Berlin, der Stadt und des Kantons Genf; der Päpste, Glaser, Uhrmacher, Schreiner, Metzger, Schmiede, Schlosser, Ziegelbrenner, Maurer, Töpfer, Bleigießer, Walker, Tuchweber, Brückenbauer, Steinmetze, Fischer, Fischhändler, Netzmacher, Schiffer, Schiffbrüchigen, Büßer, Beichtenden, Jungfrauen; gegen Fieber, Tollwut, Schlangenbisse, Besessenheit, Fußleiden, Diebstahl
Festtag: 29. Juni
Darstellung: als Apostel oder Papst, oft zusammen mit →Paulus, mit dem Kopf nach unten gekreuzigt, mit Schlüssel, Kreuz, Buch
Leben und Wirken: Der hl. Petrus ist eine herausragende Figur des Christentums. Als erster Papst stand er in direkter Nachfolge Christi und seine Verehrung hat bis heute nicht nachgelassen. Geboren um das Jahr Christi Geburt in Galiläa, war Petrus – oder Simon wie er

ursprünglich hieß – zunächst Fischer, bevor Jesus ihn zusammen mit seinem Bruder →Andreas als Jünger berief. Von Jesus erhielt er auch den Namen Petrus („petros“, griechisch für: Fels), als dieser nach Überlieferung des Evangelisten →Matthäus zu ihm sprach: „Du bist Petrus, der Fels, und auf diesen Felsen will ich meine Kirche bauen“. Durch diese Worte wurde Petrus später zum ersten Papst. Unter den Aposteln war er der anerkannte Wortführer. Auch wenn er Jesus nach der Gefangennahme verleugnete, erschien ihm der Auferstandene dennoch zuerst, vor allen anderen Aposteln. Nach Jesu Himmelfahrt wurde Petrus zum Prediger und unternahm Missionsreisen nach Antiochia und Kleinasien. Um das Jahr 50 leitete er ein Apostelkonzil in Jerusalem, auf dem beschlossen wurde, daß auch Nichtjuden Christen werden könnten. Später gelangte Petrus nach Rom, wo er erneut mit Paulus zusammentraf, doch ließ ihn Kaiser Nero verhaften und zum Tod durch Kreuzigung verurteilen. Der Legende nach bat Petrus darum, mit dem Kopf nach unten gekreuzigt zu werden, da er nicht auf dieselbe Weise sterben wollte wie Jesus. Er starb im Jahre 64 oder 67.

Am 29. Juni 258 wurden seine Gebeine zusammen mit denen des Paulus aus ihren Gräbern geholt, da die Gefahr einer Entweihung bestand. Deshalb legte man dieses Datum als gemeinsamen Festtag von Petrus und Paulus fest. Weitere Festtage des Petrus sind der 22. Februar (Petri Stuhlfeier) und der 1. August (Petri Kettenfeier). Bereits im 4. Jh. wurde über dem Grab des Petrus eine fünfschiffige Basilika errichtet, die später durch den 1626 geweihten Petersdom, den größten Kirchenbau der Welt, ersetzt wurde. In der Confessio beim Hochaltar ruhen auch heute noch die Gebeine des Petrus. Weitere Reliquien befinden sich u.a. in Venedig, London, Metz, München und Köln.

Petrus von Alcántara

Ordensgründer, Mystiker

(* 1499, † 1562)

Patron: von Brasilien; der Bistümer Coria und Estremadura; der Nachtwächter; gegen Fieber

Festtag: 19. Oktober

Darstellung: in der Ordenstracht der Alcantariner, mit Totenkopf, Geißel, Tintenfaß, Buch, Taube, Stern

Leben und Wirken: Petrus von Alcántara war eine herausragende Persönlichkeit seiner Zeit. Er tat sich nicht nur selbst als Ordensgründer und Reformer hervor, sondern unterstützte auch →Theresia von Ávila bei ihrer Reform des Karmelitenordens.

Geboren wurde Petrus als Sohn einer Adelsfamilie im spanischen Alcántara. Bereits im Alter von 16 Jahren trat er in den Franziskanerorden ein, mit 19 Jahren wurde er Pförtner seines Klosters, bevor er 1524 die Priesterweihe empfing. Petrus von Alcántara übte sich in strenger Askese und Kasteiung. So schlief er nach seinem Eintritt ins Kloster keine Nacht mehr als eineinhalb Stunden. Zahlreiche mystische Gnadenbeweise wurden ihm zuteil. 1555 gründete Petrus von Alcántara die Kongregation der Discalceaten, der „Brüder der strengsten Observanz", nach ihrem Gründer auch Alcantariner genannt. Diese Gemeinschaft zeichnete sich durch ihre besondere Strenge aus. Petrus von Alcántara starb am 18. Oktober 1562 im spanischen Arenas. Bestattet wurde er in der Kirche „de la Asunción". Der Ort Arenas trägt seitdem den Zusatz „de San Pedro" in seinem Namen. Petrus von Alcántara wurde 1669 heiliggesprochen.

Petrus Canisius

Kirchenlehrer, Jesuit (* 1521, † 1597)

Patron: der Diözese Innsbruck; der katholischen Schulorganisation
Festtag: 27. April
Darstellung: in der Ordenstracht der Jesuiten
Leben und Wirken: Petrus Canisius ist auch heute noch bekannt als Leiter der Gegenreformation in Deutschland. Berühmtheit erlangte er zudem durch seine drei Katechismen für Studenten, Mittelschüler und Kinder, die schon zu seinen Lebzeiten 200 Auflagen erzielten und bis in die heutige Zeit als grundlegende Lehrbücher dienen.

Der heilige Petrus Canisius

Petrus Canisius wurde als Sohn des Bürgermeisters von Nimwegen geboren und studierte in Köln zunächst die freien Künste, später dann Theologie. 1543 trat er als erster Deutscher in den Jesuitenorden ein und spielte eine maßgebliche Rolle bei der Gründung der ersten Niederlassung der Jesuiten in Deutschland. 1546 wurde Petrus Canisius zum Priester geweiht und widmete sich in den folgenden Jahren unermüdlich der Erhaltung und Erneuerung des katholischen Glaubens in Deutschland, Böhmen, Österreich und in der Schweiz. In dieser Aufgabe gründete er zahlreiche neue Jesuitenkollegien, u.a. in München, Innsbruck und Augsburg. In Wien hatte er eine Professur inne; dreimal wurde ihm dort auch das Amt des Bischofs angetragen, dreimal lehnte Petrus Canisius jedoch ab. Er stand in Kontakt mit allen führenden Katholiken seiner Zeit. 1580 wurde er nach Auseinandersetzungen mit Paul Hoffaeus, seinem Nachfolger als Ordensprovinzial, nach Fribourg in der Schweiz versetzt. Dort gründete er das St.-Michaels-Kolleg und starb schließlich am 21. Dezember 1597 im Alter von 76 Jahren. Seine Gebeine sind in der Kirche des St.-Michaels-Kollegs in Fribourg beigesetzt. 1925 wurde Petrus Canisius heiliggesprochen und zum Kirchenlehrer ernannt.

Petrus Chanel

→Peter Chanel

Petrus Chrysologus

Erzbischof, Kirchenlehrer
(* um 380, † 450)

Patron: gegen Fieber, Tollwut
Festtag: 30. Juli
Darstellung: als Bischof vor dem Altar, mit Hostie, Kelch
Leben und Wirken: Petrus Chrysologus wurde in Forum Cornelii bei Imola in Italien geboren. Um das Jahr 431 wurde er Bischof von Ravenna, das unter ihm zum Erzbistum wurde. Er war ein begnadeter Prediger und Kanzelredner – eine Fähigkeit, der er den Beinamen Chrysologus (= Goldredner) zu verdanken hatte. 183 seiner Predigten sind erhalten geblieben. Petrus Chrysologus war eng mit Papst →Leo I. dem Großen befreundet und bekämpfte mit ihm zusammen die Monophysiten, die nur die Mensch gewordene göttliche Natur in Christus anerkannten. Als er seinen Tod nahen spürte, kehrte er in seinen Heimatort Forum Cornelii zurück, wo er am 3. Dezember 450 starb. Seine Gebeine werden noch heute im Dom von Imola verehrt. 1729 wurde Petrus Chrysologus zum Kirchenlehrer ernannt.

Petrus Claver

Missionar, Jesuit (* 1580, † 1654)

auch: Pedro Claver
Patron: der sog. Negermission, der Missionsschwestern vom heiligen Petrus Claver
Festtag: 8. September
Darstellung: als Priester, in der Ordenstracht der Jesuiten, mit Schwarzen
Leben und Wirken: Petrus Claver stammte aus dem spanischen Verdú und trat

1592 in den Jesuitenorden ein. Er studierte zunächst Philosophie und Theologie, doch dann erwachte sein Interesse an der Mission und Petrus Claver ging über Westindien nach Cartagéna in Kolumbien. Im damaligen Zentrum des Sklavenhandels empfing er die Priesterweihe und kümmerte sich die nächsten 40 Jahre aufopfernd um das materielle und seelische Wohl afrikanischer Sklaven. Über 300 000 Schwarze soll er in dieser Zeit getauft haben, weshalb man ihm den Beinamen „Apostel der Neger“ gab. Petrus Claver starb am 8. September 1654 in Cartagéna. Er wurde in der kurz nach seinem Tode errichteten Kirche S. Pedro Claver bestattet. 1888 wurde er heiliggesprochen.

Petrus Cölestinus

→Cölestin V.

Petrus Damiani

Kardinal, Bischof, Kirchenlehrer, Benediktiner (* um 1007, † 1072)

Patron: gegen Kopfschmerzen
Festtag: 21. Februar
Darstellung: als Einsiedler, mit Kreuz, Geißel
Leben und Wirken: Geboren wurde Petrus Damiani in Ravenna. Nach einer Jugend voll Entbehrungen ermöglichte ihm sein Bruder Damianus das Theologiestudium in Ravenna, Parma und Faenza. Aus Dankbarkeit nahm Petrus daraufhin den Beinamen Damiani an. 1035 trat er in das Benediktinerkloster in Fonte Avellana ein, eine Eremitenkongregation, die sich durch besondere Strenge auszeichnete. 1043 wurde er Prior dieses Klosters. In den folgenden Jahren verfaßte er zahlreiche Schriften, in denen er die Abhängigkeit der Kirche vom Staat, das Erkaufen geistlicher Ämter (Simonie) und die moralische Verwahrlosung des Klerus anprangerte. 1057 wurde Petrus Damiani gegen seinen Willen zum Kardinal von Ostia ernannt. Fortan unternahm er zahlreiche Legationsreisen im Dienste des Papstes. So bekämpfte er

Der heilige Petrus Damiani

u.a. den Gegenpapst Honorius II. und konnte Kaiser Heinrich IV. in Mainz von einer Ehescheidung abbringen. Petrus Damiani starb am 22. oder 23. Februar 1072 in Faenza, wo er im Dom bestattet wurde.
Obwohl Petrus Damiani nie offiziell heiliggesprochen wurde, wurde er 1828 zum Kirchenlehrer ernannt.

Petrus Martyr

→Petrus von Verona

Petrus Nolascus

Ordensgründer (* um 1182, † 1256)

Patron: der Gefangenen
Festtag: 28. Januar
Darstellung: in der Ordenstracht der Mercedarier, mit dem aragonesischen Wappen, Fahne, Stab, Kette, befreiten Gefangenen
Leben und Wirken: Petrus Nolascus entstammte einem südfranzösischen Rittergeschlecht und wurde in Carcassonne geboren. Bereits im Alter von 15 Jahren nahm er an einem Kreuzzug gegen die Albigenser teil und lebte danach am Hofe Jakobs I. von Aragón. Der Legende nach hatte Petrus Nolascus eine Vision der Muttergottes, die ihn in seinem Vorhaben, einen Orden zu gründen, bestärkte. Zusammen mit →Raimund von Peñafort gründete er schließlich den Orden der „Seligen Jungfrau Maria vom Loskauf der Gefangenen“, auch Mercedarier oder Nolasker genannt. Besonderes Anliegen der Gemeinschaft, die nach der Augustinerregel lebte, war der Loskauf christlicher Gefangener, Petrus Nolascus befreite selbst etwa 900 Gefangene. Der Ordensgründer starb am 25. Dezember 1256 in Barcelona. Heiliggesprochen wurde Petrus Nolascus 1628.

Petrus von Verona

Dominikaner, Märtyrer
(* um 1205, † 1252)

auch: Petrus Martyr
Patron: der Lombardei, des Herzogtums Modena, von Como, Cremona; der Dominikaner, Wöchnerinnen; gegen Kopfweh, Unwetter, Sturm, Blitz; für eine gute Ernte
Festtag: 6. April
Darstellung: in der Ordenstracht der Dominikaner, den Finger an den Mund gelegt, mit klaffender Kopfwunde, Messer, Schwert, Palme, Kreuz
Leben und Wirken: Petrus wurde in Verona als Sohn albigensischer Eltern geboren, erzogen wurde er allerdings katholisch. 1221 trat er in den Dominikanerorden ein und wurde in der Folgezeit päpstlicher Gesandter sowie Prior einer Reihe von Klöstern, u.a. auch in Como. So beliebt er auch als Prediger war, so inbrünstig wurde er von den Irrgläubigen gehaßt. Am 6. April 1252 wurde er deshalb in Farga bei Mailand

erdolcht. Seine Gebeine fanden ihre letzte Ruhestätte in der Kirche S. Eustorgio in Mailand; Reliquien des Petrus von Verona befinden sich u.a. auch in Wien und Graz. Bereits ein Jahr nach seinem Tod wurde er heiliggesprochen.

Philipp Neri

Ordensgründer, Oratorianer
(* 1515, † 1595)

Patron: der Humoristen; gegen Erdbeben, Unfruchtbarkeit der Frauen, Gliederschmerzen
Festtag: 26. Mai
Darstellung: als Oratorianer in schwarzer Soutane, mit Birett, Rosenkranz, Stab, flammendem Herzen, Lilie, Engel mit Buch
Leben und Wirken: Philipp Neri ist eine der bedeutendsten Gestalten der katholischen Reform. Auch in der Musikgeschichte blieb er nicht ohne Wirkung: So gab der von ihm gegründete Orden der Oratorianer der Musikgattung Oratorium ihren Namen.
Geboren wurde Philipp Neri in Florenz, seine Erziehung unterlag den Dominikanern des Klosters S. Marco. 1535 ging er nach Rom, wo er 16 Jahre lang als Hauslehrer arbeitete. Nebenbei pflegte er Kranke, widmete sich dem Studium der Theologie und führte ein Leben in strenger Askese. 1548 gründete Philipp Neri zusammen mit seinem Beichtvater eine Dreifaltigkeits-Bruderschaft zur Pflege von armen und kranken Rompilgern. Drei Jahre später wurde er zum Priester geweiht und schloß sich der Priestergemeinschaft bei der Kirche S. Girolamo della Carità an. 1552 gründete er schließlich den Orden der Oratorianer. Sein besonderes Interesse galt der religiösen Erneuerung Roms, die er durch neue Methoden der Seelsorge zu bewirken versuchte. So hielt er z.B. spezielle Predigten für Kinder und komponierte geistliche Lieder in der Volkssprache, die er zusammen mit den Kindern sang. Zu seinen Freunden zählten u.a. →Karl Borromäus, →Franz von Sales und →Ignatius von Loyola. Durch seine Freundlichkeit und sein heiteres Wesen erfreute sich Philipp Neri großer Beliebtheit beim Volk und wurde schon zu Lebzeiten „il Santo“ (der Heilige) genannt. Mehrmals lehnte er die Kardinalswürde ab. Philipp Neri starb am 26. Mai 1595 und wurde in der Kirche S. Maria in Vallicella in Rom beigesetzt. Heiliggesprochen wurde er 1622.

Philippus

Apostel, Märtyrer († im 1. Jh.)

Patron: von Luxemburg; Brabant, Sorrent, Philippeville; mit →Jakobus dem Jüngeren: von Dieppe; der Krämer, Walker, Gerber, Hutmacher, Konditoren, Pastetenbäcker

Der Apostel Philippus

Festtag: 3. Mai (in Einsiedeln: 4. Mai; in der Ostkirche: 14. November)
Darstellung: als Apostel, mit Kreuz, Buch
Leben und Wirken: Über das Leben des Philippus ist wenig bekannt. Er stammte aus Bethsaida am See Genezareth und war ursprünglich Fischer und ein Freund des →Andreas. Zunächst war er ein Jünger von →Johannes dem Täufer, bevor er von Jesus zum Apostel berufen wurde. Nach der Auferstehung Jesu wirkte er vermutlich in Phygrien. Über sein Lebensende gibt es keine gesicherten Informationen. Der Legende nach wurde er um das Jahr 81 gekreuzigt, eine andere Überlieferung berichtet von einem Tod durch Steinigung. Reliquien des hl. Philippus befinden sich u.a. in der Kirche Dodeci Apostoli in Rom, in Florenz, Paris, Prag und Köln sowie im bayerischen Kloster Andechs. Ein weiterer Festtag ist auch der 28. Februar.

Philippus von Hierapolis

Diakon, Bischof († im 1. Jh.)

auch: Philippus von Jerusalem, Philippus der Evangelist
Festtag: 6. Juni
Darstellung: als Diakon
Leben und Wirken: Über das Leben des Philippus von Hierapolis gibt es kaum gesicherte Informationen. Er soll einer der sieben hll. Diakone gewesen sein und nach dem Märtyrertod des hl. →Stephanus als Glaubensbote in Palästina gewirkt haben. Weil er das Evangelium predigte, erhielt er den Beinamen „Evangelist". Nach einer späteren Legende soll er Bischof von Tralles in Lydien in Kleinasien gewesen sein. Auch Berichte über ein Martyrium in Hierapolis, wo Philippus begraben wurde, existieren.

Pierre Chanel

→Peter Chanel

Pilt

→Hippolyt der Soldat

Pirmin

Abtbischof, Benediktiner
(* um 690, † 753)

Patron: der Pfalz, des Elsaß, von Innsbruck, des Klosters Reichenau; gegen Augenleiden, Pest, Speisevergiftungen, Rheumatismus, Schlangen, Ungeziefer
Festtag: 3. November

Der heilige Pirmin

Darstellung: als Abt, mit Kreuz, Schlangen
Leben und Wirken: Über die Herkunft des hl. Pirmin ist so gut wie nichts bekannt. Sein Name läßt auf eine keltische Abstammung schließen, manche Quellen bezeichnen ihn aber auch als Westgoten. Sicher ist, daß er um 720 zum Wanderbischof geweiht wurde und von diesem Zeitpunkt an am Oberrhein wirkte. Dort gründete er 724 das Kloster auf der Reichenau im Bodensee. Später folgten die Klöster Murbach und Hornbach. Auch reformierte er zahlreiche Klöster, darunter Schuttern und Maursmünster, wo er die Benediktinerregel einführte. Pirmin starb am 3. November 753 in Hornbach.
Nach der Auflösung des Klosters 1558 wurden seine Gebeine nach Speyer gebracht, wenig später nach Innsbruck, wo sie heute in der Jesuitenkirche ruhen. Weitere Reliquien des hl. Pirmin befinden sich u.a. in Bern, Augsburg und Pirmasens – eine Stadt, für deren Name er Pate stand.

Pius V.

Papst, Dominikaner (* 1504, † 1572)

Festtag: 30. April
Darstellung: in der weißen Ordenstracht der Dominikaner, als Papst, mit Rosenkranz, Buch, Kreuz
Leben und Wirken: Geboren wurde Pius V. als Michele Ghislieri im norditalieni-

schen Bosco. Bereits im Alter von 14 Jahren trat er in den Dominikanerorden ein und wurde zehn Jahre später zum Priester geweiht. In der Folgezeit bekleidete er einige hohe kirchliche Ämter, bevor er 1566 zum Papst gewählt wurde. Er achtete auf strenge Askese und drängte den Klerus zu Moral und Sitte. Leidenschaftlich kämpfte er gegen das Erkaufen geistlicher Ämter (Simonie). Auch gab Pius V. ein neues Meßbuch heraus, das bis 1969 weitgehend seine Gültigkeit bewahrte. Seinen kirchenpolitischen Bemühungen ist auch der Seesieg über die Türken bei Lepante im Jahre 1571 zu verdanken, zu dessen Gedächtnis Pius V. das Rosenkranzfest einführte. Der Papst starb schließlich am 1. Mai 1572.
Er fand seine letzte Ruhestätte in der Kirche S. Maria Maggiore in Rom. 1712 wurde Pius V. heiliggesprochen.

Pius X.

Papst (* 1835, † 1914)

Patron: der Esperantisten, des Päpstlichen Werkes der Heiligen Kindheit
Festtag: 21. August
Darstellung: als Bischof, Kardinal, Papst
Leben und Wirken: Geboren wurde Pius X. als Giuseppe Sarto in Riese als Sohn einer Bauersfamilie. Nachdem er seine Kindheit und Jugend in ärmlichen Verhältnissen verbracht hatte, wurde er 1858 zum Priester geweiht. In der Folgezeit wurde er Bischof von Mantua und Patriarch von Venedig. 1903 wurde er schließlich zum Papst gewählt. Während seiner Amtszeit setzte er das Alter für die Erstkommunion herab, erneuerte den Gregorianischen Choral, das Meßbuch und den Kalender und setzte sich für eine Reform des kirchlichen Rechts und des Theologiestudiums ein. So reformfreudig er auf theologischem Gebiet war, so unnachgiebig zeigte er sich auf politischem und sozialem Boden, wo er sich explizit gegen den Modernismus wandte. Pius X. starb am 20. August 1914. Er fand seine letzte Ruhestätte im Petersdom und wurde 1954 heiliggesprochen.

Placidus

→Sigisbert und Placidus

Pölt

→Hippolyt der Soldat

Polykarp von Smyrna

Bischof, Märtyrer
(* um 70, † 155/156)

Festtag: 23. Februar
Darstellung: als Bischof, Greis, Märtyrer, mit Palme, Krone
Leben und Wirken: Ein Brief der Kirche von Smyrna an eine christliche Gemeinde aus dem Jahr 156, in dem das

Martyrium des Polykarp beschrieben wird, gilt als das älteste Zeugnis der Heiligenverehrung.
Über die genaue Herkunft des Polykarp ist nichts bekannt. Um das Jahr 100 wurde er noch vom Apostel Johannes (→Johannes der Evangelist) selbst zum Bischof von Smyrna ernannt. Berühmt ist v.a. sein Brief an die Philipper. 154 reiste Polykarp nach Rom, wo er mit dem Papst über die Festlegung des Ostertermins sprechen wollte, jedoch blieben die Diskussionen ohne Ergebnis. Nach seiner Rückkehr nach Smyrna wurde er von Heiden zum Feuertod verurteilt. Die Flammen konnten ihm jedoch nichts anhaben, und so wurde Polykarp schließlich am 23. Februar 155 oder 156 mit einem Dolchstoß getötet.
Seine Reliquien befinden sich heute in der Kirche S. Ambrogio della Massima in Rom.

Pontianus

Papst († 236)

Patron: von Velletri
Festtag: 13. August
Darstellung: als Papst, mit Bart
Leben und Wirken: Über die Herkunft des hl. Pontianus gibt es keine gesicherten Informationen. Im Jahre 230 wurde er zum Papst gewählt, zur Zeit des ersten Schismas der Kirchengeschichte. Sein Gegenpapst war →Hippolyt von Rom. Beide wurden vom Kaiser nach Sardinien verbannt, wo sie in den Bergwerken arbeiten mußten. Pontianus dankte am 28. August 235 ab, auch Hippolyt verzichtete auf sein Amt. Ein Jahr später starben beide an den Folgen der harten Arbeit.
Pontianus wurde am 13. August 236 in der Kalixtus-Katakombe in Rom bestattet, 1909 wurde seine Grabplatte wiederentdeckt.

Prochorus

Diakon, Bischof, Märtyrer
(† im 1./2. Jh.)

Festtag: 9. April
Darstellung: als Diakon, mit Buch, Palme
Leben und Wirken: Prochorus war einer der sieben hll. Diakone in Jerusalem und kümmerte sich im Auftrag der Apostel um die hellenischen Witwen. Auch der Sekretär des Apostels Johannes (→Johannes der Evangelist) soll er gewesen sein. Von Jesus soll er zur Mission ausgesandt worden sein. Später soll Prochorus außerdem Bischof in Nikomedien oder Antiochia gewesen sein und das Martyrium erlitten haben.

Protasius

→Gervasius und Protasius

Q

Quirikus

→Julitta und Quirikus

Quirinus von Neuss

Märtyrer († um 130)

auch: Quirinus von Rom
Patron: von Neuss; der Pferde, Rinder, des Ritterstandes; gegen Pest, Pocken, Lähmung, eitrige Geschwüre, Gicht, Knochenfraß, Ohren- und Augenleiden, Hautausschlag, Kropf, Bein- und Fußleiden
Festtag: 30. März (in Neuss und Köln: 30. April)
Darstellung: als römischer Offizier, mit Schild, auf dem sich neun Kugeln befinden; im Martyrium
Leben und Wirken: Über das Leben des hl. Quirinus, der neben →Antonius dem Großen, →Hubert von Maastricht und Lüttich und →Kornelius zu den „Vier heiligen Marschälle" zählt, ist nichts Genaues bekannt.
Der Legende nach war er ein römischer Tribun, der sich zusammen mit seiner Tochter Balbina von Papst →Alexander I. taufen ließ. Er erlitt den Märtyrertod unter Kaiser Hadrian.
Beigesetzt wurde Quirinus in der Prätextatus-Katakombe in Rom, um das Jahr 1050 gelangten seine Reliquien in das Benediktinerkloster Neuss. Im 13. Jh. wurde dort die Kirche St. Quirin erbaut. Die Verehrung des hl. Quirinus hat sich vom Kölner Raum bis nach Skandinavien ausgebreitet. In Neuss und in Köln wird dem Heiligen am 30. April, dem Translationstag, gedacht.

Der heilige Quirinus von Neuss

Quirinus von Rom

→Quirinus von Neuss,
→Quirinus vom Tegernsee

Quirinus von Siscia

Bischof, Märtyrer († 308/309)

Patron: gegen Fußleiden, Gicht
Festtag: 4. Juni
Darstellung: als Bischof, mit Mitra, Stab, Mühlstein
Leben und Wirken: Quirinus stammte vermutlich aus dem heutigen Kroatien, jedenfalls war er um 300 in der kroatischen Stadt Siscia (Sissek) Bischof. Unter Diokletian wurde er schließlich nach Sabaria (heute: Steinamanger in Ungarn) verschleppt und dort am 4. Juni 308 oder 309 mit einem Mühlstein um den Hals im Fluß Sibaris (heute: Güns) ertränkt.
Im 5. oder 6. Jh. holte man seine Reliquien nach Rom, um sie vor Grabräubern in Sicherheit zu bringen. Dort wurden sie bei S. Sebastiano im Mausoleum Platonia an der Via Appia beigesetzt. Weitere Reliquien des Quirinus von Siscia befinden sich im Mailänder Dom.

Quirinus vom Tegernsee

Märtyrer († 269)

auch: Quirinus von Rom
Patron: gegen Ohren- und Augenleiden, Pest
Festtag: 16. Juni
Darstellung: als Königssohn, Soldat, mit Krone, Zepter, Reichsapfel, Schwert, Palme
Leben und Wirken: Der Legende nach war Quirinus entweder ein Königssohn oder ein Soldat, der in Rom unter Kaiser Claudius II. Gothicus das Martyrium erlitt. Er wurde enthauptet und in den Tiber geworfen.
Später wurde Quirinus in der Pontianus-Katakombe bestattet. 761 wurden seine Gebeine ins Kloster Tegernsee überführt. Eine Überlieferung besagt, sein Sarg wäre bei Bad Wiessee (früher St. Quirin) einmal abgestellt worden, worauf an dieser Stelle eine Quelle mit heilskräftigem Wasser entsprang. Die Verehrung des Quirinus ist hauptsächlich auf Süddeutschland beschränkt.

R

Rabanus Maurus

→Hrabanus Maurus

Radegundis von Thüringen

Königin (* um 518, † 587)

auch: Radegonde, Radegund
Patronin: von Poitiers; der Weber, Töpfer; gegen Geschwüre, Aussatz, Krätze, Grind, Fieber bei Kindern
Festtag: 13. August (in Fulda: 12. August)
Darstellung: als Nonne, mit Krone oder anderen königlichen Insignien zu Füßen, mit Buch, Geißel, Kreuzreliquie; manchmal auch als Königin
Leben und Wirken: Radegundis war die Tochter des Thüringerkönigs Berthachar. Als sein Reich 531 von dem Frankenkönig Chlotar I. vernichtet wurde, verschleppte der Eroberer Radegundis als Geisel und zwang sie 536 zur Heirat. Radegundis ertrug fast 20 Jahre Ehe mit dem rohen König, bis dieser ihren Bruder Chlotachar ermorden ließ. Um 555 floh sie deshalb zu Bischof →Medardus von Noyon, der ihr den Nonnenschleier gab. Bei Poitiers gründete Radegundis später ein Kloster, das ihre Pflegetochter Agnes leitete. Radegundis selbst widmete sich dort den Werken der Nächstenliebe bis zu ihrem Tod am 13. August 587.
Das Grab der tiefgläubigen Königin, in der ihr zu Ehren St-Radegonde genannten Kirche in Poitiers, wird noch heute von zahlreichen Wallfahrern besucht.

Raimund von Peñafort

Ordensgeneral, Dominikaner
(* um 1175, † 1275)

Patron: der Kirchenrechtsgelehrten
Festtag: 7. Januar
Darstellung: in der Ordenstracht der Dominikaner, über das Meer fahrend, entweder auf seinem ausgebreiteten

Der heilige Raimund von Peñafort

Mantel oder mit dem Mantel als Segel eines Bootes

Leben und Wirken: Raimund von Peñafort wurde um 1175 bei Barcelona geboren. In Bologna studierte er Rechtswissenschaft und wurde schließlich Professor für Kirchenrecht. 1222 verfaßte er die Statuten für den neugegründeten Orden der Mercedarier, nach ihrem Gründer →Petrus Nolascus auch Nolasker genannt. Im selben Jahr trat er in den Dominikanerorden ein und wirkte dort als Rechtsgelehrter und Schriftsteller. Als dritter Ordensgeneral zeichnete er sich für eine Neufassung der Konstitution des Dominikanerordens verantwortlich. Darüber hinaus gründete Raimund von Peñafort Sprachschulen, in denen orientalische Sprachen gelehrt wurden, um die Mission wirkungsvoller durchführen zu können. Er starb im Alter von etwa 100 Jahren am 6. Januar 1275 in Barcelona. Sein Grab befindet sich in der Kapelle San Raimundo in der Kathedrale Santa Eulalia in Barcelona. Raimund von Peñafort wurde 1601 heiliggesprochen.

Raphael

Erzengel

Patron: der Kranken, Reisenden, Auswanderer, Pilger, Apotheker, Bergleute, Dachdecker, Schiffer; gegen Pest, Augenleiden

Festtag: 29. September

Darstellung: als Pilger, mit Stab, mit dem jungen Tobias und Fisch

Leben und Wirken: Wie →Gabriel, →Michael und →Uriel ist auch der Erzengel Raphael ein Bote Gottes in menschlicher Gestalt. Er wird in der Bibel nur im Buch Tobias erwähnt, wo er den jungen Tobias auf der Reise begleitet. Er hält ihn an, einen Fisch zu fangen und diesem die Leber zu entnehmen, und bannt auf diese Weise einen bösen Dämon, der die Frau des alten Tobias quält. Den alten Tobias selbst heilt Raphael von seiner Blindheit.

Früher war der Festtag des Erzengels Raphael am 24. Oktober, seit 1969 wird seiner gemeinsam mit Gabriel und Michael am 29. September gedacht. Der 1871 gegründete „Raphaelsverein" nimmt auf das Patronat der Auswanderer und Reisenden Bezug: Er soll katholischen Auswanderern Schutz bieten.

Der Erzengel Raphael

Rasimus

→Erasmus

Regina

Märtyrerin († um 300)

Patronin: der Zimmerleute; gegen Krätze, Geschlechtskrankheiten
Festtag: 7. September
Darstellung: als junge Märtyrerin, mit Schwert, Kreuz, Taube, Krone, Schafen, in einem Kessel oder im Feuer
Leben und Wirken: Über das Leben der Regina gibt es keine gesicherten Informationen. Der Legende nach wurde sie unter Kaiser Maximianus Herkulius um 300 im französischen Alise-Ste-Reine wegen ihres christlichen Glaubens enthauptet. Angeblich gab ihr eigener heidnischer Vater den Auftrag hierzu. Da man der Märtyrerin zahlreiche Wunder zuschrieb, entwickelte sich schon früh eine Wallfahrt zu ihrem Grab. 854 wurden ihre Gebeine nach Flavigny-sur-Ozerain in Burgund übertragen. Auch in Osnabrück befinden sich Reliquien.

Regula

→Felix und Regula von Zürich

Reinold von Köln

Mönch († um 960)

auch: Reinhold von Köln
Patron: von Dortmund; der Maurer, Bildhauer, Steinmetze; gegen Pest
Festtag: 7. Januar
Darstellung: als Mönch, Ritter, mit Kelle, Hammer
Leben und Wirken: Über das Leben des Reinold gibt es keine gesicherten Informationen. Der Legende nach war er im 10. Jh. Mönch in der Abtei St. Pantaleon zu Köln und wurde vom Abt zum Aufseher über die Steinmetze ernannt. Obwohl er diesen mit großem Einsatz bei der Arbeit half, mißtrauten sie ihm und erschlugen ihn schließlich wegen seiner Frömmigkeit mit Hämmern.
Reliquien des Reinold befinden sich heute in der Reinoldikirche zu Dortmund sowie in Köln und im spanischen Toledo.

Remigius von Reims

Bischof (* um 436, † um 533)

Patron: der Stadt und des Bistums Reims; gegen Halsweh, Fieber, Epidemien, Pest, Schlangenbisse, religiöse Gleichgültigkeit
Festtag: 1. Oktober
Darstellung: als Bischof, mit Taube, Ölflasche, bei der Taufe Chlodwigs
Leben und Wirken: „Apostel der Franken" – diesen Beinamen trägt der Bischof Remigius von Reims nicht zu Unrecht. So war er – nicht zuletzt wegen seiner guten Verbindung zu König Chlodwig – maßgeblich an der Christianisierung des Frankenreiches und des

nördlichen Galliens beteiligt. Geboren wurde Remigius in Laon, nordöstlich von Paris, als Sohn einer vornehmen gallo-romanischen Familie. Bereits im Alter von 22 Jahren wurde er zum Bischof von Reims gewählt – eine Würde, die er nicht zuletzt seiner Intelligenz und seinen rhetorischen Fähigkeiten zu verdanken hatte. Als schließlich im Jahr 482 der Merowinger Chlodwig zum König der Franken gekrönt wurde, sandte ihm Remigius ein Glückwunschschreiben, das ein dauerhaftes freundschaftliches Verhältnis zwischen dem Königshaus und dem Bischof begründete. Diese Freundschaft fand dann Weihnachten 496 ihren Höhepunkt, als sich Chlodwig von Remigius taufen ließ.

Der Legende nach fehlte bei dieser Taufe das Salböl und wurde daraufhin von einer Taube vom Himmel gebracht. In der Folge der Taufe des Königs begann Remigius mit der Missionierung der Franken und gründete die Diözesen Arras, Laon, Thérouanne und Tournay-Cambrai. Der Bischof starb schließlich am 13. Januar, vermutlich im Jahre 533 in Reims.

Seine Gebeine wurden am 1. Oktober 1049 erhoben und in die Basilika St-Remi übertragen, heute ruhen sie in der Kathedrale von Reims. Der „Apostel der Franken“ wird v.a. in Frankreich, in Italien sowie im westlichen Deutschland verehrt.

Renate

Herzogin (* 1544, † 1602)

auch: Renata
Festtag: 22. Mai
Darstellung: in vornehmer Kleidung, mit Kreuz, Gebetbuch
Leben und Wirken: Renate war die Tochter des Herzogs Franz I. von Lothringen und heiratete Herzog Wilhelm V. den Frommen von Bayern. Mit ihm hatte sie zehn Kinder. Nicht nur war sie diesen eine liebevolle Mutter, sie kümmerte sich auch in Nächstenliebe um Bedürftige. So gründete sie mit ihrem eigenen Vermögen das Elisabethspital in München. 1597 legte Wilhelm V. die Regentschaft nieder, und das Paar zog sich in die Maxburg zu München zurück. Dort lebte Renate wie eine Klosterfrau. Sie starb am 22. Mai 1602 in München und wurde in der Michaelskirche bestattet. Obwohl Renate nie offiziell kanonisiert wurde, wird sie vom Volk wie eine Heilige verehrt.

Rhabanus Maurus

→Hrabanus Maurus

Rita von Cascia

Mystikerin, Augustiner-Eremitin
(* 1360/1380, † 1434/1457)

Patronin: der Ritaschwestern; bei Examensschwierigkeiten, aussichtslosen Nöten; gegen Pocken

Festtag: 22. Mai
Darstellung: als Nonne, betend vor einem Kruzifix, mit Stirnwunde, Rose, Palmzweig mit drei Kronen
Leben und Wirken: Rita wurde bei Cascia in Umbrien geboren. Ihre Eltern zwangen sie gegen ihren Willen, einen Mann zu heiraten, der sie während ihrer 18jährigen Ehe ständig mißhandelte. Geduldig ertrug Rita diese Qualen. Als ihr Mann ermordet wurde und ihre beiden Söhne starben, trat Rita in das Kloster der Augustiner-Eremitinnen in Cascia ein. Ihre besondere Verehrung galt dem Gekreuzigten. 15 Jahre vor ihrem Tod zeigten sich plötzlich die Wundmale der Dornenkrone an Ritas Kopf und blieben bis zu ihrem Ableben am 22. Mai 1457 oder 1434. Rita von Cascia wurde 1900 heiliggesprochen. 1947 wurden ihre Gebeine in die neue Rita-Basilika in Cascia übertragen.

Robert Bellarmin

Kardinal, Erzbischof, Kirchenlehrer, Jesuit (* 1542, † 1621)

Festtag: 17. September
Darstellung: in der Ordenstracht der Jesuiten, als Kardinal, mit Kreuz, Buch
Leben und Wirken: Robert Bellarmin wurde in dem toskanischen Ort Montepulciano geboren, er war ein Neffe des Papstes Marcellus II. Im Alter von 18 Jahren trat er in den Jesuitenorden ein und wurde zehn Jahre später zum Priester geweiht. In der Folgezeit wirkte er als Prediger und Theologieprofessor in Löwen, bevor er 1576 vom Papst nach Rom berufen wurde. Robert Bellarmin verfaßte einige bedeutende theologische Werke, darunter die „Disputationen über Streitfragen des christlichen Glaubens" (1576) und einen „Kleinen Katechismus für das Volk" (1597), der 400 Auflagen erreichte, in über 60 Sprachen übersetzt wurde und in Italien noch heute gültig ist. 1594 wurde er Kardinal, 1602 nach Differenzen mit dem Papst jedoch nach Capua versetzt, wo er als Erzbischof wirkte. Drei Jahre später kehrte Robert Bellarmin nach Rom zurück und bekleidete zahlreiche hohe Ämter. Er starb am 17. September 1621.
Seine Gebeine ruhen seit 1923 in der Kirche S. Ignazio in Rom, in unmittelbarer Nähe derer von →Aloysius von Gonzaga, für dessen Seligsprechung er sich sehr eingesetzt hatte. 1930 wurde Robert Bellarmin heiliggesprochen, ein Jahr später zum Kirchenlehrer ernannt.

Robert von Molesme

Ordensgründer,Benediktiner/Zisterzienser (* um 1027, † 1111)

auch: Robert von Cîteaux
Festtag: 26. Januar
Darstellung: in der Ordenstracht der Benediktiner oder Zisterzienser, mit Stab, Buch, Ring, Klostermodell

Leben und Wirken: Der Franzose Robert von Molesme trat 1044 in den Benediktinerorden ein und wirkte in der Folgezeit als Oberer in mehreren Klöstern, u.a. auch in dem von ihm gegründeten Kloster in Molesme. 1098 gründete er zusammen mit →Alberich von Cîteaux und →Stephan Harding ein Kloster in Cîteaux, in dem er die reformierte Regel des Benediktinerordens einführte und so den Orden der Zisterzienser mitbegründete. Robert wurde auch der erste Abt des neuen Klosters. Auf Anordnung des Papstes kehrte er jedoch 1099 nach Molesme zurück, wo er bis zu seinem Tode lebte.

Rochus von Montpellier

Pilger (* um 1295, † 1327)

Patron: von Montpellier, Venedig, Parma; der Kranken, Krankenhäuser, Gefangenen, Apotheker, Ärzte, Chirurgen, Kunsthändler, Totengräber, Schreiner, Bauern, Gärtner, Bürstenbinder, Pflasterer; gegen Pest, Cholera, Seuchen, Tollwut, Beinleiden, Unglücksfälle; regional einer der Nothelfer
Festtag: 16. August
Darstellung: als Pilger, mit Pestbeule, Flasche, Stab, Hund, Engel
Leben und Wirken: Über das Leben des Rochus von Montpellier gibt es kaum gesicherte Informationen. Vermutlich wurde er in Montpellier geboren. Nach dem frühen Tod seiner Eltern verteilte er sein Hab und Gut unter den Armen und pilgerte nach Rom. Bereits auf dem Weg dorthin heilte er zahlreiche Pestkranke allein durch das Kreuzzeichen. Auch in Rom widmete sich Rochus der Pflege von Pestkranken. 1322 erkrankte er auf der Rückreise in Piacenza selbst am Schwarzen Tod, wurde je-

Der heilige Rochus von Montpellier

doch auf wundersame Weise geheilt. Als er 1322 wieder nach Montpellier gelangte, erkannte ihn dort niemand mehr. Er wurde für einen Spion gehalten und ins Gefängnis geworfen, wo er nach fünfjähriger Gefangenschaft am 16. August 1327 starb.
1485 wurden die angeblichen Reliquien des Rochus von Montpellier nach Venedig gebracht. Weitere Reliquien befinden sich u.a. in Arles, Antwerpen und Lissabon. Berühmt ist die Wallfahrt auf den Rochusberg bei Bingen (seit 1666).

Romanus von Cäsarea

Diakon, Märtyrer († 303)

auch: Romanus von Antiochia
Festtag: 18. November
Leben und Wirken: Romanus war einer der heiligen Diakone und wirkte zunächst in Cäsarea. Während der Christenverfolgungen unter Kaiser Diokletian ging er nach Antiochia, um den dortigen Christen beizustehen. Er wurde jedoch verhaftet und erlitt das Martyrium.

Romuald

Ordensgründer (* um 952, † 1027)

Festtag: 19. Juni
Darstellung: als Einsiedler, in der weißen Ordenstracht der Kamaldulenser, mit Buch, Stab

Der heilige Romuald

Leben und Wirken: Romuald wurde als Sohn eines Herzogs in der Nähe von Ravenna geboren. Nach einer ausschweifenden Jugend bewirkte ein einschneidendes Erlebnis – er mußte mit ansehen, wie sein Vater im Streit einen Verwandten tötete – einen Wandel in Romualds Leben. Er trat daraufhin in das Benediktinerkloster S. Apollinare in Classe bei Ravenna ein. Doch bereits nach kurzer Zeit verließ er das Kloster wieder, um ein Leben als Einsiedler zu führen. 987 zog Romuald mit dem gestürzten Dogen Pietro Orseolo nach

Cuxá in den Pyrenäen und gründete dort eine Einsiedlergemeinschaft. Um 987 kehrte Romuald nach Italien zurück. 998 wurde er zum Abt von S. Apollinare ernannt, er legte dieses Amt jedoch bereits ein Jahr später wieder nieder und widmete sich fortan der Reformation von Klöstern. 1012 gründete er schließlich in Camaldoli, unweit von Arezzo gelegen, sein eigenes Kloster, in dem er Elemente des alten ägyptischen Einsiedlertums mit der Benedikt-Regel verband. Das Leben der ersten Kamaldulenser war geprägt von strengen Schweige- und Fastengeboten. Am 19. Juni 1027 starb Romuald im italienischen Val di Castro.
Romuald wurde bereits 1032 heiliggesprochen. 1481 wurden seine Reliquien in die Kirche S. Biagio in Fabriano übertragen, die seitdem den Namen SS. Biagio e Romualdo trägt.

Rosa von Lima

Terziarin, Mystikerin, Dominikanerin (* 1586, † 1617)

Patronin: von Südamerika, Peru, Westindien, der Philippinen, von Lima; der Blumenhändler, Gärtner; bei Verletzungen, Entbindungen, Familienstreitigkeiten; gegen Ausschlag
Festtag: 23. August
Darstellung: in der Ordenstracht der Dominikanerinnen, mit einem Kranz aus Rosen, Jesuskind, Nachtigall, Anker, Hasen
Leben und Wirken: Geboren als Isabella Flores im peruanischen Lima, entschloß sich Rosa gegen den Willen ihrer Eltern für ein Leben als Ordensfrau. 1606 wurde sie Terziarin des Dominikanerordens und lebte fortan in einer kleinen Hütte im Garten ihres Elternhauses. Sie schlief nur selten und aß kaum etwas. Das Leben der hl. Rosa war geprägt von zahlreichen Krankheiten und seelischen Qualen. Immer wieder wurden ihr mystische Visionen zuteil. Am 24. August 1617 wurde sie schließlich von ihren Leiden erlöst.
Rosa wurde in der Dominikanerkirche in Lima beigesetzt. In der Folgezeit ereigneten sich zahlreiche Wunder an ihrem Grab. 1671 wurde sie heiliggesprochen.

Rosalia von Palermo

Einsiedlerin, Basilianerin († um 1160)

Patronin: von Palermo; gegen Pest
Festtag: 15. Juli
Darstellung: als Einsiedlerin, mit Kreuz, Totenkopf, Kette, Kranz aus Rosen
Leben und Wirken: Rosalia war die Tochter eines sizilianischen Grafen und Basilianerin, bevor sie sich als Einsiedlerin in eine Höhle auf den Monte Pellegrino bei Palermo zurückzog. Dort wurde sie nach ihrem Tode auch bestattet.

Am 15. Juli 1624 fand man ihre Gebeine und brachte sie in den Dom von Palermo. Genau an diesem Tag soll in Palermo die Pest aufgehört haben zu wüten und Rosalia wird seitdem als Pestpatronin verehrt. Auf den Monte Pellegrino entwickelte sich bald eine Wallfahrt.

Rosina

Märtyrerin

auch: Rosine
Festtag: 11. März
Darstellung: als Märtyrerin, mit Kreuz, Lilie, Palme, Schwert
Leben und Wirken: Über das Leben der Rosina ist nichts bekannt. Man nimmt an, daß sie zu einem unbekannten Zeitpunkt in Wenglingen im Bistum Augsburg das Martyrium erlitten hat. Seit 1679 ist Rosina in Wenglingen eine Kapelle geweiht.

Rupert Mayer

Jesuit (* 1876, † 1945)

Festtag: 1. November
Leben und Wirken: Rupert Mayer ist eine der herausragendsten Kirchengestalten des 20. Jhs. Etwa 80 000 Menschen waren dabei, als Papst Johannes Paul II. den „Apostel der Männer" 1987 seligsprach.
Geboren wurde Rupert Mayer in Stuttgart, er studierte Philosophie und Theologie. 1899 empfing er die Priesterweihe und trat ein Jahr darauf in den Jesuitenorden ein. Im 1. Weltkrieg wirkte er als Divisionspfarrer und wurde als erster Feldgeistlicher mit dem Eisernen Kreuz ausgezeichnet. Als er sich schützend vor einen Soldaten warf, verlor er sein linkes Bein. Nach Kriegsende wirkte er in München als Männerseelsorger und wurde 1921 zum Präses der Marianischen Männerkongregation ernannt. Unerschrocken kämpfte er gegen den Nationalsozialismus und wurde deshalb verhaftet und ins Konzentrationslager Sachsenhausen verschleppt.
Dort wurde er sieben Monate lang in Isolationshaft gehalten. Als seine Gesundheit völlig zerstört war, belegte man ihn mit einem Predigtverbot und brachte ihn ins Kloster Ettal, wo er fünf Jahre lang bis Kriegsende völlig abgeschlossen leben mußte. Die neugewonnene Freiheit konnte Rupert Mayer jedoch nicht lange genießen: Am 1. November 1945 starb er vor dem Altar der Kreuzkapelle in der Münchner Michaelskirche.
Er wurde zunächst im Klosterfriedhof bei München beigesetzt, später dann in die wiederaufgebaute Bürgersaalkirche in München überführt. Zahlreiche Gläubige besuchen bis heute sein Grab.

Rupert von Salzburg

Bischof († um 718)

Patron: des Landes und des Erzbistums Salzburg, der Diözesen Graz-Seckau und Gurk-Klagenfurt, von Kärnten; der Salzarbeiter, des Salzbergbaus, der Hunde
Festtag: 24. September
Darstellung: als Bischof, mit Buch, Salzkübel, Gnadenbild von Altötting
Leben und Wirken: Wahrscheinlich entstammte Rupert dem Wormser Grafengeschlecht der Robertiner und war bereits Bischof von Worms, bevor er um das Jahr 700 nach Bayern kam, um dort zu missionieren. Nachdem sich der Bayernherzog Theodo II. hatte taufen lassen, schenkte er Rupert die ehemalige Römerstadt Juvavum an der Salzach – heute Salzburg –, in deren Ruinen Rupert das Kloster St. Peter gründete. Auf dem Nonnberg gründete er ein Frauenkloster und setzte seine Nichte Erentrude als dessen erste Äbtissin ein. Rupert wurde schließlich der erste Bischof von Salzburg und gründete in der Folgezeit zahlreiche Kirchen. Bei seiner Missionsarbeit halfen ihm Chunibald und Gislar. Rupert starb an einem 27. März um das Jahr 718.
Am 24. September 774 ließ Bischof →Virgil Ruperts Gebeine in den neuerbauten Dom von Salzburg übertragen, wo sie heute unter dem Hochaltar ruhen.

S

Sabina

Märtyrerin († um 120)

Patronin: von Rom; der Hausfrauen, Kinder; gegen Regen, Blutfluß
Festtag: 29. August
Darstellung: als junge Frau, mit Krone, Palme, Buch
Leben und Wirken: Sabina war eine vornehme römische Witwe, die von einer ihrer Sklavinnen zum Christentum bekehrt wurde. Bald darauf ließ sie sich taufen.
Um das Jahr 120 wurde Sabina aufgrund ihres Glaubens verhaftet und enthauptet. Heute erinnert die Kirche S. Sabina auf dem Aventin in Rom an die Märtyrerin.

Die heilige Sabina

Saint Louis

→Ludwig IX. von Frankreich

Saturninus von Toulouse

Bischof, Märtyrer
(† um 250)

auch: Saturnin, Sernin
Patron: von Toulouse; gegen Pest, Todesangst, Kopfschmerzen, Ameisenplage; für eine gute Sterbestunde
Festtag: 29. November
Darstellung: als Bischof, mit Stab, Stier
Leben und Wirken: Saturninus war der Überlieferung nach der erste Bischof von Toulouse. Auf Geheiß Papst →Fabianus' verbreitete er in Südgallien den christlichen Glauben. Über seinen Tod gibt es zwei verschiedene Versionen: So soll Saturninus entweder auf seinen Reisen von einem wütenden Stier getötet oder in der Christenverfolgung unter Kaiser Decius bei einem heidnischen Opferritual an einen Opferstier gefesselt und dabei zu Tode geschleift worden sein.
Über dem Grab des Bischofs, der schon bald verehrt wurde, entstand später die Basilika St-Sernin, die v.a. im Mittelalter eine beliebte Wallfahrtskirche war und von zahlreichen Pilgern besucht wurde.

Scholastika

Äbtissin, Benediktinerin († um 542)

auch: Scholastica
Patronin: der Benediktinerinnen; gegen Blitzschlag; für Regen
Festtag: 10. Februar
Darstellung: als Äbtissin, in der schwarzen Ordenstracht der Benediktinerinnen, mit Buch, Taube
Leben und Wirken: Die Zwillingsschwester des hl. →Benedikt von Nursia wurde um das Jahr 480 in Nursia in Umbrien geboren. Sie trat zunächst in das Kloster Roccabotte bei Subiaco ein, später lebte sie dann in der Nähe von Montecassino. Einmal jährlich traf sie sich mit ihrem Bruder Benedikt zu geistlichen Gesprächen. Der Legende nach bat sie Benedikt im Jahre 542 darum, noch länger bei ihr zu bleiben, doch dieser wollte gemäß seiner Ordensregel am Abend zurück in seinem Kloster sein. Da wandte sich Scholastika an Gott, worauf es drei Tage in Strömen regnete, so daß Benedikt das Kloster nicht verlassen konnte. Am dritten Tage starb Scholastika, ihr Bruder sah ihre Seele als Taube zum Himmel emporschweben.
Benedikt ließ seine Schwester in Montecassino beisetzen, im selben Grab, in dem auch er seine letzte Ruhestätte finden sollte. Zwischen dem 7. und 9. Jh. gelangten Teile der Reliquien der hl. Scholastika über Fleury und Le Mans nach Juvigny-sur-Loison.

Die heilige Scholastika

Sebaldus von Nürnberg

Pilger, Einsiedler († im 8. Jh.)

Patron: von Nürnberg; des Viehs; gegen Kälte
Festtag: 19. August
Darstellung: als Pilger, mit Kreuz, Stab, Rosenkranz, Kirchenmodell
Leben und Wirken: Das Sebaldusgrab in der Nürnberger Sebalduskirche – ein gotischer Reliquienschrein, umgeben von einem Bronzegehäuse – zählt zu den berühmtesten Reliquienschreinen der Christenheit.

Der heilige Sebaldus von Nürnberg

So bekannt seine Grabstätte auch ist, über Herkunft und Leben des Sebaldus ist dagegen nichts überliefert. Darstellungen aus dem 14. und 15. Jh. bringen ihn mit den Angelsachsen →Willibald und →Wunibald aus dem 8. Jh. in Verbindung, andere Quellen behaupten, er sei erst im 10. oder 11. Jh. aus dem Frankenreich, vom Balkan oder aus Dänemark nach Nürnberg gekommen. Sicher ist jedoch, daß er als Glaubensbote wirkte.

Sein Kult blühte ab 1072 auf: Sebaldus wurde Patron der Stadt Nürnberg, nach 1300 wurde über seinem Grab die heutige Sebalduskirche errichtet. In den Jahren 1506 bis 1519 schuf Peter Vischer der Ältere mit seinen Söhnen das oben erwähnte Sebaldusgrab. 1425 wurde Sebaldus heiliggesprochen, seine Reliquien sind fast vollständig erhalten.

Sebastian

Märtyrer († um 288)

Patron: der Eisenhändler, Zinngießer, Töpfer, Gärtner, Gerber, Soldaten, Sterbenden, Kriegsinvaliden, Schützengilden, Brunnen; gegen Pest, Viehkrankheiten

Festtag: 20. Januar

Darstellung: als junger Mann, Soldat, an einen Baum gebunden, von Pfeilen durchbohrt

Leben und Wirken: Sebastian zählt zu den meistverehrten Heiligen. Die tiefe Verbundenheit der Leute mit diesem Märtyrer zeigt sich auch in den zahlreichen Volksliedern, in denen der Heilige besungen wird.

Über das eigentliche Leben des Sebastian ist jedoch kaum etwas überliefert. Laut einer Mitteilung des hl. →Ambrosius wurde er im 3. Jh. in Mailand geboren. Später diente er vermutlich als Soldat in der Garde des Kaisers Carinus. Besonders setzte sich Sebastian für in Not geratene Christen ein. Dies mißfiel Diokletian – der Nachfolger des Carinus und ein berüchtigter Christenverfolger – und er ließ Sebastian mit Pfeilen durchbohren. Die Witwe des Märtyrers →Kastulus wollte den vermeintlich Toten bestatten, bemerkte jedoch, daß dieser noch am Leben war. So nahm sie Sebastian in ihr Haus auf und pflegte ihn gesund. Wieder genesen, bekannte sich Sebastian erneut zu seinem Glauben und beschuldigte den Kaiser öffentlich der Christenverfolgung. Daraufhin ließ dieser ihn vermutlich am 20. Januar 288 mit Keulen erschlagen.

Eine Christin barg den Leichnam des Märtyrers aus der Cloaca Maxima – dem Hauptabwasserkanal Roms – und bestattete ihn an der Via Appia. Im 4. Jh. wurde an dieser Stelle die Kirche S. Sebastiano erbaut, eine der sieben frühchristlichen Pilgerkirchen Roms. Reliquien des hl. Sebastian gelangten später auch in das Franziskanerkloster Hagenau im Elsaß und das Kloster Ebersberg in Oberbayern.

Besonders verehrt wurde Sebastian im Mittelalter, wo er als Pestpatron galt. Zum Schutz vor der Epidemie trug man damals sog. Sebastianspfeile aus Metall bei sich.

Der heilige Sebastian

Sergius I.

Papst († 701)

Festtag: 8. September
Darstellung: als Papst
Leben und Wirken: Sergius I., Sohn syrischer Eltern, kam im sizilianischen Palermo zur Welt. Ab 687 wirkte er als Papst, zeigte sich in seinem Amt standhaft gegenüber den Beeinflussungsversuchen Kaiser Justinians II. und unterhielt enge Verbindungen zur britischen Insel und dem Frankenreich. Papst Sergius I. ist zudem die Einführung der Marienfeste in das Kirchenjahr und wohl auch des Agnus Dei in die Meßliturgie zu verdanken. Er starb am 8. September 701 in Rom.

Sernin

→Saturninus von Toulouse

Servatius
Bischof († 384)

Patron: von Maastricht, Limburg, Goslar, Quedlinburg, des Bistums Worms; der Tischler, Schlosser; gegen Rheuma, Fußschmerzen, Fieber, Frostschäden, Mäuse- und Rattenplagen, Lahmen bei Tieren; Eisheiliger
Festtag: 13. Mai
Darstellung: als Bischof, mit Buch, Stab, Schlüssel, Drachen
Leben und Wirken: Servatius wurde vermutlich in Armenien geboren. Er wird als Teilnehmer an der Synode von Sardika – heute Sofia – von 342 genannt, wo er heftig die Irrlehre des Arius bekämpfte. Schon vor 345 wurde er zum Bischof von Tongern ernannt. Er starb am 13. Mai 384 in Maastricht. In der dortigen Servatiuskirche, der ältesten Kirche in den Niederlanden, werden seine Reliquien aufbewahrt. Alle sieben Jahre, zuletzt 1997, wird in Maastricht das Servatiusfest gefeiert, an dem der Schrein mit den Reliquien des Heiligen durch die Stadt getragen wird.

Severin von Köln
Bischof († im 5. Jh.)

Patron: von Köln; der Weber; gegen Unglück; für gutes Wetter
Festtag: 23. Oktober

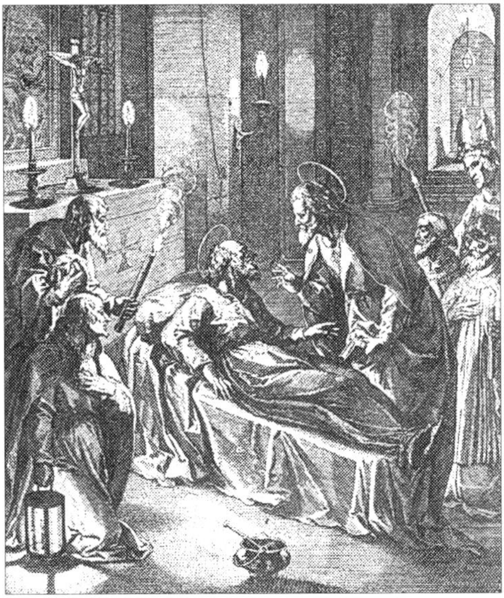

Der heilige Severin von Köln

Darstellung: als Bischof
Leben und Wirken: Über das Leben des Severin von Köln ist kaum etwas überliefert. Sicher ist jedoch, daß er ein Zeitgenosse des →Martin von Tours war. So dürfte er um 400 Bischof von Köln gewesen sein. Seine Hauptaufgabe sah er im Kampf gegen den Arianismus. Severin von Köln starb vermutlich im ersten Drittel des 5. Jhs.
Bestattet wurde er in einer Kirche vor der Stadt, die seit dem 9. Jh. seinen Namen trägt.
Zunächst wurden seine Reliquien in einem wertvollen Goldschrein aufbewahrt, der jedoch während der Französischen Revolution eingeschmolzen wurde.

Severin von Norikum

Mönch (* um 400, † 482)

Patron: von Bayern, der Diözese Linz; der Winzer, Leinweber, Gefangenen; für Fruchtbarkeit der Weinstöcke
Festtag: 8. Januar
Darstellung: als Pilger, mit Stab, Buch, Kruzifix, predigend
Leben und Wirken: Severin wurde im Orient geboren und gelangte während der Völkerwanderung nach dem Tod des Hunnenkönigs Attila in die römische Provinz Norikum im heutigen Österreich. Dort bemühte er sich um eine friedliche Regelung der Spannungen zwischen den Romanen und den neu zugewanderten Germanen und stiftete einen Glaubensfrieden zwischen der katholischen Minderheit und den Arianern. Severin setzte sich sehr für die notleidende Bevölkerung ein und gründete Klöster als Stützpunkte für seine karitativen Tätigkeiten, darunter auch das Kloster in Favianis, wo er am 8. Januar 482 starb. Seine Reliquien gelangten 1807 nach Frattamaggiore bei Neapel, wo sie noch heute sind.

Siebenschläfer von Ephesus

Märtyrer († um 251)

Patron: gegen Schlaflosigkeit, Fieber
Festtag: 27. Juli, 27. Juni
Darstellung: als schlafende Jünglinge, mit Höhle, Hirtentasche, Keulen, Beil
Leben und Wirken: Nach einer syrischen Legende aus dem 5. Jh. waren die Siebenschläfer von Ephesus sieben christliche Jünglinge, die sich weigerten, dem römischen Kaiser Decius, der von 249 bis 251 regierte, ein Götzenopfer zu bringen. Als dieser sie dafür verhaften lassen wollte, verstecken sie sich in einer Berghöhle in der Nähe von Ephesus. Decius ließ daraufhin den Eingang der Höhle zumauern, um die Jünglinge dem Hungertod auszusetzen. Doch schliefen diese nur ein und erwachten schließlich im Jahre 437 (auch 443 oder 446), um Zeugnis von der Auferstehung der Toten abzulegen. Erst danach starben sie endgültig.
Zwischen dem 5. und 15. Jh. besuchten zahlreiche Pilger die Höhle, viele Gläubige ließen sich in ihrer Nähe bestatten. Im Volksglauben ist das Wetter am Siebenschläfertag ausschlaggebend für das Wetter der nächsten sieben Wochen.

Sieben Stifter des Servitenordens

Ordensgründer († im 13. und 14. Jh.)

Festtag: 17. Februar
Darstellung: in der schwarzen Ordenstracht der Serviten, mit Buch, Marienmonogramm, Rosenkranz
Leben und Wirken: Die sieben Stifter des Servitenordens waren vornehme Bür-

ger der Stadt Florenz, die sich 1233 zu einem gemeinsamen Leben entschlossen. Sie nahmen die Augustinerregel an, gaben sich jedoch eine eigene Ordenstracht und nannten sich Diener Mariens oder Serviten. Zunächst lebten sie noch in Florenz, später zogen sie sich auf den Monte Senario zurück. Nachdem der Papst den Orden schon früh anerkannt hatte, löste er ihn wenig später wieder auf.
Erst im Jahre 1304 erfolgte die endgültige Bestätigung. Die sieben Ordensgründer wurden 1888 gemeinsam heiliggesprochen.

Siegfried von Schweden

Bischof († um 1030/1040)

auch: Sigfrid, Sigurd
Patron: von Schweden
Festtag: 15. Februar
Darstellung: als Bischof, mit Kübel, drei Knaben oder mit drei abgeschnittenen Köpfen
Leben und Wirken: Siegfried, der v.a. in Skandinavien sehr bekannt ist, lebte als Mönch zuerst in Glastonbury in England. 995 kam er als Bischof nach Norwegen und verbreitete unter König →Olaf Haraldssón den christlichen Glauben im Land. Auf seiner Missionsreise kam Siegfried später auch nach Schweden, wo er schließlich im südlichen Gotland das Bistum Skara gründete. Der Überlieferung nach soll er in Südschweden an einem 15. Februar nach 1030 gestorben sein.

Sigisbert und Placidus

Abt, Benediktiner (Sigisbert), Märtyrer (Placidus) († im 8 Jh.)

Festtag: 11. Juli
Darstellung: Sigisbert in der Ordenstracht der Benediktiner, als Abt, mit Stab, Kirchenmodell, Buch; Placidus in vornehmer Kleidung, mit Schwert, Palme, den Kopf in den Händen tragend
Leben und Wirken: Sigisbert stammte aus Franken und ließ sich in Disentis in der Schweiz nieder. Dort errichtete er eine Zelle als Ausgangspunkt für seine Mission. Unterstützt wurde er dabei von dem Churrätier Placidus und gemeinsam tauften sie viele Heiden. Der Legende nach versuchte Placidus, auch den Statthalter von Chur zu bekehren. Dieser fürchtete daraufhin um seinen Einfluß und ließ Placidus ermorden. Sigisbert bestattete seinen Gefährten bei seiner Zelle in Disentis und wurde nach seinem Tod neben ihm beigesetzt.
Später entstand über ihrem Grab das Benediktinerkloster Disentis. Die Gebeine von Sigisbert und Placidus wurden in einen karolingischen Sarkophag umgebettet, der dann 1799 bei der Einäscherung durch die Franzosen zerstört wurde.

Sigismund von Burgund

König († 524)

auch: Sigmund
Patron: von Cremona; gegen Bruchleiden, Sumpffieber
Festtag: 1. Mai (in den (Erz-)Diözesen München-Freising und in Sitten: 2. Mai)
Darstellung: als König, mit Zepter, Kirchenmodell, Reichsapfel, Schwert, Palme, Brunnen
Leben und Wirken: Sigismund war der Sohn des arianischen Burgunderkönigs Gundobald und trat 496/497 zum katholischen Glauben über. 516 übernahm er den Thron von seinem Vater. Im Jahre 522 ließ er sich von seiner zweiten Ehefrau dazu anstiften, seinen Sohn aus erster Ehe zu ermorden, da dieser angeblich nach der Königswürde trachtete. Zur Buße zog sich Sigismund in das Kloster St-Maurice im Schweizer Kanton Wallis zurück.

Im Krieg gegen die Franken wurde der Burgunderkönig 523 besiegt und zusammen mit seiner Familie gefangengenommen. Am 1. Mai 524 ließ ihn der Frankenkönig Chlodomir in einem Brunnen in Coulmier bei Orléans ertränken.

535/536 wurde Sigismund in der Johanneskirche des Klosters St-Maurice bestattet. Reliquien gelangten in der Folgezeit u.a. nach Prag, Freising und Wien. Im Erzbistum München-Freising ist er zweiter Diözesanpatron.

Sigurd

→Siegfried von Schweden

Silvester I.

Papst († 335)

Patron: für Haustiere, gute Futterernte
Festtag: 31. Dezember (in der Ostkirche: 2. Januar)
Darstellung: als Papst, mit Stab, Buch
Leben und Wirken: Silvester wird jedes Jahr begeistert gefeiert, mit Parties und Feuerwerk, auch wenn sich kaum jemand an den Menschen erinnert, der dem Silvesterfest seinen Namen gab: Papst Silvester I.

Papst Silvester I.

Über seine Herkunft ist kaum etwas bekannt, überliefert ist nur, daß Silvester aus Rom stammte und vermutlich um die Mitte des 3. Jhs. geboren wurde. Wahrscheinlich wurde er schon vor den Christenverfolgungen des Kaisers Diokletian zum Priester geweiht, denn während dessen Herrschaft verbrachte er lange Jahre in einem Versteck auf dem Monte Soracte bei Rom. 314 wurde Silvester schließlich Bischof von Rom und damit zugleich Papst. Während seiner Amtszeit vollzog sich eine bedeutende Wende in der Geschichte des Christentums: Die Christenverfolgungen waren endgültig zu Ende, und der römische Staat stand vor einem Neuanfang als Kirchenstaat. Unterstützt wurde Silvester I. von Kaiser →Konstantin dem Großen, der u.a. den Bau der Peterskirche ermöglichte. Mit Sicherheit als falsch erwiesen ist jedoch die Legende von der „Konstantinischen Schenkung", derzufolge Silvester I. den Kaiser durch die Taufe vor einer Aussatzerkrankung rettete. Zum Dank soll der Kaiser dem Papst daraufhin die Stadt Rom und das gesamte Abendland geschenkt haben. Silvester I. starb am 31. Dezember 355.

Bestattet wurde er in einer von ihm erbauten Kirche über der Priscilla-Katakombe. Seine Gebeine wurden 762 nach S. Silvestro e Capite übertragen, eine andere Quelle nennt die Abtei Nonantola bei Modena als neue Reliquienstätte.

Simeon Stylites der Ältere

Asket, Säulensteher
(* um 390, † 459)

auch: Simeon der Säulensteher, Simeon der Syrer
Patron: der Hirten
Festtag: 25. Juli
Darstellung: auf einer Säule stehend, häufig mit Simeon Stylites dem Jüngeren
Leben und Wirken: Simeon Stylites der Ältere stammte aus einer wohlhabenden christlichen Bauersfamilie aus Kilikien. Bereits im Alter von 13 Jahren wurde er Mönch im Kloster Eusebona in Teleda, später lebte er als Einsiedler bei Antiochia. Er übte sich in strengster Askese, so ließ er sich u.a. während der Fastenzeit ohne Nahrung einmauern oder an einen Felsen ketten. Um sich vor der Zudringlichkeit der Neugierigen zu schützen, kletterte Simeon Stylites schließlich 422 in Kalat Seman im heutigen Syrien auf eine 20 Meter hohe Säule. Dort verbrachte er die nächsten Jahrzehnte stehend, nur zum Schlafen kauerte er sich auf die Plattform. Zweimal täglich predigte er zu den Menschen, die in Scharen zu seiner Säule zogen. Außerdem war er als Ratgeber sehr gefragt, sogar der byzantinische Kaiser Marcianus wandte sich an ihn. Simeon Stylites starb am 25. Juli 459. Er wurde zunächst in der Kathedrale von Antiochia bestattet.

Reliquien befinden sich heute auch in Florenz und Venedig. Auch das Simeonskloster im nördlichen Syrien erinnert an den Säulenheiligen.

Simeon von Trier

Einsiedler († 1035)

Festtag: 1. Juni
Darstellung: als Diakon oder Pilger, mit Buch, Palme, zwei Teufeln
Leben und Wirken: Simeon gilt als einer der berühmtesten Inklusen des Abendlandes. Geboren in Syrakus als Sohn eines Griechen, lebte Simeon in Konstantinopel und später als Pilgerführer und Einsiedler im Heiligen Land. Um Almosen zu sammeln, kam er schließlich 1026 nach Trier. Dort lernte Simeon Erzbischof Poppo von Trier kennen, den er auf seiner Pilgerreise nach Jerusalem begleitete. 1030 kehrte Simeon nach Trier zurück und ließ sich feierlich in eine Zelle des Nordturms der „Porta Nigra" einschließen oder einmauern, um fortan nur noch Gott mit all seinem Dasein zu dienen. Bis zu seinem Tod am 1. Juni 1035 lebte Simeon als Inkluse („inclusio", lateinisch für: Einschließung).
1041 erweiterte Erzbischof Poppo die „Porta Nigra" zu einer Doppelkirche und gründete daran anschließend das Stift St. Simeon. Reliquien Simeons befinden sich in den Kirchen St. Gervasius und St. Simeon in Trier.

Simon Petrus

→Petrus

Simon Stock

Ordensgeneral, Karmeliter
(* um 1200, † 1265)

Patron: von Bordeaux; des Karmelitenordens
Festtag: 16. Mai
Darstellung: bei seiner Marienvision
Leben und Wirken: Simon Stock stammte aus dem englischen Aylesford und lebte in einem hohlen Baumstamm, bis die ersten Karmeliten in England eintrafen. 1241 schloß er sich dem Karmelitenorden an. Zehn Jahre später hatte er eine Vision der Jungfrau →Maria, die ihm das Skapulier, einen Teil der Ordenstracht der Karmeliten, überreicht. Simon Stock wurde auch zum Ordensgeneral ernannt. Er starb am 16. Mai 1265 auf einer Visitationsreise in Bordeaux. Zunächst wurde er in Bordeaux bestattet, 1951 gelangten seine Reliquien nach Aylesford.

Simon Zelotes

Apostel, Märtyrer († im 1. Jh.)

Patron: von Goslar (mit →Judas Thaddäus); der Waldarbeiter, Holzhauer, Maurer, Lederarbeiter, Gerber, Färber, Weber
Festtag: 28. Oktober

Darstellung: als Apostel, meist zusammen mit Judas Thaddäus, im Martyrium

Leben und Wirken: Simon Zelotes wird im neuen Testament nur in den Apostellisten erwähnt. Seinen Beinamen „Zelotes“ trägt er wohl zur Unterscheidung von anderen Jüngern mit dem Namen Simon. „Zelotes“ bedeutet „der Eiferer“ und weist darauf hin, daß Simon Zelotes zur jüdischen Partei der Zeloten gehörte, bevor er sich Jesus anschloß.

Über das Leben des Simon Zelotes ist wenig bekannt. Nach der Auferstehung Christi wirkte er vermutlich als Missionar in Palästina. Über sein Lebensende gibt es keine gesicherten Informationen. Der Legende nach erlitt er zu einem unbekannten Zeitpunkt, eventuell an einem 28. Oktober, das Martyrium. Einige Quellen besagen, er sei enthauptet worden, gemäß anderen Überlieferungen wurde er jedoch zersägt. Einer weiteren Legende nach missionierte Simon Zelotes zusammen mit Judas Thaddäus in Syrien und Persien, wo beide von Magiern mit Keulen erschlagen wurden.

Reliquien des Simon Zelotes befinden sich heute u.a. im Petersdom in Rom, in Köln, Hersfeld und Reeken. Sein Fest wird zusammen mit dem des Judas Thaddäus gefeiert.

Der heilige Simon Zelotes

Sixtus II.

Papst, Märtyrer († 258)

auch: Xystus

Patron: der hoffenden Frauen; gegen Halsschmerzen; für ein gutes Gedeihen der Trauben

Festtag: 7. August

Darstellung: als Papst, mit Buch, Geldbeutel, Schwert

Leben und Wirken: Sixtus II. wurde 257 zum Papst gewählt, doch regierte er nicht einmal ein Jahr. Während der Christenverfolgungen durch Kaiser Valerian wurde er am 6. August 258 während eines Gottesdienstes im Cömeterium des Kalixtus verhaftet und noch am selben Tag zusammen mit seinen Gefährten enthauptet. Beigesetzt wurde er zunächst in der Kalixtus-Katakombe, im 6. Jh. wurden seine Gebeine in die Kirche S. Sisto in Rom überführt.

Sola

Einsiedler († um 790)

auch: Sualo
Festtag: 5. Dezember
Darstellung: als Priester, Abt, mit Buchrolle, Esel
Leben und Wirken: Sola war ein Angelsachse, der →Bonifatius um 745 nach Deutschland folgte, um dort (eventuell in Fulda) Priester und Mönch zu werden. Um 758 ließ er sich im Altmühltal nieder. Dort schenkte ihm →Karl der Große später ein Grundstück, auf dem sich Sola eine Zelle errichtete. Sola starb an einem 3. oder 4. Dezember um 790.
Er vermachte seine Zelle im Altmühltal der Abtei Fulda, später entwickelte sich daraus die Propstei Solnhofen. Solas Reliquien sind seit der Reformation verschollen.

Sophia

Märtyrerin († um 125)

auch: Sophie
Patronin: der Witwen; bei Not, Bedrängnis
Festtag: 30. September
Darstellung: in Witwentracht, mit drei Töchtern, Krone, Schwert, Buch, Palme
Leben und Wirken: Der Legende nach war Sophia die Witwe eines wohlhabenden Mailänders, die ihren gesamten Besitz an die Armen verschenkte. Zur Zeit des Kaisers Hadrian wurde sie von einer starken Sehnsucht nach dem Martyrium ergriffen und zog deshalb mit ihren drei Töchtern Fides, Spes und Caritas (Glaube, Hoffnung und Liebe) nach Rom. Als bekennende Christinnen erlitten die Töchter den Märtyrertod, u.a. wurde ihnen die Haut abgezogen und sie wurden mit dem Schwert enthauptet. Sophia bestattete sie an der Via Appia und starb dann drei Tage später, vermutlich um das Jahr 125.
778 gelangten Teile ihrer Reliquien in das Frauenkloster Eschau im Elsaß. Der drei Töchter wird am 1. August gedacht.

Sophia von Rom

Märtyrerin († um 305)

auch: „kalte Sophie“
Patronin: gegen späte Fröste; für das Gedeihen der Feldfrüchte; Eisheilige
Festtag: 15. Mai
Darstellung: als Märtyrerin, mit Palme, Schwert, Trog
Leben und Wirken: Bekannt ist Sophia von Rom heute weniger aufgrund ihres Martyriums als aufgrund ihrer Funktion als Eisheilige. Als „kalte Sophie“ bildet sie mit ihrem Festtag am 15. Mai in Süddeutschland den Abschluß in der

Reihe der Eisheiligen, die Mitte Mai noch Temperaturstürze mit sich bringen können.
Über das Leben der hl. Sophia ist wenig bekannt. Der Legende nach war sie eine junge Römerin, die unter Kaiser Diokletian Opfer der Christenverfolung wurde. Papst Sergius II. übertrug um das Jahr 845 Reliquien Sophias nach Rom in die Kirche S. Martino ai Monti.

Stanislaus Kostka

Jesuit (* 1550, † 1568)

Patron: von Polen; Warschau, Posen, Lublin, Lemberg, Gnesen; der Novizen des Jesuitenordens, der studierenden Jugend, der Sterbenden; gegen Gliederbrüche, Augenleiden, Fieber, schwere Krankheiten
Festtag: 13. November
Darstellung: in der Ordenstracht der Jesuiten, als Knabe, mit Lilie, Marienbild, Kruzifix, Rosenkranz, Jesuskind
Leben und Wirken: Geboren wurde Stanislaus Kostka als Sohn eines Adeligen im polnischen Masovien. Im Alter von 14 Jahren kam er an das Jesuitenkolleg nach Wien und bat schon bald darauf um Aufnahme in den Orden. Als man ihm aus Angst vor seinem Vater die Aufnahme verweigerte, floh er nach Augsburg und Dillingen, wo er auf →Petrus Canisius traf, der ihn nach Rom zum Generaloberen Franz Borgia sandte. Dort wurde Stanislaus Kostka schließlich Novize, war jedoch durch die lange Flucht so geschwächt, daß er schon zehn Monate später, am 15. August 1568, am Wechselfieber starb. Bestattet wurde er in der Kirche S. Andrea al Quirinale, 1726 wurde Stanislaus Kostka heiliggesprochen.

Stanislaus von Krakau

Bischof, Märtyrer (* um 1030, † 1079)

Patron: von Polen; des Erzbistums Krakau
Festtag: 11. April
Darstellung: als Bischof, mit Stab
Leben und Wirken: Stanislaus von Krakau ist der Nationalheilige von Polen.

Der heilige Stanislaus von Krakau

Er wurde 1072 zum Bischof von Krakau ernannt. Später kam es jedoch zu Differenzen mit König Boleslaw II. Als Stanislaus den König schließlich wegen seines unmoralischen Verhaltens exkommunizierte, sprach dieser das Todesurteil über den Bischof aus. Boleslaw II. erschlug Stanislaus eigenhändig; das geschah am 11. April 1079 während der Messe in der Michaelskirche von Krakau.
1088 wurden die Gebeine des Bischofs in den Dom von Krakau übertragen, 1254 wurde er heiliggesprochen.

Stephan I.

König (* um 969, † 1038)

Patron: von Ungarn
Festtag: 16. August
Darstellung: als König, mit Krone, Zepter, Reichsapfel, Kreuz
Leben und Wirken: Am 20. August 1083 wurde Stephan I. heiliggesprochen, ein Tag, der bis 1948 der ungarische Nationalfeiertag war. Aber auch heute noch wird Stephan I. in Ungarn als Nationalheiliger verehrt.
Stephan I. wurde als Sohn des Arpádenfürsten Géza geboren. Bereits im Alter von fünf Jahren wurde er von einem Passauer Glaubensboten getauft. 995 heiratete er →Gisela, die Schwester des späteren Kaisers →Heinrich II. Zwei Jahre danach übernahm er die Regentschaft von seinem Vater und gründete in der Folgezeit mit seiner Frau zahlreiche Kirchen und Klöster, Bistümer und Pfarreien. Ihm ist im wesentlichen die Christianisierung Ungarns und die Ordnung der Kirche des Landes zu verdanken. Im Jahre 1000 wurde Stephan zum ersten König von Ungarn gekrönt. Fast 40 Jahre später starb er am 15. August 1038.
Begraben wurde er in der von ihm errichteten Kirche von Stuhlweißenburg, Reliquien befinden sich auch in Budapest und Zagreb.

Stephan Harding

Ordensgründer (* 1059, † 1134)

Festtag: 16. Juli (zusammen mit →Robert von Molesme und →Alberich von Cîteaux: 26. Januar)
Darstellung: als Abt, mit →Maria, die ihm den schwarzen Gürtel oder das weiße Schulterkleid überreicht
Leben und Wirken: Der gebürtige Engländer Stephan Harding trat zunächst in das Benediktinerkloster Sherborne ein und gelangte im Rahmen seiner Studien später ins Kloster Molesme. Zusammen mit Robert von Molesme und Alberich von Cîteaux gründete er den Zisterzienserorden und wurde 1108 der dritte Abt des Mutterklosters Cîteaux. 1119 gab er dem neuen Orden mit der „Charta caritatis“ eine Verfassung und trug so wesentlich zur inneren Festigung der Gemeinschaft bei.

Während seiner Wirkungszeit gründete er zahlreiche Zisterzienserklöster und führte eine neue Wirtschaftsform ein. Jeder Mönch sollte einen Beitrag zur Versorgung der Klöster leisten. Stephan Harding trat schließlich 1133 von seinem Amt zurück und starb am 28. März 1134 in Cîteaux. 1623 wurde er heiliggesprochen.

Stephan Pongracz

→Kaschauer Märtyrer

Stephana

→Corona

Stephanus

Erzmärtyrer († um 40)

Patron: der Erzdiözese Wien; der Pferde, Pferdeknechte, Kutscher, Steinmetze, Maurer, Zimmerleute, Schneider, Küfer, Weber, Böttcher; gegen Seitenstechen, Steinleiden, Kopfschmerzen, Besessenheit; für einen guten Tod
Festtag: 26. Dezember
Darstellung: als Diakon, bei der Steinigung
Leben und Wirken: Stephanus war der erste christliche Märtyrer, er wird deshalb „Erzmärtyrer" genannt. Sein Martyrium ist Gegenstand vieler künstlerischer Darstellungen.

Stephanus gehörte zu den sieben Diakonen der christlichen Urgemeinde in Jerusalem, die von den Aposteln durch Handauflegen geweiht worden waren und diese bei ihrer Arbeit entlasten sollten. Als hervorragender Prediger zog er schon bald die Aufmerksamkeit des Volkes auf sich und vertrat in zahlreichen Streitgesprächen die Lehre Christi. In einem solchen Streitgespräch beschuldigten ihn um das Jahr 40 einige Juden der Gotteslästerung und Stephanus wurde vor den Richter gestellt. Vor dem Hohen Rat in Jerusalem hielt er eine glühende Verteidigungsrede und wurde daraufhin zum Tod durch Steinigung verurteilt. Die aufgebrachte Menschenmenge trieb Stephanus vor die Tore der Stadt und steinigte ihn dort. Anwesend dabei war auch Saulus, der spätere →Paulus. 415 wurden seine Gebeine gefunden und zunächst nach Jerusalem gebracht. 560

Der heilige Stephanus

gelangten sie dann über Konstantinopel nach Rom, wo sie in der Basilika S. Lorenzo fuori le mura ihre letzte Ruhestätte fanden. Reliquien des hl. Stephanus befinden sich u.a. auch in Zwiefalten. Um den Stephanstag entwickelte sich ein reiches Brauchtum. So werden noch heute mancherorts in Bayern am 26. Dezember die Pferde gesegnet.

Sualo

→Sola

Sulpicius II. von Bourges

Erzbischof (* 615, † 647)

Patron: von Bourges; der Sulpizianer; gegen Hautkrankheiten, Gicht
Festtag: 17. Januar
Darstellung: als Bischof, mit Kreuzstab, Almosen verteilend
Leben und Wirken: Sulpicius stammte aus einem französischen Adelsgeschlecht. 613 empfing er die Priesterweihe, zwei Jahre später wurde er bereits Bischof von Bourges, später auch Erzbischof. Während seines Wirkens kümmerte er sich besonders um arme, kranke und alte Menschen. Er gründete das Kloster Navarium in Bourges, das später ihm zu Ehren in St-Sulpice umbenannt wurde. 623 zog er sich in dieses Kloster zurück und starb dort am 17. Januar 647. Er wurde in St-Sulpice bestattet, doch wurde sein Grab während der Französischen Revolution geschändet. Reliquien befinden sich heute im Kloster sowie in der Kirche St-Sulpice in Paris. Deren Pfarrer Jean-Jacques Olier rief 1641 die Weltpriesterkongregation der Sulpizianer zur Ausbildung von Geistlichen ins Leben.

Suso

Mystiker, Dominikaner
(* 1295, † 1366)

auch: Amandus, Heinrich Seuse
Festtag: 23. Januar
Darstellung: in der Ordenstracht der Dominikaner, mit Kranz aus Rosen, Christusmonogramm, Griffel, Hund mit Tuch oder Lilie im Maul
Leben und Wirken: Suso wurde vermutlich in Konstanz geboren und entstammte dem Rittergeschlecht von Berg. Im Alter von 13 Jahren trat er in den Dominikanerorden ein, fünf Jahre später wurde ihm seine erste Vision zuteil. Er übte sich in strenger Askese und Kasteiung, so verweigerte er sich selbst Schlaf und Nahrung und geißelte sich häufig. 1322 studierte er in Köln bei Meister Eckhart und verfaßte später selbst zwei bekannte Werke, das „Büchlein von der Ewigen Weisheit" und das „Büchlein der Wahrheit". Ab 1335 war Suso in der Seelsorge tätig, 1348 wurde er jedoch nach Verleumdungen nach Ulm versetzt, wo er am 25. Januar 1366 starb. 1831 wurde Suso seliggesprochen.

T

Tania

→Tatiana

Tarasios von Konstantinopel

Patriarch (* um 730, † 806)

Festtag: 25. Februar
Darstellung: als Bischof, mit Schulterband
Leben und Wirken: Tarasios war zunächst Geheimsekretär der byzantinischen Kaiserin Irene, bevor er Patriarch von Konstantinopel wurde. Während seiner Wirkungszeit verteidigte er die Bilderverehrung und berief 787 das siebte Ökumenische Konzil von Nicäa ein. Dort wurde beschlossen, bildliche Darstellungen von Heiligen sowie von Jesus und →Maria zuzulassen. Tarasios starb in Konstantinopel. Später gelangten Reliquien von ihm nach Venedig.

Tassilo

Herzog († um 800)

auch: Tassilo III. von Bayern
Festtag: 11. Dezember
Leben und Wirken: Tassilo war der Sohn des Bayernherzogs Odilo und trat um 748 die Nachfolge seines Vaters an. Während seiner Regentschaft hatte er großen Einfluß auf die Wahl von Bischöfen und auch die Gerichtsbarkeit über den Klerus behielt er sich vor. Er gründete zahlreiche Klöster, darunter auch Wessobrunn (753) und Kremsmünster (777). 788 wurde Tassilo von →Karl dem Großen zum Tode verurteilt, weil er 25 Jahre zuvor das fränkische Heer verlassen hatte. Dieses Urteil wurde jedoch zu lebenslanger Klosterhaft abgemildert. Tassilo lebte zunächst in Jumièges, ab 794 dann in Lorsch, wo er an einem 11. Dezember verstarb.

Tatiana

Märtyrerin († um 200)

auch: Tatjana, Tania
Festtag: 12. Januar
Darstellung: in langem Kleid, mit Mantel, Löwen
Leben und Wirken: Über das Leben der Tatiana ist kaum etwas bekannt. Sie erlitt wohl noch in sehr jungen Jahren unter Kaiser Septimus Severus in Rom das Martyrium. Schon früh wurde Tatiana in der lateinischen, griechischen und russischen Kirche verehrt.

Thaddäus

→Judas Thaddäus

Thekla

Erzmärtyrerin († im 1. Jh.)

Patronin: der Thekla-Bruderschaften, Sterbenden; gegen Augenleiden, Feuergefahren, Pest; für Genesung von Mensch und Tier
Festtag: 23. September
Darstellung: in römischer Jungfrauentracht, mit Schlangen
Leben und Wirken: Obwohl Thekla eines natürlichen Todes gestorben ist, gilt sie dennoch als Erzmärtyrerin – als erste christliche Märtyrerin –, da sie in ihrem Leben zweimal zum Märtyrertod verurteilt wurde. Ihr Leben ist in den Thekla-Akten dargestellt, einer romanhaften Erzählung, die etwa um das Jahr 180 entstand. Nach dieser Erzählung wurde Thekla in Ikonion in der heutigen Türkei geboren, wo sie von →Paulus bekehrt wurde. Als Folge dieser Bekehrung verließ sie ihren Verlobten und wurde deshalb zum Tod auf dem Scheiterhaufen verurteilt. Doch löschten Regen und Hagel die Flammen und Thekla wurde freigelassen. Zusammen mit Paulus gelangte sie nach Antiochia. Dort wies Thekla einen weiteren Mann zurück, der sie daraufhin verklagte. Wieder wurde Thekla zum Tode verurteilt, diesmal zum Tierkampf in der Arena. Doch wieder wurde sie auf wundersame Weise gerettet: Thekla sprang in ein Wasserbecken in der Arena, um sich selbst zu taufen, und die Tiere rührten sie nicht an. Daraufhin wurde sie freigelassen und kehrte nach Ikonion zurück, wo sie später eines friedlichen Todes starb.
Der Thekla-Kult begann schon im 4. Jh. zu blühen. Vom Gebiet am Tigris im heutigen Irak breitete er sich rasch nach Ost und West aus. Reliquien befinden sich u.a. in Tarragona. Noch heute gibt es in Deutschland den Brauch des Thekla-Brotes für die Genesung von Mensch und Tier.

Die heilige Thekla

Theobald von Provins

Einsiedler, Kamaldulenser
(* um 1017, † 1066)

auch: Dietbald
Patron: von Provins; der Bauern, Winzer, Köhler, Schuhmacher, Gürtelmacher, Gerber; gegen Fieber, Augenleiden, Gicht, trockenen Husten, Angstgefühle, Unfruchtbarkeit
Festtag: 30. Juni
Darstellung: als Edelmann, Ritter, Priester, Einsiedler, mit Falken, Buch, Pilgerstab
Leben und Wirken: Geboren wurde Theobald im französischen Provins. Er entstammte dem Grafengeschlecht von Brie und Champagne, verzichtete jedoch auf seinen Reichtum und ging mit einem Freund nach Luxemburg, um dort als Maurer und Knecht zu arbeiten. Er unternahm Wallfahrten nach Rom und Santiago de Compostela und ließ sich schließlich als Einsiedler in der Nähe des italienischen Salanigo nieder.
Dort wurde er wenig später zum Priester geweiht und trat 1065 in den Kamaldulenserorden ein. Bereits kurze Zeit danach starb Theobald am 30. Juni 1066.
Er wurde zunächst im Dom von Vicenza beigesetzt, später wurden seine Gebeine in die Abtei Vangadizza in Salanigo übertragen. 1073 wurde Theobald von Provins heiliggesprochen.

Theodard von Maastricht

Bischof, Märtyrer († um 669)

auch: Diethard, Dodart
Patron: der Viehhändler
Festtag: 10. September
Darstellung: im Bischofsgewand, mit Schwert (nach oben gerichtet)
Leben und Wirken: Der in der Nähe von Speyer geborene Theodard wurde um 660 zum Bischof von Maastricht gewählt. Als die adligen Großgrundbesitzer die Pachthofbauern zunehmend schröpften und auch vor der Beraubung der Klöster in seinem Bistum keine Scheu mehr hatten, wollte Theodard bei König Childerich II. Beschwerde einlegen. Auf seinem Weg zum Königshof wurde er jedoch in Bienwald bei Speyer überfallen und ermordet. Sein Nachfolger auf dem Bischofsstuhl, der hl. →Lambert von Maastricht, ließ Theodards Gebeine nach Lüttich überführen. Sie wurden 1489 erhoben.

Theodor

→Theodul von Sitten

Theodor von Euchaita

Märtyrer († 306)

Patron: der Soldaten, Heere; bei Sturm; in Kämpfen
Festtag: 9. November (in der Ostkirche: 7. und 9. Februar)

Darstellung: als Ritter oder Soldat, mit Schild, Lanze, Kreuz, lodernder Fackel vor brennendem Götzentempel, mit Scheiterhaufen, Märtyrerpalme, erlegtem Krokodil/Drachen
Leben und Wirken: Theodor gilt als einer der „Großmärtyrer“ der Ostkirche. Sein Kult erreichte aber auch das Abendland; so war Theodor vor dem hl. →Markus Schutzpatron von Venedig – um nur ein Beispiel zu nennen.
Der Legende nach stammte er aus Syrien oder Armenien und war Christ. Im Heer Kaiser Maximians diente Theodor als Legionär am Pontus, bis er bei Ausbruch der Christenverfolgung 303 wegen seines Glaubens, den er nie verheimlicht hatte, vor Gericht gestellt wurde. Als man ihn für eine Bedenkzeit vorübergehend frei ließ, zündete er den Tempel der Göttermutter Kybele in Amaseia an und bekannte sich öffentlich zur Tat. Er wurde daraufhin sofort verhaftet, nach Euchaita in der heutigen Türkei gebracht und nach fürchterlicher Folter auf dem Scheiterhaufen verbrannt. Angebliche Reliquien befinden sich in Venedig, Brindisi, Gaeta.

Theodul von Sitten

Bischof († im 4./5. Jh.)

auch: Theodor
Patron: des Kantons Wallis, der Diözese Sitten; der Winzer, Glocken, des Viehs, Wetters
Festtag: 16. August
Darstellung: als Bischof, mit Schwert, Traube, Teufel, Glocke
Leben und Wirken: Über die Herkunft des Theodul ist nichts bekannt. Fest steht, daß er der erste Bischof im Wallis war. Bischofssitz war damals Martigny. Auch als Teilnehmer an den Synoden von Aquileia (381) und Mailand (396) ist er bezeugt. Der Überlieferung nach war es Theodul, der die Gebeine des →Mauritius fand und sie in der von ihm errichteten Basilika St-Maurice in Agaunum beisetzten ließ.
Die Gebeine des Theodul wurden vermutlich im 6. Jh. nach Sitten übertragen, als der Bischofssitz von Martigny dorthin verlegt wurde. Als Sitten jedoch 1798 von den Franzosen besetzt wurde, verschwanden die Gebeine.

Theresia von Ávila

Ordensgründerin, Kirchenlehrerin, Mystikerin, Karmeliterin
(* 1515, † 1582)

auch: Theresia von Jesus
Patronin: von Spanien, des Erzbistums Mexiko; von Ávila, Alba de Tormes, Neapel; der Karmelitenorden, Bortenmacher, spanischen Schriftsteller; bei geistlichen Nöten; gegen Kopf- und Herzleiden; für ein innerliches Leben
Festtag: 15. Oktober
Darstellung: in der Ordenstracht der Karmeliterinnen, mit Kreuz, Buch

Leben und Wirken: Theresia von Ávila kann mit Recht als größte Mystikerin aller Zeiten bezeichnet werden; wie keine andere Frau hat sie das Ordenswesen beeinflußt. In ihrem Buch „Die Seelenburg" hat sie das mystische Leben bis zur höchsten erreichbaren Vereinigung mit Gott dargestellt.

Theresia wurde im spanischen Ávila als Tochter eines Adeligen geboren. Schon als Kind zeigte sie sich fasziniert von den Legenden der Märtyrer und wollte als Siebenjährige bei den Mauren den Märtyrertod erleiden. Angeregt durch die Schriften des hl. →Hieronymus trat sie 1535 in das Karmeliterinnenkloster der Menschwerdung in Ávila ein. Wenig später erkrankte sie schwer, lag vier Tage im Koma und war auch nach ihrer Genesung noch lange gehbehindert. In der Folgezeit wurden ihr zahlreiche mystische Offenbarungen und Ekstasen zuteil. 1560 hatte sie eine Vision der Hölle, die sie so erschütterte, daß sie daraufhin das Gelübde ablegte, von nun an immer das Vollkommenere zu tun. Theresia glaubte jedoch, dieses Gelübde im Karmeliterinnenorden nur schwer verwirklichen zu können, da man es mit der Einhaltung der Regel nicht immer sehr genau hielt. Deshalb widmete sie sich von nun an der Reform des Ordens, auch wenn sie dabei bei ihren Mitschwestern und der Ordensleitung auf heftigen Widerstand stieß. Ihr Ziel war es,

Die heilige Theresia von Ávila

Eremitenklöster innerhalb des Karmelitenordens zu schaffen, die eine strengere Regel besaßen. 1562 gründete sie schließlich das Reformkonvent des hl. Joseph und nannte sich von nun an „von Jesus". Wenig später begegnete sie →Johannes vom Kreuz, der sich der Reform des männlichen Zweiges des Karmelitenordens annahm. Zusammen gründeten sie in der Folgezeit mehrere Klöster. 1580 kam es schließlich zur Lostrennung der Unbeschuhten Karmeliten vom Karmelitenorden. Theresia von Ávila starb am 4. Oktober 1582 auf einer Visitationsreise in Alba de Tormes.

Da ihr Todestag mit dem Festtag des hl. →Franz von Assisi zusammenfiel, legte man ihr Fest auf den folgenden Tag, der nach der Kalenderreform der 15. Oktober wurde. Der Karmelitenorden gedenkt der Mystikerin allerdings nach wie vor am 5. Oktober. Beigesetzt wurde Theresia von Ávila in der Karmeliterinnenkirche in Alba de Tormes. 1622 wurde sie heiliggesprochen, 1970 zur Kirchenlehrerin ernannt.

Theresia von Lisieux

Kirchenlehrerin, Mystikerin, Karmeliterin (* 1873, † 1897)

auch: Theresia vom Kinde Jesus
Patronin: zweite Patronin Frankreichs; der Karmeliterinnen, Missionen
Festtag: 1. Oktober
Darstellung: in der Ordenstracht der Karmeliterinnen, mit Rosen im Arm
Leben und Wirken: Theresia von Lisieux wurde in Alençon in der Normandie geboren. Schon als Kind faßte sie den Beschluß, in den Karmelitenorden einzutreten. Zunächst wurde ihr dieser Wunsch verwehrt, 1889 wurde sie jedoch in den Karmel von Lisieux aufgenommen. Zeit ihres Lebens wurde sie von schweren Konflikten und Angstzuständen gequält, die sie auch in ihrer Autobiographie „Geschichte einer Seele“ darstellte. Theresia von Lisieux erkrankte schließlich schwer an Lungentuberkulose und starb am 30. September 1897. Sie wurde in Lisieux beigesetzt. 1925 wurde Theresia von Lisieux heiliggesprochen, 1997 zur Kirchenlehrerin ernannt.

Die heilige Theresia von Lisieux

Thiemo von Salzburg

Erzbischof, Märtyrer, Benediktiner (* um 1040, † 1102)

auch: Dietmar
Patron: der Bildhauer, Erzgießer, Maurer, Zimmerleute
Festtag: 28. September
Darstellung: als Bischof, mit Stab, Buch, Gedärmwinde
Leben und Wirken: Thiemo war der Sohn eines bayerischen Adeligen und wurde

zunächst Mönch in Niederaltaich. 1077 wurde er zum Abt von St. Peter in Salzburg ernannt. Da er ein Anhänger der Reformen war, wurde er einige Zeit später vertrieben, konnte jedoch bald zurückkehren und wurde 1090 sogar Erzbischof von Salzburg. Im Investiturstreit unterstützte Thiemo den Papst und wurde deshalb gefangengenommen. Doch ihm gelang die Flucht, und er nahm am ersten Kreuzzug teil. Am 28. September 1102 wurde er vermutlich in Askalon bei Jerusalem von Seldschuken zu Tode gemartert.

Thomas

Apostel († 72)

Patron: von Ostindien, Portugal, Goa, der Thomas-Inseln, von Urbino, Parma, Riga; der Maurer, Architekten, Zimmerleute, Bauarbeiter, Steinmetze, Geometer, Theologen; bei Rückenschmerzen; für eine gute Heirat
Festtag: 3. Juli
Darstellung: als Apostel, im Martyrium
Leben und Wirken: Denkt man an den Apostel Thomas, so fällt einem zuerst die Geschichte vom „ungläubigen Thomas“ ein, eine Redensart, die sich bis in die heutige Zeit gehalten hat.
Geboren wurde Thomas vermutlich in Galiläa und arbeitete als Fischer, bevor er zum Apostel berufen wurde. Tatsächlich wird Thomas in allen vier Apostelkatalogen erwähnt. Als sich der Auferstandene den Aposteln zeigte, war Thomas nicht dabei und hatte laut der biblischen Überlieferung deshalb zunächst Zweifel an der Wahrheit der Geschichte. Als Beweis verlangte er, die Wundmale Jesu sehen und berühren zu dürfen. Als einige Tage später der Auferstandene erneut erschien, forderte er den ungläubigen Thomas auf, eben dies zu tun, woraufhin Thomas seinen Glauben bekannte. In der Folgezeit ging Thomas auf Missionsreisen nach Persien und Indien. Im Jahre 72 erlitt er in der Nähe des indischen Mai-

Der heilige Thomas

lapur, dem heutigen Madras, das Martyrium: Ein Heide erstach ihn auf einer Missionsreise heimtückisch mit einem Schwert oder einer Lanze.
1547 wurde auf dem Thomasberg bei Mailapur eine Kirche erbaut. Dort wird auch das 1574 entdeckte Thomaskreuz aus dem 6. oder 8. Jh. aufbewahrt, ein Steinkreuz, das vom Martyrium des hl. Thomas berichtet. Seine Gebeine wurden an einem 3. Juli im 3. Jh. nach Edessa in der heutigen Türkei übertragen, Reliquien befinden sich heute auch in Rom und in Ortona an der Adria.

Thomas von Aquin

Kirchenlehrer, Dominikaner
(* um 1225, † 1274)

Der heilige Thomas von Aquin

Patron: der Dominikaner, Theologen, katholischen Hochschulen, Buchhändler, Bleistiftfabrikanten; gegen Unwetter; für Reinheit, Keuschheit
Festtag: 28. Januar
Darstellung: in der Ordenstracht der Dominikaner, mit Schreibfeder, Buch
Leben und Wirken: Thomas von Aquin war nicht nur einer der bedeutendsten Gelehrten des Mittelalters, sondern auch einer der größten Theologen und Denker überhaupt. In seinem Hauptwerk, der „Summa theologica", vereinigte er die Lehre des →Augustinus mit der des Aristoteles und vollzog damit eine Synthese von Theologie und Philosophie, wobei er jedoch die Theologie immer über die Philosophie stellte. Auch bewies er hier in fünf Wegen die Gegenwart Gottes.
Geboren wurde Thomas von Aquin als Sohn eines Adeligen auf Schloß Roccasecca in der Nähe von Neapel. 1243 oder 1244 trat er gegen den Willen seiner Familie in den Dominikanerorden ein, zur „Strafe" ließen ihn seine Angehörigen entführen und hielten ihn zwei Jahre lang gefangen. Als er wieder frei gekommen war, schickte ihn sein Orden zum Studium nach Köln. Dort war Thomas von 1248 bis 1252 ein Schüler des →Albertus Magnus und wurde schließlich Theologieprofessor. Er verbrachte längere Aufenthalte in Paris

und Italien und verfaßte zahlreiche bedeutende Schriften. Zu seinen Hauptwerken zählt neben der „Summa theologica“ auch die „Summa contra gentiles“, in der er sich mit der arabischen Philosophie auseinandersetzt. Im Jahre 1274 erkrankte Thomas von Aquin plötzlich und verstarb am 7. März in der Zisterzienserabtei in Fossanuova in Italien. Seine Reliquien befinden sich in Rom und Toulouse. 1323 wurde Thomas von Aquin heiliggesprochen, 1567 zum Kirchenlehrer ernannt.

Thomas Becket

Erzbischof, Märtyrer (* 1118, † 1170)

Festtag: 29. Dezember
Darstellung: als Bischof, mit Stab, Buch, Palme, Kirchenmodell, Schwert oder Beil, das sein Haupt spaltet
Leben und Wirken: Thomas Becket wurde in London als Sohn einer Kaufmannsfamilie geboren. Er studierte in Paris und Bologna und wurde schließlich zunächst Archidiakon von Canterbury und 1155 Lordkanzler und persönlicher Berater des englischen Königs Heinrich II. Zwischen dem König und dem Kirchenmann bestand eine tiefe Freundschaft. 1162 wurde Thomas Becket Erzbischof von Canterbury und veränderte sich in der Folgezeit stark. Er lebte und kleidete sich wie ein Mönch, half den Armen und stand unnachgiebig auf der Seite der Kirche. Diese Haltung führte 1164 zum Bruch mit dem König und Thomas Becket floh nach Frankreich. Durch Vermittlung des Papstes konnte er 1170 zwar nach England zurückkehren, doch wurde er am 29. Dezember desselben Jahres in der Kathedrale von Canterbury von vier Edelleuten, die dem König einen Gefallen tun wollten, ermordet.
Bestattet wurde er in der Kathedrale von Canterbury, die schon bald zu einem beliebten Wallfahrtsort wurde. Bereits 1173 wurde Thomas Becket heiliggesprochen. 1538 ließ König Heinrich VIII. jedoch seinen Schrein zerstören und seine Reliquien vernichten.

Thomas More

Lordkanzler, Märtyrer
(* 1478, † 1535)

auch: Thomas Morus
Festtag: 22. Juni
Darstellung: in vornehmen, pelzbesetzten Kleidern, mit Kanzlerkette, Gelehrtenmütze, Papstkreuz oder Kelch (als Zeichen seiner Treue zum Papst)
Leben und Wirken: Der große Gelehrte Thomas More war nicht nur ein brillanter Schriftsteller, sondern auch ein loyaler Kirchenmann – bis in den Tod. Geboren in London studierte Thomas More in Oxford Rechtswissenschaft und widmete sich – als Freund des Erasmus von Rotterdam – auch den humanistischen Studien. 1504 wurde er

Mitglied des Unterhauses, 1523 dessen Sprecher und sechs Jahre später schließlich Lordkanzler König Heinrichs VIII. Seinen Landesherrn unterstützte Thomas v.a. in seiner Politik gegen die Protestanten in Wort und Schrift. Als überzeugter Katholik war er jedoch mit den kirchenfeindlichen Bestrebungen des Königs nicht einverstanden. 1532 legte er sein Amt deshalb nieder, als Heinrich sich von der Kirche in Rom lossagte und eine eigene Staatskirche plante. Zwei Jahre später schließlich verweigerte Thomas den Eid, mit dem er den König als Oberhaupt der englischen Kirche anerkennen sollte.
Daraufhin wurde er enteignet und in den Tower geworfen. Da Thomas seiner katholischen Überzeugung trotzdem treu blieb, wurde er wegen „Hochverrats“ verurteilt und am 6. Juli 1535 enthauptet.

Till

→Ägidius

Tillo

Abt, Einsiedler († um 702)

auch: Tillmann
Patron: gegen Fieber, Kinderkrankheiten
Festtag: 16. Januar
Darstellung: als Abt, mit Kelch, Goldschmiedewerkzeugen
Leben und Wirken: Tillo stammte aus Westfalen und wurde in seiner Jugend als Sklave nach Belgien verschleppt. Der hl. →Eligius von Noyon kaufte ihn schließlich los und bildete ihn zum Goldschmied aus. 641 wurde Tillo Mönch in Solignac und stand dem Kloster einige Jahre lang als Abt vor, bevor er sich in die Einsamkeit zurückzog, um ein Leben als Einsiedler zu führen. Später kehrte er jedoch in sein Kloster zurück, wo er an einem 16. Januar um 702 starb.

Timon

Diakon, Märtyrer († im 1./2. Jh.)

Festtag: 19. April
Darstellung: am Kreuz, mit Götzentempel im Hintergrund
Leben und Wirken: Timon war einer der sieben hll. Diakone, die von der christlichen Urgemeinde in Jerusalem eingesetzt wurden, um die Apostel zu entlasten. Nach dem Tode Jesu missionierte er auf Zypern, in Syrien und Griechenland. Dort starb Timon in Korinth den Kreuzestod.

Timotheus und Titus

Bischöfe († im 1. Jh.)

Festtag: 26. Januar
Darstellung: Timotheus als Bischof, mit Steinen; Titus als Bischof, mit einem durch Strahlen erleuchteten Antlitz

Leben und Wirken: Timotheus stammte aus Lystra in der heutigen Türkei. Vermutlich wurde er von →Paulus getauft, den er später auf vielen Missionsreisen begleitete. Nach dem Tod des Paulus ging Timotheus nach Ephesus und wurde dort Bischof. Über sein Lebensende ist nichts bekannt. Nach einer Legende wurde er im Jahre 97 erschlagen. Auch Titus wurde als Heide geboren; wer ihn getauft hat, ist jedoch nicht bekannt. Er begleitete Paulus zum Apostelkonzil nach Jerusalem und wurde später von diesem auf Kreta zurückgelassen, wo er Bischof wurde und im hohen Alter starb.
Da Timotheus und Titus beide Gefährten des Paulus waren, wurde ihnen ein gemeinsamer Festtag gegeben. Reliquien des Timotheus befinden sich heute in der Kirche S. Giovanni in Fonte in Rom.

Toribio von Mongrovejo
Erzbischof (* 1538, † 1606)

Patron: von Peru; Lima
Festtag: 23. März
Darstellung: als Bischof
Leben und Wirken: Toribio von Mongrovejo wurde im spanischen Mayorga geboren. 1575 wurde er Inquisitor in Granada, vier Jahre später Erzbischof von Lima. Dort versuchte er, seine Diözese zu reorganisieren und errichtete zahlreiche Kirchen, Klöster und Schulen. 1582 berief er sein erstes Provinzialkonzil ein, auf dem grundlegende Bestimmungen für die südamerikanische Kirche festgesetzt wurden. Trotz aller Hindernisse, die ihm die spanische Regierung und die Orden, die ihre Privilegien schützen wollten, in den Weg stellten, gelang es Toribio, das geistliche Leben in Peru zu reformieren. Er starb auf einer Visitationsreise am 23. März 1606. Sein Leichnam wurde in der Kathedrale von Lima beigesetzt. 1726 wurde Toribio von Mongrovejo heiliggesprochen.

Truthgeb
→Lioba von Tauberbischofsheim

U

Ulrich von Augsburg

Bischof (* um 890, † 973)

Patron: der Stadt und der Diözese Augsburg; der Reisenden, Sterbenden, Fischer, Winzer, Weber; bei schwerer Geburt; gegen Tobsucht, Tollwut, Krankheit, Fieber, Körperschwäche, Ratten- und Mäuseplage, Überschwemmung, Wassergefahr
Festtag: 4. Juli
Darstellung: als Bischof, auf einem Pferd
Leben und Wirken: Als Bischof Ulrich 993 heiliggesprochen wurde, war dies die erste förmliche Kanonisation der römisch-katholischen Kirche. Geboren wurde Ulrich in Augsburg, er stammte aus einem alemannischen Grafengeschlecht. Seine Ausbildung erhielt er in der Klosterschule St. Gallen, um 908 wurde er zum Priester geweiht. 923 wurde er schließlich Bischof von Augsburg. Um die Stadt vor den wiederholten Angriffen der Ungarn zu schützen, ließ Ulrich sie 926 mit einer Mauer umgeben. Bei einem erneuten Einfall der Ungarn 955 verteidigte der Bischof vom 7. bis 9. August seine Stadt sogar persönlich, bis am 10. August König Otto I. der Große mit einem Heer vor der Stadt erschien und die Ungarn in jener berühmten Schlacht auf dem Lechfeld endgültig besiegte. 962 zog sich Ulrich von seinen weltlichen Aufgaben zurück und widmete sich in der Folgezeit nur noch geistlichen Belangen, so auch der Ausbildung des Klerus. Er gründete u.a. das Kloster Benediktbeuren und das Kanonissenstift St. Stephan in Augsburg. 972 wollte er von seinem Amt zurücktreten, um sich in ein Kloster zurückzuziehen, doch lehnte die Bischofssynode dieses Gesuch ab.

Der heilige Ulrich von Augsburg

Nur ein Jahr später starb Ulrich am 4. Juli 973. 50 Jahre lang war er Bischof von Augsburg gewesen. Bestattet wurde er bei St. Afra von seinem Freund →Wolfgang von Regensburg. Seit 1071 ruhen seine Gebeine in der Kirche St. Ulrich und Afra in Augsburg. Sein Grab ist bis heute eine viel besuchte Wallfahrtsstätte.

Urban I.

Papst († 230)

Patron: des Weines, der Winzer, Weinberge, Küfer; gegen Trunkenheit, Gewitter, Blitz, Frost, Gicht
Festtag: 25. Mai
Darstellung: als Papst, mit Buch, Weintraube, Schwert
Leben und Wirken: Berichte über das Leben und Wirken von Urban I. sind allesamt unglaubwürdig, so auch eine Darstellung, nach der er das Martyrium erlitt. Die einzige gesicherte Information ist, daß Urban von 222 bis 230 Papst war. Nach seinem Tod am 25. Mai 230 wurde er wahrscheinlich in der Kalixtus-Katakombe in Rom beigesetzt.

Uriel

Erzengel

Festtag: kein Festtag
Leben und Wirken: Uriel zählt – neben →Gabriel, →Michael und →Raphael – zu den Erzengeln, wird aber in der Bibel nicht erwähnt. Dennoch wird er sowohl von Juden als auch von Christen verehrt.
Am Tag des Jüngsten Gerichts öffnet Uriel die Tore zur Unterwelt und führt die Verstorbenen vor ihren göttlichen Richter.

Urs und Viktor

Märtyrer († um 303)

auch: Urs und Victor
Patrone: von Solothurn, der Diözese Basel
Festtag: 30. September
Darstellung: als Soldaten, mit Schwert, Banner, Schild, abgeschlagenem Haupt
Leben und Wirken: Der Überlieferung nach gehörten Urs und Viktor zur Thebäischen Legion, einer aus christlichen Soldaten bestehenden Legion. Nachdem sie mit zahlreichen Gefährten von Agaunum nach Solothurn geflohen waren, entdeckte sie der Christenverfolger Kaiser Maximian dort und ließ sie hinrichten, als sie ihrem christlichen Glauben treu blieben. Der Legende nach sollen die Soldaten geschlagen, ins Feuer geschickt und danach enthauptet worden sein.
Die Gebeine von Urs sollen in der Kirche St. Ursen in Solothurn beigesetzt worden sein; die Reliquien Viktors kamen um 500 nach Genf.

Ursula

Märtyrerin († im 3./4. Jh.)

Patronin: von Köln; der Jugend, Lehrerinnen, Tuchhändler, der Universitäten von Paris und Coimbra; für eine gute Heirat, guten Ehestand, ruhigen Tod
Festtag: 21. Oktober
Darstellung: in vornehmer Kleidung, mit Krone, Pfeil, mit ihren Gefährtinnen
Leben und Wirken: Wie bei vielen Heiligen beruht auch das Leben der hl. Ursula hauptsächlich auf Legenden. Am bekanntesten ist mit Sicherheit die Legende der 11000 Jungfrauen. Jedoch handelt es sich hier mit großer Wahrscheinlichkeit um einen Lesefehler, statt 11000 fanden wohl nur elf Jungfrauen zusammen mit Ursula den Tod. Der Legende zufolge war Ursula eine englische Königstochter, die schon als Kind ewige Jungfräulichkeit gelobt hatte. Dennoch wurde sie vom Heidenkönig Aetherius zur Frau begehrt. Falls man seinem Wunsch nicht nachkomme, würde er einen Krieg gegen das Reich von Ursulas Vater anfangen, hatte Aetherius gedroht. Zum Schein ging daraufhin Ursula auf sein Angebot ein und wollte zusammen mit 11000 Gefährtinnen ihrem „Bräutigam" in die heutige Bretagne folgen. Doch trieb ein Sturm die Flotte der Jungfrauen in die Rheinmündung. Ursula hatte eine Vision, wonach sie zu einer Pilgerfahrt nach Rom aufbrechen sollte. Sie segelte mit ihren Gefährtinnen den Rhein hinauf und gelangte schließlich nach Köln, das zu dieser Zeit von den Hunnen besetzt war. Ihre Gefährtinnen wurden allesamt von den Hunnenkriegern mißhandelt und ermordet, Ursula selbst wurde jedoch aufgrund ihrer Schönheit verschont. Als der Hunnenkönig sie begehrte und Ursula sich auch ihm verweigerte, wurde sie mit ei-

Die heilige Ursula

nem Pfeil ermordet. Daraufhin sollen 11 000 Engel vom Himmel herabgekommen sein und die Hunnen in die Flucht geschlagen haben. Als Todesjahr der Ursula und ihrer Gefährtinnen wird das Jahr 304 vermutet. Christen bestatteten die Jungfrauen und errichteten später über ihrer Grabstätte eine Kirche. Bei einer Erweiterung der Kölner Stadtmauer im Jahre 1106 wurden große Mengen von Gebeinen gefunden, die daraufhin als Reliquien der Jungfrauen in alle Welt gingen. Auch in der Kölner Kirche St. Ursula befinden sich einige.

V

Valentin von Rätien

Bischof († um 475)

Patron: der Diözese Passau; gegen Krämpfe, Epilepsie, Gicht, Viehseuchen
Festtag: 7. Januar
Darstellung: als Bischof, mit Buch, predigend
Leben und Wirken: Über das Leben des Valentin von Rätien ist nichts bekannt. Nicht einmal, wo er Bischof war, kann man mit Sicherheit sagen. Es ist jedoch anzunehmen, daß er die Diözese Rätien leitete. Der Legende nach versuchte er dreimal, in Passau zu wirken, wurde jedoch dreimal vertrieben. Valentin starb an einem 7. Januar, vermutlich im Jahr 475. Beigesetzt wurde er zunächst in der Zenoburg in Meran, im 8. Jh. gelangten seine Gebeine dann über Trient in den Dom von Passau.

Der heilige Valentin von Terni

Valentin von Terni

Bischof, Märtyrer († um 268)

Patron: der Jugend, Reisenden, Imker; gegen Fallsucht, Pest; für gute Verlobung und Heirat
Festtag: 14. Februar
Darstellung: als Bischof, mit Krüppeln, Epileptikern
Leben und Wirken: Über das Leben des Valentin von Terni gibt es nur wenige gesicherte Informationen. Er war Bischof von Terni und erlitt vermutlich um das Jahr 268 den Märtyrertod. Der Legende nach wurde er enthauptet. Beigesetzt wurde er an der Via Flaminia bei Terni. Bereits im 4. Jh. setzte in Rom die Verehrung des hl. Valentin ein, im 8. Jh. entstand über seinem Grab die Valentinsbasilika. Den Valentinstag feiert man in vielen Ländern als Tag der Liebenden. In Großbritannien und den USA schickt man sich Grußkarten, in Deutschland schenkt man sich Blumen.

Veit

→Vitus

Verena

Missionarin, Einsiedlerin
(† um 350)

Patronin: der Pfarrhaushälterinnen, Armen, Notleidenden, Schiffer, Fischer, Müller; für Kindersegen
Festtag: 1. September
Darstellung: als Jungfrau, Klosterfrau, mit Brot, Krug, Fisch, Kamm
Leben und Wirken: Der Legende nach gehörte Verena zur Thebäischen Legion unter →Mauritius und kam aus Ägypten in die Schweiz. Nachdem ein Teil der Legion das Martyrium erlitten hatte, ließ sie sich in Zurzach im Kanton Aargau nieder. Verena bekehrte viele Alemannen und kümmerte sich aufopfernd um Kranke und Arme.
Schon kurz nach ihrem Tode wurde über ihrem Grab eine Kirche errichtet, zu der sich bald eine Wallfahrt entwikkelte. Heute noch ist Verena eine der meistverehrten Heiligen der Schweiz.

Veronika

Jüngerin Jesu († im 1. Jh.)

Die heilige Veronika

Patronin: der Leinenweber, Leinwandhändler, Wäscherinnen, Pfarrhaushälterinnen; gegen Blutungen; für einen guten Tod
Festtag: 27. Februar
Darstellung: als einfache Frau, mit Schweißtuch, auf dem das Antlitz Jesu abgebildet ist
Leben und Wirken: Auch wenn vieles gegen die Existenz Veronikas spricht, ist sie doch fest im Volksglauben verwurzelt. Der Legende nach soll sie Jesus auf dem Kreuzweg ein Tuch gereicht haben, um sein Gesicht zu trocknen. Darauf prägten sich seine Gesichtszüge für immer in das Schweißtuch ein. Gestorben ist Veronika angeblich in Soulac, Reliquien befinden sich in der Kirche St-Sernin in Bordeaux. Die Veronika-Legende ist Bestandteil einer jeden Darstellung des Kreuzwegs.

Victoria

→Viktoria von Rom

Viktor I.

Papst († 199)

Festtag: 28. Juli
Darstellung: als Papst, mit Kreuzstab, Buch
Leben und Wirken: Viktor I. war von 189 bis 199 Papst, über sein Leben vor seiner Wahl zum Papst ist nichts bekannt. Eventuell stammte er aus Afrika. Während seiner Wirkungszeit gelang es ihm, im sog. Osterstreit die westliche Position gegenüber der Ostkirche durchzusetzen. Ostern wird also nicht zu einem bestimmten Datum gefeiert, sondern an gleichbleibenden Wochentagen mit dem Karfreitag als Todestag Jesu und dem darauffolgenden Sonntag als Auferstehungstag. Als erster Papst legte Viktor I. Wert auf gute Beziehungen zum römischen Kaiser und konnte so die Freilassung zahlreicher Christen erreichen. Später entstanden Legenden um ein Martyrium, die jedoch nicht belegt sind.

Viktoria von Rom

Märtyrerin
(† um 250 oder um 303)

auch: Victoria
Festtag: 23. Dezember
Darstellung: als Römerin, mit Palme, Drachen, Schwert, mit anderen Jungfrauen
Leben und Wirken: Die römische Christin Viktoria erlitt das Martyrium in der Christenverfolgung unter Kaiser Decius (im 3. Jh.) oder unter Kaiser Diokletian (um 303). Der Legende nach soll ihr eigener Gatte sie angezeigt haben. Viktorias Verehrung war in Italien schon sehr früh, spätestens seit dem 6. Jh., verbreitet.

Vinzenz Ferrér

Dominikaner (* um 1350, † 1412)

Patron: von Valencia, Vannes; der Ziegelmacher, Dachdecker, Holzarbeiter, Bleigießer; bei Krankheit; gegen Kopfschmerzen, Fieber, Epilepsie, Gefahren aller Art; für Fruchtbarkeit, gute Heirat, seligen Tod
Festtag: 5. April
Darstellung: in der Ordenstracht der Dominikaner, mit Buch, Lilie, Kreuz, Feuer, Flügeln, Posaune, Taufbecken
Leben und Wirken: Vinzenz Ferrér wurde in Valencia geboren. Im Alter von 17 Jahren trat er in den Dominikanerorden ein und wurde um 1375 zum Priester geweiht. In der Folgezeit wurde er zu einem der größten Bußprediger des Mittelalters. Dabei war er jedoch keineswegs unumstritten: So behauptete Vinzenz Ferrér u.a., der Weltuntergang stehe kurz bevor, und wurde deshalb als Häretiker bezeichnet. Auch stellte er sich während des Papstschismas auf

die Seite der Gegenpäpste von Avignon, schwenkte jedoch 1417 zum rechtmäßigen Papst um. Vinzenz Ferrér starb am 5. April 1419 in Vannes auf einer Predigtreise in die Normandie.
Er wurde in der Kathedrale von Vannes beigesetzt. 1458 wurde Vinzenz Ferrér heiliggesprochen.

Vinzenz Pallotti

Ordensgründer (* 1795, † 1850)

Patron: des Priestermissionsbundes
Festtag: 22. Januar
Darstellung: im Ordenskleid, mit Stola
Leben und Wirken: Vinzenz Pallotti wurde in Rom als Sohn einer wohlhabenden Familie geboren. 1818 empfing er die Priesterweihe und engagierte sich danach in fast allen Bereichen der Seelsorge. 1834 gründete er die „Gesellschaft des katholischen Apostolates zur Vertiefung, Verbreitung und Verteidigung der Frömmigkeit und des katholischen Glaubens", ein Jahr später die Priestergemeinschaft der Pallottiner als Träger dieser Gesellschaft. 1843 folgte die Schwesterngemeinschaft der Pallottinerinnen. Vinzenz Pallotti starb am 22. Januar 1850 in Rom.
Er wurde in der Kirche S. Salvatore in Onda zu Rom bestattet. 1963 wurde Vinzenz Pallotti heiliggesprochen.

Der heilige Vinzenz Pallotti

Vinzenz von Paul

Ordensgründer (* 1581, † 1660)

Patron: der Vinzentiner, aller karitativen Vereine, des Klerus, der Waisen, Gefangenen, Waisen- und Krankenhäuser, Geistlichkeit; für das Wiederfinden verlorener Sachen
Festtag: 27. September
Darstellung: als Priester, mit Kindern
Leben und Wirken: Vinzenz von Paul ging als Ordensgründer in die Geschichte ein: So stiftete er die Orden der Vinzentiner – auch Lazaristen genannt – und der Vinzentinerinnen oder Barmherzigen Schwestern.

Der heilige Vinzenz von Paul

Geboren wurde Vinzenz von Paul als Sohn eines Bauern im französischen Pouy. Im Jahre 1600 wurde er zum Priester geweiht, acht Jahre später ging er nach Paris. Dort legte er 1617 das Gelübde ab, sein Leben den Armen zu widmen. Zu diesem Zweck gründete er im selben Jahr die „Confrérie de la Charité", eine Gemeinschaft von Laien-Schwestern, die sich der organisierten Armen-Fürsorge widmete. Drei Jahre später folgte das Gegenstück für Männer, die „Serviteurs des pauvres". 1625 rief Vinzenz von Paul die „Kongregation der Missionen", die Lazaristen, ins Leben, die ihre Aufgabe im Aufbau von Missionen und in der Ausbildung des Klerus sahen. Um diese Aufgabe zu verwirklichen, gründete er auch einige Priesterseminare. 1633 folgten schließlich die „Filles de la Charité" oder Vinzentinerinnen, eine Gemeinschaft, die er gemeinsam mit →Louise de Marillac ins Leben rief. Ihre Mitglieder lebten ohne Klausur und Ordenstracht zusammen und widmeten sich den Werken der Nächstenliebe. Vinzenz von Paul, übrigens ein Freund von →Franz von Sales, starb schließlich am 27. September 1660 in Paris. Seine Gebeine ruhen in der Kirche der Lazaristen in Paris, sein Herz in der Kathedrale von Lyon. 1737 wurde Vinzenz von Paul heiliggesprochen.

Vinzenz von Saragossa

Diakon, Märtyrer († 304)

Patron: der Ziegelbrenner, Töpfer, Dachdecker, Seeleute, Winzer, Holzfäller
Festtag: 22. Januar
Darstellung: als Diakon, im Martyrium
Leben und Wirken: Über das Leben des Vinzenz von Saragossa gibt es kaum gesicherte Informationen. Der Legende nach war er der Sohn eines Adeligen und wurde Archidiakon des Bischofs Valerus in Saragossa. Zusammen mit diesem wurde er während der Christenverfolgungen unter Kaiser Diokletian

Die heilige Vinzenz von Saragossa

nach Valencia in die Verbannung geschickt, dort verhaftet und eingekerkert. Nach einer glühenden Verteidigungsrede erlitt er am 22. Januar 304 den Märtyrertod, indem er u.a. auf einem Rost gebraten und auf Scherben geworfen wurde. Sein Leichnam wurde mit einem Mühlstein beschwert im Meer versenkt, kam jedoch sofort ans Ufer zurück.

Die Gebeine des Vinzenz von Saragossa ruhen heute in Valencia, Reliquien befinden sich in Paris, Chartres, Metz, Besançon, Le Mans und Rom.

Virgil von Salzburg

Bischof (* um 700, † 784)

Patron: der (Erz-)Diözesen Graz-Seckau und Salzburg; der Kinder; bei schwerer Geburt
Festtag: 24. September (in Gurk-Klagenfurt: 24. November)
Darstellung: als Bischof, mit Kirchenmodell, Geldschüssel, Erdkugel
Leben und Wirken: Virgil stammte ursprünglich aus Irland und kam im Jahre 743 auf Empfehlung Pippins des Jüngeren zu Herzog Odilo von Bayern. Dieser übertrug ihm die Verwaltung des Bistums Salzburg. In der Folgezeit zog sich Virgil das Mißfallen des →Bonifatius zu, indem er u.a. eine nicht korrekte Taufformel benutzte und die Ansicht vertrat, die Erde sei eine Kugel. Erst nach dem Tod des Bonifatius konnte er 755 zum Bischof geweiht werden. Verdient machte er sich u.a. durch die Missionierung Kärntens. Am 27. November 784 starb Virgil.

Er wurde im Dom von Salzburg beigesetzt, den er selbst hatte erbauen lassen. Im Jahre 1233 wurde Virgil heiliggesprochen.

Vitalis von Salzburg

Bischof († um 730)

Patron: des Pinzgaues; der Schwangeren, der Kinder
Festtag: 20. Oktober
Darstellung: als Bischof, mit Stab, Buch, Lilie, Herz
Leben und Wirken: Vitalis gilt als bedeutendster Bischof des Bistums Salzburg. Über seine Herkunft ist jedoch nichts

bekannt. Er war ein Schüler des ersten Bischofs von Salzburg, →Rupert, und wurde von diesem zum Nachfolger auf dem Bischofsstuhl und als Abt des Benediktinerklosters St. Peter bestimmt, was im Jahr 718 dann geschah. Besonders widmete sich Vitalis während seiner Wirkungszeit der Mission im Pinzgau. Er starb am 20. Oktober um 730 und wurde in der Abteikirche St. Peter in Salzburg bestattet.

Zu seinem Grab entwickelte sich bald eine Wallfahrt. Obwohl Vitalis nie offiziell kanonisiert wurde, gestattete der Papst seine Verehrung im Bistum Salzburg.

Vitus

Märtyrer (* um 297, † um 304)

auch: Veit

Patron: von Niedersachsen, Sachsen, Pommern, Böhmen, Rügen, Sizilien, Mönchengladbach, Ellwangen, Corvey, Höxter, Krems, Prag; der sächsischen Kaiser, der Jugend, Apotheker, Gastwirte, Winzer, Bierbrauer, Bergleute, Schmiede, Schauspieler, Stummen, Gehörlosen, Haustiere, Hunde, Quellen, des Geflügels; gegen Epilepsie, Tollwut, Besessenheit, Hysterie, Krämpfe, Augen- und Ohrenleiden, Hunde- und Schlangenbiß, Bettnässen, Blitz, Unwetter, Feuergefahren, Unfruchtbarkeit; für die Bewahrung der Keuschheit, gute Aussaat und Ernte; einer der Vierzehn Nothelfer

Festtag: 15. Juni

Darstellung: als Knabe, mit Amme, Lehrer, Buch, Kessel, Palmzweig

Leben und Wirken: Obwohl er nur sieben Jahre alt wurde, ist Vitus ein sehr volksnaher Heiliger. Über 150 Orte glauben,

Die heilige Vitus (Veit)

echte Reliquien des Heiligen zu besitzen, mehr als 1300 Orte verehren ihn als Patron. Seit dem 14. Jh. zählt er zu den Nothelfern.
Geboren wurde Vitus in Sizilien. Sein Lehrer Modestus und seine Amme Crescentia erzogen das Kind heimlich christlich. Als sein heidnischer Vater dies erfuhr, verlangte er von seinem Sohn, dem christlichen Glauben abzuschwören, doch weigerte sich Vitus und floh mit Modestus und Crescentia nach Unteritalien. Der Legende nach wurden sie dort von einem Adler mit Essen versorgt. Als man die Flüchtigen als Christen erkannte, wurden sie nach Rom vor Kaiser Diokletian gebracht. Dieser ließ Vitus und seine Begleiter in einen Kessel mit siedendem Öl werfen, doch blieben sie unversehrt. Auch ein Löwe konnte ihnen nichts anhaben. Schließlich ließ der Kaiser die drei auf die Folter spannen und enthaupten. Eine andere Legende besagt, auch die Folter habe sie nicht töten können, statt dessen habe sie ein Engel nach Süditalien zurückgebracht, wo sie eines friedlichen Todes starben.
Die Gebeine des hl. Vitus wurden 756 nach St-Denis bei Paris gebracht, 80 Jahre später gelangten sie in das neugegründete Kloster Corvey. Ein Arm und das Haupt des Heiligen befinden sich im Veitsdom zu Prag.

Vlasij

→Blasius

Vojtech

→Adalbert von Prag

W

Walburga

Äbtissin, Benediktinerin
(* um 710, † 779)

auch: Walpurga
Patronin: der Diözese Eichstätt; der Wöchnerinnen, Bauern, Haustiere; gegen Hundebiß, Tollwut, Pest, Husten, Augenleiden; für das Wachstum der Feldfrüchte
Festtag: 25. Februar
Darstellung: als Äbtissin, mit Stab
Leben und Wirken: Viele Menschen denken zunächst an die bekannte Walpurgisnacht in der Nacht zum 1. Mai, wenn sie den Namen der hl. Walburga hören. Doch gibt es vermutlich keine Verbindung zwischen der Heiligen und diesem Tag, außer der Namensbezeichnung.
Geboren wurde Walburga in England. Sie war die Tochter von Richard von Wessex und die Schwester der Heiligen →Willibald und →Wunibald. Sie wurde im Kloster Wimborne in der Nähe von Bournemouth erzogen, bevor sie 750 von →Bonifatius als Glaubensbotin nach Deutschland gerufen wurde. Zunächst war Walburga Nonne in Tauberbischofsheim, später ging sie in das Doppelkloster von Heidenheim, dessen Äbtissin sie 761 wurde. Unter ihrer Leitung entwickelte sich dieses Kloster zu einem religiösen und geistlichen Zentrum. Walburga starb am 25. Februar 779 in Heidenheim.
Ihre Gebeine wurde 870 in die Kirche St. Walburg in Eichstätt übertragen. Weitere Reliquien befinden sich in Lamberg, Scheer, Monheim und Walberberg. An der Steinplatte der Walburga-Grabstätte in Eichstätt ist stets ein flüssiger Niederschlag zu finden, dem Heilkräfte zugeschrieben werden. Als Walpurgis-Öl wird er in alle Welt verkauft.

Die heilige Walburga

Waldemar

→Wladimir I. der Heilige

Waldetrudis

→Waltraud

Walpurga

→Walburga

Waltraud

Äbtissin, Benediktinerin († um 304)

auch: Waldetrudis
Patronin: von Mons, vom Hennegau
Festtag: 9. April
Darstellung: als Nonne, Mutter, mit Kindern, die sie unter ihrem Mantel birgt
Leben und Wirken: Waltaud wurde in Frankreich geboren. Nachdem sie vier Kinder großgezogen hatte, trennte sie sich von ihrem Mann, da beide beschlossen hatten, ihr Leben von nun an Gott zu widmen. Sie gründete ein Kloster in Mons im Hennegau, dessen erste Äbtissin sie auch wurde.
Waltraud starb am 9. April um das Jahr 688 und wurde in der nach ihr benannten Kirche Ste-Waudru in Mons im heutigen Belgien bestattet. Ihre Gebeine wurden im Jahre 1250 erhoben.
Waltraud wird heute besonders in Belgien und in Frankreich verehrt. Jedes Jahr am Dreifaltigkeitstag werden ihre Reliquien in einer Prozession durch Mons getragen.

Wendelin

Einsiedler († um 617)

auch: Wendel
Patron: der Hirten, Bauern, Schäfer, des Viehs; gegen Viehseuchen; für gutes Wetter, gute Ernte
Festtag: 20. Oktober
Darstellung: als Einsiedler, Mönch, Hirte, mit Tasche, Stab, Schafen

Der heilige Wendelin

Leben und Wirken: Das Leben des hl. Wendelin ist größtenteils Legende. Demnach war er ein iroschottischer Königssohn, der sich nach einer Wallfahrt nach Rom bei Trier als Einsiedler niederließ. Seinen Lebensunterhalt bestritt er als Hirte. Eines Tages suchte ihn eine Gruppe von Mönchen aus der Abtei Tholey auf und ernannte ihn zu ihrem Abt. Wendelin starb um das Jahr 617 und wurde auf dem Berg bestattet, auf dem er immer gerne gebetet hatte. In der Folgezeit entwickelte sich eine Wallfahrt auf diesen Berg, schließlich entstand dort die Stadt St. Wendel. Wendelin ist ein sehr beliebter Heiliger, durch Auswanderer hat sich seine Verehrung bis nach Amerika verbreitet.

Wenzeslaus

Herzog, Märtyrer (* um 904, † 929)

auch: Wenzel
Patron: von Böhmen
Festtag: 28. September
Darstellung: als Herzog, mit Herzogshut, Zepter, Fahne, Schild, Schwert, Lanze
Leben und Wirken: Wenzeslaus ist der erste slawische Heilige und wird heute auch als Nationalheiliger Tschechiens verehrt.
Geboren in Altbunzlau im heutigen Tschechien, wurde Wenzeslaus von seiner Großmutter →Ludmilla im christlichen Glauben erzogen. Als er 922 Herzog von Böhmen wurde, widmete er sich besonders der Christianisierung seines Landes. Dadurch zog er sich jedoch den Haß seiner Widersacher zu, die ihren heidnischen Glauben bewahren wollten. Am 28. September 929 wurde Wenzeslaus deshalb – auf Veranlassung seines eigenen Bruders Boleslaw – ermordet.
Beigesetzt wurde er in der von ihm gegründeten St.-Veits-Kirche auf der Prager Burg.

Werner von Oberwesel

(† 1287)

Patron: der Winzer
Festtag: 19. April
Darstellung: als Bauernbub, mit Arbeitsgerät, Märtyrerkrone, Palme
Leben und Wirken: Geboren in Womrath im Hunsrück arbeitete Werner in einem Weinberg in der Nähe von Oberwesel. Als der 16 Jahre alte Junge eines Tages auf einem Feld bei Bacharach ermordet aufgefunden wurde, verdächtigten die Einwohner unberechtigterweise die Juden von Oberwesel der Tat. Dies soll der Anlaß einer grausamen Judenverfolgung gewesen sein. Werner wurde in der Kunibertkapelle in Bacharach beigesetzt und schon bald wie ein Heiliger verehrt. Die Ruine der Kapelle in Bacharach am Rhein gibt noch heute Zeugnis davon.

Wiborada

Märtyrerin († 926)

auch: Wiebke
Patronin: der Bücherfreunde, Bibliotheken, Pfarrhaushälterinnen, Köchinnen
Festtag: 2. Mai
Darstellung: als Nonne, mit Buch, Hellebarde
Leben und Wirken: Die aus alemannischem Adel stammende Wiborada lebte seit 912 als Einsiedlerin in St. Gallen und ab 916 als Inklusin („inclusio", lateinisch für: Einschließung) nur in ihrer Zelle bei der dortigen Magnuskirche. Hier empfing sie zahlreiche Hilfesuchende, denen sie unermüdlich mit Rat und Tat zur Seite stand. Auch Bischof →Ulrich von Augsburg soll zu ihren Besuchern gehört haben. Als die Ungarn in St. Gallen einfielen, blieb die tapfere Gottesfrau in ihrer Zelle und starb unter den Beilhieben eines ungarischen Kriegers am 2. Mai 926.
Wiborada wurde in der St. Gallener Magnuskirche beigesetzt, die in späterer Zeit zu einer beliebten Wallfahrtsstätte wurde.

Wiebke

→Wiborada

Wigbert

→Wikterp von Augsburg

Wigbert

Abt († um 737/738)

Festtag: 13. August
Darstellung: als Abt, mit Kelch, Traube
Leben und Wirken: Der aus Wessex stammende Angelsachse Wigbert folgte um 730 dem berühmten →Bonifatius in die Mission nach Deutschland. Von diesem zum Abt des Klosters Fritzlar berufen, richtete Wigbert später in Ohrdruf die erste Schule für Missionare im Thüringer Land ein. Wigbert starb in Fritzlar, wo er auch beigesetzt wurde. Einige seiner Reliquien hütet das Hochgrab in der Krypta des dortigen Doms. Der Großteil der Reliquien gelangte allerdings am 13. August 780 nach Hersfeld.

Wiggo

→Wikterp von Augsburg

Wikterp von Augsburg

Bischof († um 771)

auch: Wigbert, Wiggo
Festtag: 18. April
Darstellung: als Bischof, beim nächtlichen Bau einer Kirche
Leben und Wirken: Wikterp ist der erste historisch beglaubigte Bischof von Augsburg.
Der aus dem bayerischen Epfach bei Landsberg stammende Wikterp soll der

Überlieferung nach sein Erbgut zu Epfach dem Augsburger Dom vermacht haben. Zudem förderte er auf herausragende Weise die Mission im Allgäu und ihre Glaubensverkünder, u.a. den berühmten →Magnus von Füssen. Der fleißige Bischof starb wahrscheinlich am 18. April 771 und wurde in seinem Geburtsort beigesetzt. Mehrere Jahrhunderte danach wurden Wikterps Gebeine nach Augsburg übertragen und 1489 in der Sakristei von St. Ulrich zur letzten Ruhe gelegt.

Wilfrid von York

Bischof (* 634, † 710)

auch: Wilfried, Wilfrith
Festtag: 24. April
Darstellung: als Bischof, mit totem Mönch; mit Frau, die ihm ihr Kind zur Segnung gibt
Leben und Wirken: Wilfrid entstammte einer vornehmen angelsächsischen Adelsfamilie. Geboren in Northumbrien, erhielt er seine Erziehung im iroschottischen Kloster Lindisfarne auf Holy Island und reiste um 653 nach Rom, wo er die benediktinische Regel kennenlernte. Über Lyon, wo er sich für drei Jahre aufhielt, kehrte Wilfrid schließlich 660 in seine Heimat zurück. In Northumbrien bemühte er sich daraufhin unermüdlich, die Klosterregel des hl. →Benedikt und die römische Liturgie einzuführen. 664 wurde sein Kampf von Erfolg gekrönt: Auf der Synode von Whitby wurde die römische Liturgie für die englische Kirche bestätigt und Wilfrid kurz danach zum Bischof von York ernannt. Doch schon bald mußte er gegen zahlreiche Angriffe kämpfen. Aus diesem Grund verließ Wilfrid schließlich York, missionierte bei den Friesen, in Sussex und auf der Insel Wight und zog sich schließlich nach zahlreichen Auseinandersetzungen mit der Kirchenleitung zurück in das Kloster Ripon, wo er 660 zuerst die benediktinische Regel eingeführt hatte. Wilfrid starb wahrscheinlich am 24. April 710 im Kloster Oundle, seine Gebeine wurden einige Jahrhunderte später nach York übertragen.

Wilfried

→Wilfrid von York

Wilfrith

→Wilfrid von York

Wilhelm von Aquitanien

Laienbruder († 812)

Patron: der Waffenschmiede
Festtag: 28. Mai
Darstellung: als Einsiedler, mit Herzogshut; als Mönch, mit Helm

Leben und Wirken: Wilhelm von Aquitanien war ein Enkel des berühmten Karl Martell und kämpfte unter →Karl dem Großen u.a. gegen die Basken. Nachdem er den Waffendienst quittiert hatte, gründete er 804 im französischen Gellone ein Kloster nahe der Abtei Aniane. Zwei Jahre später trat Wilhelm selbst seiner Klostergründung als Laienbruder bei und verrichtete dort bis zu seinem Tod am 28. Mai 812 in demütiger Haltung die einfachsten Dienste. Aufgrund seines bewegten Lebens und demutsvollen Wesens wurde Wilhelm von Aquitanien schon kurz nach seinem Tod sehr stark verehrt. Seine Reliquien befinden sich u.a. in der Kirche St-Guilhelm-du-Désert in Gellone.

Wilhelm der Große

→Wilhelm von Malavalle

Wilhelm von Malavalle

Eremit († 1157)

auch: Wilhelm der Große
Patron: der Klempner
Festtag: 10. Februar
Darstellung: als Eremit, Mönch, mit Kettenhemd, Pilgerstab, Rosenkranz
Leben und Wirken: Geboren wurde Wilhelm in Italien. Er unternahm zunächst Bußwallfahrten nach Santiago de Compostela, Rom und Jerusalem, bevor er sich in die Einöde von Malavalle bei Siena zurückzog. Dort lebte er als Einsiedler und versuchte erfolglos, toskanische Eremitengemeinschaften zu reformieren. Wilhelm starb am 10. Februar 1157. Nach seinem Tode entwickelte sich aus seiner Einsiedelei der Wilhelmiten-Orden. Wilhelms Leichnam befindet sich in Castiglione di Pescaria, sein Haupt jedoch in Antwerpen.

Wilhelm von St-Bénigne

Abt, Benediktiner (* 962, † 1031)

Festtag: 1. Januar
Darstellung: als Mönch, mit Stab
Leben und Wirken: Wilhelm stammte aus einer adeligen italienischen Familie, seine Taufpaten waren das Kaiserpaar →Adelheid und Otto der Große. Bereits mit sieben Jahren wurde Wilhelm Oblate in einem Benediktinerkloster, später ging er dann nach Cluny. 990 wurde Wilhelm zum Abt des Klosters St-Bénigne gewählt und brachte das verfallene Kloster wieder auf Vordermann. Von dort ging die sogenannte „Fruttuaria"-Reform aus, der sich in der Folgezeit auch deutsche Klöster anschlossen. Außerdem ließ Wilhelm zahlreiche Schulen einrichten. Er starb am 1. Januar 1013 im französischen Fécamp.

Willegis

→Willigis

Willehad von Bremen

Bischof (* 745, † 789)

Festtag: 8. November
Darstellung: als Bischof, mit Kirchenmodell, Modell des Bremer Doms, zerstörten Götzenbildern
Leben und Wirken: Willehad wurde im englischen Northumbrien geboren und kam um 770 zur Mission nach Friesland. Um 780 berief ihn →Karl der Große, an der unteren Weser das Evangelium zu verkünden. Nach dem Sachsenaufstand von 782 unternahm er eine Wallfahrt nach Rom und zog sich sodann ins Kloster Echternach zurück. Schließlich wurde er in Worms zum Bischof geweiht und wählte Bremen als Bischofssitz. 789 weihte er den ersten Dom von Bremen, starb jedoch bereits sieben Tage danach.
860 wurden Willehads Gebeine erhoben und in den Dom zu Bremen übertragen. In der Reformationszeit verschwanden sie jedoch.

Willibald

Bischof, Benediktiner (* 700, † 787)

Patron: der Diözese Eichstätt
Festtag: 7. Juli
Darstellung: als Bischof, mit Stab, Buch, zwei Pfeilen
Leben und Wirken: Geboren wurde Willibald in England als Bruder der Heiligen →Walburga und →Wunibald. Er unternahm Reisen nach Rom, Palästina und Konstantinopel, bevor er sich 729 in Montecassino niederließ und dort am Wiederaufbau des Klosters mitwirkte. Zehn Jahre später sandte ihn der Papst auf Bitten des →Bonifatius nach Deutschland. 740 wurde Willibald zum Priester geweiht, ein Jahr darauf zum Bischof.
Seine Missionstätigkeit leitete er von Eichstätt aus, als Stützpunkte gründete er Klöster, so z.B. Heidenheim, dessen Äbtissin seine Schwester Walburga wurde, und 754 Solnhofen. Willibald starb am 7. Juli 787.
Beigesetzt wurde er im Eichstätter Dom. 1741 wurden seine Gebeine in eine Marmortumba umgebettet.

Willibrord

Bischof, Benediktiner (* 658, † 739)

auch: Clemens
Patron: von Luxemburg; der Bistümer Utrecht, Haarlem, Luxemburg; gegen Epilepsie, Zuckungen, Hautkrankheiten
Festtag: 7. November
Darstellung: als Bischof
Leben und Wirken: Wilibrord legte noch vor →Bonifatius die Grundlage für die Ausbreitung des christlichen Glaubens auf germanischem Boden. Er war eine der wichtigsten Persönlichkeiten der angelsächsischen Mission.

Geboren wurde er im angelsächsischen Königreich Northumbrien. Er trat in das Benediktinerkloster Ripon ein, in dem er auch seine Erziehung erhalten hatte. 678 ging er als Mönch in das irische Kloster Rathmelsigi, dessen Abt Egbert ihn zwölf Jahre später zur Mission nach Friesland sandte. Der fränkische Hausmeier Pippin der Mittlere erteilte ihm dabei seine Zustimmung und wies ihm ein Missionsgebiet zu. 695 wurde Willibrord vom Papst zum Erzbischof der Friesen geweiht, außerdem erhielt er vom Heiligen Vater den Namen „Clemens". Als Bischofskirche ließ er die Kathedrale von Utrecht errichten, 700 gründete Willibrord das Kloster Echternach als Basis für seine Mission. Nach dem Tod von Pippin brach die Mission in Friesland vorübergehend zusammen, da ihr jegliche staatliche Unterstützung fehlte, doch konnte sie bereits vier Jahre später wiederaufgenommen werden. Starke Unterstützung ließ ihr dabei Bonifatius zukommen. Willibrord starb am 7. November 739 zu Echternach. Dort wurde er auch beigesetzt.

Besondere Verehrung wird Willibrord in Belgien, Deutschland und den Niederlanden zuteil.

Die heilige Willibrord

Willigis

Erzbischof († 1011)

auch: Willegis
Patron: der Wagner
Festtag: 23. Februar
Darstellung: im Bischofsornat, mit Rad
Leben und Wirken: Willigis war sowohl in der Politik – als Berater von insgesamt drei Kaisern – als auch im Kirchenwesen – als Erbauer etlicher Kirchen, Förderer der Schulen und der Klosterzucht, Verpfleger der Armen – eine herausragende Gestalt der deutschen Geschichte. Geboren als Sohn einer armen niedersächsischen Familie (der Vater war Wagner oder Bauer), kam der aufgeweckte Willigis 970 auf Empfehlung des Bischofs von Meißen an den Hof Kaiser Ottos I. Ein Jahr später wurde der Hofkaplan Willigis bereits zum Kanzler des Deutschen Reiches, 975 dann zum Erzbischof von Mainz und Erzkanzler berufen. Als der Nachfolger Ottos I., Kaiser Otto II., 983 überraschend

starb, stand Willigis der Mutter des noch minderjährigen Otto III. und dessen kaiserlicher Großmutter, der hl. →Adelheid, in der Regierung bei.
996 führte Willigis dann den Vetter Ottos III. als Gregor V., den ersten deutschen Papst, in Rom in sein Amt ein. Papst Gregor V. war es auch, der noch im gleichen Jahr Otto III. zum Kaiser krönte. Doch auch die Regentschaft Ottos III. war nur von kurzer Dauer. Denn 1002 starb er im Alter von nur 22 Jahren.
Durch sein schnelles Eintreten für den späteren Kaiser →Heinrich II. rettete Willigis das Reich in dieser heiklen Situation vor großen Unruhen. So krönte er noch im gleichen Jahr →Heinrich II. und seine Frau →Kunigunde zum deutschen Königspaar (die Kaiserkrönung fand erst nach Willigis' Tod statt).
1007 schließlich setzte sich Willigis für die Gründung des neuen Bistums Bamberg ein. In seinem Amt förderte er Künste und Wissenschaft. Willigis ließ in Mainz die Kirchen St. Stephan und St. Viktor sowie den Martinsdom errichten, der jedoch bereits am Tag seiner Weihe – im Jahre 1009 – niederbrannte. Außerdem erbaute Willigis etliche Stifte und Brücken und ließ jeden Tag dreißig Arme verköstigen.
Der tatkräftige Politiker und Kirchenmann starb am 23. Februar 1011 in Mainz, wo er in St. Stephan beigesetzt wurde.

Winfrid

→Bonifatius

Wladimir I. der Heilige

Großfürst

(* um 960, † 1015)

auch: Wladimir der Große von Kiew, Waldemar
Festtag: 15. Juli
Darstellung: als bärtiger Fürst, mit Krone, Schwert, Handkreuz
Leben und Wirken: Wladimir wird seit dem 13. Jh. in Rußland als „Apostelgleicher" verehrt.
Geboren wurde Wladimir um 960 in Kiew als Enkel der hl. →Olga; er war von Geburt an Heide. Sein Vater, der Großfürst Swjatoslaw, teilte sein Reich unter seinen drei Söhnen auf, zwischen denen in der Folgezeit ein erbitterter Bruderkampf um die alleinige Herrschaft entbrannte. Dank der Hilfe eines schwedischen Söldnerheeres ging Wladimir schließlich als Sieger hervor und wurde so Alleinherrscher über ganz Rußland.
989 ließ er sich nach seiner Heirat mit der byzantinischen Prinzessin Anna taufen, verbot anschließend das Heidentum und führte das Christentum als Staatsreligion ein. Der Großfürst Wladimir beschenkte zahlreiche Klöster mit Ländereien, unterstütze →Bruno von Querfurt bei der Mission und unter-

hielt gute Beziehungen zum Papst. Wladimir starb am 15. Juli 1015 in Kiew.

Der heilige Wolfgang von Regensburg

Wolfgang von Regensburg

Bischof, Benediktiner
(* um 924, † 994)

Patron: von Bayern, der Diözese Regensburg; der Hirten, Holzfäller, Zimmerleute, Köhler, Schiffer, Bildhauer, der unschuldig Gefangenen; gegen Lähmungen, Gicht, Fußleiden, Schlaganfall, Blutfluß, Ruhr, Augenkrankheiten, Hautentzündungen, Mißgeburten, Unfruchtbarkeit; für das Vieh; regional einer der Nothelfer
Festtag: 31. Oktober
Darstellung: in der Ordenstracht der Benediktiner, als Bischof, mit Stab, Buch, Kirchenmodell, Teufel
Leben und Wirken: Wolfgang gehört zu den volkstümlichsten Heiligen in Deutschland. So wurden zahlreiche Orte nach ihm benannt. Geboren wurde er im baden-württembergischen Pfullingen. Seine Ausbildung erhielt er auf der Reichenau und in Würzburg, bevor er 956 Lehrer an der Domschule von Trier wurde. 965 trat er schließlich in das Benediktinerkloster von Einsiedeln ein, vier Jahre später weihte ihn →Ulrich von Augsburg zum Priester. 971 ging er als Glaubensbote nach Ungarn, jedoch waren ihm bei seiner Mission keine großen Erfolge beschieden. Ein Jahr später schlug ihn der Passauer Bischof Pilgrim als neuen Bischof von Regensburg vor. Während seiner Amtszeit widmete sich Wolfgang der Erneuerung und Neugründung von Klöstern und der Unterstützung der Armen und Kranken. Auch ermöglichte er die Gründung des Bistums Prag und war außerdem mit der Erziehung der Kinder des Bayernherzogs Heinrich des Zänkers betraut. Auf einer Reise durch Österreich starb Wolfgang am 31. Oktober 994. Bestattet wurde er im Kloster St. Emmeram zu Regensburg. 1052 wurde Wolfgang heiliggesprochen.

Wolfhard

Einsiedler, Kamaldulenser
(* um 1070, † 1127)

Patron: der Sattler
Festtag: 27. Oktober
Darstellung: als Einsiedler, mit Steinsarg
Leben und Wirken: Schon zu Lebzeiten wurde Wofhard in Verona wie ein Heiliger verehrt. Geboren wurde er in Augsburg, und dort erlernte er zunächst das Sattlerhandwerk. Nach Abschluß seiner Lehre begab er sich auf Wanderschaft und gelangte schließlich um 1096 nach Verona, wo er weiter in seinem erlernten Beruf arbeitete. Abends kümmerte er sich aufopfernd um Bedürftige und Notleidende. Später zog sich Wolfhard in einen Wald im Etschtal zurück und lebte dort 20 Jahre lang als Einsiedler. 1117 kehrte er jedoch nach Verona zurück und trat dort ins Kamaldulenserkloster S. Salvatore ein, wo er bis zu seinem Tod am 30. April 1127 als Rekluse lebte.
Am 27. Oktober 1602 wurde ein Teil seiner Reliquien in die Kirche St. Sebastian in Augsburg übertragen.

Wolfsind

Märtyrerin († im 7. Jh.)

auch: Wolfsindis
Patron: bei Krankheit; gegen Augenleiden
Festtag: 2. September
Darstellung: als Jungfrau, mit Krone, Wasserfläschchen, Palme
Leben und Wirken: Über die Herkunft von Wolfsind gibt es keine gesicherten Angaben. Sie soll jedoch im 7. Jh. im bayerischen Reisbach das Martyrium erlitten haben. Über ihren Tod berichten zwei Legenden: Die eine besagt, Wolfsind sei von einem Freier zu Tode geschleift worden, weil sie ihre Jungfräulichkeit verteidigte; in der anderen Legende war es ihr heidnischer Vater, der Wolfsind wegen ihres christlichen Glaubens zu Tode schleifen ließ.
An der Stelle ihres Martyriums soll eine Quelle entsprungen sein, deren Wasser als heilskräftig, besonders bei Augenleiden, gilt. Wolfsinds Reliquien befinden sich in Reisbach in der Diözese Regensburg.

Wunibald

Abt, Benediktiner († 701, † 761)

Patron: der Bauarbeiter, Brautleute
Festtag: 15. Dezember
Darstellung: in der Ordenstracht der Benediktiner, mit Stab, Buch, Maurerkelle
Leben und Wirken: Wunibald stammte aus Wessex in England und war der Bruder von →Willibald und →Walburga. 720 unternahm er Pilgerreisen nach Rom und ins Heilige Land und trat

nach seiner Rückkehr in das italienische Benediktinerkloster Montecassino ein. 738 wurde er von seinem Onkel →Bonifatius zur Mission nach Deutschland berufen, wo er in der Folgezeit in Thüringen, der Oberpfalz und Mainz wirkte. 752 gründete er in Heidenheim im Bistum Eichstätt – Willibalds Bischofssitz – ein Benediktinerkloster, dessen erster Abt er wurde. Wunibald starb am 18. Dezember 761 in Heidenheim.

Seine Reliquien gingen während der Reformation verloren. Immer noch bewundern kann man jedoch Wunibalds Hochgrab aus dem Jahr 1483 in der ehemaligen Klosterkirche in Heidenheim.

X

Xystus

→Sixtus II.

Y

Yves Hélory

→Ivo

Z

Zacharias

→Elisabeth und Zacharias

Zacharias

Papst († 752)

Festtag: 15. März
Darstellung: als Papst, mit Kreuzstab, Tiara, Buch
Leben und Wirken: Zacharias war der letzte Grieche unter den Päpsten. Seit 741 Bischof von Rom kümmerte sich Zacharias wohl auch deshalb stark um eine gute Beziehung zu Byzanz. Seiner Diplomatie und Besonnenheit waren zudem einige Zugeständnisse der Langobarden zu verdanken, die damals große Teile Italiens besetzt hatten. Daneben unterstützte Zacharias die Mission des hl. →Bonifatius und dadurch auch die fränkische Kirche. Er starb am 15. März 752 in Rom.

Zeno

Bischof († um 371)

Patron: von Verona, Pistoia; gegen Wasserschäden; für Kinder, die schwer laufen und sprechen lernen
Festtag: 12. April
Darstellung: als Bischof, mit Mitra, Stab, Buch, Angel, Fischen
Leben und Wirken: Zeno stammte vermutlich aus Mauretanien in Afrika. Um 362 wurde er Bischof von Verona. Seine besondere Aufgabe sah er in der Bekämpfung des Arianismus und der Zurückdrängung des Heidentums. Auch vertrat er als erster im Abendland die dauerhafte Jungfräulichkeit →Marias. Als bedeutender Prediger und Kirchenschriftsteller ging er in die Geschichte ein, 93 seiner Traktate sind erhalten geblieben. Zeno starb an einem 12. April um 371 in Verona, wo er auch beige-

setzt wurde. Schon um 440 befand sich über seinem Grab eine Kirche, vermutlich eine Vorgängerin der heutigen Kirche S. Zeno.
Um das Jahr 830 gelangte das Haupt des Heiligen nach Radolfzell am Bodensee.

Zita

Magd (* um 1212, † 1272)

Patronin: der Hausangestellten, Dienstboten, Haushälterinnen
Festtag: 27. April
Darstellung: in der einfachen Kleidung einer Dienstmagd, mit Schlüsseln, Gebetbuch, Brotlaiben, Stern
Leben und Wirken: Zita stammte aus einer Landarbeiterfamilie aus dem italienischen Monsagrati. Im Alter von zwölf Jahren begann sie, bei der vornehmen Familie Fatinelli in Lucca als Dienstmagd zu arbeiten und wurde dort zuerst wenig freundlich behandelt. Doch Zita ertrug alle Leiden geduldig und demütig, da sie glaubte, Gott habe ihr diese Prüfungen auferlegt. Mit ihrem sanftmütigen Verhalten konnte sie schließlich die Zuneigung der Familie gewinnen, die sie nach Zitas Tod am 27. April 1272 sehr betrauterte.
Ihr bis heute unversehrter Leichnam ruht in der Kirch S. Frediano in Lucca. Im Jahre 1696 bestätigte der Papst ihren Kult.

Zoë und Gefährten

Märtyrer († 137)

Festtag: 2. Mai
Leben und Wirken: Da sie sich weigerte, ihrem christlichen Glauben abzuschwören und den heidnischen Göttern zu opfern, wurde Zoë zusammen mit ihrem Ehemann und ihren beiden Söhnen unter Kaiser Hadrian ermordet. Dies geschah im Jahre 137 zu Attalia in Kleinasien.

INRI

Kleines Wörterverzeichnis

Abt/Äbtissin: Vorsteher(in) eines Klosters oder Leiter(in) einer Ordensgemeinschaft

Albigenser: Anhänger einer Irrlehre, die das Heil u.a. in der rigorosen asketischen Reinigung von allem Körperlichen suchten und so eine Kirche der „Reinen" bilden wollten

Anachoret: Einsiedler, der sich von der Welt zurückgezogen hat und im Gegensatz zu den →Cönobiten die Gemeinschaft von Menschen meidet; verbreitet im christlichen Mönchtum ab dem Ende des 3. Jhs.

Apokryphen, apokryph: nicht zum →Kanon gezählte jüdische und christliche Schriften aus den ersten drei Jahrhunderten, die zwar meist legendarischer Natur, aber für das Verständnis der biblischen Schriften von Bedeutung sind

Apostel: zwölf Jünger Christi, die dieser mit der Verkündigung des →Evangeliums beauftragte

Apostelgeschichte: eines der Bücher des Neuen Testaments, das vom Wirken der →Apostel Christi, v.a. von Paulus, berichtet

Approbation: offizielle Bestätigung einer Person, eines Ordens oder eines Heiligenkultes

Archidiakon: oberster Diakon

Arianismus: Lehre des Arius, die besagt, daß Christus nicht Gottes Sohn und deshalb nicht göttlicher Natur, sondern nur ein – besonderes – Geschöpf Gottes gewesen sei

Askese: Leben in strenger, religiös begründeter Einschränkung oder Enthaltsamkeit

Bilderstreit/Bilderverehrung: Streit innerhalb der byzantinischen Kirche im 8./9. Jh. um die Verehrung Christi in bildlichen Darstellungen

Birett: aus dem Barett hervorgegangene Kopfbedeckung katholischer Priester

Bischof: Leiter einer →Diözese

Calvinismus: Lehre des Reformators Johannes Calvin, die u.a. besagt, daß der Mensch zum Guten oder Bösen vorherbestimmt sei (Prädestinationslehre)

Christusmonogramm: „XP", entstanden aus den griechischen Buchstaben für „Ch" (Christus) und „R" (Rex; lateinisch für: König); später ist auch das Zeichen „IHS" („Iesus Hominum Salvator"; lateinisch für: Jesus, Erlöser der Menschheit) verbreitet

Cluny, cluniazensisch: französische Benediktinerabtei, die Ausgangspunkt einer einzigartigen Reform des abendländischen Mönchtums war und von der zudem vielfältige Impulse auf die Frömmigkeit ausgingen

Cömeterium: Grabanlage der frühen Christen

Cönobit: Einsiedler, der im Gegensatz zum →Anachoreten in einer Form der klösterlichen Gemeinschaft lebt

Diakon: Vorstufe zum Priesteramt, im frühen Christentum Helfer des übergeordneten Bischofs; die sog. sieben hll. Diakone der Urgemeinde in Jerusalem entlasteten die →Apostel, indem sie soziale Dienste verrichteten

Diözese: Bistum, Verwaltungsbezirk eines Bischofs

Donatisten: Anhänger der Lehre des Bischofs Donatus, die die Wirksamkeit der →Sakramente von der sittlichen Reinheit des Spenders abhängig machten

Eisheilige: volkstümliche Benennung einer Gruppe von Heiligen, an deren Gedenktagen im Mai es zu plötzlichen Temperaturstürzen und Frostschäden kommen kann

Ekstase: Höhepunkt religiöser Erfahrung, höchste Stufe der Begeisterung, bei der die Außenwelt, Zeit und Raum nur noch schwach oder gar nicht mehr realisiert werden

Einsiedler/Eremit: Mönch, der aus religiösen Gründen als einzelner in der Einsamkeit lebt

Erzabt: Vorsteher mehrerer Abteien, ohne die Befugnisse der einzelnen Äbte zu mindern

Eucharistie: Danksagung; Feier des Heiligen Abendmahls (→Sakrament)

Evangelium: zum einen die Frohe Botschaft, die Heilsbotschaft Jesu Christi, zum anderen die schriftliche Darstellung des Lebens und Wirkens Christi im Neuen Testament (Evangelien des Matthäus, des Markus, des Lukas und des Johannes)

Exerzitien: geistliche Übungen

Exkommunikation: Kirchenbann; Ausschluß einer Person aus der Sakramentengemeinschaft

Habit: Ordenstracht

Häresie: eine den anerkannten kirchlichen Dogmen widersprechende Lehre

Herz-Jesu-Verehrung: Hingabe an das Herz Jesu als Sinnbild seiner aufopfernden Liebe zu den Menschen, u.a. in Gebeten, Andachten, im Herz-Jesu-Fest

Hostie: Opferbrot in der →Eucharistie

Hymne: Lobgesang

Inquisition: kirchliche Untersuchung zur Aufdeckung und Bestrafung von Irrlehrern und Ketzern

Interdikt: Verbot; Ausschluß vom Gottesdienst

Investiturstreit: Streit im 11. Jh. zwischen Papst Gregor VII. und König Heinrich IV. um die Frage, ob die Ernennung der Bischöfe Aufgabe der weltlichen oder geistlichen Obrigkeit sei; gelöst wurde der Konflikt im Wormser Konkordat von 1122, das dem König nur noch ein sehr beschränktes Mitspracherecht erlaubte

Josefsehe: eheliche Gemeinschaft, bei der Mann und Frau aus religiösen Gründen in geschlechtlicher Enthaltsamkeit leben; nach Josef von Nazareth, dem Ziehvater Jesu, benannt

Kanon: zum einen die Gesamtheit der kirchlich anerkannten biblischen Schriften, zum anderen das Verzeichnis aller Heiligen

Kanoniker: Dom- bzw. Kathedralgeistlicher, Chorherr

Kanonisation: Bezeichnung für offizielle Heiligsprechung

Kappadokier, die drei: Bezeichnung für die aus Kappadokien stammenden Bischöfe Basilius, Gregor von Nyssa und Gregor von Nazianz der Jüngere, die den →Arianismus erfolgreich zurückdrängten; endgültig gelang dies auf dem Konzil von Konstantinopel im Jahr 381, das Basilius allerdings nicht mehr miterleben konnte

Kardinal: höchster Würdenträger der katholischen Kirche nach dem Papst

Kasel: (oberes) Meßgewand der katholischen Priester

Katakomben: unterirdische Begräbnisstätten der ersten Christen, v.a. in Rom

Katechismus: schriftliche Unterweisung der Laien in der Glaubenslehre der Kirche, v.a. für den Religionsunterricht

Katechumene: Erwachsener, der in der Vorbereitung zur Taufe steht

Kirchenbann →Exkommunikation

Kirchenlehrer: von der katholischen Kirche verliehener Ehrentitel für herausragende Glaubenslehrer

Kirchenväter: Theologen und Schriftsteller des frühen Christentums, deren Glaubenslehre als rechtmäßig gilt und in der kirchlichen Tradition als Norm vorausgesetzt wird; die römische Kirche nennt hauptsächlich vier (Ambrosius, Augustinus, Gregor I. den Großen und Hieronymus), die griechische drei Kirchenväter (Basilius, Gregor von Nazianz den Jüngeren und Johannes Chrysostomos; um ebenfalls auf eine Vierzahl zu kommen, wird manchmal Athanasius der Große hinzugerechnet); allerdings differieren die Auflistungen nach den verschiedenen Lehrtraditionen und den daraus entstandenen Kirchen

Klerus: Geistlichkeit

Kongregation: Zusammenschluß mehrerer selbständiger Klöster oder eine klösterliche Gemeinschaft mit einfachen, d.h. zeitlich begrenzten, Gelübden

Konkordat: Vereinbarung zwischen kirchlicher und staatlicher Obrigkeit

Konvent: zum einen das Kloster an sich, zum anderen die Versammlung der stimmberechtigten Klostermitglieder

Konzil: Zusammenkunft von Bischöfen und anderen hohen Würdenträgern zur Beratung, Beschlußfassung und Gesetzgebung in theologischen und kirchlich disziplinären Angelegenheiten

Krypta: Grabkammer innerhalb eines Kirchengebäudes (meist im Untergewölbe)

Laieninvestitur: Einsetzung geistlicher Amtsträger durch die weltliche Obrigkeit (→Investiturstreit)

Lateran: Palast des Papstes in Rom

Lektor: Person, die während des Gottesdienstes Abschnitte aus der Bibel vorlesen darf

Liturgie: Form der Gottesdienstfeier

Märtyrer: sog. Blutzeugen, die für ihren christlichen Glauben den Tod erlitten haben

Manichäimus: Lehre des Persers Mani, die besagt, daß die Welt in einen guten und in einen bösen Teil gespalten ist – in Licht und Finsternis

Marschälle, die vier hl.: dazu zählen Antonius der Große, Kornelius, Quirinus von Neuss und Hubert von Maastricht; da sie als Marschälle vor dem himmlischen Thron besonders nahe bei Gott stehen sollen, waren sie als Fürbitter bei den Gläubigen sehr beliebt

Meßkanon: Gebetsteil während der →Eucharistie in der katholischen Messe, auch unveränderlicher Teil der Meßliturgie

Mitra: Bischofsmütze

Monstranz: wertvolles Behältnis zur Präsentation der →Hostie bei Prozessionen

Mystiker: sog. Eingeweihte, die durch eine von Gott geschenkte höhere Erleuchtung, z.B. →Visionen, die verborgenen, göttlichen Dinge schauen und erkennen

Nothelfer, die Vierzehn: Gruppe von Heiligen, die spätestens seit dem 14. Jh. v.a. im süddeutschen Raum sehr beliebt sind und in bestimmten Nöten um Hilfe angerufen werden:
Achatius, u.a. gegen Todesangst und in Zweifeln
Ägidius, u.a. zur Ablegung einer guten Beichte
Barbara, u.a. für ein gutes Sterben
Blasius von Sebaste, u.a. gegen Halsleiden und steckengebliebene Fischgräten
Christophorus, u.a. gegen einen unvorbereiteten Tod
Cyriacus von Rom, u.a. gegen die Anfechtung durch böse Geister
Dionysius von Paris, u.a. gegen Kopfschmerzen
Erasmus, u.a. gegen Leibschmerzen
Eustachius, u.a. in allen schweren Lebenslagen
Georg von Kappadokien, u.a. gegen Krankheit der Haustiere
Katharina von Alexandria, u.a. gegen Krankheiten der Zunge und Sprachprobleme
Margareta von Antiochia, u.a. für eine gute Geburt
Pantaleon, u.a. bei Verlassenheit, als Patron der Ärzte
Vitus (Veit), u.a. gegen Epilepsie und Veitstanz

Novizenmeister: Nonnen oder Mönche, die Novizen in ihrer Probezeit betreuen

Noviziat: Probezeit eines Ordensbewerbers (Novize)

Omophorion: Schulterstreifen der Bischöfe der Ostkirche

Orden: eine vom Papst bestätigte Gemeinschaft innerhalb der Kirche, deren Mitglieder nach genau definierten Regeln zusammenleben; Bestandteil aller Regularien sind die Gelübde der Armut, Keuschheit und des Gehorsams

Ordination: Akt der Aufnahme in ein geistliches Amt

Pallium: weißes Schulterband des Papstes und der Erzbischöfe, mit sechs schwarzen Kreuzen

Patriarch: in frühchristlicher Zeit Titel der Bischöfe von Rom, Konstantinopel, Alexandria, Antiochia, Jerusalem; in den Ostkirchen Titel der „Oberbischöfe“; Ehrentitel einiger Erzbischöfe in der katholischen Kirche

Pelagianismus: Lehre des Mönchs Pelagius, die die Erbsünde leugnet und besagt, daß der Mensch aus eigener Kraft, d.h. ohne das Kreuzesopfer Christi, Gutes tun könne

Pontifikalgewand: liturgisches Gewand der Bischöfe der katholischen Kirche

Prior: Vorsteher eines Klosters, in der Rangfolge nach dem Abt

Propst: Vorsteher eines Klosters, eines Domkapitels

Protevangelium: eines der sog. Partiellen Evangelien, die nicht vom Wirken Christi erzählen, sondern Lücken in der Kindheits- und Leidensgeschichte Jesu versuchen aufzufüllen; die Partiellen Evangelien zählen nicht zum →Kanon

Provinzial: Vorsteher einer Ordensprovinz

Regularkleriker: Priester, der im Gegensatz zum Weltgeistlichen einer Ordensregel verpflichtet ist

Reliquie: sterbliche Überreste oder Gegenstände eines Heiligen, die aufbewahrt werden und dem Andenken und der Verehrung dienen

Rosenkranz(gebet): Reihung von Gebeten, die symbolisch als „Kranz geistlicher Rosen“ aufgefaßt werden; zur Erinnerung an die Abfolge befinden sich verschieden große Perlen auf einer Schnur

Sakrament: wirksames Gnadenmittel, das von Christus eingesetzt ist und nur im besonderen kirchlichen Auftrag gespendet werden darf; in der katholischen Kirche werden sieben Sakramente gezählt (Abendmahl, Buße, Ehe, Firmung, Letzte Ölung, Priesterweihe, Taufe)

Scholastiker: Vertreter der sog. Scholastischen Theologie des Mittelalters, deren Ziel die rationale Begründung, Systematisierung und Verteidigung der christlichen Glaubenswahrheit war

Schisma: Spaltung innerhalb der Kirche, nicht wegen eines Glaubensgegensatzes, sondern aufgrund unterschiedlicher Ansichten zur Kirchenordnung; z.B. Abtrennung der Ostkirche von der römischen im Jahr 1054 oder die Wahl von Gegenpäpsten zum Papst in Rom zwischen 1378 und 1417 im sog. abendländischen oder päpstlichen Schisma

Soutane: langes Gewand der katholischen Geistlichen

Stigmata: Wundmale Christi

Synode: Versammlung von Geistlichen auf unterschiedlicher Ebene (z.B. regional oder thematisch begrenzt) zur Beratung in kirchlichen Fragen

Tiara: dreifache Krone des Papstes

Translation: Übertragung der →Reliquien eines Heiligen an einen anderen Ort zur Verehrung, z.B. in eine neue Kirche oder an den Geburtsort

Trinität: Dreieinigkeit von Gottvater, Christus dem Sohn und dem Heiligen Geist

Übertragung →Translation

Vision: Botschaft Gottes, die sich im Traum oder als Erscheinung vor dem geistigen Auge offenbart

Visitation: Prüfung des ordnungsgemäßen Verhaltens des Klerus und der Zustände in den kirchlichen Anstalten vor Ort

Waldenser: im Mittelalter von Petrus Valdes gegründete Gemeinschaft christlicher Laien-Prediger, deren Anhänger 1184 vom Papst wegen Amtsanmaßung und Ungehorsam exkommuniziert wurden

Zelle: Wohnstätte eines Mönchs

Ziborium: Behältnis zur Aufbewahrung der →Hostien

Gestaltung und DTP: Impressum GmbH, Dachau
Umschlaggestaltung: Bine Cordes, Weyarn
Umschlagabbildung: Albrecht Dürer, *Die Vier Apostel*
Printed in Austria
ISBN 3-932131-96-7